河南省"十四五"普通高等教育规划教材

资产评估

主　编　李胜坤

副主编　李　松　周　芳

中国财经出版传媒集团

经济科学出版社

·北京·

图书在版编目（CIP）数据

资产评估/李胜坤主编. —北京：经济科学出版社，2023.12
河南省"十四五"普通高等教育规划教材
ISBN 978-7-5218-5386-5

Ⅰ.①资… Ⅱ.①李… Ⅲ.①资产评估-高等学校-教材 Ⅳ.①F20

中国国家版本馆 CIP 数据核字（2023）第 241146 号

责任编辑：杜　鹏　常家凤　胡真子　郭　威
责任校对：郑淑艳
责任印制：邱　天

资产评估

主　编　李胜坤
副主编　李　松　周　芳

经济科学出版社出版、发行　新华书店经销
社址：北京市海淀区阜成路甲 28 号　邮编：100142
编辑部电话：010-88191441　发行部电话：010-88191522
网址：www.esp.com.cn
电子邮箱：esp_bj@163.com
天猫网店：经济科学出版社旗舰店
网址：http://jjkxcbs.tmall.com
固安华明印业有限公司印装
787×1092　16 开　27.25 印张　620000 字
2023 年 12 月第 1 版　2023 年 12 月第 1 次印刷
ISBN 978-7-5218-5386-5　定价：59.00 元
（图书出现印装问题，本社负责调换。电话：010-88191545）
（版权所有　侵权必究　打击盗版　举报热线：010-88191661
QQ：2242791300　营销中心电话：010-88191537
电子邮箱：dbts@esp.com.cn）

前　言

资产评估是服务经济建设和社会管理的重要专业活动，涉及资产转让、资产重组、资产抵押、财产保险、财产纳税等经济行为。市场经济越发达，资产评估越重要，对资产评估的要求也越高。培养高素质的资产评估专业人员是我国资产评估行业健康发展的重要前提，也是适应国家"十四五"规划和高质量发展战略目标、推动行业转型发展的时代要求，本教材的出版恰逢其时。

本教材依据《中华人民共和国资产评估法》《资产评估行业财政监督管理办法》，吸收资产评估准则精髓，顺应评估实践发展新需求，力求全面、系统地反映资产评估理论和实践新成果，包括资产评估的基本理论、基本方法、各类资产（机器设备、房地产、流动资产、金融资产、无形资产、资源资产、企业价值）的评估、资产评估报告的编制，以及资产评估行业的发展与管理等内容，特别是增加了信息技术与资产评估的内容，注重与时俱进。

本教材有以下特点：一是特别邀请了资产评估实务专家加入编写团队，实现校企合作，引入大量实务案例，展现评估实践情境；二是每章都配有资产评估师职业资格全国统一考试真题，融"教、学、做"为一体，提升学者专业水平；三是丰富的拓展资料，包括前沿学术动态、详细案例分析等内容，具有很好的借鉴和指导价值；四是课程思政统领，注重挖掘资产评估专业知识背后的哲学，以及哲学背后的信仰，彰显和弘扬文化自信。

本书共分为十二章，其中，第三、第五、第八章由河南师范大学李胜坤副教授编写；第一、第六、第十章由河南师范大学李松博士编写；第二、第九、第十二章由河南师范大学周芳副教授编写；第四、第七、第十一章由河南财政金融学院杨瑞雪与文皆尧老师共同编写；新乡市德鑫资产评估事务所李辉资产评估师从评估实务的角度，对本教材的编写提供了许多有价值的建议。

本教材是河南省"十四五"普通高等教育规划教材，可作为高等院校财经类专业的教学用书，也可作为从事资产评估的相关人员和其他需要了解资产评估基本知识的人士自学用书。本教材在编写过程中参考了近年来出版发行的有关书籍和文章，得到了经济科学出版社的帮助，在此一并表示诚挚的感谢。

由于资产评估有许多理论和实际应用问题尚处在不断探索和发展中，且限于编者的水平，教材中难免存在不当之处，敬请广大读者批评指正。

编　者

2023 年 10 月

目 录

第一章 总论 ... 1
- 第一节 资产评估概述 ... 2
- 第二节 资产评估目的 ... 7
- 第三节 资产评估原则 ... 10
- 第四节 资产评估价值类型 ... 12
- 第五节 资产评估假设 ... 16
- 第六节 资产评估基本程序 ... 19
- 【本章小结】 ... 26
- 【本章练习】 ... 26

第二章 资产评估的基本方法 ... 31
- 第一节 市场法 ... 32
- 第二节 资产评估的成本法 ... 40
- 第三节 资产评估的收益法 ... 53
- 第四节 资产评估方法的比较和选择 ... 62
- 【本章小结】 ... 64
- 【本章练习】 ... 64

第三章 机器设备评估 ... 70
- 第一节 机器设备评估概述 ... 71
- 第二节 机器设备的清查核实与鉴定 ... 76
- 第三节 机器设备评估的成本法 ... 80
- 第四节 机器设备评估的市场法 ... 99
- 【本章小结】 ... 105
- 【本章练习】 ... 105

第四章　房地产评估 ... 110

- 第一节　房地产评估概述 ... 111
- 第二节　房地产价格及其影响因素 ... 120
- 第三节　房地产评估的成本法 ... 130
- 第四节　房地产评估的收益法 ... 145
- 第五节　房地产评估的市场法 ... 152
- 第六节　房地产评估的假设开发法 ... 164
- 【本章小结】 ... 168
- 【本章练习】 ... 169

第五章　无形资产评估 ... 171

- 第一节　无形资产评估概述 ... 172
- 第二节　无形资产评估的方法 ... 180
- 第三节　专利权和专有技术评估 ... 195
- 第四节　商标权的评估 ... 207
- 第五节　其他可确指无形资产的评估 ... 211
- 第六节　商誉的评估 ... 219
- 【本章小结】 ... 224
- 【本章练习】 ... 225

第六章　流动资产评估 ... 228

- 第一节　流动资产评估概述 ... 229
- 第二节　实物类流动资产评估 ... 234
- 第三节　非实物类流动资产评估 ... 242
- 【本章小结】 ... 250
- 【本章练习】 ... 251

第七章　长期投资及其他资产评估 ... 255

- 第一节　长期投资评估概述 ... 256
- 第二节　债券投资评估 ... 258
- 第三节　股票投资评估 ... 267
- 第四节　长期股权投资评估 ... 273
- 第五节　其他资产评估 ... 277
- 【本章小结】 ... 279
- 【本章练习】 ... 279

第八章　资源性资产评估 ... 282

- 第一节　资源性资产评估概述 ... 283

第二节　森林资源资产评估 ……………………………………………… 285
　　第三节　矿产资源资产评估 ……………………………………………… 293
　【本章小结】 …………………………………………………………………… 298
　【本章练习】 …………………………………………………………………… 298

第九章　企业价值评估 ……………………………………………………… 301
　　第一节　企业价值评估概述 ……………………………………………… 302
　　第二节　企业价值评估的收益法 ………………………………………… 314
　　第三节　企业价值评估的市场法 ………………………………………… 333
　　第四节　企业价值评估的资产基础法 …………………………………… 345
　【本章小结】 …………………………………………………………………… 349
　【本章练习】 …………………………………………………………………… 349

第十章　资产评估报告 ……………………………………………………… 353
　　第一节　资产评估报告概述 ……………………………………………… 354
　　第二节　资产评估报告的构成 …………………………………………… 359
　　第三节　资产评估报告的编制 …………………………………………… 365
　　第四节　资产评估报告的应用 …………………………………………… 368
　　第五节　资产评估报告示例 ……………………………………………… 371
　【本章小结】 …………………………………………………………………… 381
　【本章练习】 …………………………………………………………………… 382

第十一章　信息技术与资产评估发展 …………………………………… 385
　　第一节　信息技术概述 …………………………………………………… 386
　　第二节　信息技术在资产评估中的应用现状 …………………………… 388
　　第三节　资产评估方法中信息技术的嵌入 ……………………………… 390
　　第四节　信息技术时代资产评估行业的应对 …………………………… 392
　【本章小结】 …………………………………………………………………… 395
　【本章练习】 …………………………………………………………………… 395

第十二章　资产评估准则及行业管理 …………………………………… 397
　　第一节　资产评估准则概述 ……………………………………………… 398
　　第二节　资产评估行业管理模式及发展历程 …………………………… 409
　【本章小结】 …………………………………………………………………… 421
　【本章练习】 …………………………………………………………………… 421

参考文献 …………………………………………………………………………… 426

第一章 总　　论

【学习目标】

◆ 知识目标

掌握资产评估的概念，理解资产评估目的、资产评估原则、资产评估假设、资产评估的价值类型，了解资产评估的基本程序。

◆ 能力目标

具备资产价值类型的分析能力、职业判断能力和综合分析能力。

◆ 思政目标

传递经济强国战略思想；倡导科学、客观的精神。具有坚定的政治立场以及较高的政治思想素质和职业道德素质；具备健康的体魄和健全的心理素质；具有独立承担资产评估业务的专业素质。

【本章重点和难点】

本章的重点是资产评估目的、资产评估的价值类型。难点是资产评估价值类型的类别。

【案例导入】

2014 年，A 公司、B 公司因改制需要进行审计、评估。为达到低价转卖股份的目的，时任 M 市财政局副局长景某指示刘某："资产评估报告不要评高了，在国有投资原值的基础上略高就行。"之后景某联系了某会计师事务所的张某办理审计和评估事宜，并要求评估"在国有投资原值的基础上略高就行"。张某按照景某、刘某等的要求，采取"调整科目、虚列开支"的方式出具评估报告，致使 A 公司隐匿资产 1 079 333.33 元，国有资产损失 431 733.332 元，B 公司隐匿资产 2 180 163.13 元，国有资产损失 872 065.252 元。评估过程中，合计隐匿资产 3 259 496.46 元，国有资产共计损失 1 303 798 584 元。

思考与讨论：

从资产评估职业道德角度，谈谈本案例给你的启示。

资产评估是评估机构根据特定的目的，遵循客观经济规律和公正的准则，按照法定的标准和程序，运用科学的方法，对资产的现时价格进行评定和估算。其核心是对资产在某一时点的价值进行估算。

第一节 资产评估概述

一、资产评估的定义

资产评估属于价值判断的范畴，产品交换过程中的价值判断是经济学研究中不可回避的问题。所谓资产评估，就是运用经济学理论、方法对资产的价值进行定量的估计和判断。而资产评估的概念可以从一般意义、专业服务和法律规定三个角度进行表述。

一般意义上的资产评估就是估计和判断资产的价值。资产在进行市场交易时，大多数的市场参与者都会依据自己所掌握的知识和信息，对交易对象进行价值判断，从而确定交易价格，在此过程中可能会自觉或不自觉地运用资产评估的理论、方法从事相关价值判断。

社会分工和商品经济的发展催生了对专业资产评估服务的需求。作为一种专业服务，资产评估是由资产评估机构及其评估专业人员依据一定的职业标准对资产的价值进行评定估算的专业化活动。立法部门及相关政府管理部门、行业管理机构通过立法、制定准则等方式，对资产评估的主体、行为和责任等加以规范。2016年7月2日，我国颁布了《中华人民共和国资产评估法》（以下简称《资产评估法》），其所规范的资产评估是指资产评估的执业行为。

《资产评估法》从资产评估执业角度，对资产评估的概念界定为："评估机构及其评估专业人员根据委托对不动产、动产、无形资产、企业价值、资产损失或者其他经济权益进行评定、估算，并出具评估报告的专业服务行为。"该概念除了规定资产评估是一种价值评定、估算行为外，还强调了资产评估的主体、客体、服务的法律性质、内容及其成果。

二、资产评估的主体

资产评估主体即资产评估活动的执行者，即资产评估人。通常是指专门从事资产评估工作的评估机构（资产评估事务所等）和专业评估人员。资产评估活动具有政策性、专业性、技术性和多样性等特点，因此，资产评估工作必须由具备合法资格的评估机构及评估人员承担。按照我国现行的资产评估管理体制，资产评估机构必须是经国有资产管理部门审查合格的、取得资产评估业务许可证书的一些组织机构，如资产评估事务所等。同时，作为从事资产评估工作的评估人员应该参加全国统一考试，并取得注册评估师资格。从资产评估主体的业务范围看，主要有以下三类评估机构。

1. 专项资产评估机构。这类评估机构的业务范围比较单一，通常只就某一种或某一类资产进行评估，例如，房地产评估事务所一般只从事与房地产有关的资产评估业务。

2. 专营资产评估机构。这类评估机构一般不从事其他中介业务（如审计、会计），而是专门从事有关资产评估业务的机构，即常说的资产评估事务所，它的业务范围要大于专项资产评估机构。

3. 兼营性质的资产评估机构。这类机构不仅从事资产评估业务，同时还开展审计、会计、财务咨询等中介活动，它们往往是一些规模较大的综合类中介机构。

从资产评估机构的组织形式看，主要有两类：一类是合伙制的资产评估机构；另一类是有限责任制的资产评估机构。

三、资产评估的客体

资产评估客体又称资产评估对象，是指被评估的资产。在此，首先厘清作为被评估对象的资产具有什么特征和评估的具体类别。

（一）资产的特征

1. 资产是经济主体拥有或控制的。经济主体对该资产拥有所有权（产权）。这里我们有必要讨论"产权"的概念，法学意义上的产权（财产所有权）是指所有权人依法对自己的财产占有、使用、收益及处分的权利。市场经济条件下的资产业务，不仅体现在对资产物质（实物）本身的交易上，更体现在对财产所有权的控制上。例如，我国的城镇土地所有权属于国家，企业只拥有土地使用权，然而，企业却可以依法使用土地，或依法转让、出租、抵押、投资土地使用权。因此，虽然企业不拥有企业的所有权，但是能够依法对土地享有占有、使用、收益的权利，以及法律和合同规定的对土地使用权的处分权，应当确认为企业的资产。

从这个意义上讲，资产评估的实质是对产权的评估。因此，资产评估必须在产权明晰的前提下进行。

2. 资产是经济资源。

第一，经济资源具备有用性和稀缺性的特点。有用性意味着经济资源能带来某种效用，从而具有使用价值。稀缺性意味着对于该经济资源存在需求，从而具有交换价值。这两者构成经济资源能够带来未来经济利益的能力。资产评估就是通过适当的方法量化这种能力，反映资产的价值。

第二，资产的价值应当能够用货币计量和反映。现代人类社会经济是交易过程中以货币作为价值尺度和流通手段发挥作用的货币经济。因此，"资产是经济资源"意味着资产的价值应当能够运用货币计量和反映,要求资产给特定主体带来的效用或利益必须是可量化的,否则就不能确认为资产评估中的资产。

3. 资产能为其拥有者或控制者带来经济利益。

特定主体愿意拥有或控制某一经济资源的主要动因是该经济资源所具有的能够带来未来经济利益的潜在能力,这种经济利益可以表现为两个方面:一是使用资产给特定主体带来的利益,例如,专利权可以为其拥有者带来超额利润,机器设备可以为其拥有者带来生产利润;二是通过资产产权的变动给特定主体带来的利益,例如,转让房产可以为其拥有者带来的利益。

只有具备以上特征的资产才能作为被评估对象的资产加以确认。

【小思考】

什么是资产评估?它有什么特点?

(二) 资产的分类

作为资产评估客体的资产,存在形式是多种多样的,为了科学地进行资产评估,可对资产进行适当的分类,如图1-1所示。

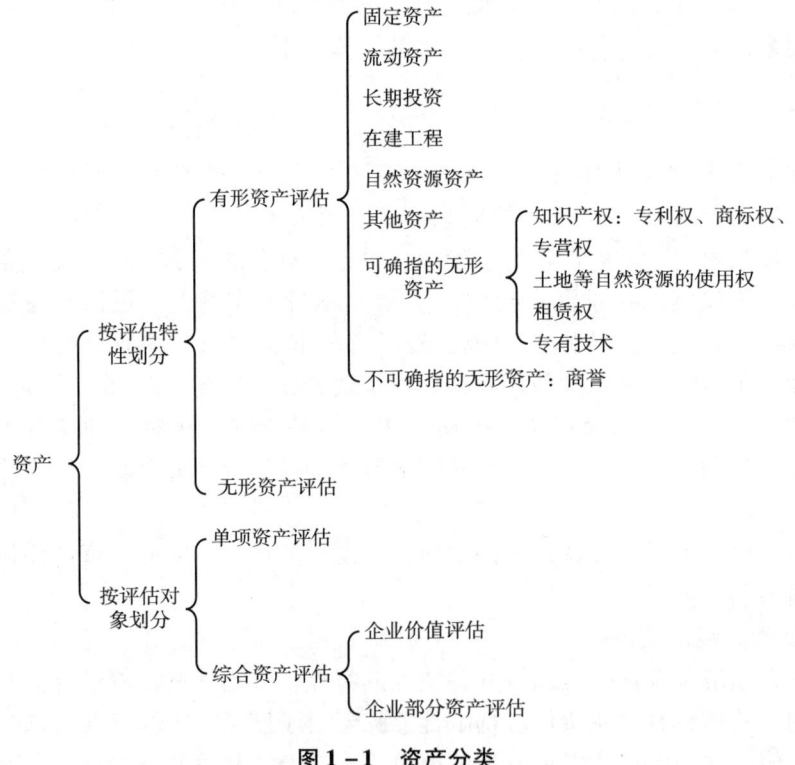

图1-1 资产分类

1. 按资产存在形态分类。按资产存在的形态可以分为有形资产和无形资产。

有形资产是指那些具有实体形态的资产,包括机器设备、房屋建筑物、流动资产等。会计学中的固定资产,一般是指以使用年限在一年以上,单位价值在规定限额以上为标准的主要劳动手段。在资产评估中,固定资产具体是指机器设备、房屋建筑物等,评估时应分别进行,因为它们具有不同的功能和特性。

无形资产是指那些没有物质实体而以某种特殊权利和技术知识等经济资源存在并发挥作用的资产,包括专利权、商标权、专有技术(非专利技术)、土地使用权、商誉等。

2. 按资产是否具有综合获利能力分类。按资产是否具有综合获利能力可以分为单项资产和整体资产。

单项资产是指单台、单件的资产。整体资产是指由一组单项资产组成的具有获利能力的资产综合体。

作为资产评估对象的资产,大多具有可确指的存在形态,可以单件、单台地进行评估。例如,我们可以确切地评估厂房、机器设备的单项价值,可以评估确定某项技术专利等无形资产的开发或购置成本。以单项资产为对象的评估,称为单项资产评估。将单项资产评估价值汇总起来,可以求得作为资产综合体的企业的总资产价值。但是,如果不是变卖单项资产,而是把企业作为商品进行买卖时,一般不能够简单地按单项资产的评估价值总和来交易,因此,就存在着有别于单项资产评估的整体资产评估。典型的整体资产一般是一个企业,也可以是某一车间,或者是一组无形资产的综合体。企业整体资产不是企业各单项可确指资产的汇集,其价值也不等于各单项可确指资产价值的总额,因为企业整体资产评估所考虑的是它作为一个整体资产的生产能力或获利能力,因此,其评估价值除了包括各单项可确指的资产价值以外,还包括不可确指的资产,即商誉的价值。

3. 按资产能否独立存在分类。按资产能否独立存在可以分为可确指的资产和不可确指的资产。

可确指的资产是指能独立存在的资产,前面所列示的有形资产和无形资产,除商誉以外都是可确指的资产。不可确指的资产是指不能独立于有形资产而单独存在的资产,如商誉。商誉是由于企业地理位置优越、信誉卓越、生产经营出色、劳动效率高、历史悠久、经验丰富、技术先进等原因,能获得的投资收益率高于一般正常投资收益率所形成的超额收益,它不能脱离企业的有形资产单独存在,所以称为不可确指的资产。

4. 按资产的流动性分类。按资产的流动性可以分为短期资产和长期资产。资产的流动性决定其变现性,流动性越活,变现性就活,偿债能力就活。流动性弱,变现性差,偿债能力弱。短期资产(如流动性)的变现性较活,而长期资产(如固定资产、无形资产)的变现性较弱。

四、资产评估与会计计价的区别

资产评估有广义和狭义之分,广义的资产评估包括所有涉及资产价值的行为。但是，在理论的界定和实践的运用中，我们所称的资产评估是狭义的，反映的是在产权变动、资产流动等资产特定行为下的估价过程。因此，资产评估与会计计价具有明显的区别，表现在以下三个方面。

（一）计价模式不同

会计学中的资产计价一般遵循历史成本原则，同时是以企业会计主体不变和持续经营为假设前提的。而资产评估则是用于发生产权变动、会计主体变动或者作为会计主体的企业生产经营活动中断、以持续经营为前提的资产计价无法反映企业资产价值时的估价行为。明确这一区别，一方面，说明资产评估并不是也不能够否定会计计价的历史成本原则，因为其发生的前提条件不同；另一方面，说明在企业持续经营的条件下，随意对企业资产进行评估，以资产评估价值替代资产历史成本计价的做法是缺乏理论依据的。如果随意进行评估，不仅会破坏会计计价的严肃性，违背历史成本原则，还会对企业的成本和收益计算产生不利影响。当然，资产计价有时也需要根据物价变动情况进行评估（如我国1992年开始试点，1995年结束的清产核资中的价值重估），但这种评估要严格遵循会计政策的统一规定，并且只是账面价值的调整，并不是我们所称的资产评估。

（二）计价功用不同

简单来说，会计学中的资产计价是就资产论资产，以货币计量能够客观地反映资产的实际价值量。资产评估则是就资产论权益，资产评估价值反映资产的效用，并以此作为取得收入和确定它在新的组织、实体中的权益的依据。同时，会计学中资产计价的目的是为投资者、债权人和经营管理者提供有效的会计信息，资产评估价值则是为资产的交易和投资提供公平的价值尺度。

（三）计价主体不同

资产计价是由本企业的财会人员来完成的，只要涉及与资产有关的经济业务均需要计价，这是一项经常的、大量的工作。资产评估则是由独立于企业以外的具有资产评估资格的社会中介机构完成的。而且，资产评估工作除了需要有资产评估学、财务会计知识以外，还需要具有工程技术、经济法律等多方面的知识才能完成，其工作难度和复杂程度远远超过会计计价。

当然，资产评估与会计计价也是有联系的，会计计价有时需要以资产评估价值为依据。但资产评估与会计计价毕竟是两个不同的经济范畴，无论在理论上还是实际工作中都必须明确区分。

【小思考】

资产评估与审计有什么区别？

第二节 资产评估目的

一、资产评估目的的定义

所谓资产评估目的，实际就是资产评估业务对应的经济行为对资产评估结果的使用要求，或资产评估结果的具体用途。

评估目的直接或间接地决定和制约着资产评估的条件以及价值类型的选择。不同评估目的可能会对评估对象的确定、评估范围的界定、价值类型的选择以及潜在交易市场的确定等方面产生影响。例如，对于一个企业的评估，如果评估目的是有限责任公司变更设立股份有限公司，评估结果用于核定股份有限公司设立的注册资本，涉及的评估对象和资产范围是该企业根据公司法的规定，可以用于出资的资产及相关负债形成的净资产。价值类型需要选择市场价值，潜在交易市场需要选择经营注册地的资产交易的有效市场；如果评估目的是股权转让，评估对象就应该是企业的股权，涉及的资产范围就是企业的全部资产和负债（包括公司法规定不能用于出资的资产，如商誉）。价值类型则需要根据交易双方的实际情况选择市场价值或投资价值等，潜在市场则需要根据可能的交易地点选择最有利的股权交易市场等。

总之，资产评估目的是委托人对资产评估结果的使用要求，或是委托人或报告使用人对资产评估结果的具体用途，在整个资产评估过程中具有十分重要的作用。

二、资产评估目的的确定

资产评估目的需要在评估委托合同中明确约定。因此，评估目的实际上是委托人进行评估委托的目的。法定评估的评估目的通常由法律、法规规定，因而法定评估业务的评估目的需要符合法律、法规的规定；非法定业务的评估目的可以依据协商原则确定。

通常，资产评估目的按照其经济行为可以分为：转让定价评估目的；抵、质押评估目的；公司设立、改制、增资目的；财务报告评估目的；税收评估目的和司法诉讼评估目的等。

（一）转让定价评估目的

所谓转让定价目的，是指资产评估是为标的资产转让定价提供参考。

对于一些在市场上无法直接获得交易价格信息的资产交易，交易双方在进行交易时可能需要借助资产评估专业服务，帮助交易双方确定交易价格；或者是聘请评估专业机构对交易双方商定的交易价格进行公允性签证。此类目的也是最常见的一类评估目的。这类目的的评估有些是国家法律、法规规定的所谓法定评估，还有一些是市场参与者自愿委托的非法定评估。

根据国有资产管理法规的规定，国有产权转让、收购非国有资产、资产转让、置换以及以非货币资产偿还债务等都是涉及资产转让行为目的的法定评估。

（二）抵、质押评估目的

所谓抵、质押目的的评估，是指企业在向金融机构或者其他非金融机构进行融资时，金融机构或非金融机构要求企业提供其用于抵押或者质押资产的评估报告，目的是了解用于抵押或者质押资产的价值。对于抵、质押的评估需求，主要包括三种情形：贷款发放前设定抵、质押的评估；实现抵、质押的评估；贷款存续期对抵、质押资产价值动态管理所要求的评估。

实务中最为常见的这类评估包括房地产抵押、知识产权质押、珠宝质押目的的评估。

（三）公司设立、改制、增资目的

根据《公司法》及工商行政管理部门颁布的相关法规的规定，以下经济行为需要评估。

1. 非货币资产出资行为。我国公司法规定，股东可以用货币出资，也可以用实物、知识产权、土地使用权等可以用货币估价并可以依法转让的非货币财产作价出资，但是，法律、行政法规规定不得作为出资的财产除外。对作为出资的非货币财产应当评估作价，核实财产，不得高估或者低估作价。

根据工商行政管理部门的规定，符合要求的股权也可用作出资。

2. 企业整体或部分改制、改建为有限公司或股份公司。企业进行公司制改建，或者由有限责任公司变更为股份有限公司，需要对改建、变更所涉及的整体或部分资产实施资产评估。

企业由有限责任公司变更为股份有限公司时，采用有限责任公司经审计的净资产账面价值折股时需要对有限责任公司用于折股的净资产进行评估。这个评估的实质是核实有限责任公司按照公司法规定可用于出资资产的市场价值扣除负债后的净资产价值是否不低于其用于折股的审计后的净资产账面价值，其目的是在企业以净资产折股时核实股权/股份的真实性，防止虚折股权/股份的情况发生。

如果国有控股、参股有限责任公司改建股份有限公司的过程中，发生引进战略投资者等导致拟改建公司股权结构及比例发生变化的情况，根据国有资产监管要求，需要在上述股权结构及比例变化环节对拟改建公司的整体资产进行评估。

3. 发行股份购买资产。这里的发行股份购买资产是指上市公司通过增发股份的方式购买相关实物资产。按照相关法规的规定，这种行为实质是采用非货币资产对股份公司进行增资的行为。

4. 企业债权转股权。企业拟转为股权的债权，应当经依法设立的资产评估机构评估。债权转股权的作价出资金额不得高于该债权的评估值。

这种行为实质是债权人采用非货币资产对其享有债权的公司进行增资的行为。被转股企业为国有非上市公司的，还应按规定对其整体资产进行评估。

(四) 财务报告评估目的

企业在编制财务报告时，可能需要对某些资产进行评估并且委托评估机构承担该种评估工作，这类目的的评估，属于财务报告评估目的的评估。

会计准则中的《企业会计准则第 3 号——投资性房地产》《企业会计准则第 8 号——资产减值》《企业会计准则第 11 号——股份支付》《企业会计准则第 20 号——企业合并》《企业会计准则第 22 号——金融工具确认和计量》《企业会计准则第 1 号——存货》《企业会计准则第 9 号——职工薪酬》《企业会计准则第 10 号——企业年金基金》《企业会计准则第 21 号——租赁》等都可能涉及财务报告目的的评估。

目前尚没有相关法律、法规规定财务报告目的的评估是一种法定评估事项。企业的会计记录是企业的法定义务，是否需要聘请评估机构提供评估服务由企业自主决定，因此，财务报告目的的评估不是一项法定评估。但是企业一旦决定委托评估机构承担财务报告目的评估时，评估机构则需要按照会计准则和评估准则的规定进行相关评估操作，还必须遵循在会计准则与评估准则发生冲突时，会计准则优先的原则。

如果没有遵循会计准则和评估准则的相关规定，评估机构可能需要承担相应的责任或连带责任。

(五) 税收评估目的

所谓税收目的的评估，通常是为税务机关计量相关税金提供计税基础，如计算不动产税目的计税评估等。税收目的的评估还包括提供财产转移定价公允性的鉴证评估，如税务机关对某项资产转让价格提出质疑，可能需要委托评估机构对其价值进行评估，以合理确定资产转让的公允价格，进而准确估算该资产交易的流转税和所得税等。

(六) 司法诉讼评估目的

广义上的司法诉讼目的的评估包括两类：一类是司法鉴证评估；另一类是诉讼协助评估。狭义上的司法评估仅指司法鉴证评估。

司法鉴证评估主要是评估机构接受法院的直接委托，对涉及诉讼或执行的资产进行价值评估。这种评估事项是法院司法判决或执行程序的组成部分。

诉讼协助评估是指评估机构接受诉讼当事人或律师的委托，对涉诉的资产进行评估的事项，为评估委托人提供诉讼协助服务。这类评估属于当事人根据自己意愿决定的评估事项。

【例 1-1】某银行计划向一家小型企业提供贷款，需要对该企业的资产进行评估，以确定可接受的贷款额度。请根据以下情况描述，确定资产评估的目的和重要性，并解释为什么这些评估是必要的：该企业拥有一栋自己的办公大楼；该企业在多个城市开设了几家分店；该企业拥有一些机器设备和库存；该企业持有一些商标和授权许可；该企业拥有一些固定资产的债务。

例题解读：资产评估的目的是确定小型企业的资产价值，以便银行能够决定适当的贷款额度。以下是解释为什么这些评估是必要的：

（1）确定还款能力：通过资产评估，银行可以确定小型企业的还款能力。评估大楼、分店、机器设备和库存等资产的价值，有助于银行评估企业的财务状况和偿还贷款的能力。

（2）确定贷款抵押物价值：资产评估有助于确定可接受的贷款额度，并确定需要作为贷款抵押物的资产。通过评估大楼、机器设备和商标等资产的价值，银行可以确定适当的贷款抵押物，并确保贷款的安全性。

（3）确定风险与回报：资产评估有助于银行评估贷款所涉及的风险与回报。通过评估小型企业的资产价值，银行可以更好地了解其经营状况和潜在增长机会，从而更准确地评估贷款的风险，并决定是否提供贷款以及贷款利率。

（4）支持决策过程：资产评估为银行提供了关键的数据和信息，以便作出决策。通过准确评估企业的资产价值，银行可以更好地理解企业的财务状况和潜力，并根据评估结果来制订相应的贷款方案和还款计划。

第三节 资产评估原则

资产评估的原则是调节资产评估委托者、评估业务承担者和资产业务有关权益各方在资产评估中的相互关系，规范资产评估机构和评估人在资产评估中行为和业务的准则。资产评估的原则包括工作原则和经济技术原则，如图1-2所示。

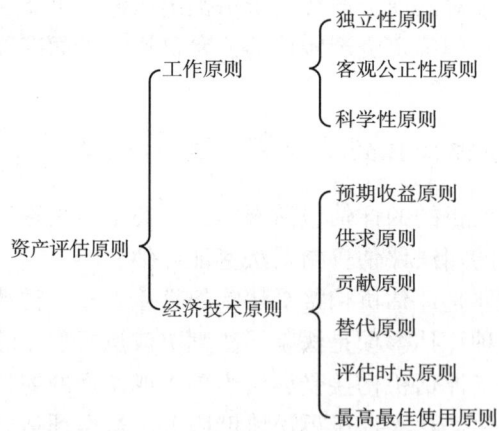

图1-2 资产评估原则

一、资产评估的工作原则

1. 独立性原则。资产评估中独立性原则的含义如下：其一，评估机构本身应该是一个独立的社会公正性中介组织（法人）；其二，评估机构及其评估人员在利益及利害关系上与资产业务各当事人没有任何联系；其三，评估机构及其评估人员在执业过程中应始终坚持独立的第三者地位，不受委托人及外界的意图及压力的影响，进行独立公正的评估。

评估机构及其评估人员在评估业务中遇到以下情况时应予回避：曾在委托单位任职，离职后未满两年；持有客户的股票、债券或与客户有其他经济利益关系；其他可能直接或间接影响执业的利害关系。

2. 客观公正性原则。客观公正性原则是指资产评估工作应该实事求是，尊重客观实际。要求资产评估机构及其评估人员在评估工作中认真调查研究，以实际材料为基础，以确凿的事实和事物发展的内在规律为依据，通过合乎逻辑地分析和推理得出具有客观公正性的评估结论。

3. 科学性原则。科学性原则是指资产评估机构和评估人员必须遵循科学的评估标准，选择科学的评估程序和方法，制订科学的评估方案进行资产评估。在整个评估工作中必须把主观评价与客观测算、静态分析与动态分析、定性分析与定量分析有机结合起来，使评估工作做到科学合理、真实可信。科学性原则还要求资产评估要根据不同业务的实际情况确定科学的评估程序，以利于节约人力、财力，降低评估成本，提高工作效率。

二、资产评估的经济技术原则

资产评估的经济技术原则是指在资产评估执业过程中的一些技术规范和业务准则。各项经济技术原则是相互联系的，在实际工作中要善于综合运用。

1. 预期收益原则。资产之所以有价值是因为它能为其拥有者或控制者带来未来经济利益，资产价值的高低主要取决于它能为其所有者或控制者带来的预期收益量的多少。预期收益原则是评估人员判断资产价值的一个最基本的依据，要求在进行资产评估时必须合理预测资产未来的获利能力以及其获利能力的有效期限。

2. 供求原则。商品的供求规律是假定在其他条件不变的前提下，商品的价格随着需求的增长而上升，随着供给的增加而下降。商品供求规律在资产价值评估中的应用称为供求原则，评估人员在判断资产价值时应充分考虑供求原则。

3. 贡献原则。贡献原则是指资产价值的高低要由该资产所能作出的价值贡献来决定，即构成某一整体资产的各组成要素的贡献，或者是当整体资产缺少该项要素资产时将蒙受的损失。从一定意义上讲，贡献原则是预期收益原则的一种具体化。

4. 替代原则。在同一市场上,具有相同效能的商品,应有大致相同的交换价值。如果具有相同效能的商品具有不同的价格,买者就会选择价格较低者。在资产评估中存在着评估数据、评估方法等的合理替代问题,某一资产的可选择性和有无替代性是需要考虑的一个重要因素,正确运用替代原则是公正进行资产评估的重要保证。

5. 评估时点原则。资产的价值会随着市场条件的变化而改变。为了使资产评估得以顺利进行,同时又能保证资产评估结果可以被市场检验,在资产评估时,必须假定市场条件固定在某一时点,这一时点就是评估基准日,或称估价日期。它为资产评估提供了一个时间基准,评估值就是评估基准日的资产价值。

6. 最高最佳使用原则。该原则依据价值理论原则,强调商品在交换时,应以最佳用途及利用方式实现其价值。由于资产的使用会受到市场条件的制约,因此,其最佳用途的确定一般需要考虑以下三个因素。

(1) 确定该用途法律上是否许可,必须考虑该项资产使用的法律限制;

(2) 确定该用途技术上是否可行,必须是市场参与者认为合理的用途;

(3) 确定该用途财务上是否可行,必须考虑在法律上允许且技术上可能的情况下,使用该资产可以产生足够的收益或现金流量,从而在补偿资产用于该用途所发生的成本后,仍然能够满足市场参与者所要求的投资回报。

第四节　资产评估价值类型

一、价值类型的作用

价值类型是指评估价值的含义,是评估价值质的规定。价值类型在资产评估业务中具有重要的作用,表现在以下三个方面。

1. 价值类型是影响和决定资产评估价值的重要因素。资产评估价值是某项资产在特定条件下的价值表现,其价值含义不同,结果也不一样。《国际评估准则》中指出:"专业评估师应避免使用未经限定的'价值'概念,而应对所涉及的特定价值类型进行详细描述。""在运用和理解评估时明确披露价值类型和定义尤为重要,价值类型和定义需要与特定的资产评估业务相适应,价值定义的改变会对各种资产所具有的价值产生实质性的影响。"因此,每一个资产评估价值都是有条件的特定价值,而并非资产本身的客观价值和内在价值。价值类型指的是评估价值的类别,是每一项评估价值的具体价值尺度。目前,有一种观点认为,一项资产,价值含义不同而产生评估价值差异,会使得评估值具有随意性和偏好性,缺乏客观性。这种担心可以理解,但没有必要。因为强调评估价值含义不同产生评估价值的差异,正是为了更有效真实地反映资产的评估值。通常情况下,资产发生的经济行为不同,其使用价值实现的市场环境和条件也不一样。一台机器设备，用于投资行为的评估和用于销售变现行为的评估，其价值含义不同，评估值也不一样。用于销售变现行为，该资产的使用价值取决于市场的交换条件和需求者对其使用价值的判断；用于投资行为的评估，则只是考虑该机器设备在新投资企业中是否有用及其有用程度。显然，这时需求者及其市场条件就会产生差异。

2. 价值类型制约资产评估方法的选择。价值类型实际上是评估价值的一个具体标准，为了获得某种标准的评估价值，需要通过评估方法获得。国际上通行的评估方法主要有三种：市场法、成本法和收益法。在现实工作中，我国更多地采用成本法，市场法和收益法的应用相对较少。应该说，评估方法没有先进和落后之分，只要能够获得满足价值类型结果的方法都是可行和有效的，我国之所以采用成本法较多，主要是受制于市场条件。因此，在价值类型确定的情况下，评估方法的选择具有随机性和多样性，《国际评估准则》中指出："评估市场价值最常见的方法包括市场（比较法）、收益资本化或现金流折现法（收益法）和成本法。"事实上，评估方法本身只是估算评估价值的一种思路，价值类型确定后直接制约着评估方法应用中各种指标、参数的判断和选择。

3. 明确评估价值类型，可以更清楚地表达评估结果，避免报告使用者误用评估结果。任何评估结果都是有条件的，不同的评估目的、市场条件决定其价值含义是不同的，评估价值也不相同。评估师在评估报告中明确其提出的评估价值的类型，可以使委托方更清楚地使用评估价值，这样也可以规避评估师的责任。

二、价值类型的类别

价值类型的种类或表述，有代表性的观点有两种：一种是将价值类型分为现行市价、重置成本、收益现值和清算价格，这是我国理论界比较早的具有代表性的观点；另一种则是根据《国际评估准则》，将价值类型区分为市场价值以及市场价值以外的价值类型。目前，第二种观点在现实中得到广泛应用。

1. 市场价值。关于市场价值的定义，无论《国际评估准则》，还是美国的《专业评估统一标准》，以及英国、澳大利亚的评估手册等，尽管在一些词汇表达方面存在差异，但基本含义是一致的。因此，我们可以直接采用《国际评估准则》中的定义。在《国际评估准则》中，市场价值定义为：自愿买方和自愿卖方在评估基准日进行正常的市场营销之后所达成的公平交易中某项资产应当进行交易的价值估计数额，当事人双方应各自精明、谨慎行事，不受任何强迫压制。

对于市场价值的理解，应着重从以下三个方面把握。

（1）公开和公平的市场条件。是指市场价值是在公开和公平的市场条件下形成的，市场条件不局限于某事件发生或某人发生，同时，当事人是在信息充分掌握的基础上作出的。公开市场是指一个竞争性的市场，交易各方进行交易的唯一目的在于最大限度地追求经济利益，交易各方掌握必要的市场信息，具备较为充裕的时间，对被评估资产具有必要的专业知识，交易条件公开并且不具有排他性。

(2) 当事人是理性的。当事人充分把握信息，不受任何压力，理性条件下作出的选择。

(3) 市场价值是价值估计数额。

除市场价值以外，其他的价值类型种类繁多，各个国家也不一样。根据现实的必要性和可行性，主要还有在用价值、投资价值、持续经营价值、清算价格、保险价值、课税价值等。

2. 在用价值。在用价值是指特定资产在特定用途下对特定使用者的价值，重点反映了作为企业组成部分的特定资产能够为其所属企业带来的价值，而并不考虑该资产的最佳用途或资产变现所能实现的价值量。

3. 投资价值。投资价值是指资产对于具有明确投资目的的特定投资者或某一类投资者所具有的价值。这一概念将特定的资产与具有明确投资目标、标准的特定投资者或某一类投资者结合起来。

在资产评估中，投资价值是依据其投资需求条件，针对特定投资者评估某项投资的投资价值。与市场价值相比，投资价值是个人的价值，未必是市场价值。投资价值反映特定投资者与一项投资两者之间的主观关系。虽然投资价值和市场价值参数可能相似，但它和市场价值在概念上不同。如果投资者需求条件为市场典型条件，投资价值可能和市场价值相同。

4. 持续经营价值。持续经营价值是指在持续经营条件下公司的价值。持续经营价值假设现有资产将被用于产生未来现金流并且不会被出卖。投资者考虑持续经营价值，并将它与生产终止时的资产价值对比。如果持续经营价值超过生产终止时的生产价值，那么进行经营是有意义的。

5. 清算价格。清算价格是指在非公开市场上限制拍卖的价格。清算价格一般低于现行市场价格，这是由市场供求状况决定的。其一，因经营失利而导致破产的企业，必然会急于将资产转让或拍卖；其二，这种交易活动只要取决于买方，占有主动权的买方必定极力压低成交价格，以从中获取利益。

一般来说，在市场机制比较健全的情况下，资产价值会因竞争而趋于合理，以市场售价评定其清算价格仍有一定的意义。尽管如此，资产的清算价格也往往会低于其现行市场价格。有些市场上不需要的资产，其清算价格甚至会低于账面价值。因此，清算价格一般取决于下列两个因素。

(1) 资产的通用性。专用设备的清算价格一般会大幅度低于其市场价格。一个具有某一特殊属性（使用价值）的财产对于所有者来讲并不具有特殊价值。

(2) 清算时间的限制。一般地，清算时间越长，在市场上讨价还价的余地越大，清算价格会越高。

6. 保险价值。保险价值是指可能因危险造成损失的实体项目的重置和（或）重建成本。保险价值是保险单条款中记载或认同的某项资产损失或资产群价值的一部分损失。

7. 课税价值。是指根据税法中规定的与征纳税收相关的价值定义所确定的价值。

8. 残余价值。是指机器设备、房屋建筑物或者其他有形资产等的拆零变现价值估计数额。

【小思考】

怎样理解资产评估中的市场价值类型与市场价值以外的类型？

三、价值类型的决定因素

价值类型问题一直是评估业界的焦点和难点，但至少已在下列方面达成共识：一是价值类型是必需的；二是资产评估过程开始就应确定价值类型，价值类型指导资产评估过程始终；三是每一种价值类型必须定义。

决定和影响价值类型的因素是多方面的，但主要因素如下。

1. 评估的特定目的（经济行为）。
2. 市场条件。
3. 资产功能及其状态。

上述三项因素是一个有机整体，核心问题是评估的特定目的，因为特定目的确定以后直接影响市场条件，进而也影响资产功能和状态。例如，资产在发生售卖的经济行为下，直接决定了市场中需求者的范围。通常情况下，资产评估特定目的不同，评估价值也不一样，这种差异本身就是由于特定目的引致的价值类型不同造成的。但需要进一步说明的是，许多情况下我们可以根据特定目的，加上对市场条件的假设和判断选择价值类型，例外的情况是，评估师也可以根据委托者的要求选择价值类型。一般地，企业破产、资产拍卖，我们可以选择清算价格，但也可以根据委托者要求选择采用市场价值类型。根据对市场价值概念的分析，国际评估界似乎对市场价值具有更大的偏好性，它是一种理想化的评估价值。当然，价值类型选择不同，直接影响评估价值数额。而且，不同价值类型下的评估价值与实际资产交易值的差异度是不同的。如果企业破产评估选用清算价格这种价值类型，实际处置时，处置值和评估值差异就会很小；而如果选用市场价值类型时，处置值和评估值差异就会较大。可见，同样的评估目的，不同价值类型的评估值所表现的实际交易值与评估值的差异程度不同。强调说明的是，评估价值与资产交易值之间存在差异是正常的现象，因为交易过程中的许多因素并非评估师所应考虑的内容，委托方使用评估价值时，应注意分析两者差异的原因。当然，这样并不是评估者对评估值就没有责任了，其仍然应对形成评估值的因素及参数选择方面负责。

【例1-2】 某企业准备以一台设备作为出资在中国设立一家有限责任公司，需要将该设备进行评估，应该选择何种价值类型？

该案例是将标的资产用作出资，属于以非货币资产对外投资行为。出资视同交易，通常不考虑特定的买方或者卖方的特性，也不考虑任何特定的交易附带条件，应当选择市场价值。另外，该案例是在中国大陆设立有限责任公司，"交易"是在中国发生,该市场价值应该设定为在中国大陆关税区的市场价值。

【例1-3】国内某国有企业计划到加拿大收购一家当地的公众公司。标的公司是在当地证券交易所上市的公司,对该标的企业的评估选择何种价值类型?

该交易是国内的企业到加拿大收购当地公司的股权,也属于资产收购行为。同样,因为案例未披露要考虑特定的买方与卖方的投资偏好或特定目标,确定选择市场价值。同时,这个交易在加拿大发生,受到加拿大法律、法规的管辖,应当选择加拿大的市场,并且这个市场应当是加拿大的证券交易市场,而不是一般产权交易市场。因此,该案例应当评估标的资产在加拿大证券交易市场的市场价值。

【例1-4】某移动通信运营商计划收购一家互联网电商企业,如何选择价值类型?

移动通信运营商有大量的客户资源,可以将这些客户资源嫁接给电商企业,使得电商企业有可能在短时间内快速集聚自己的客户资源。移动通信商与互联网电商之间没有相互竞争关系,移动通信企业将自身客户嫁接给电商企业就不会对自身经营产生不利影响。因此,这是一个可能会产生客户资源协同效应的收购项目。在该股权收购案例中,如果委托人要求考虑这种协同效应对股权收购价值的影响,就应当选择投资价值类型。

【例1-5】某火力发电厂拥有一台10万千瓦的火力发电机组,按照国家有关产业政策需要关停,发电机组不能异地使用。现需要对该火电机组资产进行处置评估,应该如何选择价值类型?

该火电机组不能继续使用,需要整体报废,但是该发电机组中部分设备,如变压器等,还存在继续使用的价值,也就是说整体发电机组需要报废,但是组成机组的设备零部件、部分设备还有使用价值,在这种情况下,可以选择残余价值类型。

第五节 资产评估假设

一、资产评估假设的概念与作用

(一) 资产评估假设的概念

资产评估假设是依据现有知识和有限事实,通过逻辑推理,对资产评估所依托的事实或前提条件作出的合乎情理的推断或假定。资产评估假设也是资产评估结论成立的前提条件。

由于人类认识客体的无限变化和认识主体有限能力的矛盾,人们需要依据已经掌握的数据资料对某一事物的某些特征或者全部事实作出合乎逻辑的推断。

资产评估业务实际上也是一种模拟市场交易以判断资产价值的行为。面对不断变化的市场环境,为了进行资产评估,评估人员需要把市场条件及影响资产价值的各种因素设定在某种状态下,以便其对标的资产进行价值分析和判断。

(二) 资产评估假设的作用

任何一门学科的建立都离不开假设前提，相应的理论体系和方法体系也都是建立在一系列假设前提基础上的。资产评估作为一门学科，与其他学科一样，其理论体系和方法体系的确立也是建立在一系列假设基础上的。

资产的价值受到客观因素和主观因素的影响，主、客的影响因素来自各方面，有些因素的影响十分重要，另外还有一些因素的影响不是很重要；有些因素靠目前人们的认识能力是可以认识的，有些因素则暂时无法完全认识。因此，在实际中，评估人员需要抓住影响资产价值的主要因素，有意识地忽略一些次要因素，这样可以化繁为简，在可以控制相关差异的前提下提高评估工作的效率。

评估假设实际发挥的正是这种"化繁为简"抓主要矛盾的作用，即将一项资产交易价格的主要影响因素从实际中抽象出来，研究这些因素对交易价格的影响，忽略一些不必要的因素，提高评估的效率。

二、主要资产评估假设的内涵

根据目前国内相关研究文献的记载，主要资产评估假设通常包括交易假设、公开市场假设、持续经营假设、清算假设（有序清算假设和强制清算假设）、最高最佳使用假设、现状利用假设、原地使用假设和移地使用假设。

(一) 交易假设

交易假设是资产评估得以进行的一个最基本的前提假设。它是假定所有待评估资产已经处在交易过程中，评估师根据待评估资产的交易条件等模拟市场进行估价。为了发挥资产评估在资产实际交易之前为委托人提供资产交易底价的专业支持的作用，同时又能够使资产评估得以进行，利用交易假设将被评估资产置于"交易"当中，模拟市场进行评估就是十分必要的。

一方面，交易假设为资产评估得以进行"创造"了条件；另一方面，它明确限定了资产评估的外部环境，即资产是被置于市场交易之中，资产评估不能脱离市场条件而孤立地进行。

(二) 公开市场假设

公开市场假设，是指资产可以在充分竞争的市场上自由买卖，其价格高低取决于一定市场的供给状况下独立的买卖双方对资产的价值判断。它是对拟进入的市场条件以及资产在较为完善市场条件下接受何种影响的一种假定说明或限定。

所谓公开市场，是指一个有众多买者和卖者的充分竞争性的市场。在这个市场上，买者和卖者的地位是平等的。资产交易双方都有获取足够市场信息的机会和时间，买卖双方的交易行为都是自愿的、理智的，而非在强制或受限制的条件下进行的。买卖双方都能对资产的功能、用途及其交易价格等作出理智的判断。

公开市场假设就是假定较为完善的公开市场存在,被评估资产将要在这样一种公开市场上进行交易。事实上,现实中的市场条件未必能达到上述公开市场的完善程度。当然,公开市场假设也是基于市场客观存在的现实,即以资产在市场上可以公开买卖这样一种客观事实为基础的。

公开市场假设旨在说明一种充分竞争的市场环境。在这种环境下,资产的交换价值受市场机制的制约并由市场行情决定,而不是由个别交易案例决定。

公开市场假设是资产评估中的一个重要假设,其他假设都是以公开市场假设为基本参照的。公开市场假设也是资产评估中使用频率较高的一种假设,凡是能在公开市场上进行交易、用途较为广泛的或者通用性较好的资产,都可以考虑按公开市场假设前提进行评估。

(三) 持续经营假设

持续经营假设实际是一项针对企业或业务资产组(CGU,也可以称为经营主体)的假设。该项假设一般不适用单项资产。

持续经营假设是指假设一个经营主体的经营活动可以连续下去,在未来可预测的时间内该主体的经营活动不会中止或终止。

假设一个经营主体是由部分资产和负债按照特定目的组成的,并且需要完成某种功能,实际就是假设经营主体在未来可预测的时间内将会继续按照这个特定目的,继续该特定功能。该假设不但是一项评估假设,同时也是一项会计假设。企业会计之所以要对会计主体的持续经营作出假设的主要原因一方面是,如果缺乏这项假设,会计核算的许多原则如权责发生制、划分收益性支出与资本性支出等将不能够应用;另一方面是企业在持续经营状态下和处于清算状态时所采取的会计处理方式是不同的,例如,对固定资产在持续经营下可以采用实际成本法,在清算状态下则只能采取公允价值或可变现价值等。

对一个会计主体或者经营主体的评估,也需要对其未来的可持续经营作出假设。因为经营主体是否可以持续经营,其价值表现是完全不一样的。持续经营假设下的评估一定是基于企业未来经营收益的多少来确定其现实价值的。

(四) 有序清算假设

与持续经营假设相对应的假设就是不能持续经营。如果一个经营主体不能持续经营就需要清算这个经营主体,也就是需要使用清算假设。如果清算是在所有者自主控制下,在一个有计划、有秩序的前提下进行,这种清算就是有序清算。所谓有序清算假设,就是经营主体在其所有者有序控制下实施清算,即清算在一个有计划、有秩序的前提下进行。

(五) 强制清算假设

强制清算是经营主体的清算不在其所有者控制之下,而是在外部势力的控制下按照法定的或者由控制人自主设定的程序进行，该清算经营主体的所有者无法干预。因此，所谓强制清算，是指经营主体在外部力量控制下的清算。

（六）最高最佳使用假设

最高最佳使用是指一项资产在法律上允许、技术上可能、经济上可行，经过充分合理的论证，能使该项资产实现其最高价值的使用。

最高最佳使用通常是对一项资产如果存在多种不同的用途，评估人员应该选择其最佳用途来对比进行评估。会计准则中的公允价值就明确规定是最佳用途下的市场价值。

（七）现状利用假设

现状利用是指一项资产按照其目前的利用状态及利用方式对其价值进行评估。当然，现状利用方式可能不是最佳使用方式。

（八）原地使用假设

原地使用是指一项资产在原来的安装地继续被使用，其使用方式和目的可能不变，也可能会改变。例如，一台机床是用来加工汽车零部件的，现在该机床仍在原地继续被使用，但是已经改为加工摩托车零部件了。

原地使用的价值构成要素一般包括设备的购置价格、设备运输费、安装调试费等。

如果涉及使用方式及目的变化，还要根据委托条件确定是否考虑变更使用方式而发生的成本费用。

（九）移地使用假设

移地使用是指一项资产不在原来的安装地继续被使用，而是要被转移到另外一个地方继续使用。迁移地点后资产的使用方式和目的可能会改变，也可能不改变。例如，一台二手机床要出售，购买方拟将其运送到另外一个地方重新安装使用，资产的这种使用状态就称为移地使用。

移地续用涉及设备的拆除、迁移和重新安装调试等环节。除了设备本体价值，还需要根据买卖双方约定的资产交割及费用承担条件，确定其价值要素是否还包括设备的拆除费用、运输到新地址的费用和重新安装调试的费用等。

第六节 资产评估基本程序

一、资产评估程序的定义

资产评估程序是指资产评估机构和人员执行资产评估业务、形成资产评估结论所履行的系统性工作步骤。资产评估程序由具体的工作步骤组成，不同的资产评估业务由于评估对象、评估目的、资产评估资料收集情况等相关条件的差异，评估人员可能需要执行不同的资产评估具体程序或工作步骤，但由于资产评估业务的共性，各种资产类型、各种评估目的的资产评估业务的基本程序是相同的。通过对资产评估基本程序的总结和规范，可以有效地指导评估人员开展各种类型的资产评估业务。

资产评估程序有狭义和广义之分，狭义的资产评估程序是从资产评估机构和人员接受委托开始，到向委托人或相关当事人提交资产评估报告书结束。广义的资产评估程序是从承接资产评估业务前的明确资产评估业务基本事项开始，到资产评估工作档案归档结束。根据2018年《资产评估执业准则——资产评估程序》的规定，资产评估程序包括的主要环节如图1-3所示。

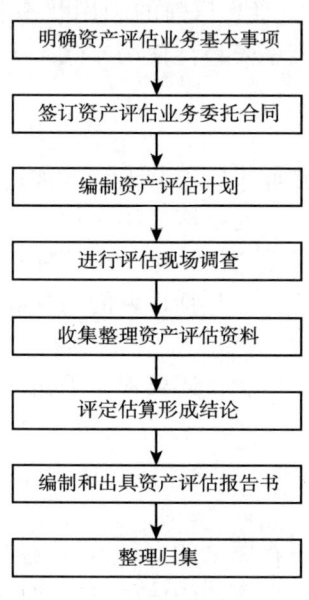

图1-3　资产评估程序

二、资产评估程序的重要性

资产评估程序的重要性表现在以下三个方面。

1. 资产评估程序是规定资产评估行为、提高资产评估业务质量和维护资产评估服务公信力的重要保证。资产评估机构和人员不论执行何种资产类型、何种评估目的的资产评估业务，都应当履行必要的资产评估程序，按照工作步骤有计划地进行资产评估。这样做不仅有利于规范资产评估机构和人员的执业行为，而且能够有效地避免由于机构和人员水平不同而导致的在执行具体资产评估业务中可能出现的程序上的重要疏漏，切实保证资产评估业务质量。恰当的资产评估程序对于提高资产评估机构业务水平乃至资产评估业整体业务水平具有重要意义。

另外，作为一项专业性较强的中介服务工作，评估人员履行严格的评估程序也是赢得客户和社会公众信任、提高评估行业社会公信力的重要保证。

2. 资产评估程序是相关当事方评价自查评估服务的重要依据。由于资产评估结论是相关当事方进行决策的重要参考依据之一，因此，资产评估服务必然引起相关当事方的关注，包括委托人、资产占有方、资产评估报告使用人、相关利益当事人、司法部门、证券监督及其他行政监督部门、资产评估行业主管协会以及社会公众、新闻媒体等。资产评估程序不仅为资产评估机构和人员执行资产评估业务提供了必要的指导和规范，而且为上述相关当事方提供了评价资产评估服务的重要依据，也是委托人、司法和行政监管部门及资产评估行业协会监督资产评估机构和人员、评价资产评估服务质量的主要依据。

3. 恰当执行资产评估程序是资产评估机构和人员防范执业风险、保护自身合法权益、合理抗辩的重要手段之一。随着资产评估行业的发展，资产评估机构和人员与其他当事人之间就资产评估服务引起的纠纷和法律诉讼越来越多。从各国的实践来看，由于资产评估工作的专业性，无论是当事人还是司法部门由于在举证、鉴定方面存在较大难度等，都倾向于追究资产评估机构和人员在履行必要资产评估程序方面的疏漏和责任，而避免在专业判断方面下结论。随着我国资产评估实践的发展，我国资产评估委托人和相关当事方、政府和行业监管部门及司法部门也从早期对资产评估结论的简单判断，逐步转为重点关注资产评估机构和人员在执行业务过程中是否恰当履行了必要的资产评估程序。因此，恰当履行资产评估程序是资产评估机构和人员防范执业风险的主要手段，也是在产生纠纷或诉讼后合理保护自身权益、合理抗辩的重要手段。

三、资产评估程序的基本内容

执行资产评估业务，应当遵守法律、行政法规和资产评估准则，履行适当的资产评估程序。

（一）明确资产评估业务基本事项

明确资产评估业务基本事项是资产评估程序的第一个环节，包括在签订资产评估业务约定书以前所进行的一系列基础性工作，它对资产评估项目风险评价、项目承接与否以及资产评估项目的顺利实施具有重要意义。由于资产评估专业服务的特殊性，资产评估程序甚至在资产评估机构接受业务委托前就已经开始。资产评估机构和人员在接受资产评估业务委托之前，应当与委托人等相关当事人进行讨论、阅读基础资料、进行必要初步调查等，以明确资产评估业务的基本事项。其中包括委托人、产权持有人和委托人以外的其他资产评估报告使用人；评估目的；评估对象和评估范围；价值类型；评估基准日；资产评估报告使用范围；资产评估报告提交期限及方式；评估服务费及支付方式；委托人、其他相关当事人与资产评估机构及其资产评估专业人员工作配合和协助等需要明确的重要事项。

1. 委托人、产权持有人和委托人以外的其他资产评估报告使用人。资产评估机构和人员应当了解委托方的基本状况，委托人与相关当事人之间的关系也应当作为重要基础资料予以充分了解，这对于理解评估目的以及防范恶意委托等十分重要。在可能的情况下，评估机构和评估人员还应要求委托人明确资产评估报告的使用人以及资产评估报告的使用方式。这有利于评估机构和评估人员更好地根据使用者的需求提供良好的服务，同时也有利于降低评估风险。

2. 资产评估目的。资产评估机构和人员应当与委托方就资产评估的目的达成明确、清晰的共识，并尽可能细化资产评估的目的，避免仅笼统地列出通用资产评估目的的简单做法。

3. 评估对象基本状况。资产评估机构和人员应当了解评估对象的基本状况，包括法律、经济和物理状况，如资产类型、规格、型号、结构、数量、购置（生产）年代、生产（工艺）流程、地理位置、使用状况、企业的注册资本、所属行业、在行业中的地位和影响、财务和经营状况等。资产评估机构和人员应当特别了解相关评估对象权利受限的状况。

4. 价值类型及定义。资产评估机构和人员应当在明确资产评估目的的基础上，恰当确定价值类型，确信所选择的价值类型适用于资产评估目的，并就所选择价值类型的定义与委托方进行沟通，避免出现歧义和误导。

5. 资产评估基准日。资产评估机构和人员应当通过与委托方的沟通，了解并明确资产评估基准日。资产评估基准日是评估业务中极为重要的基础，也是评估基本原则之一的时点原则在评估实务中的具体实现。评估基准日的选择应当有利于资产评估结论有效地服务于资产评估目的，减少和避免不必要的资产评估基准日期后事项。评估机构和人员应当根据专业知识和经验，建议委托方根据评估目的、资产和市场的变化情况等因素合理选择评估基准日。

6. 资产评估使用范围和重要假设。资产评估机构和人员应当在承接评估业务前，充分了解所有对资产评估业务可能构成影响的限制条件和重要假设，以便进行必要的风险评价，并更好地为客户服务。

7. 资产评估报告提交期限及方式。被评估单位与资产评估机构和人员必须就未来资产评估成果的提交限定时间。由于资产评估报告本身具有时效性，因此，对提交期限需要约定。同时，对提交的方式进行商定，以确定符合经济效益的提交方式。

8. 评估服务费及支付方式。评估费用是评估双方争议的焦点，评估费用既要考虑评估过程中所发生的成本和费用补偿，又要考虑评估机构本身的利润期望。同时，结合双方实际的评估内容进行合理规划，找到双方评估价格的合理均衡点。此外，双方还要确定价款的支付方式。

9. 需要明确的其他重要事项。评估双方对一些或有事项进行约定，以尽量减少交易过程的不确定导致的评估风险。

(二) 签订资产评估业务委托合同

签订资产评估业务委托合同是资产评估机构与委托人共同签订的，确认资产评估业务委托与受托关系的，明确委托目的、被评估资产范围及双方义务等相关重要事项的合同。

根据《资产评估执业准则——资产评估程序》的规定，资产评估机构受理资产评估业务应当与委托人依法订立资产评估委托合同，约定资产评估机构和委托人权利、义务、违约责任和争议解决等内容。具体参考如下：

1. 资产评估机构和委托方名称。
2. 资产评估目的。
3. 资产评估对象。
4. 资产评估基准日。
5. 出具资产评估报告的时间要求。
6. 资产评估报告使用范围。
7. 资产评估收费。
8. 双方的权利、义务及违约责任。
9. 签约时间。
10. 双方认为应当约定的其他重要事项。

(三) 编制资产评估计划

资产评估专业人员应当根据资产评估业务具体情况编制资产评估计划，并合理确定资产评估计划的繁简程度。资产评估计划包括资产评估业务实施的主要过程及时间进度、人员安排等。资产评估计划是资产评估机构和人员为执行资产评估业务拟订的资产评估思路和实施方案，对合理安排工作量、工作进度，按时完成资产评估业务具有重要意义。由于资产评估项目千差万别，资产评估计划也不尽相同，其详略程度取决于资产评估业务的规模和复杂程度。资产评估机构和人员应当根据所承接的具体资产评估项目情况，编制合理的资产评估计划，并根据执行资产评估业务过程中的具体情况，及时修改、补充资产评估计划。

资产评估计划应当涵盖资产评估工作的全过程，评估人员在资产评估计划编制过程中应当同委托人等就相关问题进行洽谈，以便资产评估计划的实施。编制资产评估工作计划应当重点考虑以下因素：

1. 资产评估目的、资产评估对象状况。
2. 资产评估业务风险、资产评估项目的规模和复杂程度。
3. 评估对象的性质、行业特点、发展趋势。
4. 资产评估项目所涉及资产的结构、类别、数量及分布状况。
5. 相关资料收集状况。
6. 委托人以往委托资产评估的经历、诚信状况及提供资料的可靠性、完整性和相关性。

7. 资产评估人员的专业胜任能力、经验及助理人员配备情况。

（四）进行评估现场调查

执行资产评估业务，应当对评估对象进行现场调查，获取评估业务需要的资料，了解评估对象现状，关注评估对象法律权属。现场调查手段通常包括询问、访谈、核对、监盘、勘查等。资产评估专业人员可以根据重要性原则采用逐项或者抽样的方式进行现场调查。

资产评估机构和人员执行资产评估业务，应当对评估对象进行必要的现场调查，包括对不动产和其他实物资产进行必要的现场调查。对企业价值、股权和无形资产等非实物性资产进行评估时，也应当根据评估对象的具体情况进行必要的现场调查。进行资产调查和现场调查工作不仅基于资产评估人员勤勉尽责义务的要求，同时也是资产评估机构和人员全面、客观地了解评估对象，核实委托方提供资料可靠性的重要手段。由于各类资产差别很大以及评估目的不同，不同项目中对评估对象进行调查或现场调查的具体方式和程度也不尽相同。评估师应根据评估项目具体情况，确定合理的现场调查方式，并与委托方进行沟通，确保现场调查工作的顺利进行。

（五）收集整理资产评估资料

在上述几个环节的基础上，资产评估机构和人员应当根据资产评估项目的具体情况收集资产评估相关资料。资料收集工作是资产评估业务质量的重要保证，也是进行分析、判断，进而形成评估结论的基础。资产评估专业人员应当根据资产评估业务具体情况收集资产评估业务需要的资料。包括：委托人或者其他相关当事人提供的涉及评估对象和评估范围等的资料；从政府部门、各类专业机构以及市场等渠道获取的其他资料。资产评估专业人员应当要求委托人或者其他相关当事人提供涉及评估对象和评估范围的必要资料，应当要求委托人或者其他相关当事人对其提供的资产评估明细表及其他重要资料进行确认，确认方式包括签字、盖章及法律允许的其他方式。因此，资产评估机构和人员的执业能力在一定程度上体现在其收集、占有与所执行项目相关的信息资料的能力上。资产评估机构和人员在日常工作中就应当注重收集信息资料，并根据所承接的项目情况确定收集资料的深度和广度，尽可能全面、翔实地占有资料。资产评估专业人员应当依法对资产评估活动中使用的资料进行核查验证。核查验证的方式通常包括观察、询问、书面审查、实地调查、查询、函证、复核等。

（六）评定估算形成结论

资产评估机构和人员在占有相关资产评估资料的基础上，进入评定估算环节，主要包括分析资产评估资料、恰当选择资产评估方法、运用资产评估方法形成初步资产评估结论、综合分析确定资产评估结论、资产评估机构内部复核等具体工作步骤。

资产评估机构和人员应当对所收集的资产评估资料进行充分分析，确定相关性、可靠性、可比性，摒弃不相关、不可靠的信息，对不可比信息进行必要分析调整，在此基础上恰当地选择资产评估方法，并根据业务需要及时补充收集相关信息。资产评估专业人员应当根据评估目的、评估对象、价值类型、资料收集等情况，分析市场法、收益法和成本法三种资产评估基本方法的适用性，选择评估方法。长期以来，在我国资产评估实践中，绝大多数资产评估业务是以成本法为唯一使用的资产评估方法。随着我国资产评估理论和实践的发展，特别是市场发育状况及其他相关条件的日益成熟，我们应当提倡资产评估人员根据评估对象、评估目的、资料收集情况等相关条件恰当地选择资产评估方法，鼓励尽可能选用多种评估方法进行评估，对宜采用两种以上资产评估方法的评估项目，应当使用两种以上资产评估方法，并说明选择资产评估方法的理由。

资产评估人员在选择恰当的资产评估方法后，应当根据评估基本原理和评估准则的要求恰当地运用评估方法进行评估，形成初步评估结论。采用成本法，应当合理确定重置完全成本和各相关贬值因素；采用市场法，应当合理选择参照物，分析参照物的信息资料，根据评估对象与参照物的差异进行必要调整；采用收益法，应当合理预测未来收益，合理确定收益期限和折现率等相关参数。资产评估专业人员应当根据所采用的评估方法，选取相应的公式和参数进行分析、计算和判断，形成测算结果。

资产评估专业人员应当对形成的测算结果进行综合分析，形成评估结论。对同一评估对象采用多种评估方法时，应当对采用各种方法评估形成的测算结果进行分析比较，确定评估结论。资产评估机构应当按照法律、行政法规、资产评估准则和资产评估机构内部质量控制制度，对初步资产评估报告进行内部审核。

(七) 编制和出具资产评估报告书

资产评估机构和人员在执行必要的资产评估程序、形成资产评估结论后，应当按有关资产评估报告的规范编制资产评估报告书。资产评估报告书的主要内容包括：委托方和资产评估机构情况，资产评估目的，资产评估结论，价值类型，资产评估基准日、评估方法及其说明，资产评估假设和限制条件等内容。资产评估机构和人员可以根据资产评估业务性质和委托方或其他评估报告使用者的要求，在遵守资产评估报告书撰写规范和不引起误导的前提下，选择恰当的资产评估书详略程度。

资产评估机构和人员应当以恰当的方式将资产评估报告书提交给委托人。在提交正式资产评估报告书之前，可以与委托人等进行必要的沟通，听取委托人等对资产评估结论的反馈意见，并引导委托人、资产评估报告使用者等合理地理解资产评估结论。

(八) 整理归集

资产评估机构应当对工作底稿、资产评估报告及其他相关资料进行整理，形成资产评估档案。资产评估机构和人员在向委托人提交资产评估报告书后，应当及时将资产评估工作底稿归档。将这一环节列为资产评估基本程序之一，充分体现了资产评估服务的专业性和特殊性，不仅有利于评估机构应对今后可能出现的资产评估项目检查和法律诉讼，也有利于总结资产评估工作、完善和提高资产评估业务水平。资产评估机构和人员应当将在资产评估工作中形成的、与资产评估业务相关的有保存价值的各种文字、图表、声像等资料及时予以归档，并按国家有关规定对资产评估工作档案进行保存、使用和销毁。

【本章小结】

　　资产评估是专业机构和人员按照国家法律法规和资产评估准则，根据特定目的，遵循评估原则，依照有关程序选择适当的价值类型，运用科学的方法对资产价值进行评定和估算的行为。资产评估涉及以下基本要素：一是评估主体，即从事资产评估的机构和人员，他们是资产评估工作的主导者；二是评估客体，即被评估的资产，它是资产评估的具体对象，也称为评估对象；三是评估依据，即资产评估工作所遵循的法律、法规、经济行为文件、重大合同协议以及收费标准和其他参考依据；四是评估目的，即资产业务引发的经济行为对资产评估结果的要求，或资产评估结果具体用途，它直接决定和制约资产评估价值类型和方法的选择；五是评估原则，即资产评估的行为规范，是调节评估当事人各方关系、处理评估业务的行为准则；六是评估程序，即资产评估工作从开始准备到最后结束的工作顺序；七是评估价值类型，即对评估价值的质的规定，它对资产评估参数的选择具有约束性；八是评估方法，即资产评估所运用的特定技术，是分析和判断资产评估价值的手段和途径。

资产评估对中国经济发展的意义

【本章练习】

一、单项选择题

1. 下列有关资产评估的经济技术原则的说法中，错误的是（　　）。
   A. 贡献原则指某一项资产的价值取决于它对所在资产组合的贡献
   B. 预期收益原则指资产的价值不仅取决于其过去的生产成本和销售价格，也取决于对未来收益的预期
   C. 替代原则指在同一市场上，如果具有相同使用价值和质量的产品具有不同的交换价值或价格，买方会选择价格较低的产品
   D. 评估时点原则需要假定市场条件固定在某一时点，即评估基准日

2. 下列各项中，属于资产评估工作原则的是（　　）。
   A. 独立、客观、公正原则　　　　B. 最高最佳使用原则
   C. 预期收益原则　　　　　　　　D. 贡献原则
3. 甲评估机构评估 A 公司破产清算的可变现资产的价值，法院要求在限定时间内处置完可变现资产，应该选择的评估假设是（　　）。
   A. 原地使用假设　　　　　　　　B. 有序清算假设
   C. 强制清算假设　　　　　　　　D. 公开市场假设
4. 下列关于持续经营假设的说法中，不正确的是（　　）。
   A. 持续经营假设主要是针对企业，不是针对业务资产组或单项资产
   B. 当预计未来是在现状基础上持续经营时，属于现状持续经营假设
   C. 当没有证据表明企业经营期满或濒临破产，则认为满足持续经营条件
   D. 当预计未来以合理预计状态持续经营，属于预计状态持续经营假设
5. 相同效能的资产，最低价格的资产需求最大，体现的是（　　）。
   A. 供求原则　　　　　　　　　　B. 最高最佳使用原则
   C. 替代原则　　　　　　　　　　D. 预期收益原则
6. 《中华人民共和国资产评估法》的颁布时间是（　　）。
   A. 2017 年 1 月 1 日　　　　　　B. 2016 年 7 月 2 日
   C. 2015 年 7 月 2 日　　　　　　D. 2014 年 6 月 30 日
7. 甲公司拥有一座海滨酒店，乙公司拥有一个海滨浴场，两个公司位置相邻，现在甲公司想要收购乙公司以扩大营业额，预计收购后两家公司的总营业额会上升10%，则此评估业务应该选择的价值类型为（　　）。
   A. 市场价值　　B. 在用价值　　C. 投资价值　　D. 残余价值
8. 下列各项中，不属于股东可用于出资的资产的是（　　）。
   A. 货币　　　　B. 商誉　　　　C. 实物　　　　D. 土地使用权
9. 开展和实施评估业务的第一个环节是（　　）。
   A. 明确业务基本事项　　　　　　B. 签订业务委托合同
   C. 制定资产评估准则　　　　　　D. 编制资产评估计划
10. 资产评估专业人员确定评估方法，收集相应的评估资料，得出合理的评估结论的前提是（　　）的确定。
    A. 评估对象　　B. 评估目的　　C. 价值类型　　D. 评估基准日

二、多项选择题

1. 资产评估机构在受理评估业务前应当明确资产评估业务基本事项。下列事项中属于资产评估业务基本事项的有（　　）。
   A. 明确评估方法
   B. 明确委托人、产权持有人和委托人以外的其他报告使用人
   C. 明确评估假设

D. 明确评估服务费及支付方式
E. 明确评估目的

2. 根据具体来源，评估资料可划分为（　　）。
A. 直接从市场等渠道独立获取的资料
B. 从委托人、产权持有人等相关当事人处获取的资料
C. 从政府部门、司法机关及各类专业机构和其他组织获取的资料
D. 评估师自己总结的资料
E. 会计凭证

3. 按照国有资产管理要求，向非国有投资者转让国有产权的，下列各项中必须纳入评估范围的无形资产有（　　）。
A. 专利权　　　　　　　　　B. 非专利技术
C. 商誉　　　　　　　　　　D. 商标权
E. 负债

4. 资产评估假设在选择的过程中，应该满足的要求有（　　）。
A. 客观性　　　　　　　　　B. 合理性
C. 真实性　　　　　　　　　D. 针对性
E. 相关性

5. 下列选项中，属于资产评估的特点的有（　　）。
A. 咨询性　　　　　　　　　B. 静态性
C. 鉴证性　　　　　　　　　D. 公正性
E. 专业性

6. 下列人员中，可以在评估委托合同上签字并加盖资产评估机构印章的有（　　）。
A. 评估机构的法定代表人　　B. 执行合伙事务合伙人
C. 资产评估师　　　　　　　D. 财务主管
E. 资产评估专业人员

7. 下列关于资产评估中资产的说法中，正确的有（　　）。
A. 资产是由过去的交易或者事项形成的资源
B. 资产必须有合理的市场交易价格
C. 资产能够为特定主体带来未来经济利益
D. 资产是经济资源
E. 资产是特定主体拥有或者控制的

8. 下列关于资产评估的概念的说法中，正确的有（　　）。
A. 资产评估是受委托人和资产评估专业人员依法签订的资产评估委托合同约束的专业服务
B. 资产评估是一种对价格、价值进行评定估算的行为
C. 资产评估的客体是指资产评估的对象
D. 资产评估对象可以是具体的资产，也可以是其他经济权益

E. 资产评估只能由特定的主体执行

9. 由于资产的使用会受到市场条件的制约，因此最高最佳用途的确定，一般需要考虑（　　）。

A. 确定该用途法律上是否许可，必须考虑该项资产使用的法律限制

B. 确定该用途技术上是否可能，必须是市场参与者认为合理的用途

C. 确定该用途财务上是否可行，必须考虑在法律上允许且技术上可能的情况下，使用该资产能否产生足够的收益或现金流量，从而在补偿使资产用于该用途所发生的成本后，仍然能够满足市场参与者所要求的投资回报

D. 资产的价值会随着市场条件的变化而变化，因此必须选取一个评估基准日

E. 商品在交换时，应以最佳用途及利用方式实现其价值

10. 明确评估业务基本事项的目的包括（　　）。

A. 对项目进行风险评估

B. 对本机构及评估专业人员从事相关业务的经验和专业胜任能力进行综合分析和评价

C. 对其他机构及其专业人员从事相关业务的经验和专业胜任能力进行评价

D. 决定是否受理该评估项目

E. 为决定受理项目后的双方谈判、订立评估委托合同和组织实施做好准备

三、思考题

1. 什么是资产评估？它的主要目的是什么？
2. 资产评估的重要性是什么？
3. 资产评估可能面临的挑战是什么？
4. 资产评估如何与投资决策和金融规划相关联？
5. 资产评估过程中的风险和挑战有哪些？如何应对？
6. 如何认识资产评估的功能？
7. 资产评估关于资产的理解与会计有何差异？
8. 资产评估应遵循哪些工作原则和技术经济原则？

四、案例分析题

1. 甲企业有一条生产线，该生产线由若干台设备组成，现拟于 2021 年 7 月将该生产线转让给乙公司，乙公司计划在原地继续使用该生产线。现甲企业委托 ABC 资产评估机构对该生产线在 2021 年 6 月 15 日的市场价值进行评估。

要求：

（1）简述价值类型的作用和种类。

（2）清算价值与市场价值相比，其主要差异有哪些？

（3）根据上述资料，如何选择价值前提和价值类型？请说明理由。

2. A 资产评估机构接受委托，对甲公司的下属分公司乙进行价值评估，欲以乙分公司的厂房设备等作价投资。经了解，乙公司已停产十年，十年前，由于管理不善、产品落后，乙公司出现了亏损，从此停产。评估机构派出评估师进行评估，经了解，乙公司目前仅有厂房三处，机器设备三十多台，由于乙公司资产管理不善，乙公司管理人员提供的资料与三十多台机器设备的实际状况不完全匹配。评估人员最终确定，对厂房采用逐项调查、对机器设备采用抽样调查的方式进行现场调查。在评估过程中，甲公司负责人与 A 评估机构负责人沟通，为了在此次投资中获得较多股权，要求 A 评估机构将最后的评估价值上浮 50% 体现在评估报告中，如果可以，甲公司将多支付 10% 的评估费用，否则，甲公司将不支付评估费用。A 评估机构经办公会研究确定，果断单方面解除了资产评估委托合同。甲公司为此向法院进行了起诉，要求 A 评估机构履行合同。

要求：

（1）评估师确定的调查方式是否正确？如不正确请说明正确的做法并说明理由。

（2）本例中 A 评估机构单方面解除合同的做法是否正确？说明理由。

（3）根据资产评估法的规定，评估机构可以提前终止和解除资产评估委托合同的情形有哪些？

第二章 资产评估的基本方法

【学习目标】

◆ **知识目标**

掌握资产评估三种基本方法的基本原理内容和各项参数指标的确定方法，熟悉资产评估方法选择的基本依据，了解各种评估方法间的关系。

◆ **能力目标**

能够运用三种基本方法对常见的资产进行评估。

◆ **思政目标**

传递经济强国的战略思想，倡导科学精神，培养诚实守信、勤勉尽责、谨慎从业的职业道德，具有服务国家、服务人民的社会责任感。

【本章重点和难点】

本章的重点是资产评估中的市场法、收益法和成本法的基本原理与思路。难点是三种基本评估方法中各项参数指标的基本含义和取得方法。

【案例导入】

被评估资产为某企业 2018 年购进的一条生产线 W，账面原值为 150 万元，2021 年进行评估。经调查分析确定，生产线 W 的价格每年比上一年增长 10%。专业人员勘查估算认为，生产线 W 还能使用 6 年。又知，目前市场上已出现功能更先进的生产线 N，并被普遍运用，与生产线 W 相比，生产线 N 可节省人员 3 人，每人的月工资水平为 650 元。此外，由于市场竞争加剧，生产线 W 开工不足，由此造成的收益损失额为每年 20 万元（该企业所得税税率为 25%，假定折现率为 10%）。

思考与讨论：

如何对生产线 W 进行评估？

资产评估方法是指评定估算资产价值的途径和手段,是在多种学科技术方法的基础上,按照资产评估自身的运作规律和行业特点形成的一整套方法体系,主要包括市场法、成本法和收益法三种基本方法。

第一节 市场法

一、市场法及其适用的前提条件

(一) 市场法的含义

市场法即现行市价法,又称比较法、市场比较法,是以市场价格作为资产评估的价格标准,据以确定资产价格的一种资产评估方法。它是基于市场供求均衡价值理论,按照替代比较和不断校准的评估思路,通过将被评估资产与市场上已经交易的可比参照资产的比较、分析和调整来估算被评估资产价值的各种评估技术手段的总称。市场法是一种简单、有效的方法,因为评估过程中的资料直接来源于市场,同时又为即将发生的资产行为估价。但是,市场法的应用与市场经济的建立和发展、资产的市场化程度密切相关。在我国,社会主义市场经济的建立和完善,为市场法提供了有效的应用空间,市场法日益成为一种重要的资产评估方法。

市场法在企业价值评估、机器设备评估、矿业权评估中均有应用,例如,在企业价值评估中表现为交易案例比较法和上市公司比较法;在机器设备评估中表现为相似比较法和比率估价法;在矿业权评估中表现为可比销售法、单位面积探矿权价值评判法等。

(二) 市场法的评估思路

市场法采用的是替代比较思路,是指借助于市场上与被评估资产相同或相似且已经交易了的资产作为参照物,利用被评估资产与参照物之间的可比性及其替代关系,通过功能比较、差异分析和价格调整等来估测被评估资产价值的评估技术思路。

先在资产市场上寻找与被评估资产相类似的参照物的成交价(又称交易案例);然后对被估资产与参照物之间的差异进行调整,将参照物的成交价调整为被估资产的评估值。由于市场比较法是通过被评估资产(或类似资产)的市场行情来确定被估资产的评估值,因而只有多个交易案例才能反映市场行情,根据多个交易案例调整得到不同的评估值后,再采用算术平均或者加权平均的方法确定被评估资产的评估值。

(三) 市场法应用的基本前提

1. 具有公开、有效的市场。需要有一个充分发育、活跃的资产市场,存在活跃的交易。公开市场指的是市场要充分竞争，有充足的自愿的买卖双方，交易信息公开，时间充裕，足够平等交易。资产市场上，资产交易越频繁，与被评估资产相类似资产的价格越容易获得。有效市场指的是市场价格能够公允反映资产的真实价值，避免对资产价值的高估或低估。那就要求市场交易活跃、交易自由、交易信息真实可靠，不存在人为操控及市场垄断现象。

2. 有关交易的必要信息可以获得。运用市场法，重要的是能够找到与被评估资产相同或相类似的参照物。因此，近期公开市场上必须要有已经发生过的，与被评估资产及资产业务相同或相似的可比资产及其交易活动，而且其交易信息可以获得。这些已经完成交易的可比资产就可以作为被评估资产的参照物，其交易数据是进行比较分析的主要依据。但与被评估资产完全相同的资产是很难找到的，这就要求对类似资产参照物进行调整，有关调整的指标、技术参数能否获取是决定市场法运用与否的关键。

二、市场法的操作步骤

采用市场法进行资产评估大体上要经历以下程序。

（一）选择参照物

无论评估对象载体是单项资产还是整体资产，运用市场法评估资产时都需经历选择参照物这样一个程序。市场上如能找到与被评估资产完全相同的参照物，就可以以参照物价格直接作为被评估资产的评估价值，这是市场法运用最简单、直观的方式。对参照物的要求关键是可比性问题，包括功能、市场条件及成交时间等。

但是，在资产评估过程中，完全相同的参照物是很少见的，更多的情况是以相类似参照物的价格做相应差异调整以确定被评估资产价值。为使参照物的价格与被评估资产评估值可比，在选择参照物时要考虑以下具体要求。

（1）参照物的成交价必须真实，即必须是实际成交价。报价、拍卖底价等均不能视为成交价，它们不是实际交易的结果。

（2）要选取多个参照物。选取多个参照物可以减少特殊因素和偶然因素对成交价及评估值的影响，得到的评估值更客观。我国目前一般要求至少有 3 个交易案例，国外在正常情况下要求至少有 4~5 个交易案例，才能有效运用市场法。

（3）参照物与被评估资产之间大体可替代，即要求两者尽可能类似。越类似的资产价格可比性越强，得到的评估值越准确。

（4）参照物的成交价应是正常交易的结果，即不能反映市场行情的关联交易、特别交易不能被选作参照物。如果能将非正常交易修正为正常交易，如能够获得关联交易成交价高于或低于市价多少的信息，则可选用。此外，还要求参照物的成交时间尽可能接近评估基准日，以提高参照物成交价的可参照程度。

(二) 在评估对象与参照物之间选择比较因素

一般来说，影响资产价值的基本因素大致相同，如资产性质、市场条件等，但具体到每一种资产时，影响资产价值的因素又各有侧重。如影响房地产价值的主要是地理位置因素，而技术水平则在机器设备评估中起主导作用。因此，应根据不同种类资产价值形成的特点，选择对资产价值形成影响较大的因素作为对比指标，在参照物与评估对象载体之间进行比较。

1. 时间因素。时间因素是指参照物成交日与被评估资产的评估基准日不在同一时期，而在这段间隔期参照物价格变动对评估值的影响。调整的方法可以采取定基物价指数法，也可以采取环比的方法。一般来讲，当资产价格处于上升期间，调整系数大于1；反之，则小于1。

2. 区域因素。区域因素是指参照物所在区域与被评估资产所在区域条件的差异对评估值的影响。如果参照物所在区域条件比被评估资产所在区域好，则需将参照物的成交价向下调，即调整系数小于1；反之，则向上调，调整系数大于1。具体方法主要采取打分法。区域因素对房地产价格的影响尤为突出。

3. 功能因素。功能因素是指参照物与被评估资产在功能上的差异对评估值的影响。通常情况下，功能的高低与资产价值的高低呈正相关关系，但这以资产的功能在市场上能够得到充分利用为前提。功能因素差异调整既要考虑资产本身功能的差异，也要考虑购买方对资产特定效能的需要。功能因素调整可采用功能系数法。具体可以用绝对数计算，如设备产出能力相差1个单位，价格相差多少；也可以采用相对数计算，如产出能力每相差1个百分点，对价格的影响程度。

4. 成新率因素。成新率因素是指参照物与被评估资产在有形损耗方面的差异对评估值的影响。有形损耗率越高（或者说成新率越低），资产的价值就越低。因此，如果参照物的成新率比被评估资产低，就需要将参照物的成交价向上调，即调整系数大于1；反之，则需要将参照物的成交价向下调，即调整系数小于1。

5. 交易因素。在参照物的交易为非正常交易的情况下，交易价格会高于或低于公平的市场价值，这时就需要对参照交易价格进行交易情况的修正。非正常的交易一般包括：交易双方有特殊的利益关系；参与交易的一方由于一项法规或司法命令而不得不进行某项交易，如企业破产清算；买方急于想买，或卖方急于想卖；交易的卖方为买方提供了低于市场条件或其他方式的融资，如允许买方分期付款；在非现金交易方式基础上的复杂交叉交易。如相互承诺以低于市场价值的价格为对方提供服务或产品。

(三) 指标对比、量化差异

根据所选定的对比指标，在参照物及评估对象载体之间进行比较，并将两者的差异进行量化。例如，资产功能指标，尽管参照物与评估对象载体功能相同或相似，但在生产能力、产品质量，以及在资产运营过程中的能耗、料耗和工耗等方面都可能有不同程度的差异。运用市场法评估的一个重要环节就是将参照物与评估对象载体对比指标之间的上述差异数量化和货币化。

(四) 在各参照物成交价格的基础上调整已经量化的对比指标差异

市场法的运用是以参照物的成交价格作为评定估算被评估资产价值的基础。在这个基础上将已经量化的参照物与评估对象载体对比指标差异进行调增或调减，就可以得到以每个参照物为基础的评估对象载体的初步评估结论。初步评估结论与所选择的参照物个数密切相关。由于参照物与被评估资产之间存在差异，在以参照物价格确定被评估资产评估值时必须对差异因素进行分析，调整差异因素对价格的影响。

(五) 综合分析确定评估结果

在分别完成对各参照物成交价的修正后，即可获得若干个调整值。将这些调整值进行算术平均或加权平均，就可最终确定评估值。

运用市场途径评估单项资产应考虑的可比因素主要有：
(1) 资产的功能。
(2) 资产的实体特征和质量。
(3) 市场条件。
(4) 交易条件。

三、市场法的具体操作方法

市场法实际上是指在一种评估思路下的若干具体评估方法的集合。市场法中的具体方法可以根据不同的划分标准进行分类，一般按照参照物与评估对象的相近相似程度将市场法分为直接比较法和间接比较法，如图2-1所示。

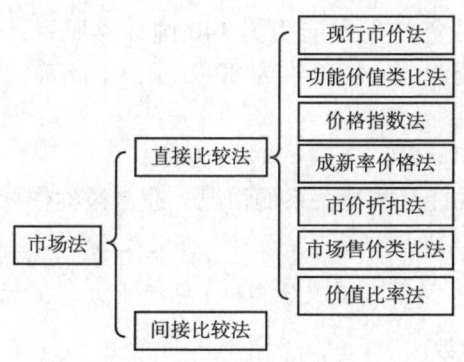

图2-1 市场法的分类

(一) 直接比较法

直接比较法是指利用参照物的交易价格，以评估对象的某一或若干基本特征与参照物的同一及若干基本特征直接进行比较得到两者的基本特征修正系数或基本特征差额,在参照物交易价格的基础上进行修正从而得到评估对象价值的一类方法。其基本数学表达式为:

$$评估对象价值 = 参照物成交价格 \times 修正系数1 \times 修正系数2 \times \cdots \times 修正系数n$$

或:

$$评估对象价值 = 参照物成交价格 \pm 基本特征差额1 \pm 基本特征差额2 \pm \cdots \pm 基本特征差额n$$

直接比较法具体又分为单一因素比较法和类比调整法。

1. 单一因素比较法。单一因素比较法是指利用参照物的交易价格及参照物的某一基本因素直接与评估对象的同一基本因素进行比较,从而判断评估对象评估值的方法。适用于参照物与评估对象相同或差异仅体现在某一基本特征上的情况,单一因素比较法又包括若干具体的评估方法。

(1) 现行市价法。当市场上与评估对象完全相同的资产具有市场交易价格或与评估对象基本相同的参照物具有市场交易价格时,可以直接利用与评估对象完全相同的资产或参照物在评估基准日的现行市场交易价格作为评估对象的评估价值。

(2) 功能价值类比法。功能价值类比法是利用了资产功能与资产价值之间所具有的相对稳定的数量关系,以参照物的功能及其成交价格为基础,考虑参照物与评估对象之间的功能差异进行调整来估算评估对象价值的方法。根据资产的功能与其价值之间的线性关系和指数关系的区别,其评估思路的数学表达式分别为:

①资产价值与其功能呈线性关系的情况:

$$资产评估价值 = 参照物成交价格 \times \left(\frac{评估对象生产能力}{参照物生产能力} \right)$$

【例 2-1】被评估资产生产能力为 140 吨,参照资产的年生产能力为 100 吨,评估基准日参照资产的市场价格为 80 万元,由此确定被评估资产的价值接近于 112 万元。

资产评估价值 = 80 × 140 ÷ 100 = 112(万元)

②资产价值与其功能呈指数关系的情况,通常被称作规模经济效益指数法:

$$资产评估价值 = 参照物成交价格 \times \left(\frac{评估对象生产能力}{参照物生产能力} \right)^x$$

其中,x 为功能价值指数。

【例 2-2】被评估资产年生产能力为 50 吨,参照资产的年生产能力为 80 吨,评估时点参照资产的市场价格为 20 万元,该类资产的功能价值指数为 0.7,由此确定被评估资产价值接近于 8.18 万元。

资产评估价值 = $20 \times (50 \div 80)^{0.7}$ = 14.39(万元)

(3) 价格指数法。价格指数法是以参照物成交价为基础,考虑参照物的成交时间与评估对象的评估基准日之间的时间间隔对资产价值的影响,利用价格指数调整参照物成交价进而估算评估值的方法。根据获取的价格指数不同,价格指数法的计算公式可分别表示为:

$$评估价值 = 参照物成交价格 \times (1 + 价格变动指数)$$

或:

$$评估价值 = 参照物成交价格 \times 价格指数$$

价格指数法一般只运用于评估对象与参照物之间仅有时间因素存在差异的情形,且时间差异不能过长。

【例 2-3】与评估对象完全相同的参照资产 6 个月前的成交价格为 20 万元,半年间该类资产的价格上升了 6%,则被评估资产的价值为:

资产评估价值 = 20 × (1 + 6%) = 21.2(万元)

【例 2-4】已知某资产在 2021 年 1 月的交易价格为 300 万元,该类资产已不再生产,但该类资产的价格变化情况如下:2021 年 1~5 月的环比价格指数分别为 103.60%、98.30%、103.50%、104.70%。则评估对象于 2021 年 5 月的评估价值接近于 331.07 万元。

300 × 103.60% × 98.30% × 103.50% × 104.70% = 331.07(万元)

(4) 成新率价格法。成新率价格调整法是以参照物的成交价格为基础,考虑参照物与评估对象新旧程度上的差异,通过成新率调整估算出评估对象的价值。其数学表达式为:

$$资产评估价值 = \frac{参照物}{成交价格} \times \left(\frac{评估对象}{成新率} \div \frac{参照物}{成新率} \right)$$

$$\frac{评估对象载体}{成新率} = \frac{评估对象载体}{尚可使用年限} \div \left(\frac{评估对象载体}{已使用年限} + \frac{评估对象载体}{尚可使用年限} \right)$$

此方法一般只运用于评估对象与参照物之间仅有新旧程度差异的情况。当然,此方法略加改造也可以作为评估对象与参照物成新程度差异调整率和差异调整值的方法。

(5) 市价折扣法。市价折扣法仅适用于清算假设前提下的资产评估。当市场上与评估对象完全相同的资产具有市场交易价格或与评估对象基本相同的参照物具有市场交易价格,且评估对象的评估假设前提是清算或快速变现,此种情况下,利用市场上与评估对象完全相同的资产的成交价格或与评估对象基本相同的参照物具有市场交易价格为基础,考虑到评估对象在交易条件,特别是交易时限等方面的不利因素,根据市场数据及评估人员的经验或有关部门的规定,设定一个价格折扣率来估算评估对象价值的方法。其数学表达式为:

$$资产评估价值 = 参照物交易价格 \times (1 - 价格折扣率)$$

此方法一般只适用于评估对象与参照物之间仅存在交易条件方面差异的

情况。

【例2-5】评估某拟快速变现资产,在评估时点与其完全相同资产的正常交易价格为10万元,评估师根据市场相关数据及评估经验进行综合分析,认为该资产快速变现的折扣率应为40%,因此,拟快速变现资产价值接近于6万元。

资产评估价值 = 10 × (1 - 40%) = 6(万元)

当参照物与评估对象的差异不仅体现在某一基本特征上的时候,上述评估方法,如现行市价法、市价折扣法、功能价值类比法、价格指数调整法和成新率价格调整法等的运用就可以演变成参照物与评估对象各个基本特征修正系数的计算,如交易情况修正系数(正常交易情况÷参照物交易情况)、功能价值修正系数(评估对象生产能力÷参照物生产能力)、交易时间修正系数(评估对象的定基价格指数÷参照物的定基价格指数)和成新程度修正系数(评估对象成新率÷参照物成新率)等。

2. 类比调整法。类比调整法不同于单一因素比较法,并不要求参照物与评估对象必须一样或者基本一样,只要参照物与评估对象在大的方面基本相同或相似即可。通过对比分析调整参照物与评估对象之间的差异,就能够在参照物的成交价基础上调整估算评估对象的价值。其又可分为市场售价类比法和价值比率法。

(1) 市场售价类比法。市场售价类比法是以参照物的成交价格为基础,考虑参照物与评估对象在功能、市场条件和销售时间等方面的差异,通过对比分析和量化差异,调整估算出评估对象价值的评估方法,其数学表达式为:

$$\text{资产评估价值} = \text{参照物售价} + \text{功能差异值} + \text{时间差异值} + \cdots + \text{交易情况差异值}$$

或:

$$\text{资产评估价值} = \text{参照物售价} \times \text{功能差异修正系数} \times \text{时间差异修正系数} \times \cdots \times \text{交易情况差异修正系数}$$

(2) 价值比率法。价值比率法是指利用参照物的市场交易价格与其某一经济参数或经济指标相比较形成的价值比率作为乘数或倍数,乘以评估对象的同一经济参数或经济指标,从而得到评估对象价值的一种具体评估方法。

①成本市价法。成本市价法是以评估对象的现行合理成本为基础,利用参照物的成本市价比率来估算评估对象的价值的方法。其计算公式为:

$$\text{资产评估价值} = \text{评估对象现行合理成本} \times \text{参照物成本市价率}$$

【例2-6】被评估全新住宅100平方米,该类住宅的现行合理每平方米造价(成本)为1 500元,评估基准日该地区同类住宅的成本市价率为200%,被评估住宅的价值接近于30万元。

资产评估价值 = 100 × 1 500 × 200% = 30(万元)

②市盈率倍数法。市盈率倍数法又称市盈率乘数法,它是相对估值法中具有代表性的一种具体方法,主要适用于企业价值评估。简单地讲,市盈率乘数法是

以参照物（企业）的市盈率作为乘数（倍数），以此乘数与评估对象（企业）的同口径的收益额相乘估算评估对象（企业）价值的方法。其数学表达式为：

$$评估价值 = 评估对象(企业)收益额 \times 参照物(企业)市盈率$$

【例 2-7】 中金公司的年净利润为 1 000 万元，评估基准日资本市场上同类上市公司同口径的平均市盈率为 20 倍。

企业的评估价值 = 1 000 × 20 = 20 000（万元）

则被评估企业价值接近于 20 000 万元。

（二）间接比较法

间接比较法也是市场法中的基本评估方法。它是利用资产的国家标准、行业标准或市场标准（标准可以是综合标准，也可以是分项标准）作为基准，分别将评估对象与参照物整体或分项与其对比打分从而得到评估对象和参照物各自的分值，再利用参照物的市场交易价格，以及评估对象的分值与参照物的分值的比值（系数）求得评估对象价值的一类评估方法。该方法并不要求参照物与评估对象必须一样或者基本一样。只要参照物与评估对象在大的方面基本相同或相似，通过评估对象和参照物与国家、行业或市场标准的对比分析，掌握参照物与评估对象之间的差异，在参照物成交价格的基础上调整估算评估对象的价值。

四、市场法的可比因素

（一）运用市场法评估单项资产

运用市场法评估单项资产时应考虑的因素如表 2-1 所示。

表 2-1　　　　　　　　市场法评估单项资产的考虑因素

考虑的因素	备注
资产的功能	在社会需要的前提下，资产的功能越好，其价值越高，反之则相反
资产的实体特征和质量	资产的实体特征：主要是指资产的外观、结构、役龄和规格型号等； 资产的质量：主要是指资产本身的建造或制造工艺水平以及使用状态
市场条件	主要是考虑参照物成交时与评估时的市场条件及供求关系的变化情形。 市场条件包含宏观的经济政策、金融政策、行业经济状况、产品竞争情况等。供求关系是市场特征之一。一般情形下，市场供不应求时，价格偏高；供过于求时，价格偏低
交易条件	主要包括交易批量、交易动机、交易时间等
具体可比因素	房地产评估中的区位因素； 机器设备评估中的制造厂家、资产规格型号等

（二）运用市场法评估企业价值

1. 行业（业务）标准。同一行业的企业（业务）具有一定可比性。确认被评估企业所属行业时，可参考国民经济行业分类、证监会的上市公司行业分类、国际通用的标准行业代码等。在依照行业（业务）标准时，应尽量选取与被评估企业在主营业务收入结构、利润结构、经营模式等方面相似的参照物。

2. 财务标准。需要通过必要的分析从业务类型及资本构成、财务指标等方面进行比较，以此体现被评估企业和可比案例之间的风险和成长差异。

3. 其他重要交易条款等。应考虑股权评估交易的背景、交易日期、交易价格、收购股权的比重、影响交易价格的其他重要交易条款等。

五、市场法的优缺点

市场法适用性强、应用广泛，能够充分考虑现时市场变化因素，符合实际情况。同时思路简单直观，易于被交易双方所接受。但是该法存在一些不足之处，表现在以下几方面。

首先，前提严格，必须具备公平活跃交易市场，而一个完全公开、活跃的交易市场条件在现实中很难找到，这就使该方法的运用受到局限。

其次，对信息资料的数量和质量要求较高，有时会因为缺少可对比数据及缺少判断对比数据而难以应用。

再次，不适用于专用设备及大部分无形资产等受限资产的评估，也不适用于受地区、环境等因素严格限制的一些资产的评估。由于无形资产的特征（特殊性、唯一性、非标准性）和我国无形资产市场的状况，我国运用市场法评估无形资产的情况并不多见。

最后，准确性受限。在运用过程中，参照资产与被评估资产之间的差异量化难度较大，不仅要求评估人员要有较丰富的评估经验、市场阅历和评估技巧，而且会影响评估结果的准确性。直接比较法要对参照物与评估对象的若干可比因素进行对比分析和差异调整。没有足够的数据资料，以及对资产功能、市场行情的充分了解和把握，很难准确地评定估算出评估对象的价值。

第二节 资产评估的成本法

一、成本法及其适用的前提条件

（一）成本法的含义

成本法又称重置成本法，是资产评估的基本方法之一。它是从待评估资产在评估基准日的复原重置成本或更新重置成本中扣减其各项价值损耗，以确定资产价值的方法。先估测被评估资产的重置成本，然后估测被评估资产已存在的各种贬损因素，并从其重置成本中予以扣除而得到被评估资产价值。需要注意的是，成本法中的成本与会计核算中的成本是有重大区别的。如果从两者的价值构成的角度看，资产评估成本法中成本是一个完整的价值组成，即包括 $C+V+M$，而会计核算中的成本只是部分价值组成，即只包括 $C+V$。

采用成本法对资产进行评估的理论依据如下。

1. 资产的价值取决于资产的成本。资产的原始成本越高，其原始价值越大，反之则小，两者在质和量的内涵上是一致的。根据这一原理，采用成本法对资产进行评估，必须先确定资产的重置成本。重置成本是按在现行市场条件下重新购建一项全新资产所支付的全部货币总额，重置成本与原始成本的内容构成是相同的，但两者反映的物价水平是不同的，前者反映的是资产评估日期的市场物价水平，后者反映的是当初购建资产时的物价水平。资产的重置成本越高，其重置价值越大。

2. 资产的价值动态变化。资产的价值是一个变量，随资产本身的运动和其他因素的变化而相应变化。影响资产价值量变化的因素，除了市场价格以外，还有以下因素。

（1）资产投入使用后，由于使用磨损和自然力的作用，其物理性能会不断下降，价值会逐渐减少。这种损耗一般称为资产的物理损耗或有形损耗，也称实体性贬值。

（2）新技术的推广和运用，使企业原有资产与社会上普遍推广和运用的资产相比较，技术明显落后、性能降低，其价值也就相应减少。这种损耗称为资产的功能性损耗，也称功能性贬值。

（3）由于资产以外的外部环境因素变化引致资产价值降低。这些因素包括政治因素、宏观政策因素等。例如，政府实施新的经济政策或发布新的法规限制了某些资产的使用，使得资产价值下降，这种损耗一般称为资产的经济性损耗，也称经济性贬值。

（二）成本法应用的前提条件

成本法从再取得资产的角度反映资产价值，即通过资产的重置成本扣减各种贬值来反映资产价值。采用成本法评估资产须满足以下前提条件。

1. 持续使用假设。即被评估资产处于持续使用状态或被假定处于继续使用状态。资产的继续使用不仅是一个物理上的概念，还包含着有效使用资产的经济意义。只有当资产能够继续使用并且在持续使用中为潜在所有者或控制者带来经济利益时，资产的重置成本才能为潜在投资者和市场所承认和接受。对于非继续使用前提下的资产，如果运用成本法进行评估，需对成本法的基本要素做必要的调整。

2. 被评估资产必须是可再生、可复制的资产。

3. 应当具备可利用的历史资料。成本法的应用是建立在历史资料基础上的，许多信息资料、指标需要通过历史资料获得。同时，现时资产与历史资产具有相同性或可比性。

（三）运用成本法应注意的问题

1. 应注意历史资料的真实性、准确性。历史资料的真实性、准确性是保证评估结果合理的前提。

2. 形成资产价值的耗费是必需的。耗费是形成资产价值的基础，但耗费包括有效耗费和无效耗费，采用成本法评估资产，首先这些耗费是必需的，而且这些耗费应体现社会或行业平均水平，而不应是某项资产的个别成本耗费。

3. 要注意区别最佳使用和快速变现两种情形。最佳使用是指市场参与者实现一项资产的价值最大化时该资产的用途。如果一项资产在法律允许、经济可行、技术可实现的条件下，有多种使用方式的选择，通常要求采用能使其价值最大化的用途。快速变现假设通常被用于由法院或者债权人等强制要求的情形。在这种情形下，资产变现的时间有限，因此，与正常的市场状况相比，快速变现前提下的资产价值通常较低。在实务中，对该前提下的资产进行评估通常会将正常市场条件下的资产价值乘以一个折扣比率，得到被评估资产的价值。

二、成本法运用的思路

如图2-2所示，用成本法进行资产评估，应当根据该项资产在新情况下的成本，减去按成本计算的已使用年限的累积折旧额，考虑功能变化、成新率（即被评估资产的新旧程度，如八成新、六成新）等因素，评定重估价值，或者根据资产的使用期限，考虑资产功能变化等因素重新确定成新率，评定重估价值。

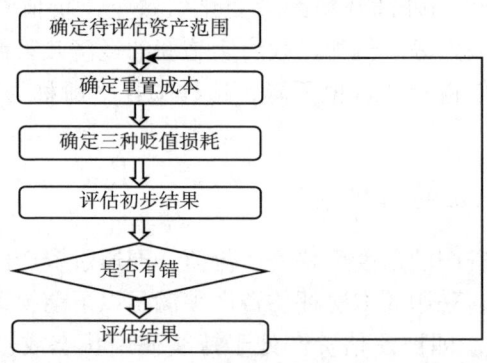

图2-2 成本法运用的思路

三、各项指标的估算

成本法的基本计算公式可以表述为：

$$被评估资产评估值 = \frac{重置}{成本} - \frac{实体性}{贬值} - \frac{功能性}{贬值} - \frac{经济性}{贬值}$$

或：

$$被评估资产评估值 = 重置成本 \times 综合成新率$$

（一）重置成本

重置成本是指在现行市场条件下重新购建一项全新资产所耗费的全部货币支出。重置成本一般分为复原重置成本和更新重置成本。复原重置成本是指采用与评估对象相同的材料、建筑或制造标准、设计、规格及技术等，以现时价格水平重新购建与评估对象相同的全新资产所发生的费用。更新重置成本是指采用新型材料，现代建筑或制造标准，新型设计、规格和技术等，以现行价格水平购建与评估对象具有同等功能的全新资产所需的费用。更新重置成本和复原重置成本采用的都是资产的现时价格，它们的不同之处在于资产在技术、设计、标准方面的差异。应当注意的是，无论是更新重置成本还是复原重置成本，资产本身的功能不变。

选择重置成本时，在同时可获得复原重置成本和更新重置成本的情况下，应选择更新重置成本；在无更新重置成本时可采用复原重置成本。之所以要选择更新重置成本，是因为：一方面，随着科学技术的进步、劳动生产率的提高，新工艺、新设计的采用被社会普遍接受；另一方面，新型设计、工艺制造的资产无论是其使用性能，还是成本耗用，都会优于旧的资产。

重置成本的计量方法有多种，需根据具体评估对象和可以获得的资料进行选择。

1. 重置核算法。重置核算法又称细节分析法、核算法等，是利用成本核算的原理，根据重新取得资产所需的费用项目，逐项计算然后累加得到资产的重置成本的一种方法。在实际测算过程又具体划分为自建型和购买型两种类型。

自建型是把自建资产作为资产重置方式，它根据重新建造资产所需的料、工、费及必要的资金成本和开发者的合理利润等分析和计算出资产的重置成本。

购买型是以购买资产的方式作为资产的重置过程，因而又称市场重置法。资产的重置成本具体是由资产的现行购买价格、运杂费、安装调试费以及其他必要费用构成，将上述取得资产的必需费用累加起来，便可以计算出资产的重置成本。

购建资产的支出按其计入成本的形式，可分为直接成本和间接成本。重置核算的过程就是按照现行价格分别重新估算这两部分成本，加总得到资产重置成本。其计算公式为：

$$重置成本 = 直接成本 + 间接成本$$

直接成本是指直接可以构成资产成本支出部分,如房屋建筑物的基础、墙体、屋面、内装修等项目;机器设备类资产的设备购价、安装调试费、运杂费、人工费等项目。直接成本应按现时价格逐项加总。

间接成本是指为建造、购买资产而发生的管理费、总体设计制图等的支出。实际工作中,间接成本可以通过下列方法计算。

(1) 按人工成本比例法计算。计算公式为:

$$间接成本 = 人工成本总额 \times 成本分配率$$

其中:

$$成本分配率 = \frac{间接成本额}{人工成本额}$$

(2) 单位价格法。计算公式为:

$$间接成本 = 工作量 \times 单位工作量的间接成本$$

(3) 间接成本与直接成本比率法。计算公式为:

$$间接成本 = 直接成本 \times 间接成本与直接成本之比$$

【例 2-8】被评估设备是企业中正在使用中的一台设备,该设备现行市场价格每台 50 000 元,运杂费 1 000 元,直接安装成本 800 元,其中,原材料 300 元,人工成本 500 元。根据统计分析,计算求得安装成本中的间接成本为每台人工成本 0.8 元,该机器设备重置成本为:直接成本 = 50 000 + 1 000 + 800 = 51 800(元),则重置成本 = 51 800 + 400 = 52 200(元),重置成本明细表如表 2-2 所示。

表 2-2　　　　　　　重置成本明细

项目	金额(元)
直接成本	51 800
其中:买价	50 000
运杂费	1 000
安装成本	800
其中:原材料	300
人工	500
间接成本(安装成本)	400 (500×0.8)
重置成本合计	52 200

2. 物价指数法。物价指数法又称价格指数法,是利用与资产有关的价格变动指数,将被评估资产的历史成本(账面价值)调整为重置成本的一种方法。

当既无法获得处于全新状态的被评估资产的现行市价,也无法获得与被评估资产相类似的参照物的现行市价时,可以利用与资产有关的价格变动指数计算被评估资产的重置价值。其计算公式为:

$$资产重置成本 = 资产历史成本 \times \frac{评估基准日定基物价指数}{资产购建时定基物价指数}$$

或:

$$资产重置成本 = 资产历史成本 \times (1 + 物价变动指数)$$

或:

$$资产重置成本 = 资产历史成本 \times 资产购置日至评估基准日环比价格指数乘积$$

其中,资产历史成本要求真实、准确并符合社会平均的合理成本的要求;物价指数应采用资产的类别或个别物价指数。

【例2-9】某待评估资产购建于2019年9月,账面原值为2 000 000元,现评估其2020年9月2日的价值。购建时该资产的定基价格指数为120%,评估基准日该类资产的定基价格指数为150%,则:

重置成本 = 2 000 000 × (150% ÷ 120%) × 100% = 2 500 000(元)

【例2-10】被评估资产账面价值为200 000元,2016年建成,2021年进行评估,经调查已知同类资产的环比价格变动指数如下:2017年为11.70%,2018年为17%,2019年为30.50%,2020年为6.90%,2021年为4.80%,则有:

被评估资产重置成本 = 200 000 × [(1 + 11.70%) × (1 + 17%) × (1 + 30.50%) × (1 + 6.90%) × (1 + 4.80%) × 100%] = 200 000 × 191.07% = 382 140(元)

物价指数法与重置核算法是重置成本估算较常用的方法。但两者具有明显的区别,表现在以下几个方面。

首先,物价指数法估算的重置成本仅考虑了价格变动因素,因而确定的是复原重置成本;而重置核算法既考虑了价格因素,也考虑了生产技术进步和劳动生产率的变化因素,因而可以估算复原重置成本和更新重置成本。

其次,物价指数法建立在不同时期的某一种或某类甚至全部资产的物价变动水平上;而重置核算法建立在现行价格水平与购建成本费用核算的基础上。

明确物价指数法和重置核算法的区别,有助于重置成本估算中方法的判断和选择。一项技术进步较快的资产,采用物价指数法估算的重置成本往往会偏高。当然,物价指数法和重置核算法也有其相同点,即都是建立在利用历史资料的基础上。因此,资产评估时重置成本与委托方提供历史资料(如财务资料)的口径差异,是上述两种方法应用时需共同注意的问题。

3. 功能价值类比法。功能价值类比法是指利用某些资产功能(生产能力)的变化与其价格或重置成本的变化呈某种指数关系或线性关系,通过参照物的价格或重置成本以及功能价值关系估测评估对象价格或重置成本的技术方法。

根据资产的功能变化与其价格或重置成本的变化呈现出的关系不同，功能价值类比法又分为生产能力比例法和规模经济效益指数法。

（1）生产能力比例法。当资产的成本与其生产能力呈线性关系时，通过寻找一个与被评估资产相同或相似的资产作为参照物，根据参照资产的重置成本及参照物与被评估资产生产能力的比例，估算出被评估资产的重置成本。计算公式为：

$$被评估资产重置成本 = \frac{被评估资产年生产能力}{参照物年生产能力} \times 参照物重置成本$$

【例2－11】某厂生产线的重置成本为50 000元，年产量为80 000台。现知待评估资产年产量为60 000台。假定该仪器生产线的生产能力和价格呈线性关系，则待评估资产的重置成本为：

待评估资产重置成本 = 60 000 ÷ 80 000 × 50 000 = 37 500（元）

这种方法运用的前提条件和假设是资产的成本与其生产能力呈线性关系，生产能力越大，成本越高，而且是呈正比例变化。应用这种方法估算重置成本时，应先分析资产成本与生产能力之间是否存在这种线性关系，如果不存在这种关系，这种方法就不可以采用。

（2）规模经济效益指数法。通过不同资产的生产能力与其成本之间关系的分析可以发现，许多资产的成本与其生产能力之间不存在线性关系，当资产A的生产能力比资产B的生产能力大1倍时，其成本却不一定大1倍，也就是说，资产生产能力和成本之间只呈同方向变化，而不是等比例变化，这是由于规模经济效益作用的结果。两项资产的重置成本和生产能力相比较，其关系可用下列公式表示：

$$被估资产的重置成本 = 参照物资产的重置成本 \times \left(\frac{被评估资产的产量}{参照物资产的产量}\right)^x$$

其中，x是一个经验数据，称为规模经济效益指数。我国到目前为止尚未有统一的经验数据，评估过程中要谨慎使用这种方法。公式中参照物一般可选择同类资产中的标准资产。

4. 统计分析法。统计分析法是根据统计学原理，选择有代表性的资产，运用前述方法较精确地估算出其重置成本，从而推算出全部资产的重置成本，这种方法一般用于企业整体评估。这种方法运用的步骤是：

首先，在核实资产数量的基础上，把全部资产按照适当标准划分为若干类型，如房屋建筑物按结构划分为钢结构、钢筋混凝土结构等；机器设备按有关规定划分为专用设备、通用设备、运输设备、仪器、仪表等。

其次，在各类资产中抽样选择适量具有代表性的资产，应用重置核算法、物价指数法、重置核算法或功能价值类比法等方法估算其重置成本。

再次，依据分类抽样估算资产的重置成本额与账面历史成本计算出分类资产的调整系数，其计算公式为：

$$K = R'/R$$

其中，K 表示资产重置成本与历史成本的调整系数；R' 表示某类抽样资产的重置成本；R 表示某类抽样资产的历史成本。

最后，根据调整系数 K 估算被评估资产的重置成本，计算公式为：

$$被评估资产重置成本 = \sum 某类资产账面历史成本 \times K$$

某类资产账面历史成本可从会计记录中取得。

【例 2-12】评估某企业某类通用设备，经抽样选择具有代表性的设备 10 台，估算其重置成本之和为 120 万元，而该 10 台具有代表性的通用设备历史成本之和为 60 万元，该类通用设备账面历史成本之和为 1 000 万元，则：

$K = 120 \div 60 = 2$

该类通用设备重置成本 $= 1\,000 \times 2 = 2\,000$（万元）

利用不同的技术方法估测资产的重置成本，其结果可能会有所差异。这种差异不但表现在数量上，而且在性质上也有可能发生改变，即在有些情况下，某些技术方法估测出来的"重置成本"已经不是严格意义上的重置成本了。因此，应当特别注意不同技术方法估测的重置成本的确切属性。

（二）实体性贬值及其估算

资产的实体性贬值又称资产的有形损耗，是指资产由于使用及自然力的作用导致资产的物理性能的损耗或下降而引起的资产的价值损失。资产的实体性贬值通常采用相对数计量，即实体性贬值率，用公式表示为：

$$实体性贬值率 = 资产实体性贬值 / 资产重置价值$$

实体性贬值的估算，一般可以采用以下几种方法。

1. 观察法。观察法又称成新率法，是指由具有专业知识和丰富经验的工程技术人员对资产的实体各主要部位进行技术鉴定，并综合分析资产的设计、制造、使用、磨损、维护、修理、大修理、改造情况和物理寿命等因素，将评估对象与其全新状态相比较，考察由于使用磨损和自然损耗对资产的功能、使用效率带来的影响，判断被评估资产的实体性贬值率，从而估算实体性贬值。计算公式为：

$$资产实体性贬值 = 重置成本 \times 实体性贬值率$$

【例 2-13】某被评估资产于 2020 年购进，2022 年对该设备进行评估，评估人员估算的该设备评估基准日重置成本为 180 万元。经专家鉴定，该设备的实体性贬值率为 15%。在不考虑其他因素的条件下，该设备的实体性贬值为：

资产实体性贬值 = 重置成本 × 实体性贬值率 = $180 \times 15\% = 27$（万元）

2. 使用年限法。在资产评估实际工作中，评估人员还可以根据被评估资产设计的总工作量和评估对象已经完成的工作量、评估对象设计行驶里程和已经行驶的里程等指标，来测算资产的实体性贬值，这就是使用年限法的技术思路。具体来说，使用年限法是利用被评估资产的实际已使用年限与其总使用年限的比值来判断其实体贬值率，进而估测资产的实体性贬值的方法，这种方法在实务中应用较为广泛。

其计算公式可表示为：

$$资产实体性贬值率 = \frac{实际已使用年限}{总使用年限} \times 100\%$$

或：

$$资产实体性贬值 = 重置成本 \times 资产实体性贬值率$$

或：

$$资产实体性贬值 = 重置成本 \times \frac{实际已使用年限}{总使用年限}$$

总使用年限指的是实际已使用年限与尚可使用年限之和。计算公式为：

$$总使用年限 = 实际已使用年限 + 尚可使用年限$$

$$实际已使用年限 = 名义已使用年限 \times 资产利用率$$

$$资产利用率 = \frac{截止评估日资产累计实际利用时间}{截止评估日资产累计法定利用时间}$$

【例 2–14】被评估车辆可行驶的总里程为 50 万千米。截至评估基准日，该车辆已经行使 10 万千米，重置成本为 50 万元。假定不考虑其他因素，则被评估资产在评估基准日的实体性贬值额为：

$$实体性贬值 = 重置成本 \times \frac{已行驶里程}{总里程} = 50 \times \frac{10}{50} = 10（万元）$$

由于资产在使用中负荷程度不同，必须将资产的名义已使用年限调整为实际已使用年限。名义已使用年限是指资产从购进使用到评估时的年限，可以通过会计记录、资产登记簿、登记卡片查询确定。实际已使用年限是指资产在使用中实际损耗的年限。实际已使用年限与名义已使用年限的差异可以通过资产利用率来调整。

当资产利用率 > 1 时，表示资产超负荷运转，资产实际已使用年限比名义已使用年限要长；

当资产利用率 = 1 时，表示资产满负荷运转，资产实际已使用年限等于名义已使用年限；

当资产利用率 < 1 时，表示开工不足，资产实际已使用年限小于名义已使用年限。

实际评估过程中，由于企业基础管理工作较差，再加上资产运转中的复杂性，计算资产利用率的指标往往很难确定。评估人员应综合分析资产的运转状态，诸如资产开工情况、大修间隔期、原材料供应情况、电力供应情况、是否季节性生产等各方面因素分析确定。

尚可使用年限是根据资产的有形损耗因素预计资产的继续使用年限。

【例 2-15】某资产 2012 年 5 月购进,2022 年 5 月评估时,名义已使用年限是 10 年。根据该资产技术指标,正常使用情况下,每天应工作 8 小时,该资产实际每天工作 7.5 小时。由此可以计算资产利用率:

资产利用率 = $10 \times 360 \times 7.5 \div (10 \times 360 \times 8) \times 100\% = 93.75\%$

【例 2-16】一大型设备,该设备由三个部分组成。经分析确定,三部分占总成本的比重分别为 25%、25%、50%。在评估中,评估人员与有关专家一道对该设备进行观察,分别对各部分进行了技术鉴定和磨损估计,确定三部分的实体损耗率分别为 15%、20%、20%,试求该设备的实体性贬值率和实体性成新率。

实体性贬值率 = $25\% \times 15\% + 25\% \times 20\% + 50\% \times 20\% = 18.75\%$

实体性成新率 = $1 - 18.75\% = 81.25\%$

此外,评估中经常遇到被评估资产是经过更新改造过的情形。对于更新改造过的资产而言,其实体性贬值的计量还应充分考虑更新改造投入的资金对资产寿命的影响,否则可能会过高地估计实体性贬值。对于更新改造问题,一般采取加权法来确定资产的实体性贬值。也就是说,先计算加权更新成本,再计算加权平均已使用年限。其计算公式为:

加权更新成本 = 已使用年限 × 更新成本(或购建成本)

$$\text{加权平均已使用年限} = \sum \text{加权更新成本(或购建成本)} \div \sum \text{更新成本(或购建成本)}$$

需要注意的是,这里所涉及的成本可以是原始成本,也可以是复原重置价值。尽管各时期的投资或更新金额并不具有可比性,但从方便以及可以获得数据而言,采用原始成本比重新确定成本更具可行性,同时也反映了各特定时期的购建或更新所经历的时间顺序。

3. 修复费用法。修复费用法是通过估算将被评估资产恢复到原有全新功能所需投入的费用来直接确定资产的实体性损耗的一种方法。所谓修复费用,包括资产主要零部件的更换或者修复、改造、停工损失等费用支出。如果资产可以通过修复恢复到全新状态,则可以认为资产的实体性损耗等于其修复费用。此方法主要适用于具有特殊结构的可补偿性资产有形损耗额的估测。可补偿性有形损耗是指技术上可修复且经济上合理的有形损耗。

(三)功能性贬值及其估算

功能性贬值是指由于技术进步引起的资产功能相对落后而造成的资产价值损失,包括新工艺、新材料和新技术的采用等而使原有资产的建造成本超过现行建造成本的超支额,以及原有资产的运营成本的超支额。估算功能性贬值时,主要根据资产的效用、生产加工能力、工耗、物耗、能耗水平等功能方面的差异造成的成本增加和效益降低,相应确定功能性贬值额。同时,还要重视技术进步因素,注意替代设备、替代技术、替代产品的影响,以及行业技术装备水平现状和资产更新换代速度。

$$功能性贬值 = 复原重置成本 - 更新重置成本$$

通常,功能性贬值的估算可以按下列步骤进行。

首先,将被评估资产的年运营成本与功能相同但性能更好的新资产的年运营成本进行比较。

其次,计算两者的差异,确定净超额运营成本。由于企业支付的运营成本是在税前扣除的,企业支付的超额运营成本会导致税前利润下降,所得税额降低,使得企业负担的运营成本低于其实际支付额。因此,净超额运营成本是超额运营成本扣除所得税以后的余额。

再次,估计被评估资产的剩余寿命。

最后,以适当的折现率将被评估资产剩余寿命内每年的净超额运营成本折现,这些折现值之和就是被评估资产的功能性损耗(贬值)。其计算公式为:

$$被评估资产功能性贬值额 = \sum(被评估资产年净超额运营成本 \times 折现系数)$$

应当指出,新老技术设备的对比,除生产效率影响工资成本超额支出外,还可对原材料消耗、能源消耗以及产品质量等指标进行对比计算其功能性贬值。

【例 2-17】某机器设备,技术先进的设备比原有的陈旧设备生产效率高,节约工资费用,有关资料及功能性贬值计算结果如表 2-3 所示。

表 2-3　　　　　　　　　　功能性贬值计算

项目	技术先进设备	技术陈旧设备
月产量(件)	8 000	8 000
单件工资(元)	4	6
月工资成本(元)	32 000	48 000
月差异额		48 000 - 32 000 = 16 000(元)
年工资成本超支额		16 000 × 12 = 192 000(元)
减:所得税费用(税率25%,元)		48 000
扣除所得税后年净超额运营成本(元)		144 000
资产剩余使用年限(年)		5
假定折现率为10%,5年年金折现系数		3.7908
功能性贬值额(元)		545 875

此外,功能性贬值的估算还可以通过超额投资成本的估算进行,即超额投资成本可视同为功能性贬值,计算公式为:

$$功能性贬值 = (复原重置成本 - 更新重置成本) \times (1 - 实体性贬值率)$$

【例 2-18】某家电企业要求评估一台控制装置,其正常运行需 6 名操作人员,目前同类新式控制装置所需的操作人员定额为3名。假定被评估控制装置与参照物在运营成本的其他项目支出方面大致相同,操作人员平均年工资福利费约为6 000元,被评估控制装置尚可使用3年,所得税税率为25%,适用的折现率为10%。要求:根据上述资料,估算被评估控制装置的功能性贬值额。

(1) 评估思路:由于新式控制装置所需操作人员为3名,而被评估装置需操作人员6名,存在功能性贬值。

(2) 计算被评估控制装置的年超额营运成本额。

年超额运营成本额 = (6 − 3) × 6 000 = 18 000 (元)

(3) 测算被评估控制装置的年超额营运成本净额。

年超额运营成本净额 = 18 000 × (1 − 25%) = 13 500 (元)

(4) 将被评估控制装置在剩余使用年限内每年的超额营运成本净额折现累加,估算其功能性贬值额。

功能性贬值额 = 13 500 × (P/A, 10%, 3)
= 13 500 × 2.4869 ≈ 33 573 (元)

(四) 经济性贬值及其估算

经济性贬值是由于外部条件的变化引起资产闲置、收益下降等而造成的资产价值损失。当有确实证据表明资产已经存在经济性贬值,可参考下面方法估测其经济性贬值率或经济性贬值额。

1. 当确信被评估资产的功能与其价值呈指数关系时:

$$经济性贬值率 = \left[1 - \left(\frac{资产预计可被利用的生产能力}{资产原设计生产能力}\right)^x\right] \times 100\%$$

其中,x 为功能价值指数,实践中多采用经验数据,数值一般在 0.6 ~ 0.7 之间。

2. 当确信被评估资产的功能与其价值呈线性关系时:

$$经济性贬值率 = \left(1 - \frac{资产预计可被利用的生产能力}{资产原设计生产能力}\right) \times 100\%$$

3. 当确信被评估资产持续存在收益损失时:

资产的经济性贬值额可以直接利用资产的年收益损失净额及其收益损失持续的时间,以及折现率估测。

$$经济性贬值额 = 资产年收益损失净额 \times (1 - 所得税税率) \times (P/A, r, n)$$

其中,$(P/A, r, n)$ 为年金现值系数。

【例 2 − 19】由于市场需求等情况的变化,某企业一生产线预计在其未来3年寿命期中每年减产10 000件,每件产品的利润为1000元,假设折现率为10%,所得税税率为25%,试求该生产线的经济性贬值额。

经济性贬值额 = (10 000 × 0.1) × (1 − 25%) × (P/A, 10%, 3)
= 750 × 2.4869 = 1 865.175 (万元)

【例2-20】某待估生产线设计生产能力为年产1 000套产品，因市场需求结构变化，在未来可使用年限内，每年产量估计要减少250套左右，根据上述条件，该生产线的经济性贬值大约在以下水平上：

经济性贬值率 = $[1-(750\div1\,000)^{0.6}]\times100\% = 15.85\%$

（五）综合成新率及其估算

综合成新率反映评估对象的现行价值与其全新状态重置价值的比率，它是在综合考虑资产实体性损耗、功能性损耗和经济性损耗等基础上确定的，而不只考虑使用磨损和自然损耗的影响。在综合成新率分析计算过程中，应充分注意资产的设计、制造、实际使用、维护、修理、大修理、改造情况，以及设计使用年限、物理寿命、现有性能、运行状态和技术进步等因素的影响。综合成新率可以通过查阅资产的历史资料，向操作人员询问资产的使用情形、维修保养情形等，并结合技术鉴定对所获得信息进行综合分析后确定；也可以根据资产预计尚可使用年限与其总使用年限的比率来确定。

【例2-21】甲企业拟以资产A投资到乙企业，要求对资产A进行评估。具体资料如下：资产A账面原值为600万元，净值为200万元，按财务制度规定资产A折旧年限为30年，已计提折旧年限为20年。经调查分析确定，按现在市场材料价格和工资费用水平，新建造与资产A相同的全新资产的全部支出金额为480万元。经查询原始资料和企业记录，资产A截至评估基准日的法定利用时间为57 600小时，实际累计利用时间为50 400小时。经专业人员勘查估算，资产A还能使用8年。又知该资产A由于设计不合理，造成耗电量大、维修费用高，与现在同类标准资产比较，每年多支出营运成本3万元（该企业适用的所得税税率为25%，假定折现率为10%）。根据上述资料，采用成本法对资产A进行评估。

按照成本法评估资产A的价值接近于1 385 725元，具体过程如下：

资产A评估价值 = 重置成本 - 资产A实体性贬值 - 资产A功能性贬值 - 资产A经济性贬值

资产A的重置成本 = 4 800 000元

资产A已使用年限 = $20\times(50\,400\div57\,600\times100\%) = 17.5$（年）

资产A实体性贬值率 = $17.5\div(17.5+8)\times100\% = 68.63\%$

资产A的功能性贬值 = $30\,000\times(1-25\%)\times(P/A,10\%,8) = 30\,000\times0.75\times5.3349 = 120\,035$（元）

资产A评估价值 = $4\,800\,000\times(1-68.63\%) - 120\,035 = 1\,385\,725$（元）

四、成本法的优缺点

资产评估中的成本法是通过资产重建或重置的评估思路来判断资产价值的各种评估技术方法的总称。

（一）成本法的优点

1. 比较充分地考虑了资产的损耗，评估结果更趋于公平合理。
2. 有利于单项资产和特定用途资产的评估。
3. 在不易计算资产未来收益或难以取得市场参照物条件下可广泛地应用。
4. 有利于企业资产保值。
5. 对评估所需要的信息资料的取得相对容易，在充分分析的基础上可以大量利用会计、工程等方面的数据。

（二）成本法的缺点

1. 对整体资产评估时需分解单项资产逐项加总，工作量较大。
2. 以历史资料为依据确定目前价值，有损资产评估的预期收益原则。由于成本法是站在投入的角度评价资产价值的，而资产的投入与其产出的效益并不总是保持一致，成本法所反映的资产价值更多的是基于资产的重建或重置必要支出的金额，而不是资产能够产生的预期收益。
3. 各类贬值因素较抽象，难以准确量化。
4. 无形资产无法单独用成本法进行评估。

第三节 资产评估的收益法

一、收益法的含义及前提条件

（一）收益法的含义

收益法是以被评估资产在未来剩余经济寿命期限内所能获取的收益，按评估基准日的折现值转换为评估资产价值的一种资产评估方法。任何一个理智的投资者在购置或投资资产时，所愿意支付的货币数额不会高于他所购资产在未来给他带来的收益额。因此，按照评估对象的预期收益来确定评估值，结果容易被资产业务各方所接受。因此，理论上，收益法是资产评估中较为科学的方法之一。

（二）收益法应用的前提条件

收益法应用涉及三个基本要素：被评估资产的预期收益；折现率或资本化率；被评估资产取得预期收益的持续时间。因此，能否清晰地把握上述三要素就成为能否运用收益法的应用前提。从这个意义上来讲，应用收益法评估资产必须具备的前提条件如下：

1. 预期收益可预测并可货币衡量。这就要求被评估资产与其经营收益之间存在较为稳定的比例关系。

2. 资产拥有者获得预期收益所承担的风险可以用货币来衡量。被评估对象所具有的行业风险、地区风险及企业风险是可以比较和测算的。这是测算折现率或资本化率的基本参数之一。

3. 预期获利年限可测。被评估对象收益期限的长短，即评估对象的寿命，也是影响其价值和评估值的重要因素之一。

应该注意的是，运用收益法对资产评估时，是以资产投入使用后能够连续获利为基础的。资产作为特殊商品，在资产买卖中，人们购买的目的往往并不在于资产本身，而是资产的获利能力。如果在资产上进行投资不是为了获利，进行投资后没有预期收益或预期收益很少而且又很不稳定，则不能采用收益法。

二、收益法的基本程序

（1）收集并验证与被评估资产未来预期收益有关的数据资料，包括经营前景、财务状况、市场形势以及经营风险等。

（2）分析测算被评估对象载体未来预期收益及取得预期收益持续的时间。

（3）确定折现率或资本化率。

（4）用折现率或资本化率将评估对象载体未来经济寿命期间内的预期收益折算成现值。

（5）分析确定评估结论。

三、收益法的基本参数

收益法的运用，不仅在于掌握其在各种情况下的各种计算过程，更重要的是科学、合理地确定方法运用中的各项指标。收益法中的主要指标有三个：收益额、折现率或资本化率、收益期限。

（一）收益额

收益额是适用收益法评估资产价值的基本参数之一。在资产评估中，资产的收益额是指根据投资回报的原理，资产在正常情况下所能得到的归其产权主体的所得额。资产评估中的收益额有两个比较明确的特点：其一，收益额是资产未来预期收益额，而不是资产的历史收益额或现实收益额；其二，用于资产评估的收益额通常是资产的客观收益，而不一定是资产的实际收益。具体到收益额的构成，存在不同的观点。一般来说，资产预期收益有三种可以选择的类型：净利润、净现金流量和利润总额。

相较于利润总额，净利润与净现金流量都属于税后净收益，都是资产持有者的收益，采用更普遍。两者的差异在于确定的原则不同，净利润是按权责发生制确定的，净现金流量是按收付实现制确定的。两者之间的关系可以简单表述为：

净现金流量＝净利润＋折旧－追加投资（包含资本性支出和营运资金追加投资）

从资产评估的角度看，净现金流量更适宜作为预期收益指标，与净利润相比有两点优势。

1. 净现金流量能够更准确地反映资产的预期收益。净现金流量包含了计算净利润时扣除的折旧或摊销等非现金性支出，反映了当期企业可自由支配的实际现金净流量。折旧和摊销是会计上对企业已发生资本性支出的回收安排，作为非付现项目归集在企业的成本费用之中。但被其抵减的收入实际已归属企业，并成为企业可自主动用的资金，将其作为企业预期收益的一部分具有合理性。

2. 净现金流量体现了资金的时间价值。净现金流量科学地考虑了收益的时间价值因素，是动态指标。而净利润没有考虑现金流入流出的时间差异，它并不一定表明在未来某个时点资产持有者可支配的现金流量。由于收益法是通过将资产未来某个时点的收益折算为现值来估算资产的价值，显然净现金流量更能体现收益法的理念。另外，净现金流量主观随意性也较利润指标小，所以更为客观。

在实际评估操作中，为了反映评估对象的价值内涵，评估人员应根据所评估资产的类型、特点以及评估目的，在预期收益的口径上进行适当的调整，以科学反映资产收益，并与折现率或资本化率口径保持一致。

（二）折现率和资本化率

1. 折现率和资本化率的本质。从本质上讲，折现率是一种期望投资报酬率，是投资者在投资风险一定的情况下，对投资所期望的回报率。折现率就其构成而言，是由无风险报酬率和风险报酬率组成的。无风险报酬率一般是用同期国库券利率表示。风险报酬率是指对超过无风险报酬率部分给予风险补偿的投资回报率。资本化率（又称为还原利率）与折现率在本质上是没有区别的，只是适用场合不同。折现率是将未来有限期的预期收益折算成现值的比率，用于有限期预期收益还原；资本化率则是将未来永续性预期收益折算成现值的比率，在一定程度上反映了投资收益率。

2. 确定折现率的方法。评估价值对折现率和资本化率最为敏感，因而这两者是关键因素，折现率和资本化率的每个微小变动，都会使评估价值发生显著改变。确定折现率，不仅应有定性分析，还应寻求定量方法。通常，折现率的确定要由评估人员根据社会、行业、企业和评估对象的资产收益水平综合分析确定。而且，折现率选择时还要注意所选收益额的计算口径应与折现率的口径保持一致。由于评估对象载体的差异，不同的评估对象载体的折现率或资本化率测算的具体方法会有所不同。以下是在资产评估中经常使用的一些折现率测算方法：累加法、加权资本成本法和净收益与售价比率法等。

（1）累加法。累加法又称安全利率加风险调整值法，即分别计算无风险报酬率与风险报酬率，然后相加即得到折现率。

无风险报酬率的确定比较容易，通常用政府债券收益率表示。政府短期债券

（如3个月期限的政府债券）一般被认为是最没有风险的投资对象，但是对资产评估而言，最好用较长期的政府债券收益率（1年或1年以上）作为基本收益率。尽管长期债券在平价变现方面有一定风险，但由于评估通常涉及基于长期收益趋势的资产，因此，选择长期债券利率作为无风险报酬率更为合适。实务中具体采用的政府债券收益期间，应与评估对象的预期收益期间相匹配。

风险报酬部分反映两种风险：一是与特定的被评估资产或企业相联系的风险；二是市场风险。两种风险的影响因素都非常复杂，具体到每一个潜在投资者又会因人而异，给风险报酬率的量化带来了相当大的困难。在评估实践中风险报酬率的确定方法有多种，需根据被评估资产的具体状况进行选择。以下简要介绍风险累加法和 β 系数法的应用。

①风险累加法。风险累加法估算企业风险报酬率的思路是将企业在其生产经营中可能面临的经营风险、财务风险和行业风险对投资报酬率的要求加以量化并予以累加。其计算公式为：

$$被评估项目的风险报酬率 = 经营风险报酬率 + 财务风险报酬率 + 行业风险报酬率$$

② β 系数法。β 系数法的理论基础是资本资产定价模型，根据资本资产定价模型，风险报酬率取决于资产的 β 系数和市场平均风险报酬率，即：

$$R_i = \beta_i(R_m - R_f)$$

其中，R_i 表示被评估资产的风险报酬率，β_i 表示被评估资产的风险系数，R_m 表示市场平均收益率，R_f 表示无风险报酬率。

上述公式中，无风险报酬率 R_f 比较容易获得，市场平均收益率 R_m 可根据市场历史收益率估计。β 系数的计算过程则较为复杂，在国外有专门的机构根据上市公司的经营状况和市场表现编制行业和公司的 β 系数，在国内也出现了专门的财经咨询服务机构，针对国内证券市场及上市公司，提供公司的 β 系数。由此可见，β 系数法适用于股权被频繁交易的上市公司的评估。对于非上市公司来说，可以参照上市公司中情形相似的公司的 β 系数来确定自己的 β 系数，或者先确定公司所在的行业的 β 系数，计算行业风险报酬率。

（2）加权资本成本法。如果我们把资产视作投入资金总额，即构成一个持续经营企业的所有有形资产和无形资产减流动负债的净额，那么企业资产可以理解为长期负债与所有者权益之和。

当我们从长期负债和所有者权益两方面来认识资产时，长期负债和所有者权益所表现出的利息率和投资收益率必然影响折现率的计算。对于这样的问题，我们采用加权平均法来处理，其计算公式为：

$$折现率 = \frac{长期负债占}{资产总额的比重} \times \frac{长期负债的}{利息率} \times \left(1 - \frac{所得税}{税率}\right) + \frac{所有者权益占}{资产总额的比重} \times \frac{投资}{报酬率}$$

其中：

投资报酬率 = 无风险报酬率 + 风险报酬率

【例 2-22】 某公司的目标资本结构是 40% 的负债、60% 的权益，债务成本是 9%，权益成本是 12%，所得税税率是 25%。则加权平均资本成本为：

9% × 40% × (1 - 25%) + 12% × 60% = 9.9%

（3）净收益与售价比率法。净收益与售价比率法又称市场法、租价比法，是利用市场上近期交易的与被评估对象载体相同或相近的资产的净收益、价格等资料，倒推测算出适用于判断评估对象载体的折现率或资本化率，而不像在累加法中那样由折现率的各组成部分相加得出。其基本思路是按照现值计算的原理，根据相似资产的预期收益及市场价格测算出其折现率或者资本化率，然后根据相似资产的折现率确定被评估资产的折现率。

【例 2-23】 在房地产市场中收集到 4 个与待估房地产类似的交易实例，如表 2-4 所示（假设交易价格为无限年期的价格）。

表 2-4　　　　　　　　　　净收益与售价交易实例

可比实例	净收益（元/年·平方米）	交易价格（元/平方米）	资本化率（%）
1	419	5 900	7.1
2	450	6 000	7.5
3	394	5 700	6.9
4	460	6 300	7.3

资本化率 = 净收益/价格，对以上 4 个可比实例的资本化率进行简单算术平均就可以得到资本化率为：

资本化率 = (7.1% + 7.5% + 6.9% + 7.3%) ÷ 4 = 7.2%

（三）收益期限

收益期限是指资产具有获利能力并产生资产净收益的持续时间。通常以年为时间单位。收益期限由评估人员根据资产自身效能、未来获利情况、资产损耗情况及相关条件，以及有关法律、法规、契约、合同等加以确定。收益期分为有限期和无限期（永续）。

与资产收益期限测定紧密相关的是资产的自然寿命、技术寿命、法定寿命和经济寿命。资产的自然寿命是指资产从投入使用开始到不能继续使用为止的时间间隔，又称为资产的物理使用寿命。

资产的技术寿命通常是针对机器设备等含有技术成分的资产，从其投入使用开始到资产所包含的技术已经落后或者已经被其他技术所取代，已经被社会所淘汰为止的时间间隔。

资产的法定寿命通常是针对那些受法律保护才能存在的无形资产，法律规定对其保护的年限。

资产的经济寿命是指资产从投入使用开始到其继续使用不经济为止的时间间

隔。如无特殊情形，资产使用比较正常且没有对资产的使用年限进行限定，或者这种限定是可以解除的，并可以通过延续方式永续使用，则可假定收益期为无限期。如果资产的收益期限受到法律、合同等规定的限制，则应以法律或合同规定的年限作为收益期。当资产没有规定收益期限的，也可按其正常的经济寿命确定收益期，即资产能够给其拥有者带来最大收益的年限。

四、收益法的应用形式

收益法中的具体应用形式可以分为若干类：其一是针对评估对象未来预期收益有无限期的情况划分，分为有限期和无限期的评估方法；其二是针对评估对象预期收益额的情况划分，可分为等额收益评估方法、非等额收益评估方法等。为了便于学习收益法中的具体模型，先对这些具体模型中所用的字符含义做统一的定义：P 表示评估值；i 表示年序号；P_n 表示未来第 n 年的预计变现值；R_i 表示未来第 i 年的预期收益；r 表示折现率或资本化率；n 表示收益年期；t 表示收益年期；A 表示年金。

收益法的应用，实际上就是对被评估资产未来预期收益进行折现或资本化的过程。一般来说，有以下几种情况。

（一）净收益不变

1. 在收益永续，各因素不变的条件下：

$$P = A/r$$

其成立条件是：净收益每年不变；资本化率固定且大于零；收益年期无限。

【例 2 - 24】评估对象为一未公开的食品配方。预计在未来无限年期其所产生的年收益为 200 万元，资本化率为 10%。则该食品配方的价值为：

$P = A/r = 200/10\% = 2\,000$（万元）

2. 收益年期有限，资本化率大于零的条件下：

$$P = \frac{A}{R}\left[1 - \frac{1}{(1+R)^n}\right]$$

这是一个在估价实务中经常运用的计算公式，其成立条件是：净收益每年不变；资本化率固定且大于零；收益年期有限为 n。

【例 2 - 25】评估对象为某一服装品牌的特许经营权。根据许可方与被许可方所签订的合同，在评估基准日，该品牌的尚可使用年限为 10 年。预计其未来年收益将会维持在 300 万元。折现率假定为 15%，则该品牌的特许经营权价值为：

$$P = \frac{A}{R}\left[1 - \frac{1}{(1+R)^n}\right] = \frac{300}{15\%}\left[1 - \frac{1}{(1+15\%)^{10}}\right] = 1\,506.17 \text{（万元）}$$

3. 收益年期有限，资本化率等于零的条件下：

$$P = A \times n$$

其成立条件是：净收益每年不变；资本化率为零；收益年期有限为 n。

（二）净收益在若干年后保持不变

1. 无限年期收益条件下：

$$P = \sum_{i=1}^{n} \frac{R_i}{(1+r)^i} + \frac{A}{r(1+r)^n}$$

其成立条件是：净收益在 n 年（含第 n 年）以前有变化；纯收益在 n 年（不含第 n 年）以后保持不变；收益年期无限；r 大于零。

【例 2-26】某收益性资产预计未来 5 年的收益额分别是 12 万元、15 万元、13 万元、11 万元和 14 万元。假定从第 6 年开始，以后各年收益均为 14 万元，确定的折现率和资本化率均为 10%。确定该收益性资产在持续经营下的评估值。

①未来 5 年收益额的现值：

现值总额 $= \dfrac{12}{1+10\%} + \dfrac{15}{(1+10\%)^2} + \dfrac{13}{(1+10\%)^3} + \dfrac{11}{(1+10\%)^4} + \dfrac{14}{(1+10\%)^5} = 12 \times 0.9091 + 15 \times 0.8264 + 13 \times 0.7513 + 11 \times 0.6830 + 14 \times 0.6209 = 49.2777$（万元）

计算中的现值系数，可从复利现值表中查得。
②将第 6 年以后的收益进行资本化处理，即：
（永续年金）$14 \div 10\% = 140$（万元）
③确定该企业评估值。
企业评估价值 $= 49.2777 + 140 \times 0.6209 = 136.20$（万元）

2. 有限年期收益条件下：

$$P = \sum_{i=1}^{t} \frac{R_i}{(1+r)^i} + \frac{A}{r(1+r)^t}\left[1 - \frac{1}{(1+r)^{n-t}}\right]$$

其成立条件是：净收益在 t 年（含第 t 年）以前有变化；净收益在 t 年（不含第 t 年）以后保持不变；收益年期有限为 n；r 大于零。

【例 2-27】某收益性资产预计未来 4 年收益额分别是 10 万元、13 万元、15 万元和 16 万元。假定从第 5 年开始，以后各年收益均为 16 万元，收益期限为 30 年，折现率为 10%，计算该收益性资产的评估值如下。

①确定未来 4 年收益额的现值 $= 10 \div (1+10\%) + 13 \div (1+10\%)^2 + 15 \div (1+10\%)^3 + 16 \div (1+10\%)^4$
$= 42.0317$（万元）。

②将第5年以后的收益进行资本化处理,即:16÷10% = 160(万元)。
③企业评估价值 = 42.0317 + 160 × 0.6830 = 151.3117(万元)。
④30年收益的评估价值 = 10 ÷ (1 + 10%) + 13 ÷ (1 + 10%)^2 + 15 ÷ (1 + 10%)^3 + 16 ÷ (1 + 10%)^4 + 16 ÷ [10% × (1 + 10%)^4] × [1 - 1 ÷ (1 + 10%)$^{30-4}$]
= 142.143(万元)。

(三) 净收益按等差级数变化

1. 净收益按等差级数递增,收益年期无限的条件下:

$$P = \frac{A}{r} + \frac{B}{r^2}$$

其成立条件是:净收益按等差级数递增;净收益逐年递增额为B;收益年期无限;r大于零。

2. 净收益按等差级数递增,收益年期有限条件下:

$$P = \left(\frac{A}{r} + \frac{B}{r^2}\right)\left[1 - \frac{1}{(1+r)^n}\right] - \frac{B}{r} \times \frac{n}{(1+r)^n}$$

其成立条件是:净收益按等差级数递增;净收益逐年递增额为B;收益年期有限为n;r大于零。

3. 净收益按等差级数递减,收益年期无限条件下:

$$P = \frac{A}{r} - \frac{B}{r^2}$$

其成立条件是:净收益按等差级数递减;净收益逐年递减额为B;收益年期无限;r大于零;收益递减到零为止(该数学计算公式是成立的,但完全套用于资产评估是不合适的,因为资产产权主体会根据替代原则,在资产收益递减为零之前停止使用该资产或变现资产,不会无限制地永续使用下去)。

4. 净收益按等差级数递减,收益年期有限条件下:

$$P = \left(\frac{A}{r} - \frac{B}{r^2}\right)\left[1 - \frac{1}{(1+r)^n}\right] + \frac{B}{r} \times \frac{n}{(1+r)^n}$$

其成立条件是:净收益按等差级数递减;净收益逐年递减额为B;收益年期有限为n;r大于零。

【例2-28】根据被评估企业的章程,基于评估基准日的剩余经营年期为10年,且实际控制方也没有继续经营的意愿。根据评估专业人员的分析,该企业未来10年的年净利润将保持每年10万元的减少额,且当前的年收益为1 000万元。假定折现率为10%,该企业的股东全部权益为:

$$P = \left(\frac{A}{r} - \frac{B}{r^2}\right)\left[1 - \frac{1}{(1+r)^n}\right] + \frac{B}{r} \times \frac{n}{(1+r)^n} = \left(\frac{1\,000}{10\%} - \frac{10}{10\%^2}\right)\left[1 - \frac{1}{(1+10\%)^{10}}\right]$$

$$+ \frac{10}{10\%} \times \frac{10}{(1+10\%)^{10}} = 5\,915.65\text{（万元）}$$

（四）净收益按等比级数变化

1. 净收益按等比级数递增，收益年期无限条件下：

$$P = \frac{A}{r-s}$$

其成立条件是：净收益按等比级数递增；净收益逐年递增比率为 s；收益年期无限；r 大于零；$r > s > 0$。

2. 净收益按等比级数递增，收益年期有限条件下：

$$P = \frac{A}{r-s}\left[1 - \left(\frac{1+s}{1+r}\right)^n\right]$$

其成立条件是：净收益按等比级数递增；净收益逐年递增比率为 s；收益年期有限为 n；r 大于零；$r > s > 0$。

3. 净收益按等比级数递减，收益年期无限条件下：

$$P = \frac{A}{r+s}$$

其成立条件是：纯收益按等比级数递减；纯收益逐年递减比率为 s；收益年期无限；r 大于零；$r > s > 0$。

4. 收益按等比级数递减，收益年期有限条件下：

$$P = \frac{A}{r+s}\left[1 - \left(\frac{1-s}{1+r}\right)^n\right]$$

其成立条件是：纯收益按等比级数递减；纯收益逐年递减比率为 s；收益年期有限为 n；r 大于零；$0 < s \leq 1$。

（五）已知未来若干年后资产价格条件下

$$P = \frac{A}{r}\left[1 - \frac{1}{(1+r)^n}\right] + \frac{P_n}{(1+r)^n}$$

其成立条件是：纯收益在第 n 年（含第 n 年）前保持不变；预知资产第 n 年的变现价格为 P_n；r 大于零。

（六）资产未来收益有期限，且不等值条件下

$$P = \sum_{i=1}^{n} \frac{R_i}{(1+r)^i}$$

其成立条件是：每年预期收益不等额；预期收益有期限 n；r 大于 0，且固定。

五、收益法的优缺点

（一）收益法的优点

1. 能比较真实和准确地反映企业资本化的价值。收益法从本质上体现了企业作为经营主体的存在目的，较为真实和准确地体现了企业的资本化价值，尤其对具有连续性、高效益的资产，评估过程简单、评估结果准确能够为所有者或潜在投资者提供较为合理的预期，有助于投资决策的正确性，因此，容易被买卖双方接受。

2. 在不适用市场法和成本法的特定对象评估中占据主要地位。较适宜于那些形成资产的成本费用与其获利能力不对称，成本费用无法或难以准确计算，存在无形资源性资产以及具有收益能力的资产，如企业价值、无形资产、资源性资产等的价值评估。

（二）收益法的缺点

首先，适用范围较小，一般适用企业整体资产和可预测未来收益的单项资产评估。对于没有收益或收益无法用货币计量以及风险报酬率无法计算的资产，该方法将无法使用。

其次，预期收益预测难度较大，受较强的主观判断和未来不可预见因素的影响，从而使评估结果较难把握。

最后，收益法的运用也需要一定的市场条件，否则一些数据的选取就会存在困难。

第四节 资产评估方法的比较和选择

一、资产评估方法之间的关系

资产评估方法很多，各种方法都有其各自的特点。同时，这些方法之间又是相互关联的。研究资产评估方法的特点，分析比较各种方法之间的联系和区别，对于选择资产评估方法具有重要意义。

（一）资产评估方法之间的联系

一方面，对于特定的经济行为，在相同的市场条件下，对处在相同状态下的同一资产进行评估，其评估值应该是客观的，这个客观的评估值不会因评估人员所选用的评估方法不同而出现截然不同的结果。正是评估的基本目的决定了评估方法间的内在联系，而这种内在联系为评估人员运用多种评估方法评估同一条件下的同一资产，并进行相互验证提供了理论依据。

另一方面，从整体上来说，评估方法是由互相关联的、内在相关的不可分割的技巧和程序组成的，其共同目标就是获得令人信服的可靠的评估价值。成本和市场销售数据的分析通常是收益法运用中不可缺少的部分；同样，折现和资本化的运用也时常运用于市场法和成本法中。例如，市场法中分析和调整参照物价格与被评估资产价格的差异因素，会用到折现和资本化的技巧；在成本法中，对功能性贬值等的确定也要采用折现和资本化的方法。一般来说，成本法、收益法的运用都是建立在现行市价基础上的，只是它们的运用不像市场法运用表现得那么直接而已。

（二）市场法与成本法的区别

资产评估过程中，市场法和成本法往往容易混淆。区别市场法和成本法具有重要的理论和实践意义。两种方法的区别表现如下。

第一，成本法是按现行市场价格确定重新购买该项资产的价值，而市场法则是按市场上该项资产的交易价格确定的。

第二，市场法中的现行市价指的是资产的独立的价格，是交易过程中采用的。而重置成本不仅包括该项资产的自身价格（购建价格），还包括该项资产的运杂费、安装调试费等。

第三，市场法的运用与原始成本没有直接联系，而成本法中的某些计算，则要用被评估资产的原始成本和原始资料。

第四，成本法是按全新资产的购建成本扣除被评估资产的各项损耗（或贬值）后确定评估价值；市场法则是按参照物价格，并考虑被评估资产与参照物的各项差异因素并进行调整来确定评估值。两种方法具有不同的操作程序，资料的获得和指标确定有着不同的思路。

二、资产评估方法的选择

资产评估的方法主要有成本法、市场法、收益法等多种方法。资产评估方法的多样性，为评估人员提供了适当选择评估途径、有效完成评估任务的现实可能。选择合适的资产评估方法，有利于简洁、合理地确定资产评估价值。资产评估方法的选择主要应考虑下面几个因素。

1. 资产评估方法的选择必须与资产评估价值类型相适应。资产评估价值类型决定了应该评估的价格类型，资产评估方法作为获得特定价值尺度的技术规程，必须与评估价值类型相适应。资产评估价值类型与资产评估方法是两个不同层次的概念。资产评估价值类型说明"评什么"，是资产评估价值质的规定，具有排他性，对评估方法具有约束性；资产评估方法说明"如何评"，是资产评估价值量的确定，具有多样性和替代性，并服务于评估价值类型。资产评估价值类型确定的准确性与科学地匹配资产评估方法，是资产评估价值具有科学性和有效性的重要保证。

2. 资产评估方法必须与评估对象相适应。评估对象是单项资产还是整体资产，是有形资产还是无形资产等，往往要求有不同的评估方法与之相适应。同时，资产评估对象的物理化状态不同，所要求的评估方法也往往不同。例如，一台市场交易很活跃的旧机器设备的评估可以采取市场类比法进行评估，而旧的专用设备的评估，通常只能采用成本法进行评估。

3. 评估方法的选择还要受可收集数据和信息资料的制约。各种方法的运用都要根据一系列数据、资料进行分析、处理和转换，没有相应的数据和资料，方法就会失灵。资产评估的过程实际上也就是收集资料的过程。例如，在方法运用过程中，西方评估机构采用更多的是市场法，但在我国，由于受市场发育不完全、不完善的限制，市场法的应用无论从广度还是使用效率方面，远远落后于其他有关国家的水平。因此，评估者应根据可获资料，以及经努力能收集到的资料满足程度来选择适当的方法。就资产评估来说，方法的科学性依赖于方法运用中指标的确定。

一项资产同时采用两种或两种以上的方法评估，会得出两种或两种以上不同的结论。这种情况是很常见的。我们一般不能用各种方法得出的评估结果进行简单平均或加权平均得出评估结论，应该根据评估价值类型以及不同评估结果对市场的适用性，判断选择一种评估结果作为评估结论。

【本章小结】

资产评估法是资产评估的工具和手段，在资产评估中有着重要作用。作为资产评估的工具和手段，各种评估法之间具有替代性和可比性。作为独立存在的评估工具，它们又有差异性。充分掌握每一评估方法的内涵、应用前提条件，以及对评估参数的要求，是正确理解和认识资产评估方法的基础，同时也是正确运用评估方法及其具体技术方法的基础。

【本章练习】

一、单项选择题

1. 某生产型设备年生产能力为120吨，其参照设备的年生产能力为150吨，已知该参照设备在资产评估基准日的市场价值为20万元，且该类设备的功能价值指数为0.8，由此确定被评估设备的评估价值为（ ）万元。
   A. 23.91　　　　B. 16.73　　　　C. 12.80　　　　D. 14.48

2. 评估对象年生产能力为70万吨，参照资产的年生产能力为100万吨，评估基准日参照资产的市场价值为 8 万元，该类资产的功能价值指数为 0.8，由此确定评估对象的评估价值为（　　）万元。

A. 4.48　　　B. 4.95　　　C. 5.60　　　D. 6.01

3. 2022 年 3 月的价格为 200 万元，该类资产 2022 年 3~8 月的环比价格指数分别为 102.6%、103.5%、104.3%、105.6%、106.8%，则资产 2022 年 8 月的评估值是（　　）万元。

A. 255.6　　　B. 249.8　　　C. 259.4　　　D. 245.6

4. 某中国境内上市公司 G 收购了美国上市公司 H，L 公司为 H 公司的控股子公司，其注册地在维尔京群岛，主营业务所在地在香港。G 公司拟转让 L 公司的股权，并委托资产评估机构采用市场法对 L 公司股权进行评估。市场法评估所使用的参照物市场应当是（　　）。

A. 美国的股票市场　　　　　　B. 中国境内的股票市场
C. 维尔京群岛的股权交易市场　　D. 香港的股权交易市场

5. 由于技术进步引起资产功能相对落后而造成的资产价值损失，属于（　　）。

A. 功能性贬值　　　　　　B. 经济性贬值
C. 实体性贬值　　　　　　D. 技术性贬值

6. 甲评估机构正在评估一条生产线，市场中参照物的价格为 5 500 万元，根据评估专业人员计算，功能价值修正系数为 106%、交易时间修正系数为 90%、交易情形修正系数为 100%，则运用市场售价类比法计算的评估值为（　　）万元。

A. 5 247　　　B. 6 478　　　C. 6 814　　　D. 7 021

7. 某无形资产预计未来 5 年的收益额分别为 10 万元、11 万元、12 万元、13 万元和 14 万元，假定从第 6 年开始，以后各年收益均为 12 万元，折现率和资本化率为 10%，该资产的评估值为（　　）万元。

A. 108.12　　　B. 119.28　　　C. 152.10　　　D. 164.77

8. 下列关于收益法中收益期限的说法中，不正确的是（　　）。

A. 如果资产的收益期限受到法律的限制，按法律规定的年限作为收益期
B. 如果资产没有规定收益期限，按其法律规定的年限确定收益期
C. 收益期分为有限期和无限期
D. 通常以年为时间单位

9. 九谷香家有一家传秘方，制作的八宝粥很受市场欢迎，过去 10 年每年产生 900 万元的收益，预期在未来无限期，每年都可以产生 1 000 万元的收益，假设资本化率为 10%，则该秘方的价值为（　　）万元。

A. 100　　　B. 1 000　　　C. 10 000　　　D. 20 000

10. 从第一期开始，在一定时期内每期期末等额收付的系列款项是（　　）。

A. 普通年金　　　B. 永续年金　　　C. 先付年金　　　D. 递延年金

11. 下列关于价值指数法与重置核算法的说法中，不正确的是（　　）。

A. 价值指数法估算的重置成本是复原重置成本

B. 重置核算法估算的重置成本是更新重置成本

C. 价格指数法考虑了生产技术进步和劳动生产率的变化因素

D. 重置核算法是建立在现行价格水平与购建成本费用核算的基础上

12. 对于轻资产类型的企业价值评估，通常占据极为重要的地位的评估方法是（　　）。

 A. 市场法　　　B. 收益法　　　C. 成本法　　　D. 以上都正确

13. 下列关于收益法中收益额的说法中，错误的是（　　）。

 A. 收益额可以是资产的现实收益额

 B. 收益额通常是资产的客观收益，而不一定是资产的实际收益

 C. 企业的收益额通常表现为净利润或净现金流量，房地产的收益额通常表现为净收益

 D. 一般来说，资产预期收益有三种可以选择的计量口径指标：销售收入、现金流、利润

14. 从资产评估的角度看，与净利润相比，净现金流量更适宜作为预期收益指标。下列关于净利润与净现金流量的说法中，错误的是（　　）。

 A. 净现金流量 = 净利润 + 折旧 − 追加投资（包含资本性支出和营运资金追加投资）

 B. 净利润是按收付实现制确定的，净现金流量是按权责发生制确定的

 C. 净现金流量能够更准确地反映资产的预期收益

 D. 净现金流量是动态指标，体现了资金的时间价值

15. （　　）是通过寻找与评估对象相类似的资产的市场价格以及该资产的收益来倒求折现率。

 A. 加和法　　　　　　　　　B. 资本资产定价模型

 C. 资本成本加权法　　　　　D. 市场法

16. 在企业价值评估中，更能体现企业存在和运营本质特征的方法是（　　）。

 A. 市场法　　　B. 收益法　　　C. 成本法　　　D. 资产基础法

17. 重新建造设备一台，所需主材 50 000 元，辅材 12 000 元，外购件 23 000 元，需耗费 300 工时，单位工时费为 50 元，成本利润率 15%，估算该设备的重置成本为（　　）元。

 A. 85 000　　　B. 100 000　　　C. 115 000　　　D. 88 550

18. 某资产于 2013 年 2 月购进，2019 年 2 月评估，若该设备每天工作 8 小时，使用寿命 20 年，该设备投入使用后每天实际工作 10 小时，计算该资产实体性贬值率为（　　）。

 A. 37.5%　　　B. 30.0%　　　C. 24.0%　　　D. 31.5%

19. 下列关于成本法主要参数的说法中，错误的是（　　）。

 A. 资产的重置成本就是资产的现行再取得成本，可区分为复原重置成本和更新重置成本

B. 复原重置成本适用于评估对象的效用只能通过按原条件重新复制评估对象的方式提供
C. 更新重置成本通常适用于使用当前条件所重置的资产可以提供与评估对象相似或者相同的功能,并且更新重置成本通常低于其复原重置成本
D. 应用成本法评估资产价值时,均需要扣除三项贬值

二、多项选择题

1. 下列属于采用成本法评估资产的前提条件的有(　　)。
   A. 评估对象能正常使用或者在用
   B. 评估对象能够通过重置途径获得
   C. 评估对象的重置成本以及相关贬值能够合理估算
   D. 评估对象的可比参照物具有公开的市场,存在活跃的交易
   E. 有关交易的必要信息可以获得

2. 下列关于市场法的说法中,正确的有(　　)。
   A. 市场法要求充分利用类似资产成交价格信息,并以此为基础判断和估测评估对象的价值
   B. 市场法较容易被资产评估业务各当事人理解和接受
   C. 市场法也称比较法或市场比较法
   D. 企业价值评估中有直接比较法和间接比较法
   E. 单项资产评估中有交易案例比较法和上市公司比较法

3. 在选择评估方法时,应该考虑的因素有(　　)。
   A. 评估目的和价值类型
   B. 评估方法的适用条件
   C. 评估方法应用所依据数据的质量和数量
   D. 评估对象
   E. 评估计划

4. 下列评估对象,最适合用市场法评估的有(　　)。
   A. 具有活跃市场的二手机器设备　　B. 自行研发的专利技术
   C. 普通居民楼　　D. 专用性比较高的机器设备
   E. 转让的商标权

5. 市场法的应用前提包括(　　)。
   A. 预期收益所对应的风险能够度量
   B. 可比参照物具有公开的市场,以及活跃的交易
   C. 有关交易的必要信息可以获得
   D. 评估对象能正常使用或者在用
   E. 评估对象能够通过重置途径获得

6. 下列关于收益法适用范围的说法中,正确的有(　　)。

A. 运用收益法时，收益额的选择与折现率的选择口径要保持一致
B. 轻资产类型的企业，更适宜用收益法评估
C. 用股权自由现金流量作为收益额时，要用加权平均资本成本作为折现率
D. 收益法可以用于客户关系价值的评估
E. 收益法可以用于成套设备价值的评估

7. 下列各项中，属于收益法应用前提的有（   ）。
A. 评估对象能够通过重置途径获得
B. 评估对象的未来收益可以合理预期并用货币计量
C. 预期收益所对应的风险能够度量
D. 收益期限能够确定或者合理预期
E. 评估对象的相关贬值能够合理估算

8. 收益法中确定折现率的方法有（   ）。
A. 加和法　　　　　　　　　　B. 资本资产定价模型
C. 更新周期法　　　　　　　　D. 加权平均资本成本法
E. 市场法

三、判断题

1. 复原重置成本与更新重置成本相比，设计差异、功能差异、技术差异和标准差异均是两者之间的主要差异。（   ）
2. 判断和评估一项财产是否是资产，其价值如何，首要问题是判断其是否具有获利能力。（   ）
3. 若无形资产形成时间较短，并且存在另一种类似无形资产可以替代，则成本法较为适用。（   ）
4. 同一资产在不同的评估目的下评估值可能是不同的。（   ）
5. 应用市场法评估资产需要满足三个前提条件。（   ）
6. 对被评估的机器设备进行模拟重置，按现行技术条件下的设计、工艺、材料、标准、价格和费用水平进行核算，这样求得的成本称为复原重置成本。（   ）
7. 收益法中的收益是指评估基准日后若干年的平均收益。（   ）
8. 在用使用年限法估算设备成新率时，机器设备的已使用年限可以用会计中的已提折旧年限来直接代替。（   ）
9. 市场法的运用必须首先以市场为前提，它是借助于参照物的市场成交价或变现运作的（该参照物与被评估设备相同或相似）。（   ）

四、简答题

1. 简述市场法的优缺点。
2. 简述影响收益法的因素。

3. 简述资产的贬值有哪些。
4. 简述收益法的前提条件。

五、论述题

1. 试论述用市场法评估机器设备的评估步骤。
2. 试论述影响市场法评估的因素。

六、计算题

某资产 2013 年 2 月购进。2023 年 2 月评估时，其名义已使用年限是 10 年。根据该资产的技术指标，在正常使用的情况下，每天应工作 10 小时，而该资产实际每天工作 8 小时。计算资产的利用率。

第三章　机器设备评估

【学习目标】

◆ 知识目标

掌握机器设备及机器设备评估的特点、机器设备的分类、机器设备评估的程序、机器设备清查核实与鉴定、机器设备的鉴定内容，机器设备评估方法。

◆ 能力目标

针对不同的评估的目的和条件，选择合理的评估方法对机器设备的价值进行正确的评估。

◆ 思政目标

通过对机器设备经济性贬值学习，引导学生认识到机器设备开工不足会引起经济性贬值，而一个人如果不能为社会作出应有的贡献，同样会使自己的人生价值贬值，每一个人都应该做一个对社会有用的人。

【本章重点和难点】

本章的重点为机器设备评估的成本法和市场法。难点为成本法中重置成本及各项贬值的估算、市场法中比较因素的分析及市场法评估机器设备的具体方法运用。

【案例导入】

W公司为一家包装器械生产企业，于5年前自制完成一条生产线，该公司拟以该生产线为投资与另一企业合资开办Z公司，为确定其投资资产的价值，现需对该生产线进行资产评估。该生产线5年前的建造成本为8 000万元，目前账面净值为5 600万元，据估计，目前建造同样的全新生产线需要投入15 000万元。目前该生产线具有较强的单独获利能力。

思考与讨论：如何对该生产线的价值进行评估？

第一节 机器设备评估概述

一、机器设备及其分类

(一) 机器设备的定义

自然科学领域所说的机器设备是指由金属或其他材料组成,由若干零部件装配起来,在一种或几种动力驱动下,能够完成生产、加工、运行等功能或效用的装置。机器设备由各种各样的零部件组成,其构造、功能、性能各不相同。但一般来说,典型的机器设备主要由原动机部分、传动部分、工作部分和控制部分构成。机器设备从自然属性上一般有三个基本特征:(1) 由零部件组成;(2) 零部件之间有确定的相对运动;(3) 有能量转换。

会计领域对机器设备的定义强调其资产属性,《国际财务报告准则》将机器设备定义为:可用于生产过程中或者提供商品或服务过程中,也可以用于租赁给他人或者管理目的,而且一般可以使用超过一个会计期间的资产。

资产评估时要同时关注机器设备的自然属性和资产属性,《资产评估执业准则——机器设备》中将机器设备定义为:机器设备是指人类利用机械原理以及其他科学原理制造的,特定主体拥有或者能够控制的有形资产,包括机器、仪器、器械、装置、附属的特殊建筑物等。

(二) 机器设备的特点

1. 基于机械设备的自然属性,从资产管理和资产评估的角度,机械设备具有以下特点。

(1) 机器设备作为主要劳动手段,具有单位价值高、使用期限长的特点,属于会计学中所称的固定资产。这就要求评估者应充分认识其功能的适用性和可能的风险性。

(2) 机器设备一般属于动产类资产,与房地产相比,评估值高低与其所处地域不具有直接关系。但有部分机器设备通过安装后固定于土地或建筑物上,这些机器设备属于介于动产与不动产之间的固置物。

(3) 机器设备属于有形资产,但同时要考虑附着于机器设备中的无形资产。

(4) 机器设备更新换代比较快,对于政策规定的高耗能、低效能、污染大的机器设备,尽管实体成新程度高,但仍应按低值甚至按报废处理。

2. 根据机器设备的上述特点,确定机器设备评估范围时应注意区分以下几个问题。

(1) 机器设备和土地、房屋及构筑物。在资产评估中机器设备和土地、房屋及构筑物的关系可能出现以下三种情况。其一,有些设备是安装附着在土地、房屋及构筑物上，它们对后者的功能会有很大的影响，如油井、旋转屋顶的机构、电梯等，评估时要考虑这些设备具有的不动产特征。其二，许多建筑物有配套的水、电、汽、电信、智能装置等附属设备。在评估这些建筑物时，可以将诸如配电设备、泵站、锅炉、电话、交换机等列入建筑物范围，随建筑物一起评估。其三，许多加工设备都有设备基础等构筑物，在续用条件下不能将设备基础漏评。通常情况下，简易基础如机床设备基础等，可以含在设备评估价值中，大型设备基础要单独作为构筑物评估。

（2）机器设备和无形资产。比较复杂或先进的机器设备，特别是成套设备、机组、检测设备等，其功能的正常发挥还需要有专利、专有技术或计算机软件等无形资产支持。一般来说，对单台设备或通用性较强的无形资产，应将设备和无形资产分开评估；而成套设备、机组和复杂的检测设备中含有的专用无形资产，可含在设备价值中一起评估。

（3）机器设备和流动资产。许多成套设备、机组在其价值构中包含有试车用原材料、配套易损件及技术培训费等。在续用条件下对这些机器设备评估时，应注意不要漏评。

（三）机器设备的分类

机器设备种类繁多，分类方法十分复杂。按不同的分类标准，机器设备可以分为不同的类别。不同分类方式满足不同领域或管理需要。固定资产管理和会计核算中使用的分类方法，经常在资产评估实践中使用。

1. 固定资产管理中机器设备的分类。国家质量监督检验检疫总局在 2011 年 1 月 10 日颁发了《固定资产分类标准与代码》（GB/T 14885－2010），国内编制的机器设备价格资料及价格指数也大多采用这种分类方法。该标准将机器设备分为通用设备和专用设备，通用设备和专用设备又包括一些具体的分类，该标准中对各类设备都列出了详细的目录。2022 年 12 月 30 日，国家市场监督管理总局、国际标准化管理委员会发布了新的《固定资产等资产基础分类与代码》（GB/T 14885－2022）替代了原 GB/T 14885－2010 标准，新的分类标准取消了通用设备和专用设备的划分，直接将设备划分为 46 个大类，如表 3－1 所示。

表 3－1　　　　　　　设备分类及代码（摘自 GB/T 14885－2022）

类别	代码
信息化设备	A02010000
办公设备	A02020000
车辆	A02030000
图书档案设备	A02040000
机械设备	A02050000
电气设备	A02060000

续表

类别	代码
雷达、无线电和卫星导航设备	A02070000
通信设备	A02080000
广播、电视、电影设备	A02090000
仪器仪表	A02100000
电子和通信测量仪器	A02110000
计量标准器具及量具、衡器	A02120000
探矿、采矿、选矿和造块设备	A02130000
石油天然气开采设备	A02140000
石油和化学工业设备	A02150000
炼焦和金属冶炼乳制设备	A02160000
电力工业设备	A02170000
非金属矿物制品工业设备	A02180000
核工业设备	A02190000
航空航天工业设备	A02200000
工程机械	A02210000
农业和林业机械	A02220000
木材采集和加工设备	A02230000
食品加工设备	A02240000
饮料加工设备	A02250000
烟草加工设备	A02260000
粮油作物和饲料加工设备	A02270000
缝纫、服饰、制革和毛皮加工设备	A02290000
造纸和印刷机械	A02300000
化学药品和中药设备	A02310000
医疗设备	A02320000
电工、电子生产设备	A02330000
安全生产设备	A02340000
邮政设备	A02350000
环境污染防治设备	A02360000
政法、检测设备	A02370000
水工机械	A02380000
货币处理设备	A02400000
殡葬设备及用品	A02410000
铁路运输设备	A02420000
水上交通运输设备	A02430000

续表

类别	代码
航空器及其配套设备	A02440000
海洋仪器设备	A02450000
文艺设备	A02460000
体育设备设施	A02470000
娱乐设备	A02480000

2. 会计核算中机器设备的分类。我国目前企业会计核算领域，按使用性质将机器设备分为以下六大类。

（1）生产经营用机器设备，是指直接为生产经营服务的机器设备。

（2）非生产经营用机器设备，是指在企业所属的福利部门、教育部门等非生产部门使用的设备。

（3）租出机器设备，是指企业出租给其他单位使用的机器设备。

（4）未使用机器设备，是指企业尚未投入使用的新设备、库存的正常周转用设备、正在维修改造尚未投入使用的机器设备等。

（5）不需用机器设备，是指已不适合本单位使用、待处理的机器设备。

（6）融资租入机器设备，是指企业以融资租赁方式租入使用的机器设备。

3. 按机器设备组合程度分类。机器设备在使用中通常将不同功用的设备进行分配组合，以完成某种生产工艺活动。按期组合方式和程度划分，可分为：（1）单台设备（独立设备）；（2）机组，如柴油发动机等；（3）成套设备（包括生产线），由若干不同设备按生产工艺过程，依次排序联结，形成一个完整或主要生产过程的机器体系，如合成氨成套设备、胶合板生产线等。

4. 按机器设备的来源分类。机器设备按来源划分，通常可分为自制设备和外购设备两种，外购设备中又有国内购置和国外引进设备之分。

机器设备的上述分类并不彼此独立，分类之间有不同程度的关联。如外购设备可能是通用设备，也可能是专用设备，还可能是进口通用设备或进口专用设备；成套设备中可能部分是外购，部分是自制的。资产评估中可以根据委托单位的生产技术特点、评估目的、采用的评估操作方法、评估操作人员的专业特长等，按不同分类进行操作，最后按评估结果汇总要求进行统计。在评估时既可先按生产车间进行清查评估，也可按通用设备、专用设备等分类清查评估，还可按自制设备、外购设备、国内设备和进口设备分类清查评估，等等。完成这些工作后再进行分类汇总。此外，在企业改制评估中，还需要划分生产经营用机器设备及非生产经营用机器设备等。

二、机器设备评估的特点

根据机器设备具有的自然属性和特点，机器设备的评估具有以下特点。

1. 机器设备类资产一般是企业整体资产的一个组成部分，它通常与企业的其他资产如房屋建筑物、土地、流动资产、无形资产等，共同实现某项特定的生产目的，一般不具备独立的获利能力。因此，在进行机器设备评估时，收益法的使用受到很大限制，通常采用成本法和市场法。

2. 整体性的机器设备，它是为了实现某种功能，由若干机器设备组成的有机整体。评估人员在进行价值分析时应注意资产之间的有机联系对价值的影响，整体的价值不仅是单台设备价值的简单相加。

3. 需要永久地或在一段时间内以某种方式安装在土地或建筑物上的机器设备，在评估时需要考虑移动这些资产可能导致的机器设备部分损失或完全失效。

4. 影响机器设备磨损的因素很多，设备的磨损、失效规律不易确定，个体差异较大。确定贬值往往需要逐台地对设备的实体状态进行调查、鉴定。

5. 设备的贬值因素比较复杂，除实体性贬值外，往往还存在功能性贬值和经济性贬值。科学技术的发展，国家有关的能源政策、环保政策等，都可能对设备的评估价值产生影响。

三、机器设备评估的程序

1. 明确评估目的。这是确定评估对象、范围和选择评估价值类型及评估方法的关键。
2. 清查机器设备，明确评估对象，主要包括以下内容。
（1）根据账面资料，清查核实机器设备实有量；
（2）明确评估的是单台设备还是组合设备；
（3）确定评估对象，主要是要划清机器设备与流动资产中低值易耗品的界限；还要划清机器设备与不动产的界限。
3. 对机器设备进行必要的鉴定，确定其适用性、可用度以及主要技术参数。
4. 研究确定评估方法，收集和处理有关信息资料。

机器设备评估最常用的方法是市场法和成本法，评估人员应依据市场情况进行选择。由于机器设备收益边界的难确定性，单台机器设备的评估几乎不会采用收益法，收益法可以用于机组设备、生产流水线的评估。

评估人员根据所选用方法和评估对象特点，收集所需要的市场价格资料。另外，评估人员还要从企业收集、查阅相关的资料，主要内容如下。
（1）工艺流程图；
（2）工艺管线图；
（3）车间及设备布置图；
（4）设备台账；
（5）设备的大修理及技术改造记录；
（6）设备的大修理计划；

(7) 设备的设计说明书；
(8) 非标设备的设计图纸；
(9) 设备基础及安装图纸；
(10) 大型设备订货合同及发票；
(11) 进口设备的原始订货合同；
(12) 进口设备报关单；
(13) 工厂及车间的设计生产能力及实际生产能力；
(14) 主要能耗设备清单；
(15) 工厂及车间能源消耗情况及改造措施；
(16) 环保重点检测设备清单；
(17) 工厂及车间环保状况及改造措施；
(18) 设备的完全状况及改造措施。
5. 评定估算，撰写评估报告。

第二节　机器设备的清查核实与鉴定

一、机器设备的清查核实

机器设备的清查核实，是指确定机器设备是否存在、明确机器设备的存在状态并对其法律权属资料进行核查，为进行机器设备评估提供基础。

（一）清查核实的要求

根据《资产评估执业准则——机器设备》，执行机器设备评估业务，应当对机器设备进行现场逐项调查或者抽样调查，确定机器设备是否存在、明确机器设备存在状态并关注其权属。如果采用抽样的方法进行现场调查，应当充分考虑抽样风险。因客观原因等因素限制，无法实施现场调查的，应当采取措施加以判断，并予以披露。

执行机器设备评估业务应当根据评估对象的具体情况，确定现场调查内容。资产评估专业人员通常可以通过现场观察，利用机器设备使用单位所提供的技术档案、检测报告、运行记录等历史资料，利用专业机构的检测结果，对机器设备的技术状态作出判断。必要时可以聘请专业机构对机器设备进行技术鉴定。资产评估专业人员应当关注机器设备的权属，收集相关的权属证明文件，对于没有权属证明文件的机器设备应当要求委托人或者其他相关当事人对其权属作出承诺或者说明，并对相关资料进行核查验证。资产评估专业人员应当获得真实、可靠的机器设备市场信息。

（二）清查核实的内容

机器设备清查核实一般包括微观调查、宏观调查及法律权属资料情况三个方面。

1. 微观调查。微观调查是以单台设备为调查对象，具体内容一般包括机器设备的基础信息和安装使用情况。

（1）基础信息主要包括以下方面。

①机器设备的名称；

②制造厂家；

③品牌（商标）；

④规格型号；

⑤序列号；

⑥主要技术参数；

⑦出厂日期（役龄）；

⑧购置日期；

⑨附件及软件。

（2）安装使用情况主要包括以下方面。

①安装状态。主要了解相关机器设备达到可使用状态时是否需要安装，要求安装的是否已被安装以及安装的方式、基础、调试及验收情况等。

②使用情况。主要了解机器设备的使用方式、生产及工艺条件、工作负荷及利用水平等。对闲置设备应了解闲置的原因和时间，关注是否为不需用设备，是否需要进行处置或报废。

③维护保养情况。主要了解机器设备的外观、技术状态及运行环境，调查机器设备的维护保养和专业检测情况，并对发现的残损现象或设备故障及时记录。

2. 宏观调查。宏观调查是以机器设备所服务的主体为调查对象。在对整体企业进行评估时，机器设备评估除了要对设备情况进行微观调查外，还应对设备所服务的企业整体情况进行宏观调查。

调查的内容一般包括以下方面。

（1）企业的名称与地址。

（2）企业的产品及生产工艺。内容主要涉及以下方面。

①企业生产的产品、副产品及其数量和用途。

②企业的生产工艺。需要调查企业的基本生产工艺、流程安排及设备布置等，了解其是否满足生产和管理需要。

（3）企业的生产能力。主要调查企业的设计生产能力、实际生产能力。对生产能力利用不足的应了解原因。

（4）企业机器设备等固定资产建设情况。主要了解工程建设及改扩建的日期、设计与施工单位、建设投资等信息。

(5) 企业的生产组织和作业模式。包括生产组织调度、工作班制、作业模式、生产作业是否受季节性影响等。

(6) 企业的设备维护政策。了解企业的设备维护制度，是定期制、预检修制，还是根据操作人员要求维护；哪些设备需要额外维护（需要额外维护的原因）；过去3~5年的维修费用，以及未来维修费用的预算等。

(7) 企业的生产经营情况。内容主要包括以下方面。

①企业产品的市场情况和销售情况；

②企业生产经营历史数据；

③企业的经营成果。需要调查企业的收益情况，出现亏损的应关注原因。

(8) 企业的安全环保情况。需要调查企业能源及燃料单耗水平，能源、环保和安全政策，是否受到政策限制或面临设备设施的升级改进等。

进行宏观调查有助于从企业层面收集和把握与机器设备评估相关的信息，特别是与功能性贬值和经济性贬值分析相关的资料。

3. 法律权属资料情况。机器设备评估与其法律权属状况有着密切关系。资产评估专业人员应当了解评估对象法律权属对评估结论具有重要影响，并予以必要关注。要了解的权属资料情况主要包括机器设备的所有权情况、抵（质）押情况、融资租赁情况等。

资产评估专业人员应当向委托方、资产占有方或其他当事方收集机器设备的权属资料。委托方和相关当事方应当依法提供评估对象法律权属等基础资料，并对其真实性、合法性和完整性承担责任。

由于机器设备不同于不动产，除车辆、船舶等特殊的机器设备，大部分机器设备一般没有产权证明文件来证明其法律权属。因此，资产评估专业人员一般会要求委托方、资产占有方或其他当事方对机器设备的权属作出承诺。同时，也应对机器设备的权属资料进行必要的查验，并在评估报告中对评估对象法律权属及其证明资料来源予以必要说明。

（三）清查核实的方法

清查核实一般可以采用逐项清查或抽样调查的方法进行。

1. 逐项清查。逐项清查是评估人员依据委托评估的资产清单，对所有被评估机器设备进行逐台清点、核实，分别考察每一台设备的实体状态，确定实体性贬值、功能性贬值和经济性贬值，计算评估值。一般来讲，由于机器设备单台价值量较大，在评估时多采用逐项清查的方式。用这种方法核查资产，风险性较小，但核查的工作量较大。

2. 抽样核查。抽样核查是在满足核查任务要求的前提条件下，根据随机抽样的原理，核查被评估机器设备的一种方法。

在某些特定情况下，例如，一些机器设备，单台价值量低而数量多，规格型号及使用环境、使用条件相同或类似，评估人员为了提高评估工作效率，可以采用抽查的方式。

对机器设备的抽样核查，一般采用分层抽样（也称为类型抽样）的方法。这种方法的基本步骤如下。

（1）以规格型号、使用条件及环境、购置年代等作为样本的标志值，把标志值比较接近的归到一组，将被评估的机器设备分为若干组；

（2）根据抽查要求确定抽样比例；

（3）确定抽样调查指标；

（4）随机抽样；

（5）抽样结果分析。

需要指出的是，评估人员使用抽查的方式进行资产核查时，在评估报告中，必须对所采用的抽样方法以及抽样比例、抽样误差等问题作出详细说明，并指出可能存在的抽样风险。

机器设备的清查核实一般应该采用现场调查，如确因客观原因等因素限制无法实施现场调查，资产评估专业人员应当采取适当的措施加以判断并予以恰当披露。

二、机器设备的鉴定

机器设备的鉴定是对其存在状态进行分析判断，从而为价值判断提供依据。

设备的价值与它的存在状态密切相关，如设备的磨损程度、生产能力、加工精度、安装方式等。对设备的鉴定，就是分析、采集各种影响设备价值因素的过程，然后通过分析和量化这些因素与价值之间的关系，对评估对象作出估价。

评估人员在对设备进行鉴定之前，要明确评估对象的范围、评估目的、拟采用的评估方法，制订设备鉴定方案。机器设备的型号繁多，需要采集的内容千差万别，使用的鉴定方法和手段也各不相同。

机器设备鉴定的内容主要包括机器设备使用状态的鉴定和经济技术指标的判定。

（一）使用状态的鉴定

对设备使用状态的鉴定包括对设备的技术鉴定、使用情况鉴定、质量鉴定以及磨损鉴定等。设备的生产厂家、出厂日期、设备负荷和维修情况等是进行鉴定的基本素材。

（1）对设备技术状况的鉴定，主要是对设备满足生产工艺的程度、生产精度和废品率以及各种消耗和污染情况的鉴定。判断设备是否有技术性过时和功能落后情况存在。

（2）对设备使用情况鉴定，主要了解设备是在用状态还是闲置状态，使用中的设备运行数、故障率、零配件保证率，设备闲置的原因和维护情况等。

（3）对设备质量进行鉴定，主要应了解设备的制造质量，设备所处环境、条件对设备质量的影响、设备现时的完整性、外观和内部结构情况等。

（4）对设备的磨损程度鉴定，主要是了解和掌握设备的物质性损耗，如锈蚀、损伤、精度降低、疲劳损伤、材料老化等。

（二）技术指标的判定

机器设备技术指标的判定是指由专业工程技术人员在现场勘察的基础上，对机器设备的相关指标进行的分析判断。这些指标包括设备的新旧程度、剩余经济寿命等。判断性鉴定一般是在完成状态性鉴定后才能进行，属于机器设备鉴定的第二阶段工作。

鉴定机器设备新旧程度一般可以分为总体鉴定机器设备新旧程度和分结构鉴定机器设备新旧程度。

总体鉴定机器设备新旧程度是指用观察法确定处于不同状态条件下机器设备的损耗率或成新率。

一台机器设备往往是由若干结构或部件组成的。在运转过程中，各部分结构的损耗程度不同，各部分结构对机器设备主体的影响也不相同，因此，应采取分结构鉴定机器设备新旧程度的方法。在分结构鉴定其新旧程度的基础上，再采取加权平均的方法计算其总体新旧程度。

整体型资产通过单台设备的有机组合来达到某种生产目的。因此，影响评估价值的因素不仅包括单台设备本身的价值，还包括设备的整体匹配情况。单台设备的状态可能是好的，但整体性能不一定能达到设计要求。因此，评估人员还必须从宏观角度对评估对象进行考察，了解整个车间或生产线的整体生产能力，是否存在整体性的经济性贬值和功能性贬值因素等。

第三节　机器设备评估的成本法

机器设备评估的成本法是指通过估算机器设备的重置成本及各种贬值，以重置成本扣减其各种贬值来估测机器设备评估值的方法。运用成本法评估机器设备涉及重置成本及种类贬值的估算。

一、机器设备重置成本的估算

（一）机器设备重置成本测算中应注意的问题

1. 选择复原重置成本还是更新重置成本。资产的重置成本有两种：复原重置成本和更新重置成本。机器设备也是如此。简单地讲，复制一个与被评估设备完全一样的全新设备的现时成本，就是设备的复原重置成本；而在效用上与被评估设备最接近的类似新设备的现行购置成本，就是设备的更新重置成本。评估人员在评估过程中先要明确自己所估测的重置成本的确切含义，以便在后面各参数的估测时充分考虑重置成本的性质因素。

一般来讲，在技术进步快、技术进步因素对设备价格的影响较大，或者说被评估设备已被淘汰（原企业不再生产）的情况下，应选择计算更新重置成本。复原重置成本一般仅在两种情况下适用。一种是技术进步慢或刚刚购建的设备，另一种是自制非标设备。前者是由于无形损耗小对设备的价格影响不大，后者是由于缺乏可以参照的技术先进的设备。当然，如果能取得自制非标设备的更新制造成本资料，则其更新重置成本也能测算。

2. 机器设备的重置成本构成。机器设备的重置成本一般包括重新购置或建造与评估对象功效相同的全新设备所需的一切合理的直接成本、间接成本和因资金占用所发生的资金成本。设备的直接成本一般包括设备本体重置成本、运杂费、安装费、基础费及其他合理成本。设备的间接成本一般包括管理费用、设计费、工程监理费、保险费等。直接成本与每一台设备有直接对应关系；间接成本和资金成本有时不能对应到每一台设备上，是整个项目发生的，在计算每一台设备的重置成本时一般按比例摊入。

《资产评估执业准则——机器设备》要求评估人员根据评估对象的具体情况、评估目的等条件分析并合理确定重置成本的构成。

设备重置成本构成的具体内容与设备类型、安装方式等因素有关。重置可以是对单台机器设备，也可以是对整个工厂、车间或一条生产线等整体性资产。重置对象不同，重置成本的构成因素也是不同的。对于不需要安装的单台机器设备，重置成本可能仅包括设备购置成本、运杂费，需要安装的机器设备还包括安装费、基础费，另外可能还包括资金成本、税金等；对生产线以及工厂、车间等整体资产，其重置成本还包括将单项资产组合成整体资产所发生的调试费、工厂设计费、管理费等；对于进口设备重置成本还包括设备的进口从属费用，如海外运费、海外保险费、进口关税、增值税、公司代理手续费、银行手续费、海关监管手续费、商检费等。

设备重置成本构成的具体内容也与评估目的、评估假设前提有关。例如，机器设备在原地继续使用和移地使用时，其重置成本构成要素是不同的。原地继续使用时，重置成本一般包括设备运杂费、安装费、基础费等；移地使用时，重置成本一般不包括上述费用。不同类型的工厂，重置成本的构成要素也有所差异。

有些企业设备本身购买价格之外的费用往往占很大比重，则重置成本构成要素是否全面，直接影响评估结果的合理性。因此，对于具体的评估项目，评估人员首先要做的就是根据评估目的对重置成本的价值构成进行分析，我们称之为重置成本分析，这是评估过程中非常重要的环节。

（二）外购机器设备评估的重置核算法

重置核算法是分别估算机器设备各构成项目的成本，然后求和得到重置成本的方法。根据机器设备取得方式（外购或自制）的不同，单台设备或车间和企业成套设备的不同,重置成本的构成内容不同,其估算方法也不同。

根据不同的情况,外购设备的重置核算方法主要包括以下几种。

(1) 外购不需安装的国内设备重置成本。

$$重置成本 = 全新设备基准日的公开交易价格 + 运杂费$$

或:

$$重置成本 = 全新设备基准日公开市场交易价格 \times (1 + 运杂费率)$$

(2) 外购需安装的国内设备重置成本。

$$重置成本 = \frac{全新设备基准日的}{公开交易价格} + 运杂费 + \frac{安装调}{试费}$$

或:

$$重置成本 = \frac{全新设备基准日的}{公开市场交易价格} \times \left(1 + 运杂费率 + \frac{安装调}{试费率}\right)$$

(3) 外购不需安装进口设备重置成本。

$$\frac{重置}{成本} = \left(\frac{FOB}{价格} + \frac{境外途中}{保险费} + \frac{境外}{运杂费}\right) \times \frac{基准日}{外汇汇率} + \frac{进口}{关税} + 增值税 + \frac{银行及}{其他费用} + \frac{国内}{运杂费}$$

或:

$$重置成本 = CIF 价格 \times \frac{基准日}{外汇汇率} + \frac{进口}{关税} + 增值税 + \frac{银行及}{其他费用} + \frac{国内}{运杂费}$$

其中,FOB 价格为现行国际市场离岸价,指装运港船上交货价格;CIF 为现行国际市场到岸价,指离岸价加途中保险费和国外运杂费。

(4) 外购需安装进口设备重置成本。

$$重置成本 = \frac{单台未安装进口}{设备重置成本} + \frac{安装调}{试费} + \frac{人员}{培训费}$$

在进行上述重置成本估算时,一方面,应注意其构成项目,不多计或漏计;另一方面,应采取有效方法,计算其数额。根据重置成本的构成项目,分别估算其市场价格和其他费用(如运杂费、安装费、基础费及进口设备从属费用等)。

市场价格资料的取得,可以采取直接向制造商或销售商询价方式进行,也可以参照商家的价格目录、正式出版的价格资料、广告、计算机网络上公开的价格信息等。

通过各种渠道获得的市场价格信息,进行分析后方可使用。评估人员一般应考虑下列因素。

(1) 市场价格的多样性。机器设备的市场价格,制造商与销售商或者不同的销售商的售价可能是不同的。根据替代性原则,同等条件下,评估人员应该选择可能获得的最低售价。

（2）报价与成交价的差异。设备的报价和成交价往往存在一定的差异，特别对一些特殊的、大型的机器设备，市场资料很难获得，市场透明度较差，生产厂家的报价和实际成交价往往存在较大的差异。评估人员应特别慎重地对待这种报价。

剔除报价水分的一个方法，就是向近期购买该厂同类产品的其他客户了解实际成交价。

（3）折扣因素。设备销售商对购买者在一些特定情况下会给予一定的折扣，如对大批量的购买者。评估人员应注意这种折扣因素对重置成本的影响。

（4）市场价格的时间性与地域性。评估人员使用的价格资料及市场信息一定要反映评估基准日时的价格水平，一些过时的价格资料可能对评估结果的准确性产生重大影响。

另外，同类型的机器设备，在不同地区的售价可能是不同的。设备的重置成本应该使用评估对象所在地的市场售价。

（5）替代产品与评估对象品质、性能的差别。对一些老旧机器设备，制造厂家可能已经停产多年，往往无法查到现行市场价格，对这一类机器设备，我们可以使用其替代产品的现行市场价格作为其更新重置成本。但使用这种方法，评估人员应注意了解新老产品是否存在性能上、技术上、材料上的差异。如果存在这些差异，应充分考虑他们对价格的影响。

（6）同类型设备的品质差别。有些同类型的机器设备，由于制造厂家不同，设备的制造品质也存在差别，其售价也是不同的。

此外，进口设备因交货地点不同，分别采取离岸价（FOB）和到岸价（CIF）。评估时应采用到岸价，如获取离岸价时，应将离岸价调整为到岸价。

设备的运杂费、安装费、基础费等可以按下列方法估算。设备的运杂费一般可以根据设备的重量、体积、运输距离、运输方式确定。计费标准可以向有关运输部门，如铁路、公路、船运、航空等部门查询得到。设备的基础费、安装费，可以通过逐项估算基础和安装工程的人工费、材料费、机械费等来确定。对于一些大型工业企业，由于设备的数量较多，为了提高工作效率，评估人员有时按机器设备购置价的一定比例来计算设备的运杂费、基础费、安装费。

对于整体性机器设备，可能还包括其他费用，包括建设单位管理费、工程监理费、勘察设计费、工程保险费等，这些费用需要参照国家有关规定和具体的行业标准来确定。

进口设备从属费用的确定方法如下。

①国外运费可按设备的重量、体积及海运公司的收费标准计算，也可按一定比例计取，取费基数为设备的离岸价，计算公式为：

$$海运费 = 离岸价 \times 海运费率$$

费率：远洋一般取 5% ~ 8%，近洋一般取 3% ~ 4%。

②国外运输保险费的取费基数为：离岸价 + 海运费，计算公式为：

$$国外运输保险费 = (离岸价 + 海运费) \times 保险费率$$

费率可根据保险公司费率表确定,一般在0.4%。

③关税的取费基数(关税完税价)为设备到岸价,计算公式为:

$$关税 = 到岸价 \times 关税税率$$

关税税率按国家发布的进口关税税率表计算。

④消费税的计税基数为:关税完税价 + 关税,计算公式为:

$$消费税 = \frac{(关税完税价 + 关税) \times 消费税率}{1 - 消费税税率}$$

消费税税率按国家发布的消费税税率表计算。

⑤增值税的取费基数为:关税完税价 + 关税 + 消费税,计算公式为:

$$增值税 = (关税完税价 + 关税 + 消费税) \times 增值税率$$

注:减免关税,同时减免增值税。

⑥银行财务费的取费基数为货价人民币数,计算公式为:

$$银行财务费用 = 货价 \times 费率$$

我国现行银行财务费率一般为4‰~5‰。

⑦外贸手续费也称为公司代理手续费,取费基数为到岸价人民币数,计算公式为:

$$外贸手续费 = 到岸价 \times 外贸手续费率$$

目前,我国进出口公司的进口费率一般在1%~1.5%。

⑧海关监管手续费仅对减税、免税、保税货物征收,取费基数为到岸价人民币数,计算公式为:

对于免税设备:

$$海关监管手续费 = 到岸价人民币数 \times 费率$$

对于减税设备:

$$海关监管手续费 = 到岸价人民币数 \times 费率 \times 减税百分率$$

我国现行免税、保税设备的海关监管手续费费率为3%。

⑨车辆购置附加费的取费基数为:到岸价人民币数 + 关税 + 消费税,计算公式为:

$$车辆购置附加费 = (到岸价人民币数 + 关税 + 消费税) \times 费率$$

【例3-1】 2022年底评估某合资企业的一台进口机器设备。该设备2018年从美国某公司进口,进口合同中的FOB价格是50万美元。评估人员通过美国有关厂商在国内的代理机构向美国生产厂家进行了询价,了解到该型号的设备已不再生产，被更新型号的设备替代，新型替代设备现行的 FOB 报价为 65 万美元。

针对上述情况，评估人员经与有关专家共同分析研究新型替代设备与被评估设备在技术性能上的差别，以及对价格的影响，最后认为，按照通常情况，实际成交价应为报价的 70%~90%。故按美方 FOB 报价的 80% 作为 FOB 成交价。针对新型替代设备在技术性能上优于被评估的设备，估测被评估设备的现行 FOB 价格约为新型替代设备 FOB 价格的 70%，30% 的折扣主要是功能落后造成的。评估基准日美元兑人民币的汇率为 1:6.95。境外运杂费按 FOB 价格的 5% 计算，保险费按 FOB 价格的 0.5% 计算。该设备适用的关税税率为 10%，适用的增值税税率为 13%。银行手续费按 CIF 价格的 0.5% 计算，国内运费按 CIF 价格加银行手续费的 3% 计算，安装调试费用包括在设备价格中，由美方派人安装调试，不必另付费用。由于该设备安装周期较短，故没有考虑利息因素。

根据上述分析及数据资料，被评估设备的重置成本计算过程如下：

FOB 价格 = 65 × 80% × 70% = 36.4（万美元）

境外运杂费 = 36.4 × 5% = 1.82（万美元）

保险费 = 36.4 × 0.5% = 0.182（万美元）

CIF 价格 = FOB 价格 + 运费 + 保险费 = 38.402（万美元）

CIF 价格 = 38.402 × 6.95 = 266.89（万元人民币）

关税 = 266.89 × 10% = 26.69（万元人民币）

增值税 = (266.89 + 26.69) × 13% = 38.17（万元人民币）

银行手续费 = 266.89 × 0.5% = 1.33（万元人民币）

国内运杂费 = (266.89 + 1.33) × 3% = 8.05（万元人民币）

重置成本 = 266.89 + 26.69 + 38.17 + 1.33 + 8.05 = 341.13（万元人民币）

(三) 自制机器设备评估的重置核算法

1. 自制标准通用设备重置成本。其重置成本应参考专业生产厂家的标准设备价格，在充分考虑自制设备和标准设备质量因素的前提下，运用替代原则合理确定。

2. 通用非标准设备重置成本。通用非标准设备是指通用设备中不定型、不成系列，并需先进行单体设备设计再进行单台或小批量制造的设备。

(1) 通用非标准设备的价格构成如下。①直接材料：包括设备制造所消耗的主、辅材料，外购件；②燃料和动力：指直接用于设备制造的外购和自制的燃料和动力费；③直接人工：指设备制造所直接消耗人工的工资及福利费；④制造费用：包括生产单位（如生产车间）管理人员工资和福利费、折旧、办公费、水电费、物料消耗、劳动保护费、专用模具、专用工具费等；⑤期间费用分摊：包括管理费用、财务费用、销售费用等；⑥利润和税金；⑦非标准设备设计费；⑧对制造、安装调试周期较长的，需考虑占用资金的资金成本。

(2) 通用非标准设备重置成本估算方法。通用非标准设备重置成本的估算方法很多，以下仅介绍其中一种：综合估价法。

这种方法是在初步设计阶段有较详细总图而无详细零件图，可得到主要材料消耗量和主要外购件消耗量时，以主要材料费为基础，根据其与成本费用的关系指标估算出相应成本，另外考虑一定的利润、税金和设计费，从而求得该设备重置成本。其计算公式为：

$$P = (C_{m1}/K_{m1} + C_{m2}) \times (1 + K_p) \times (1 + K_t) \times (1 + K_d \div n)$$

其中，P 表示非标准设备重置成本；C_{m1} 表示主材费（不含主要外购件费）；K_{m1} 表示不含主要外购件费的成本主材费率；C_{m2} 表示主要外购件费；K_p 表示成本利润率；K_t 表示销售税金率；K_d 表示非标准设备设计费率；n 表示非标准设备产量。

主要材料是根据设备的具体构造、物理组成以及在设备重量或价值中的比重所确定的一种或几种主材，而主材费 C_{m1} 是由工艺设备专业人员提出或按图纸估算出主要材料的净消耗量（如重量、面积、体积、个数等），根据各种主要材料的利用率求出各种材料的总消耗量，然后按照评估基准日材料市场价格（不含税价）计算主要材料费用。其费用可按下列公式进行计算：

$$C_{m1} = \sum \left[\left(\frac{各主材净消耗量}{该主材利用率} \right) \times 不含税市场价格 \right]$$

主要外购件依据其构成及在设备价格中的比重确定。价值比重很小者，综合在 K_m 系数中考虑，不再单列为主要外购件。外购件价格按不含税的市场价格计算。主要外购件费可按下列公式进行计算：

$$C_{m2} = \sum \left[各主要外购件数量 \times 不含税市场价格 \right]$$

销售税金率 K_t，是指增值税及相应的城市维护建设税和教育费附加。

【例 3-2】2022 年 6 月 30 日，对某公司自制的一套自动化包装设备进行评估，该设备建造于 2020 年，其主材（钢材）净消耗量为 15 吨，估价时该主材不含税的市场价为 3 900 元/吨，设备所需主要外购件不含税的费用为 56 200 元。现行增值税税率为 13%，城市维护建设税税率为 7%，教育费附加费率为 3%，则销售税金率为 14.3%。查阅有关资料确定其主材利用率为 85%，成本主材费率取 40%。成本利润率取 15%，设计费率 K_d 取 15%，产量 3 套。

主材费 $C_{m1} = 15 \div 85\% \times 3\,900 = 68\,824$（元）

$P = (C_{m1}/K_{m1} + C_{m2}) \times (1 + K_p) \times (1 + K_t) \times (1 + K_d \div n)$

$= (68\,824 \div 40\% + 56\,200) \times (1 + 15\%) \times (1 + 14.3\%) \times (1 + 15\% \div 3)$

$= 315\,038$（元）

上述通用非标准机械设备的重置成本并未包括运费和安装费，可根据评估目的判断是否需要计算运杂费和安装调试费。

3. 对大型复杂的自制设备项目，如成套设备、生产线等，可通过收集项目的决算资料，根据行业机械设备工程定额和取费标准采用概算方法估算重置成本。

(四) 物价指数法

这种方法是在被评估机器设备历史成本基础上,通过现时物价指数确定其重置成本。

物价指数可分为定基物价指数和环比物价指数。

1. 定基物价指数。定基物价指数是以固定时期为基期的指数,通常用百分比来表示。以100%为基础,物价指数大于100%,表明物价上涨;物价指数在100%以下,表明物价下跌。表3-2为某类设备的定基物价指数。

表3-2　　　　　　　　　　某类设备的定基物价指数

年份	物价指数(%)
2016	100
2017	105
2018	108
2019	109
2020	110
2021	112
2022	111

采用定基物价指数计算设备当前重置成本的公式为:

$$设备重置成本 = 设备历史成本 \times \frac{设备评估基准日定基物价指数}{设备购建时定基物价指数}$$

【例3-3】某设备于2019年购置,原始成本为834 600元,计算2022年该设备的重置成本。2019年的物价指数为109%,2022年的物价指数为111%,则:

重置成本 = 834 600 × (111%/109%) = 849 914 (元)

2. 环比物价指数。环比物价指数是以上一期为基期的指数。如果环比期以年为单位,则环比物价指数表示该类产品当年比上年的价格变动幅度。通常也用百分比表示。表3-2的定基物价指数用环比物价指数可表示为表3-3。

表3-3　　　　　　　　　　某类设备的环比物价指数

年份	物价指数(%)
2016	—
2017	105
2018	102.9
2019	100.9
2020	100.9

续表

年份	物价指数（%）
2021	101.8
2022	99.1

采用环比物价指数计算设备当前重置成本的公式为：

$$设备重置成本 = 设备历史成本 \times \prod_{t=t_1+1}^{t_2} 环比物价指数$$

其中，t_1为资产购建年，t_2为资产评估年。

【例3-4】对〖例3-3〗中的设备采用环比物价指计算其重置成本，环比物价指数如表3-3所示。

重置成本 = 834 600 × 100.9% × 101.8% × 99.1% = 849 554（元）

在利用物价指数法时，如使用账面原值要鉴别其真实性、准确性、合理性。另外，还需注意其中是否含增值税。对于二手设备，历史成本是指设备最初使用者的账面原值，而非当前设备使用者的购置成本。

物价指数法只是按物价的变化将已知的历史成本转变成基准日的成本，没有考虑技术进步和市场变化的影响，所以结果是复原重置成本。

对于购置年代较长、型号陈旧（或已淘汰型号）的设备，不宜采用物价指数法估算重置成本，因为影响这些设备成本大小的原因不仅是物价变动因素。此外，对于设备原值价值构成比较复杂的，还需分别采用不同类别的物价指数分别调整计算，这样确定的重置成本才趋于合理。

采用物价指数法测算进口设备重置成本，可用下列公式表示：

$$重置成本 = \frac{账面原值中的到岸价格}{} \times \frac{评估基准日外汇汇率}{进口时的外汇汇率}$$
$$\times \left(1 + \frac{进口设备生产国同类资产价格变动指数}{}\right) \times \left(1 + \frac{现行进口关税税率}{}\right)$$
$$\times \left(1 + \frac{其他税费率}{}\right) + 账面原值中支付人民币部分价格 \times \left(1 + \frac{国内同类资产价格变动指数}{}\right)$$

【例3-5】某被评估进口设备账面原值为560万元人民币，其中80%为支付外汇部分，进口时的外汇汇率为1美元=6.72元人民币，评估基准日外汇汇率为1美元=6.95元人民币，进口设备生产国同类资产价格变动指数为5%，国内同类资产价格变动指数为10%，现行关税税率为10%，其他税费率为14%。根据上述资料计算进口设备的重置成本。

重置成本 = 560 × 80% ÷ 6.72 × 6.95 × (1 + 5%) × (1 + 10%) × (1 + 14%)
+ 560 × 20% × (1 + 10%) = 733（万元人民币）

应该注意的是，国外机器设备的技术更新期较短、设备更新换代快，一旦旧型号设备淘汰，其价格会大幅度下降。同样，对于技术已经更新的进口设备也不宜采用物价指数法。

现实中，不但设备生产国设备出口时的同类资产价格指数不易获取，即使是评估时点的同类资产价格指数也不易取得。因此，实际运用上述公式时，往往采用进口设备生产国在设备出口时的价格水平为基期价格水平，再根据设备生产国从基期到评估时点的价格变化率，将生产国出口设备价值从原值调整为现值。数学表达式为：

$$\text{进口设备现值} = \frac{\text{账面原值（人民币）中支付外汇部分}}{\text{设备进口时的外汇汇率}} \times \left(1 + \text{设备生产国从设备出口到评估时点的价格变动率}\right)$$

【例3-6】某企业2018年从美国引进一条生产线，该生产线在当年安装试车成功正式投入生产。设备进口总金额为200万美元，从被评估生产线进口合同中得知，进口设备主机原始价值160万美元、进口备件40万美元，另外，从其他会计凭证中查得国内配套设施原始价值为88万元人民币，国内运费、安装费和其他费用原值29万元人民币。2021年对此生产线进行评估。经评估人员对该生产线进行现场勘察和技术水平鉴定，以及向有关部门进行调查了解，认为该生产线的技术水平在国内仍居先进行列，在国际上也属普遍使用的设备，故决定采用价格指数调整法对该生产线重置成本进行估测。按照国内及国外的价格变动对生产线价值的不同影响，评估人员先将生产线分成进口设备主机、进口备件、国内配套设施、其他费用四大部分，分别考虑国外、国内不同部分价格变化率予以调整。经调查了解到，从设备进口到评估基准日，进口设备主机在其生产国的价格变化率为上升了9%，进口备件的价格变化率为上升了10%，国内配套设施价格上升了6%，国内运费、安装费和其他费用上升了12%。按评估基准日国家的有关政策规定，该进口设备的进口关税等税收总额为70万元人民币。评估基准日美元对人民币汇率为1：6.53。根据上述数据，估算续用前提下被评估机组的重置成本如下：

$$\text{重置成本} = [160 \times (1+9\%) + 40 \times (1+10\%)] \times 6.53 + 88 \times (1+6\%) + 29 \times (1+12\%) + 70 = 1622 \text{（万元人民币）}$$

（五）规模经济效益指数法

规模经济效益指数法是根据设备的生产能力与价格的比例关系来确定重置成本的方法。其计算公式表示为：

$$\text{被评估设备的重置成本} = \text{参照物设备的重置成本} \times \left(\frac{\text{被评估设备的产量}}{\text{参照物设备的产量}}\right)^x$$

其中，x是统计得到的数据，称为规模经济效益指数。当$x=1$时，被评估机器设备的价格与生产能力呈线性关系；当$x>1$时，机器设备的生产能力与价格呈非线性关系，设备价格的上涨速度大于设备生产能力上涨速度；当$x<1$时，机器

设备的生产能力与价格呈非线性关系,设备价格的上涨速度小于设备生产能力上涨速度。

【例 3-7】 某被评估的化工设备,生产能力为月产 300 吨化工产品,现在市场上已没有相同生产能力的设备。生产能力为月产 500 吨的同类型设备,市场售价 250 万元。经测算,该类型设备的规模经济效益指数为 0.85。计算该化工设备的重置成本。

$$被评估设备的重置成本 = 参照物设备重置价格 \times \left(\frac{被评估设备的产量}{参照物设备的产量}\right)^x$$

$$= 250 \times \left(\frac{300}{500}\right)^{0.85} = 162(万元)$$

使用这种方法的前提条件是设备的生产能力与价格存在一定的比例关系。这种方法并非适用于所有机器设备,对于某些特定的加工设备可能比较合适,如化工设备、石油设备等,但用它来评估如车床、汽车之类的设备则不太合适。

规模经济效益指数 x 是一个重要参数。目前,我国比较缺乏这方面的统计资料。国外的一些参考资料介绍,x 的取值一般位于 0.4~1.2,例如,圆锥压碎机为 0.85、颚式破碎机为 1.2、余热锅炉为 0.75、快装锅炉为 0.65。

评估人员使用该方法时,x 的取值必须有充分的依据,如果没有可以直接利用的规模经济效益指数,评估人员可以通过该类设备价格资料分析测算。

二、机器设备的实体性贬值及其估算

机器设备的实体性贬值是由于使用和自然力的作用造成的机器设备的贬值。实体性贬值率则是实体性贬值与全新状态机器设备重置成本的比率。实体性贬值一般通过估测设备的实体性贬值率进行估算,其计算公式为:

$$实体性贬值 = 重置成本 \times 实体性贬值率$$

设备的实体性贬值率的估测可以分别采用使用年限法、观测分析法和修复费用法进行,也可以同时采用上述方法中的几种方法相互配合使用,综合分析获得较为科学的结论。

(一)观测分析法

观测分析法是评估人员根据对设备的现场技术检测和观察,结合设备的使用时间、实际技术状况、负荷程度、制造质量等经济技术参数,经综合分析估测设备的实体性贬值率。

估测设备实体性贬值率时应主要观测分析以下主要指标:

(1)设备的现时技术状态;
(2)设备的实际已使用时间;
(3)设备的正常负荷率;
(4)设备的原始制造质量;

(5) 设备的维修保养状况;
(6) 设备重大故障(事故)经历;
(7) 设备大修、技改情况;
(8) 设备工作环境和条件;
(9) 设备的外观和完整性。

运用观测分析法估测设备实体性贬值率时,评估人员还必须与操作人员、维修人员、设备管理人员沟通,听取介绍和评价,加深对设备的了解。对重要的、精密的、专业性很强的设备应聘请有关专家进行估测。表3-4为机器设备实体性贬值率评估参考情况。

表 3-4　　　　　　　　　机器设备实体性贬值率评估参考

类别	新旧情况	技术参数标准参考说明	实体性贬值率(%)	成新率(%)
1	新设备及使用不久设备	全新或刚使用不久的设备。在用状态良好,能按设计要求正常使用,无异常现象	0~10	100~90
2	较新设备	已使用1年以上或经过第一次大修恢复原设计性能使用不久的设备,在用状态良好,能满足设计要求,未出现过较大故障	11~35	89~65
3	半新设备	已使用2年以上或大修后已使用一段时间的设备,在用状态较好,基本上能达到设备设计要求,满足工艺要求,需经常维修以保证正常使用	36~60	64~40
4	旧设备	已使用较长时间或几经大修,目前仍能维持使用的设备。在用状态一般,性能明显下降,使用中故障较多,经维护仍能满足工艺要求,可以安全使用	61~85	39~15
5	报废待处理设备	已超过规定使用年限或性能严重劣化,目前已不能正常使用或停用,即将报废待更新	86~100	15以下

对于大型设备,为了避免个人主观判断的误差,可采用"德尔菲法"或"模糊综合判断法"。"德尔菲法"是在个人判断和专家会议的基础上形成的一种直观判断方法,它采取匿名方式征求专家的意见,并将他们的意见综合、归纳、整理,然后反馈给各个专家,作为下一轮分析判断的依据。通过几轮反馈,意见逐步趋于一致为止。"模糊综合判断法",是利用模糊数学原理,对各种模糊信息进行处理,量化损耗状态的方法。

(二) 使用年限法

每台机器设备都有其寿命期间,在寿命期内,实体性贬值随时间的推移而增加，因此，使用年限的长短可以用来反映其实体性贬值的程度。其计算公式表示为：

$$实体性贬值率 = \frac{设备已使用年限}{设备已使用年限 + 设备尚可使用年限} \times 100\%$$

或：

$$实体性贬值率 = \frac{设备已使用年限}{设备总使用年限} \times 100\%$$

根据该计算公式可知，采用使用年限法估算机器设备的实体性贬值率涉及三个基本参数，即机器设备的总使用年限、已使用年限和尚可使用年限（剩余使用年限）。

1. 机器设备的总使用年限。设备的总使用年限也称设备的使用寿命或役龄。通常，设备的使用寿命可以分为物理寿命、技术寿命和经济寿命。

物理寿命是指机器设备从全新状态开始使用，直到不能正常工作而予以报废所经历的时间。物理寿命的长短取决于机器设备制造质量、使用强度、使用环境、保养和维护情况。有些设备可以通过恢复修理来延长其物理寿命。

技术寿命是指机器设备从开始使用到技术过时予以淘汰所经历的时间，技术寿命很大程度上取决于社会技术进步和技术更新的速度和周期。

经济寿命是指机器设备从开始使用到经济上不合算而停止使用所经历的时间。所谓经济上不合算，即使用该设备不能获得收益。机器设备的经济寿命不但受机器本身的物理性能、技术进步速度、机器设备的使用情况的影响，而且还与原始投资成本、维护使用费用以及外部经济环境变化等都有直接联系。

一般来讲，机器设备的经济寿命会小于其物理寿命和技术寿命，资产评估中机器设备的总使用年限应以其经济寿命来确定。

2. 机器设备的已使用年限。它是指机器设备从开始使用到评估基准日所经历的时间。这项指标比较容易确定，因为每个企业机器设备的购入、使用情况都有较为完整的记录。当然，记录的名义使用年限往往与实际损耗有一定的差异，这就要求将名义已使用年限调整为实际已使用年限，其计算公式为：

$$实际已使用年限 = 名义已使用年限 \times 设备利用率$$

设备利用率指的是设备实际利用时间与额定工作时间之比，是反映设备使用程度的指标，需要通过综合判断获得。

有的机器设备在使用过程中经过了大修理或更新改造，由此延长了其使用寿命，或减少了其实际已使用年限，这时，可以通过估算加权投资年限替代实际已使用年限。计算公式为：

$$实体性贬值率 = \frac{加权投资年限}{加权投资年限 + 设备尚可使用年限} \times 100\%$$

其中：

$$加权投资年限 = \frac{\sum(加权投资成本)}{\sum(投资成本)}$$

加权投资成本 = 已使用年限 × 投资成本

【例 3-8】 被评估设备购建于 2012 年，账面原始价值 180 000 元，于 2017 年和 2020 年进行两次更新改造，当年投资分别为 30 000 元和 50 000 元。2021 年对该资产进行评估，假设 2012～2021 年每年的价格上升率为 10%，该设备的尚可使用年限经检测和鉴定为 6 年，求该设备的实体性贬值率。

（1）调整计算现行成本。表 3-5 为设备现行成本估算情况。

表 3-5　　　　　　　　　　　设备现行成本估算

投资日期（年）	原始投资额（元）	价格变动系数	现行成本（元）
2012	180 000	$(1+10\%)^9 = 2.36$	424 800
2017	30 000	$(1+10\%)^4 = 1.46$	43 800
2020	50 000	$(1+10\%)^1 = 1.1$	55 000
合计	260 000		523 600

（2）计算加权投资成本。表 3-6 为设备加权投资成本计算情况。

表 3-6　　　　　　　　　　　设备加权投资成本计算

投资日期（年）	现行成本（元）	投资年限	加权投资成本（元）
2007	424 800	9	3 823 200
2012	43 800	4	175 200
2015	55 000	1	55 000
合计	523 600		4 053 400

（3）计算加权投资年限。

加权投资年限 = 4 053 400 ÷ 523 600 = 7.74（年）

（4）计算实体性贬值率。

实体性贬值率 = 7.74 ÷ (7.74 + 6) × 100% = 56.33%

3. 机器设备的尚可使用年限，即机器设备的剩余使用年限。机器设备的尚可使用年限通常应通过技术鉴定并加以综合分析后判断。对于国家明文规定限期淘汰、禁止超期使用的设备，无论其现时技术状态如何，该设备的尚可使用年限不能超过国家规定禁止使用的日期。

此外，运用使用年限法估算机器设备的实体性贬值率时应该注意的是以下方面。

（1）会计折旧年限与设备的总使用年限不同，评估人员不可以使用会计折旧年限作为设备的使用寿命。

（2）使用上述两个公式都要注意设备的总使用年限、尚可使用年限、已使用年限的计算口径必须一致,如果按两班工作制作为标准计算口径则都应换算成该口径下的年限。

(3) 判断设备尚可使用年限的依据是设备的实体状态,技术鉴定是年限法的重要步骤。

有些设备的使用寿命是以其工作量来衡量的。例如,模具的使用寿命可以用使用次数来衡量,汽车的使用寿命可以用行驶里程来衡量,此时,设备的成新率或损耗率可以用设备的设计总工作量与已完成的工作量进行估算。上述两个公式可演变成:

$$实体性贬值率 = \frac{已使用量}{总使用量} \times 100\%$$

或:

$$实体性贬值率 = \frac{已使用量}{已使用量 + 尚可使用量} \times 100\%$$

【例 3-9】某汽车按行驶里程设计的总使用寿命为 40 万千米,已运行 16 万千米,计算实体性贬值率。

实体性贬值率 = 16÷40×100% = 40%

(三) 修复费用法

修复费用法是以修复机器设备的实体性贬值使之达到全新状态所需要支出的金额作为估测被修复机器设备实体性贬值的一种方法。这种方法的使用前提是设备实体性贬值是可补偿性的,用于修复实体性贬值的费用就是设备的实体性贬值。例如,一台机床的电机损坏,如要修复该机床,必须更换电机,更换电机的费用即为机床的实体性贬值。

使用这种方法要注意区分可补偿性损耗和不可补偿性损耗。这里所说的可补偿性损耗,是指可以用经济上可行的方法修复的损耗。有些损耗尽管也是可以修复的,但是从经济上来讲是不划算的。对这种损耗不可用修复费用的方法来测定损耗。

对于大多数情况,设备的可修复性损耗和不可修复性损耗是并存的,评估人员应灵活运用各种方法来估算它们的贬值。

【例 3-10】一台数控加工中心,重置成本为 200 万元,已使用 3 年,其经济使用寿命约 12 年,现该机器数控系统损坏,估计修复费用约 28 万元,其他部分工作正常。

该设备存在可修复性损耗和不可修复性损耗,数控系统损坏是可修复性损耗,我们用修复费用法计算其贬值,贬值额等于机器的修复费用,约 28 万元;另外,该机器运行 3 年,我们用年限法来确定由此引起的实体性贬值,此项贬值率为 3/12。所有实体性贬值及贬值率估算过程如下:

重置成本 = 200 万元

可修复性损耗引起的贬值 = 28 万元
不可修复性损耗引起的贬值 = (200 − 28) × 3 ÷ 12 = 43（万元）
实体性贬值 = 28 + 13 = 41（万元）
实体性贬值率 = 41 ÷ 200 = 20.5%

三、机器设备的功能性贬值及其估算

机器设备的功能性贬值是由于科学技术的发展，导致被评估的机器设备与新机器相比功能落后而引起的贬值；或者是新技术、新材料、新工艺的运用导致被评估机器设备的贬值。机器设备的功能性贬值可以通过超额投资成本和超额运营成本估算。

（一）超额投资成本形成功能性贬值的估算

超额投资成本主要是由于新技术、新材料、新工艺的运用，使得相同功能的新设备比老设备的重置成本降低，又称为第Ⅰ种功能性贬值。它主要反映更新重置成本低于复原重置成本，超额投资成本造成的功能性贬值可采用下式计算：

$$设备超额投资成本 = \left(\begin{array}{c}设备复原\\重置成本\end{array} - \begin{array}{c}设备更新\\重置成本\end{array}\right) \times (1 - 实体性贬值率)$$

在评估中，如果使用的是复原重置成本，则应该考虑是否存在超额投资成本引起的功能性贬值；如果使用的是更新重置成本，这种贬值因素则已经考虑在内了。

（二）超额运营成本形成的功能性贬值的估算

超额运营成本是由于新技术的发展，使得新设备在运营费用上低于老设备。超额运营成本引起的功能性贬值又称为第Ⅱ种功能性贬值，它应该等于设备未来超额运营成本的折现值。

分析研究设备的超额运营成本，应考虑下列因素：新设备与老设备相比，生产效率是否提高；新设备与老设备相比，维修保养费用是否降低；新设备与老设备相比，材料消耗是否降低；新设备与老设备相比，能源消耗是否降低；新设备与老设备相比，操作工作数量是否降低；等等。

计算超额运营成本引起的功能性贬值的步骤如下：
（1）分析比较被评估机器设备的超额运营成本因素；
（2）确定被评估设备的尚可使用寿命，计算每年的超额运营成本；
（3）计算净超额运营成本；
（4）确定折现率，计算超额运营成本的折现值。

【例 3–11】计算某电焊机超额运营成本引起的功能性贬值。

（1）分析比较被评估机器设备的超额运营成本因素：经分析比较，被评估的电焊机与新型电焊机相比，引起超额运营成本的因素主要为老产品的能耗比新

产品高。通过统计分析，按每天 8 小时工作，每年 250 个工作日，每台老电焊机比新电焊机多耗电 4 000 度。

（2）确定被评估设备的尚可使用寿命，计算每年的超额运营成本：根据设备的现状，评估人员预计该电焊机尚可使用 10 年，如每度电按 0.6 元计算，则：

每年的超额运营成本 = 4 000 × 0.6 = 2 400（元）

（3）计算净超额运营成本：如所得税税率按 25% 计算，则：

税后每年净超额运营成本 = 税前超额运营成本 × (1 - 所得税税率)
$$= 2\ 400 \times (1 - 25\%)$$
$$= 1\ 800（元）$$

（4）确定折现率，计算超额运营成本的折现值。折现率为 10%，10 年的年金现值系数为 6.145，则：

净超额运营成本的折现值 = 年净超额运营成本 × 年金现值系数
$$= 1\ 800 \times 6.145 = 11\ 061（元）$$

该电焊机由于超额运营成本引起的功能性贬值为 11 061 元。

四、机器设备的经济性贬值及其估算

机器设备的经济性贬值是由于外部因素引起的贬值。例如，由于市场竞争的加剧，产品需求减少，导致设备开工不足，生产能力相对过剩；原材料、能源等提价，造成成本提高，而生产的产品售价没有相应提高；国家有关能源、环境保护等限制或有关产权的法律、法规等规定使产品的生产成本提高或者使设备强制报废，缩短了设备的正常使用寿命等。机器设备的经济性贬值可以通过以下方式估算。

（一）因生产能力降低造成的经济性贬值的估算

当个别或一组机器设备因外部因素影响出现开工不足，使设备的实际生产能力显著低于其额定或设计能力时，它的价值也就低于能充分利用时的价值。这种差别可以用经济性贬值率来表示，计算公式如下：

$$经济性贬值率 = \left[1 - \left(\frac{实际使用生产能力}{额定生产能力}\right)^x\right] \times 100\%$$

这里的经济性贬值率实际上就是资本投入的贬值率。造成这种情况的原因很多，例如，整个行业的额定生产能力过剩，开工不足会造成整个行业特有的低效率；企业管理不善、产品落后、市场上激烈的竞争等，使企业内的生产能力不能充分利用；等等。

前面提到的经济性贬值率计算公式其实就是前面已讨论的规模经济效益指数法公式演变形成的，其中指数 x 因设备种类不同而不同，这种指数函数关系表明，设备的成本和规模不是线性关系，因而经济性贬值存在时，设备的价值也不

是按线性关系下降,而是按指数关系下降。

【例 3-12】 某化工原料专用生产线的设计生产能力为 25 000 吨/年。建成后由于市场发生了不可逆转的变化,生产的产品需求减少,造成生产线开工不足,预计未来生产线的实际产量为 15 000 吨/年。使用规模经济效益指数法求其经济性贬值率。

根据统计数据,该类型化工原料生产线的规模经济效益指数为 0.72。则:

经济性贬值率 = $[1-(15\,000/25\,000)^{0.72}] \times 100\% = 30.77\%$

(二) 因收益减少造成的经济性贬值的估算

由于企业外部的原因,虽然设备生产负荷并未降低,但出现原材料涨价带来的生产成本提高得不到补偿,或是竞争必须使产品降价销售等情况时,可能使设备创造的收益减少,使用价值降低,进而引起经济性贬值。

如果设备由于外界因素变化造成的收益减少额能够直接测算出来的话,可直接按设备持续使用期间每年的收益损失额折现累加得到设备的经济性贬值额。其计算公式为:

经济性贬值额 = 设备年收益损失额 × (1 - 所得税税率) × $(P/A, r, n)$

其中,$(P/A, r, n)$ 为年金现值系数。

【例 3-13】 某服装生产厂的一条生产线设计生产能力为年产 10 万套某高档服装,目前由于原材料价格上涨,同时其产品市场需求出现疲软,企业在不改变原生产能力的情况下,每套服装的材料成本上升 40 元,销售价格须下调 100 元。经估测,该生产线预计尚可使用 3 年,该企业所在行业的资本成本率为 10%,企业的所得税税率为 25%。试估算该生产线的经济性贬值。

经济性贬值额 = $(40 + 100) \times 10 \times (1 - 25\%) \times (P/A, 10\%, 3)$
$= 1\,050 \times 2.486$
$= 2\,610.3$ (万元)

(三) 因使用寿命缩短引起的经济性贬值的估算

引起机器设备使用寿命缩短的外部因素,主要是国家有关能源、环境保护等方面的法律、法规。例如,近年来,由于环境保护方面的问题日益严重,国家对机器的环保要求越来越高,对落后的、高能耗的机电产品施行强制淘汰制度,缩短了设备的正常使用寿命。

【例 3-14】 某种型号的汽车已使用 10 年,根据该车的技术状态还可以正常使用 10 年,按年限法计算,该汽车的贬值率为:

实体性贬值率 = $10 \div (10 + 10) \times 100\% = 50\%$

但由于环保、节能的要求,国家新出台的汽车报废政策规定该类汽车的最长使用年限为 15 年,因而该汽车 5 年后必须强制报废。为此,该汽车的贬值率为:

贬值率 = 10 ÷ (10 + 5) × 100% = 66.67%

由环保政策引起的经济性贬值占重置成本的比率为 16.7%。若该汽车的重置成本为 15 万元,则经济性贬值额为:

经济性贬值额 = 15 × 16.7% = 2.505 (万元)

在实际评估工作中,机器设备的经济性贬值和功能性贬值有时是可以单独估测的,有时不能单独估测。这主要取决于在设备的重置成本和成新率的测算中考虑了哪些因素。因此,在具体运用重置成本法评估机器设备时,应时刻注意这一点,避免重复扣减贬值因素或漏评贬值因素。

对于那些今后肯定要继续使用但近期内仍将闲置的设备,可按其闲置时间和资金成本估算其经济性贬值。

五、成本法下机器设备评估值的计算

计算出设备的重置成本与各种贬值,可以通过下列公式计算评估价值:

$$机器设备评估值 = 重置成本 - 实体性贬值 - 功能性贬值 - 经济性贬值$$

$$= 重置成本 \times (1 - 实体性贬值率 - 功能性贬值率 - 经济性贬值率)$$

或:

$$机器设备评估值 = 重置成本 \times 综合成新率$$

如果评估对象是一台全新的设备或一个全新的工厂,各种贬值为零,则评估对象的价值是它的重置成本。

在评估实践中,可以单独计算实体性贬值额、功能性贬值额和经济性贬值额。也可以采用综合成新率计算各种贬值扣除,进而对机器设备进行评估。实践中通常采用使用寿命法和观察法两种方法分别得出成新率,采用加权平均法计算得到综合成新率。其中,使用寿命法中使用寿命的单位通常有使用年限、工作小时、工作量、使用次数、汽车行驶里程等。加权平均数中的权重,一般观察法取 60%,使用寿命法取 40%,综合成新率 = 使用寿命法成新率 × 40% + 观察法成新率 × 60%。

【例 3 - 15】某冷冻机组 2015 年投入使用,2022 年对该设备进行评估。经过调研和分析,确定评估基准日该设备的重置成本为 220 万元。结合设备完好技术条件和设备管理人员、使用人员的使用情况介绍,参考评估参数手册及经验判断,确定设备的经济使用年限为 15 年。目前设备运行正常,维护保养较好,截至评估基准日,已使用 6.8 年。经评估人员与企业技术人员一同对设备进行现场勘察,并向值班人员了解维护、检修及故障处理等情况,查阅相关规范规程、运行记录、检修记录、安全性能检验报告等文件资料,判定该设备技术状态,给出的设备成新率分值为 75 分。

则该设备的综合成新率为：

综合成新率 = 年限法成新率 × 40% + 观察法成新率 + 60%
$$= (15 - 6.8) \div 15 \times 40\% + 75\% \times 60\%$$
$$= 66.87\%$$

评估值 = 重置成本 × 综合成新率 = 220 × 66.87% = 147.11（万元）

在单独评估功能性贬值额和经济性贬值额的情形下，综合成新率实际仅考虑了实体性贬值。

第四节 机器设备评估的市场法

一、运用市场法评估机器设备的前提条件和基本步骤

机器设备评估的市场法也称市场比较法，是根据市场上类似机器设备交易的价格资料，通过对评估对象和市场参照物各项因素的分析比较，从而确定机器设备评估值的方法。

（一）运用市场法评估机器设备的前提条件

市场法的运用需要满足一定的条件，使用市场法评估机器设备的条件有：符合公开市场条件，市场有效，评估对象与市场参照物是相似或可比的。

1. 公开市场。

（1）买卖双方都是出于各自的动机，是充分自愿的，无任何强迫；

（2）双方都已对标的有充分的了解，并且按照他们的最佳利益决策行事；

（3）在这个开放的市场中，允许一段合理的时间用于披露信息；

（4）价格表示设备交易的正常货币价格，按正常的方式结算，不受特殊的付款方式或销售优惠的影响。

2. 市场有效。

市场有效的前提是：

（1）市场所提供的信息是真实可靠的；

（2）评估参照物在市场上的交易是活跃的。

对单台设备评估，二手设备市场是机器设备评估的重要参照物市场，但是并不能保证这个市场对所有的资产都是可靠的。如果能够确定市场所提供的信息资料真实可信，并且该类资产的交易活跃，那么使用市场比较法将是最为可靠的。活跃市场是指类似的资产交易在市场上频繁发生而不能是有价无市的市场；不被部分垄断销售商或购买者控制，资产可以在完全自由的市场中进行交易；没有

恶意地煽动市场、操纵市场、制造虚假市场现象。如汽车、普通机械加工设备、建筑机械、工程机械等它们均存在一个发育完善的市场，是采用此法的最佳例子。

市场法对于市场上唯一的产品不适用。另外，虽然不是唯一产品但是市场不活跃也不适用市场法。一个不活跃的市场，或可比资产的销售数量有限，都表明需求不足。

3. 评估对象与市场参照物是相似或可比的。

相似是指评估对象和参照物之间在物理特征、交易特征、市场特征等方面是相似的，如果参照物的特征差异较大可能会增大评估误差；可比是指评估对象和参照物之间有共同的特征可以比较，对评估对象和参照物之间的比较是通过比较因素来进行的。

（二）运用市场法评估机器设备的基本步骤

1. 对评估对象进行鉴定，获取评估对象的基本资料。评估人员通过鉴定被评估设备，了解设备的基本资料，如设备的规格型号、制造厂家、出厂日期、服役年龄、安装情况、随机附件以及设备的实体状态等。为选择类似的市场参照物做好准备。

2. 进行市场调查，选取市场参照物。评估人员了解了评估对象的基本情况以后，要进行市场调查选取市场参照物。

在选择市场参照物时，应注意参照物的时间性、地域性、可比性。从时间上来讲，参照物的交易时间应尽可能接近评估基准日；从地域上来讲，尽可能与评估对象在同一地区；另外，评估对象与参照物具有较强的可比性，实体状态方面比较接近。

评估人员在进行市场调查时，还要注意了解交易条件、交易背景等因素。

3. 因素比较。尽管评估人员在选择市场参照物时会尽量做到被评估对象与市场参照物比较接近。但是，被评估对象与参照物在实体状态、交易时间、交易地点、交易背景上总还存在一定差异。评估人员还必须对上述影响价值的因素进行分析、比较，确定差异调整量。

4. 计算评估值。在分析比较的基础上，对参照物的市场交易价格进行修正，确定评估值。

二、运用市场法评估机器设备中比较因素分析

运用市场法评估机器设备时，应对被评估机器设备与参照物进行比较。这些比较因素包括个别因素、交易因素、时间因素、地域因素四个方面。

（一）个别因素

1. 设备规格型号。评估人员应选择相同规格型号的市场参照物。

2. 设备制造厂家。不同制造厂家所生产设备的制造品质是不同的，市场售价也存在较大差异，评估人员应选择同一厂家生产的设备作为市场参照物。

3. 设备的役龄。机器设备的制造年代对售价影响较大，参照物应尽量选择与评估对象同年代制造的。

4. 设备的安装方式。设备的安装方式会对设备的出售价格产生影响。两台相同的机器设备，均拟出售并移地使用，其中一台已拆卸完毕并运至买方使用的目的地；另一台机器设备未拆卸，设备的拆卸、运输费用由买方支付，两台设备的出售价格是不同的。

5. 设备的附件。相同设备的附件可能各不相同，有些设备的附件占整体价值量比例很大，评估人员应对参照物和评估对象的附件情况进行比较。

6. 设备的实体状态。设备的实体状态对售价影响很大，相同制造厂家、相同出厂日期的设备，由于使用环境、负荷、操作人员的水平等因素不同，设备的实体状态差异较大。评估人员应对被评估对象和参照物的实体状态进行比较。

（二）交易因素

1. 市场状况。主要指市场的供求关系。评估人员在使用市场比较法时，先了解被评估的设备目前是买方市场还是卖方市场，并确定市场状况可能对设备价值的影响。

2. 交易动机及背景。不同的交易动机和交易背景都会对设备的出售价格产生影响。如以清偿、快速变现形式或带有一定优惠条件出售，其售价往往低于正常的交易价格。

3. 交易数量。购买设备的交易数量也是影响设备售价的一个重要因素。

（三）时间因素

不同交易时间的市场供求关系、物价水平等都会不同，评估人员应选择与评估基准日最接近的交易案例，并对参照物的时间影响因素作出调整。

（四）地域因素

由于不同地区市场供求条件等因素的不同，设备的交易价格也受到影响，评估参照物应尽可能与评估对象在同一地区。如评估对象与参照物存在地区差异，则需要进行调整。

三、市场法评估机器设备的具体方法

运用市场法评估机器设备是通过对市场参照物进行交易价格调整完成的，常用的调整方法有直接比较法、相似比较法和比率估价法三种。

(一) 直接比较法

直接比较法是根据与评估对象基本相同的市场参照物，通过直接比较来确定评估对象价值的评估方法。例如，评估一辆汽车时，如果二手汽车交易市场能够发现与评估对象基本相同的汽车，它们的制造商、型号、年代、附件都相同，只有行驶里程和实体状态方面有些差异。在这种情况下，资产评估专业人员一般直接将评估对象与市场上发现的汽车作比较，确定评估对象的价值。由于此时评估对象与市场参照物差异小，使用直接比较法评估相对比较简单，对市场的反映却最为客观，能最准确地反映评估对象的价值。

该方法可用公式表示为：

$$V = V' \pm \Delta_i$$

其中，V 表示评估值；V' 表示参照物的市场价值；Δ_i 表示差异调整。

【例 3-16】 在评估一辆轿车时，资产评估专业人员从市场上获得近期成交的一辆与被评估车辆在型号、购置年月、行驶里程、发动机、底盘及各主要系统的状况等方面均相同的参照物。参照物与被评估车辆的区别之处在于：

被评估车辆加装导航设备一套，价值 7 200 元；

被评估车辆右前大灯破损需要更换，更换费用约 800 元。

该参照物的市场售价为 80 000 元，则：

$V = V' \pm \Delta_i = 80\ 000 + 7\ 200 - 800 = 86\ 400$（元）

使用直接比较法的前提是评估对象与市场参照物基本相同，需要调整的项目较少，差异不大，并且差异对价值的影响可以直接确定，否则无法使用直接比较法。如果上例的参照物购置年代不同、型号有差异、行驶里程差别也很大，则不能使用直接比较法。

(二) 相似比较法

相似比较法是将与评估对象相似的市场参照物作为评估的基础，通过比较、调整评估对象与市场参照物之间的因素差异确定评估对象价值的评估方法。在难以找到与评估对象基本相同的市场参照物，但存在与评估对象相似的市场参照物时，相似比较法就成为具有操作可行性的评估方法。但对相似设备间差异因素的分析、调整过程，相对于直接比较法而言，显得更为重要。例如，评估一台由 A 公司制造的车床，资产评估专业人员发现在市场上没有 A 公司生产的相似的车床，但是有 B 公司和 C 公司生产的相似的车床。在对前面介绍的比较因素进行分析的基础上，需要作更多的调整。

【例 3-17】 运用市场法对某车床进行评估：

1. 评估人员首先对被评估对象进行鉴定，基本情况如下。

设备名称：普通车床；

规格型号：CA6140×1500；

制造厂家：A机床厂；

出厂日期：2016年8月；

投入使用时间：2016年9月；

安装方式：未安装；

附件：齐全（包括仿形车削装置、后刀架、快速换刀架、快速移动机构）；

实体状态：评估人员通过对车床的传动系统、导轨、进给箱、溜板箱、刀架、尾座等部位进行检查、打分，确定其综合分值为70分。

2. 评估人员对二手设备市场进行调研，确定三个与被评估对象较接近的市场参照物，如表3-7所示。

表3-7　　　　　　　　　　被评估机床与参照物对照

比较项目	评估对象	参照物A	参照物B	参照物C
名称	普通车床	普通车床	普通车床	普通车床
规格型号	CA6140×1500	CA6140×1500	CA6140×1500	CA6140×1500
制造厂家	A机床厂	A机床厂	B机床厂	B机床厂
役龄（年）	5	5.5	5	4.5
安装方式	未安装	未安装	未安装	未安装
附件	齐全	齐全	齐全	齐全
实体状态（分）	70	68	69	73
交易市场	X地区	X地区	Y地区	Y地区
市场状况		二手设备市场	二手设备市场	二手设备市场
交易背景及动机	正常交易	正常交易	正常交易	正常交易
交易数量	单台交易	单台交易	单台交易	单台交易
交易日期	2021年8月31日	2021年3月20日	2021年5月8日	2020年11月18日
转让价格（元）		36 800	39 750	41 000

3. 对评估对象和参照物进行因素比较。

（1）个别因素比较。

①三个参照物与评估对象的规格型号、安装方式、附件情况均相同，调整系数为1。

②参照物B和参照物C为B机床厂生产，已知相同型号的新车床A机床厂比B机床厂的产品贵8%。以此作为调整系数。

③役龄因素调整。被评估对象的役龄为5年，参照物A、B、C的役龄分别为5.5年、5年和4.5年，评估人员根据市场调查，发现设备的役龄相差0.5年，其售价相差5%左右，由此确定调整系数分别为：A，1.05；B，1；C，0.95。

④根据评估对象和参照物的实体状态分值确定实体状态调整系数为：A，1.07；B，1.01；C，0.96。

综合上述①~④，确定个别因素调整系数分别为：A，1.12；B，1.09；

C，0.99。

(2) 市场因素比较。评估对象与参照物的市场交易状况、交易动机及背景、交易数量等因素均相同，调整系数均为1。

(3) 时间因素比较。根据被评估设备及三个参照物不同交易时间的物价水平确定时间因素调整系数为：A，1.01；B，1.01；C，1.03。

(4) 地域因素比较。参照物A与评估对象属同一地区，参照物B和参照物C的交易地点在另一地区，已知评估对象所在地区的交易价格比参照物B和参照物C所在地区的交易价格高1%，因此确定地区因素调整系数为：A，1；B，1.01；C，1.01。

4. 计算评估值，如表3－8所示。

表3－8　　　　　　　　　　评估值计算

项目	参照物A	参照物B	参照物C
交易价格（元）	36 800	39 750	41 000
个别因素调整系数	1.12	1.09	0.99
市场因素调整系数	1	1	1
时间因素调整系数	1.01	1.02	1.05
地域因素比较调整系数	1	1.01	1.01
比较因素总调整系数	1.1312	1.1229	1.0499
调整后结果（元）	41 628	44 635	43 046

被评估对象的评估值 =（41 628 + 44 635 + 43 046）÷ 3 ≈ 43 103（元）

（三）比率估价法

比率估价法是在市场上无法找到基本相同或相似的参照物时，利用从大量市场交易中统计分析的同类型设备使用年限与售价的关系，确定评估对象价值的评估方法。这种方法基于同类型设备的贬值程度与使用年限之间存在基本相同函数关系的统计规律。但不同类型设备的这种函数关系是不同的，采用比率估价时需要判断相关比率数据是否适合评估对象。

二手设备的交易价格与它的已使用年限相关，通过对大量市场交易数据的统计，可以得到不同类型设备的变现系数。资产评估专业人员可以用变现系数乘以全新设备的价格得到被评估设备的价值：

$$评估值 = 全新设备的价格 \times 变现系数$$

采用这种方法首先需要收集大量的交易案例，将交易案例按使用年限分组，计算每种使用年限下交易价格与重置价值的比率（变现系数），然后采用线性回归法确定变现系数与使用年限的关系，从而确定被评估设备的变现系数，得到被评估设备的评估值。

【本章小结】

机器设备是生产企业常见的资产，机器设备可以采用多种分类方法进行分类，资产评估中可以根据委托单位的生产技术特点、评估目的、采用的评估操作方法、评估操作人员的专业特长等，按不同分类进行操作。一般来讲，机器设备类资产是企业整体资产的一个组成部分，一般不具备独立的获利能力。收益法的运用在机器设备评估中受到很大限制，机器设备评估通常采用成本法和市场法。影响机器设备磨损的因素很多，个体差异较大，确定贬值往往需要逐台地对设备的实体状态进行调查、鉴定。设备的贬值除实体性贬值外，往往还存在功能性贬值和经济性贬值。运用成本法评估机器设备主要是确定设备的重置成本和各类贬值。重置成本的确定可以采用重置核算法、物价指数法和规模经济效益指数法；实体性贬值的估算可以采用观测分析法、使用年限法和修复费用法；功能性贬值的估算包括超额投资成本和超额运营成本估算；经济性贬值的估算需要考虑因生产能力降低造成的经济性贬值、因收益减少造成的经济性贬值、因使用寿命缩短引起的经济性贬值。运用市场法评估机器设备时应对被评估机器设备与参照物进行比较，比较因素的包括个别因素、交易因素、时间因素、地域因素四个方面；运用市场法评估机器设备时对市场参照物交易价格进行调整常用的调整方法有直接比较法、相似比较法和比率估价法三种。

【本章练习】

一、单项选择题

1. （　　）是机器设备评估程序的关键。
   A. 明确评估目的　　　　　　B. 明确评估对象
   C. 确定评估方法　　　　　　D. 评定评估

2. 运用市场法评估机器设备是通过对市场参照物进行交易价格调整完成的，常用的调整方法有直接比较法、相似比较法和（　　）。
   A. 市场比较法　　　　　　　B. 间接比较法
   C. 完全比较法　　　　　　　D. 比率估价法

3. 机器设备的清查核实不包括（　　）。
   A. 微观调查　　　　　　　　B. 宏观调查
   C. 法律权属资料调查　　　　D. 技术水平调查

4. 物价指数法只能用于确定设备的（　　）。

A. 复原重量成本　　　　　　B. 更新重置成本
C. 实体贬值　　　　　　　　D. 功能性贬值

5. 运用市场法评估机器设备中的交易因素不包括（　　）。
A. 交易场所　　　　　　　　B. 市场状况
C. 交易动机及背景　　　　　D. 交易数量

6. 某进口设备离岸价（FOB）为 1 000 000 美元，评估基准日美元兑换人民币汇率为 6.8，到岸价（CIF）为 7 379 400 元人民币，公司代理手续费率为 1%，该设备重置成本中的公司代理手续费为（　　）元人民币。
A. 73 794　　　B. 10 852　　　C. 10 000　　　D. 68 000

7. 某类设备的价值和生产能力之间呈非线性关系，市场上该类年加工 1 600 件产品的全新设备价值为 20 万元，现为八成新的年加工 900 件产品的被评估设备的价值为（规模效益指数为 0.5）（　　）万元。
A. 11.2　　　B. 15　　　C. 12　　　D. 9

8. 一台电脑一年前的购置价格为 28 000 元，由于技术进步使得电脑的生产成本降低，该电脑的现行的市场价格为 22 000 元，假设市场物价水平不变，则这台电脑的超额投资成本和更新重置成本分别为（　　）元。
A. 6 000；22 000　　　　　B. 无法计算；22 000
C. 无法计算；28 000　　　　D. 28 000；22 000

9. 某服装生产线，设计生产能力为 10 万套/年，建成后由于市场竞争加剧，生产规模大幅下降，每年的产量只有 8 万套，该生产线的重置成本为 300 万元，规模经济效益指数为 0.6，如不考虑实体性磨损，该生产线的经济性贬值额约为（　　）万元。
A. 37.59　　　B. 60　　　C. 240　　　D. 262.41

10. 某设备的原始价值为 5 万元，当修理后才能正常使用，并且修理后带来的收益足以弥补修理费用。若修理费用为 1 万元，重置成本为 4 万元，则其成新率不会超过（　　）。
A. 25%　　　B. 80%　　　C. 75%　　　D. 20%

二、多项选择题

1. 机器设备的重置成本基本构成一般包括（　　）。
A. 沉没成本　　　　　　　　B. 间接成本
C. 资金成本　　　　　　　　D. 直接成本

2. 在对设备进行微观调查时对安装使用情况的调查包括（　　）。
A. 安装状态　　　　　　　　B. 安装成本
C. 使用情况　　　　　　　　D. 维护保养情况

3. 机器设备技术状况的鉴定包括（　　）。
A. 对设备使用状态的鉴定　　B. 对设备使用状况的鉴定

C. 对设备质量进行鉴定　　　　　D. 对设备的磨损程度鉴定

4. 机器设备的基本特征包括（　　）。
   A. 由零部件组成　　　　　　　　B. 可用于生产制造
   C. 零部件之间有确定的相对运动　D. 有能量转换

5. 机器设备的实体性贬值的估算方法包括（　　）。
   A. 观测分析法　　　　　　　　　B. 使用年限法
   C. 重置核算法　　　　　　　　　D. 修复费用法

6. 运用市场法评估机器设备的步骤包括（　　）。
   A. 对评估对象进行鉴定，获取评估对象的基本资料
   B. 进行市场调查，选取市场参照物
   C. 因素比较
   D. 计算评估值

7. 运用市场法评估机器设备中比较因素包括（　　）。
   A. 个别因素　　　　　　　　　　B. 交易因素
   C. 时间因素　　　　　　　　　　D. 地域因素

8. 市场法评估机器设备的具体方法包括（　　）。
   A. 直接比较法　　　　　　　　　B. 间接比较法
   C. 相似比较法　　　　　　　　　D. 比率估计法

三、综合题

1. 某企业一进口设备于2018年购进，当时的购置价格（离岸价）为12.3万欧元，2023年进行评估。根据调查得知，2023年与2018年相比，该类设备国际市场价格上升了16%；现行的海运费率和保险费率分别为5%和0.3%；该类设备进口关税税率为15%，增值税税率为13%；银行财务费率为0.8%，外贸手续费率为1.2%；国内运杂费率为1%，安装费费率为0.5%，基础费费率为1.5%。假设评估基准日欧元同人民币的比价为1∶7.92。

要求：根据上述条件，估测该进口设备的重置成本。

2. 某企业的一条生产线购于2018年10月，账面原值为800万元，评估基准日为2022年10月。经调查得知，该类设备的定基价格指数在2018年和2022年分别为100%和113%，假设该设备生产能力在生产过程能够得到充分利用，该设备尚可使用5年，和当前的设备相比，该设备所耗电力能源较大，平均每年多耗5万度，每度电按0.6元计算（公司所得税率为25%，折现率为10%）。

要求：
（1）计算该设备的重置成本。
（2）计算该设备的实体性贬值额。
（3）计算功能性贬值额。
（4）确定设备的评估价值

3. 资产评估人员拟采用重置成本法评估一台设备，评估基准日为2021年12月31日。资产评估人员现场调查了解到，该设备于2012年底以1 200万元的价格购入并安装，2013年初正式投入使用，经济使用寿命为20年。之后该设备的制造工艺、新材料更替频繁，设备制造成本逐年降低，能耗也逐步减少，2021年11月设备控制计算机损坏，估计修复费用约80万元；设备其余部分为不可修复性损耗，工作正常。资产评估人员对该设备进行了询价，新型同类设备销售价格为900万元。分析确定的设备运杂费费率为1.5%，安装费费率为1.2%，设备基础在构筑物评估中已经考虑，不考虑间接成本、资金成本。评估基准日，该设备比新型同类设备多耗电9 000度/年，电价为0.6元/度，折现率设定为10%，企业所得税税率为25%。该设备不存在经济性贬值，不考虑其他因素。

要求：

（1）计算该设备的重置成本。

（2）计算该设备的实体性贬值额。

（3）计算该设备超额运营成本引起的功能性贬值额。

（4）计算该设备的评估值。

4. 甲设备购建于2014年1月，账面原值为20万元；2017年1月追加投资5万元，2021年1月进行评估。2014～2021年，该类设备每年价格上涨5%；该设备由于技术落后，年生产成本比替代品超支1万元。该设备过去的资产利用率仅为70%，尚可使用5年。企业所得税税率25%，折现率10%。

要求：

（1）计算该设备的重置成本。

（2）计算该设备的实体性贬值额。

（3）计算该设备的功能性贬值额。

（4）计算该设备的评估值。

5. 被评估对象为A企业于2016年12月31日购入的一台设备，该设备生产能力为年产产品100万件，设计使用年限为10年，当时的设备价格为120万元，A企业在购入该设备后一直未将该设备安装使用并使设备保持在全新状态，评估基准日为2020年12月31日。评估人员经调查获知，目前该种设备已经改型，与改型后的设备相比，被评估设备在设计生产能力相同的条件下，需要增加操作工人1人，在到达设计生产能力的条件下每年增加设备运转能消耗4万元，同时由于该设备生产的产品市场需求下降，要使产品不积压，每年只能生产80万件，经调查，根据有关规定，该种设备自投入使用之日起，10年后必须报废，该类设备的规模经济效益指数为0.8，评估基准日之前5年内，该设备的价格指数每年递增4%，行业内操作工人的平均人工费用为每人每月3 500元（含工资保险费福利费），行业适用折现率为10%，企业所得税税率是25%。

要求：

（1）采用环比物价指数计算的设备当前重置成本。

(2) 计算该设备的各种贬值额。

(3) 计算该设备的评估值。

6. 甲公司想重新购置一台设备，准备运用成本法来评估设备的重置成本，该类设备现行市场价格为每台 180 000 元，运杂费 3 500 元，直接安装成本 3 200 元，其中原材料 1 200 元，人工成本 2 000 元。根据统计分析，计算求得安装成本中的间接成本为每人工成本 0.8 元。

要求：

(1) 采用成本法评估资产的前提条件有哪些？

(2) 运用重置核算法，计算该类设备的重置成本。

(3) 甲公司目前所用的这台设备购置于 2015 年 1 月 1 日账面原值为 120 000 元，当时该类资产的价格指数为 95%，评估基准日该类资产的定基价格指数为 150%，如果运用价格指数法，该设备重置成本为多少？

(4) 价格指数法与重置核算法是重置成本估算较常用的方法，两者明显的区别有哪些？

(5) 假设甲公司目前所用的设备于评估基准日全新购置价格为 190 000 元。经过专家鉴定，该设备由于使用磨损所造成的贬值率为 20%。在不考虑其他因素的条件下，计算该设备的实体性贬值。

第四章 房地产评估

【学习目标】

◆ 知识目标

了解房地产的概念、房地产的特征、房地产评估的原则,熟悉房地产评估程序,掌握成本法、收益法、市场法在房地产评估中的应用。

◆ 能力目标

能够发现经济社会中涉及房地产评估的案例,分析房地产评估对象的特点,依据评估特定目的,选择恰当的评估假设,运用所学理论知识合理界定评估范围;能够建立估值思维,掌握成本法、收益法、市场法的评估思路。

◆ 思政目标

能够跟踪房地产评估学科发展趋势,持续提高房地产评估知识的应用能力和房地产评估业务的分析能力。引导学生树立责任意识,遵守资产评估过程中的谨慎性要求,树立职业理念,养成职业精神。

【本章重点和难点】

本章的重点是房地产评估的内涵、特点,三大评估方法在房地产评估中的应用。难点是收益法在房地产评估中的应用。

【案例导入】

202×年9月,《招募A公司、B公司名下资产意向竞买方的公告》将H楼及其副楼搬上拍卖台。

H楼主要功能为5A级写字楼、商业广场、旅游观光层、空中国际商务会所,总投资约20亿元。这座大楼规划打造为集超甲级写字楼、单元式办公、高档会所、观光等为一体的综合性大楼,是M市的重点项目。项目用地面积约1.5万平方米,总建筑面积16.3万平方米。规划地上建筑层数68层,总高度约339.88米。

某估价公司出具的评估报告显示,H楼一二期房地产、办公电子设备、车辆以及长期股权的市场价值约46亿元;副楼土地使用权价值、在建工程基础及前期费用的市场价值约 5.99 亿元。整体价值近 52 亿元。同时，公告中对竞买方提出了"可调控资金要达 50 亿元"的高要求，要拍下该项目门槛不低。

思考与讨论：

评估值的确定需要评估机构和评估专业人员结合案例的实际情况进行判断，应充分了解房地产评估的基本原理和方法。

第一节 房地产评估概述

一、房地产的概念及分类

（一）房地产的概念

房地产是指土地、建筑物及其他地上定着物。土地是指地球的表面及其上下一定范围内的空间；建筑物是指人工建筑而成，由建筑材料、建筑配件和设备（如给排水、卫生、照明、空调、电梯、通信等设备）等组成的整合体，包括房屋和构筑物两大类；其他地上定着物是指附着于土地、建筑物上，与土地、建筑物不可分离，或者虽然可以分离，但分离不经济，或者分离后会破坏房地产完整性或功能，或者房地产的价值会明显受到损害的部分，如种植在地上的树木、花草，埋设在地下的管线、设施，建造于地上的道路、围墙等。因此，房地产本质上包括土地和建筑物两部分。

房地产包括土地和建筑物两大部分，并不意味着只有土地和建筑物合成一体时，才称为房地产。单纯的土地或建筑物都是房地产，它们是房地产的一种存在形态，房地产只是一种统称。因此，在房地产评估中，评估对象房地产一般有三种基本存在形态：单纯的土地，单纯的建筑物，土地与建筑物合成一体的房地产。当然，在房地产评估实务中单纯的以建筑物作为交易对象的情形比较少见。

房地产既是一种客观存在的物质形态，同时也是一项法律权利。法律意义上的房地产本质是一种财产权利，这种财产权利是指寓含于房地产实体中的各种经济利益以及由此而形成的各种权利。

房地产是实物、权益和区位三者的结合。

1. 实物。实物是房地产中看得见、摸得着的部分，如建筑物的结构、设备、装修、外观，土地的形状、平整程度、基础设施完备程度等。实物又可进一步分为有形的实体、该实体的质量以及组合完成的功能三个方面。

2. 权益。权益是房地产中无形的、不可触摸的部分，包括权利、利益和收益，如所有权、使用权、租赁权、抵押权、典权、地役权、空间利用权、相邻关系等。

3. 区位。区位是指某宗房地产与其他房地产或事物在空间方位和距离上的关系，除了其地理坐标位置，还包括它与重要场所（如市中心、机场、港口、车站、政府机关、同行业等）的距离，从其他地方到达该宗房地产的可及性，从该宗房地产去往其他地方的便捷性，该宗房地产的周围环境、景观等。其中，最简单和最常见的是用距离来衡量区位的好坏。距离有空间直线距离、交通路线距离和交通时间距离。现在，人们越来越重视交通时间距离而不是空间直线距离。

（二）房地产的分类

资产评估中涉及的房地产情况复杂、种类繁多，评估时需要对其进行合理的分类，按照不同的分类标准，房地产有不同的划分。

1. 按照物质形态划分。按照物质形态划分为土地（空地及有建筑物的土地）、房屋（含土地的房屋、不含土地的房屋，房屋整体、房屋局部）、构筑物、土地定着物、在建工程等。

其中土地、房屋、构筑物、土地定着物的概念前面已有所涉及，在建工程指正在建设尚未竣工投入使用的建设项目，包括土建工程和设备安装工程。

2. 按照用途划分。按照用途划分为居住、商业、工业、综合、特殊等。居住房地产是指用于居住的房地产，包括普通住宅、高档住宅、公寓式住宅、联排式住宅、别墅等。商业房地产是指用于从事各种非生产性经营活动以及商贸服务活动，并由此获得收益的房地产，包括办公、酒店、商贸、娱乐休闲、停车场等。工业房地产是指用于从事各种工业生产性经营活动，并由此获得收益的房地产，包括工业厂房、仓储、堆场、交通运输等。综合房地产是指同一宗房地产包含两种或两种以上不同用途的房地产，如商住房地产、居住办公房地产等。特殊房地产是指用于特殊用途的物业，如学校、医院、寺院、墓地、赛马场、高尔夫球场、加油站、飞机场、车站、码头、高速公路、桥梁、隧道等。

3. 按照开发程度划分。按照开发程度划分为：生地、毛地、熟地、在建工程、现房等。

生地是指完成土地征用，未经开发，不可直接作为建筑用地的农用地或荒地等。

毛地是指在城市旧区范围内，尚未经过拆迁安置补偿等土地开发过程，不具备基本建设条件的土地。

熟地是指经过开发，具备一定通平条件或已经拆迁完毕，可供直接建设的土地。

在建工程是指正在建设，尚未竣工投入使用的建设项目。

现房是指已完成建设竣工并投入使用的房屋建筑物。

4. 按照权益划分。按照权益划分为：完全产权、受限产权、共有产权、设定他项权利的产权。

完全产权是指房地产权利人同时拥有该宗房地产的房屋所有权和出让土地使用权，且房地产未设定抵押，可以在市场上自由交易的房地产。

受限产权是指房地产权利受到一定限制，如土地使用权是经划拨方式取得，不可以在市场上自由交易的房地产。

共有产权是指房地产的全部或部分权能由两个或以上权利人拥有,任何单一权利人不能单独行使处置权的房地产。

设定他项权利的产权。他项权利是指房地产所有权和土地使用权以外与房地产有密切联系的权利,是在他人房屋土地上享有的权利,主要有地役权、地上权、空中权、地下权、租赁权、土地借用权、耕作权、抵押权等。设定他项权利的产权是指设定了上述一种或多种他项权利的房地产。

5. 按照使用方式划分为以下几种。

(1) 自用房地产:投资建设或购置并用于自身居住或生产经营的房地产。
(2) 出租房地产:将自有或承租的房地产租予他人使用的房地产。
(3) 销售房地产:投资建设并用于销售给他人的房地产。
(4) 承租房地产:租用他人的房地产。
(5) 投资性房地产:为赚取租金或资本增值,或两者兼有而持有的房地产。

二、房地产的特征

房地产的特性决定着房地产的价格特征、市场特征以及房地产价值评估的特殊规律。

房地产的特性是指房地产有别于其他类型资产的特殊性质。它既源于土地的特性,又与建于其上的建筑物有关。由于土地是大自然的产物,是永久性的,建筑物为人工所建造,它定着于土地上,因而房地产的特性主要取决于土地,是以土地特性为基础的。

(一) 土地特性

土地特性可分为自然特性和经济特性两个方面。自然特性是指土地作为一种自然资源,本身所具有的不以人的意志为转移的特殊性质;经济特性是指人们在利用土地的过程中出现的有关生产力和生产关系方面的特性,即社会性质。

1. 土地的自然特性。

(1) 数量的有限性(不可再生性)。土地是自然的产物,是一种自然资源,并且是非再生性自然资源,就其整体而言,既不会增加,也不可能再生,因而使土地具有独占性和有限性。

(2) 土地空间位置的固定性。土地在空间上的位置是固定的,特定的土地都有其特定的自然地理位置,不能搬迁或转移,人类对土地的开发利用只能在固定的地域内进行。这一特性使土地的利用状态严格地受到其位置的限制。

(3) 土地使用价值的永续性。同其他类型的资产相比,土地的使用价值或称效用具有持久性的特点,只要以一般的注意加以利用,土地就会持续地发挥效用,其生产力或利用价值永不会消失,因而又称不可灭性、恒久性或永续性。

(4) 效用的差异性。由于自然的原因，造成了不同位置的土地之间存在着或大或小的自然差异，如地质、地貌、日照、气候、温度、海拔高度等方面的差异，这种自然差异又造成了不同位置的土地之间在使用价值或效用方面存在或大或小的差异。

(5) 土地的不可替代性。随着科学技术的进步，许多物质资料可以通过发明创造，用新产品去替代，唯有土地不可能被人们用其他生产方法来产生，也不可能被其他生产资料所代替。

2. 土地的经济特性

(1) 用途的广泛性。土地是人类社会赖以存在的基础，人类社会的衣、食、住、行等基本社会活动都离不开土地。土地具有极其广泛的用途，一块土地可以有各种各样的用途，如可作为农业用地、林业用地、工业用地、住宅用地、商业用地、道路用地、水利设施用地等。而各种不同用途的土地又可选择不同的利用方式，如对于住宅用地，既可建造多层住宅，也可建造高层住宅，还可建造别墅等。正是土地用途的这种广泛性使得对土地的利用具有选择性、计划性，从而产生了如何高效地利用土地的问题。土地资产的用途不同，使用价值也有差别，直接影响土地的市场价值。

(2) 供给的稀缺性。由于人口增长、经济发展和城市化等，人类对土地的需求越来越大，而土地数量的有限性、自然地理位置的不可移动性、效用的差异性等自然特性又限制了土地的供给，使土地特别是城市土地成了一种稀缺性资源，并且稀缺性越来越明显。土地供给的稀缺性客观上要求人们集约使用土地。

(3) 社会经济地理位置的可变性。土地的自然地理位置虽然固定不变，但人类的活动会改变一块土地的社会经济地理位置。交通、通信等的发展变化不断影响着土地的社会经济地理位置。对于城市土地来说，城市土地区位会随着城市的发展及基础设施的建设，特别是交通的发展而变化，因此，合理的市政规划和交通建设能促进房地产业的发展，从而创造更多更优的区位。

(4) 可垄断性。一宗土地一旦为某权益主体所占有、使用，其他权益主体就不能使用；也就是说，通过一定的社会关系和法律关系可以把土地作为社会或个人的财富，或作为谋取财富的手段而加以垄断。因此，在土地所有权或使用权让渡时，就必然要求实现其垄断利益。为了协调人与土地的关系，消除由于土地垄断而带来的副作用，有必要从社会的角度对土地的利用进行规划和限制。土地资产的可垄断性构成了土地资产市场价格的基础。

(二) 建筑物特性

与土地不同，建造于土地上的建筑物是劳动产品，是一种社会资源，具有不同于土地的自身特点，其表现在以下方面。

(1) 建筑物不能脱离土地而独立存在。土地是可以独立存在的一种自然资源和社会资源，而建筑物必须建设在土地之上，与土地不可分割，离开土地的"空中楼阁"是不存在的。

(2) 建筑物的使用寿命是有限的。尽管建筑物的使用寿命很长，一般达数十年，甚至更长，但相对于土地来说，建筑物的寿命是相当有限的，也就是说，建筑物的使用价值是有时间限制的。随着时间的推移，不管是否使用，建筑物的实体和功能都会不断地发生损耗，一定年限后，建筑物会失去其使用价值。

(3) 建筑物属于可再生性社会资源。尽管建筑物的使用寿命是有限的，但可以通过重建恢复其使用价值、扩展其功能，或通过局部翻修、改造等手段延长其使用寿命。

(三) 房地产的特性

房地产的特性是土地和建筑物各自特性的综合，主要有以下方面。

(1) 位置的固定性。构成某一房地产的土地位置显然是不可移动的，移动建筑物，特别是长距离移动，通常是不可能的。因此，房地产空间位置是固定的。房地产位置的固定性派生出了房地产的区域性和个别性，即没有两宗房地产是完全相同的，即使两处房屋建筑物一模一样，也会因其坐落的区域和位置不同、周围环境不同等而形成两宗实质上不同的房地产。房地产位置的固定性还使得房地产具有区位，并内在化为房地产的组成部分。

房地产位置的固定性和个别性使得房地产之间不能实现完全的替代，同种房地产的大量供应并无可能，从而房地产市场不可能实现完全竞争，只能是有限竞争，房地产价格是千差万别的。

房地产位置的固定性决定了任何一宗房地产只能就地开发、利用或消费，而且要受制于其所在的空间环境。因此，房地产市场只能是一个区域性的市场，而不存在全国性市场。房地产的供求状况、价格水平和价格走势等都是当地的，存在着区域之间的差异性。

(2) 使用的长期性。土地的使用具有永续性。建筑物一经建造完成，其寿命是相当长的，因此，房地产一般具有较长的使用寿命。房地产使用的长期性决定了其用途、功用可以随着社会的进步不断地加以改善、调整，以达到最佳利用的状态。值得注意的是，在我国，房地产自然方面的使用长期性要受到有限期的土地使用权的制约。根据我国现行的土地使用制度，公司、企业、其他经济组织和个人通过政府出让方式取得的土地使用权是有期限的，土地使用权在规定年限内可转让、出租、抵押或用于其他经济活动；土地使用权期满，要重新办理土地使用权出让手续方能继续使用或由国家无偿收回。国家规定的土地使用权出让最高年限按不同用途予以规定：居住用地 70 年，工业用地 50 年，教育、科技、文化、卫生、体育用地 50 年，商业、旅游、娱乐用地 40 年，综合或者其他用地 50 年。了解这一点很重要，土地使用权期限的长短会影响房地产价格。土地使用权的有限年期对房地产自然的使用长期性是一种限制。土地使用权的剩余使用年限是影响房地产价值的一个重要因素。

(3) 影响因素的多样性和复杂性。房地产效用的发挥以及其价值的实现，会受到诸多因素的制约。除了房地产自身的自然的、物理的、化学的因素以外，社会因素以及周边环境等都会对房地产效用的发挥及其价值的实现起到非常大的影响作用。从社会因素来看，政府的城市规划具体规定了房地产的用途和使用强度（容积率、覆盖率、建筑高度、绿地率等）。另外，政府可以从满足社会公共利益的角度，对任何房地产实施强制性征用，对某些房地产实施课税，等等。从周边环境的角度来看，任何房地产的效用和价值都要受到其周边环境，特别是周边房地产用途的影响。良好的周边环境可以提高该区域房地产的价值，而恶劣的周边环境则可使该区域内的房地产价值下降。当然，影响房地产效用发挥及其价值实现的因素还有许多，如政府的房地产政策、住房制度、社会有效需求等。这些因素交叉作用、相互影响，形成一个复杂的影响因素体系。

（4）投资的大量性。无论是房地产中的土地还是建筑物，其投资数额都是可观的；不论是国家投资者、企业投资者还是个人投资者，投资房地产都需要较大数额的资金。房地产投资大量性的特点一方面说明了房地产投资应事先做好可行性研究，要有的放矢、有效地进行投资；另一方面也说明房地产变现不是一件轻而易举的事情。

（5）保值增值趋势。在社会经济发展正常的情况下，随着人口及社会生产力的发展，社会对土地的需求与日俱增。由于土地资源特别是城市土地面积的有限性，从长远的观点来看，土地供给一般会滞后于土地需求而出现房地产价格上升的趋势。如果出现通货膨胀现象，房地产的保值性则会更为明显。房地产保值增值是一种趋势，但并非每一时点房地产价值都会上涨，需要结合每宗房地产的具体情况来理解其保值增值趋势。

三、房地产评估的原则

房地产评估当然要遵循资产评估的一般原则，但房地产本身的特殊性，决定了房地产评估中还应遵循一些特定的专业性原则。房地产评估的专业性原则主要有以下几种。

（一）合法原则

合法原则是指房地产评估是以房地产的合法取得、合法使用、合法交易、合法处分等为前提的，评估结果是被估房地产在依法判定的权益下的价值，即被评估房地产在现行法律、法规、规章、政策及合同等约束下的权益价值。房地产的合法取得通常以房地产的合法产权证明文件为依据，合法使用一般以城市规划为准绳，合法交易和合法处分主要以房地产有关法规以及文件、批件、合同、协议为依据。在房地产评估中，合法使用是评估人员需要着重关注的，这里包括房地产用途、容积率、覆盖率、建筑高度和建筑风格等的合法性问题，即房地产使用必须符合城市规划的要求及其他有关的政府规定。

合法原则并不是房地产评估所特有的，只是因为房地产的取得、使用、交易、处分等受法律、法规、政策等的限制较多，才使得贯彻合法原则在房地产评估中尤显重要。

（二）最佳使用原则

最佳使用原则是指房地产评估应以评估对象的最佳使用为前提，评估结果是被评估房地产在最佳使用状态下的价值。房地产的最佳使用，是指法律上允许，技术、经济上可行，能给评估对象带来最高价值的使用。

房地产的最佳使用在评估实践中，通常是指能使评估对象获利最多的用途。当评估对象在评估基准日的实际用途是最佳用途时，评估就可以按此用途进行。如果评估对象的在用用途不是最佳使用用途，这时应当根据最佳使用原则对被估对象的最佳用途进行判断和选择，并以此为基础进行评估，但使被估对象从在用用途变为最佳用途所需的支出应作为贬值扣除。

不过，最佳使用原则并不是在任何情况下都需要遵循的，通常在评估房地产的市场价值时才需要贯彻，因为市场价值类型本身要求资产最佳使用。

（三）替代原则

替代原则的理论依据是同一市场上相同物品具有相同市场价值的经济学原理。替代原则是保证房地产估价能够通过运用市场资料进行和完成的理论前提，只有承认同一市场上具有相同功效的物品具有相同的市场价值，才有可能根据市场资料对估价对象进行估价。房地产估价所要确定的估价结论是估价对象的客观合理价值。对于房地产交易目的而言，该客观合理价值应当是在公开市场上最可能形成或者成立的价格，房地产估价就是参照公开市场上足够数量的类似房地产在评估基准日附近的成交价格来确定估价对象的客观合理价值。

四、房地产评估的目的

房地产评估的基本目的是为涉及房地产的业务或交易提供价值参考，其特定目的是考虑涉及房地产的交易的特殊性质，考虑不同性质的涉及房地产的交易对房地产评估的特殊要求或制约。

涉及房地产评估的情形有三种。一种情形是单纯房地产的交易（包括房地产与其他资产一起交易），需对房地产进行评估，如房地产的转让、投资、抵押及纳税等。一般情况下都需要评估房地产的市场价值，但也会涉及非市场价值的评估。例如，房地产抵押需要评估房地产的抵押价值。又如，目前我国为缴纳土地增值税而进行的房产价格评估，《中华人民共和国土地增值税暂行条例实施细则》第七条第四款规定："旧房及建筑物的评估价格，是指在转让已使用的房屋及建筑物时，由政府批准设立的房地产评估机构评定的重置成本价乘以成新度折扣率后的价格。"

另一种情形是在企业价值评估时由于采用了资产基础法，因而需分别评估企业各项资产的价值，包括对企业中的房地产价值（在企业的会计记录中可能反映的是投资性房地产、存货中的房地产、固定资产中的房屋建筑物及无形资产中的土地使用权）的评估。在这种情形下，房地产本身并不交易，评估的目的是企业的股权交易，只是由于采用了资产基础法，才涉及对企业中的房地产进行评估。在这种情形下，需要评估房地产属于哪种价值类型，目前评估理论并无定论。

采用资产基础法评估企业价值，企业价值的价值类型应该是市场价值，企业中作为要素资产的房地产的价值类型应该按照房地产对企业的贡献来确定。例如，作为固定资产的房地产是通过使用来对企业作出贡献，应该评估房地产在现行市场价格条件下的重置价值，重置价值与市场价值在价值的构成上存在差异，其包含了重置房地产的税费，如契税等；而作为存货的房地产应该评估其可变现净值，因为存货是通过销售（变现）来对企业作出贡献的；投资性房地产应该评估其市场价值或收益现值，这取决于企业持有投资性房地产的目的。

还有一种情形是财务报告目的涉及的房地产评估。在这种情形下，房地产本身并不交易，评估房地产的价值类型应根据会计准则的要求来确定。

五、房地产评估的程序

房地产评估程序，是房地产评估全过程的各个具体环节按其内在联系所排列出的逻辑顺序，主要由以下环节组成：明确评估基本事项；拟订评估方案；实地勘查收集数据资料；选用评估方法评定估算；确定评估结果；撰写评估说明或评估报告。房地产评估每一步骤的主要内容如下。

（一）明确评估基本事项

评估机构在接受房地产评估委托后，在评估委托协议中除了要明确评估收费、违约责任等事项外，还必须明确评估对象、评估目的、评估时点和评估的具体工作时间等具体事项。

明确评估对象首先从物质实体上明确房地产的名称、坐落、用途、面积、四至、层数、结构、装修、基础设施、取得时间、使用年限、维修保养状况等。其次从权益状况看，要明确产权性质和产权归属等。

明确评估目的就是要确定评估结果的具体用途，即为何种需要而进行房地产评估。明确评估目的不仅有助于明确评估方向，便于更好地确定评估对象和评估范围，同时也限制了评估报告的使用范围，有助于评估人员选择恰当的评估价值类型和评估价值基础。

明确评估时点就是要有明确的评估基准日。资产评估结果是某一具体时点的资产评估值。评估结果是否合理主要是针对评估基准日而言的。

明确评估的具体工作时间是指委托方与受托方要事先明确评估机构从接受委托到提交评估报告的工作时间。在没有特殊原因的情况下，评估机构应按期保质地完成评估工作。

(二) 拟订评估工作方案

在明确了评估基本事项的基础上，应当对评估项目进行充分分析，拟订评估作业计划。具体包括：根据评估对象和评估目的，以及可能收集到的数据资料，初选评估方法和评估的技术路线，并确定评估人员及其分工；按评估的要求和评估方法调查收集数据资料；拟定作业步骤和作业时间表；初算评估成本。

(三) 实地勘查收集资料

房地产评估人员必须到评估现场进行实地查勘。了解房地产的位置和周围环境、自然和人文景观、公共设施和基础设施，以及评估对象的物质状况，如四至、外观、结构、面积、装修、设备等，并对委托方提供的和事先收集到的有关资料进行核实和验证，进一步丰富和落实此项评估所需的数据资料。

(四) 选用评估方法评定估算

在房地产评估中，除了使用其他资产评估常用的市场法、收益法和成本法外，还可以根据具体情况运用假设开发法、残余估价法、路线价法、基准地价修正法等。如果条件允许，每一个评估项目还可以选择两种或两种以上的方法进行评估。

(五) 确定评估结果，撰写评估说明和报告

用两种或两种以上的评估方法进行评估，会得到几个初步评估结果。评估人员应当在充分分析论证的基础上给出评估的最终结果，并撰写评估说明和评估报告。

六、房地产评估中的常用术语

用地面积：用地方案图中划定的面积。

建筑面积：建筑物外墙或结构外围水平投影面积。

容积率：项目规划用地范围内总建筑面积与总建设用地面积之比。

建筑密度：又称建筑覆盖率，指项目用地范围内所有建筑基底面积之和与规划建设用地面积之比。

套内建筑面积：套内建筑面积为套内使用面积、套内墙体面积及套内阳台建筑面积之和。

套内使用面积：指房屋户内全部实际可供使用的空间，按房屋的内墙线水平投影计算。

商品房销售面积：商品房整幢出售，其销售面积为整幢商品房的建筑面积（地下室作为人防工程的，应从整幢商品房的建筑面积中扣除）。商品房按"套"

或"单元"出售，其销售面积为购房者所购买的套内或单元内建筑面积（以下简称套内建筑面积）与应分摊的共有建筑面积之和。

绿地率：用来描述居住区用地范围内各类绿地的总和与居住区用地的比率。

层高：下层楼板顶面或底面到上层楼板顶面或底面之间的垂直距离。

净高：等于层高减去楼板厚度。

开间：通常指房间宽度。

进深：通常指房间长度。

三通一平：通水、通电、通路及场地平整。

五通一平：道路、电力、通信、供水、排水及场地平整。

七通一平：道路、电力、通信、供水、排水、燃气、供热及场地平整。

商品房：在以市场地价获得的土地上建造的可自由转让或出租的建筑物，其权益包含建筑物的所有权和所占用土地的使用权，两者合一，不可分割。地上建筑物的所有权依赖于土地的使用权，土地使用权的性质、用途和年限决定了房屋所有权的性质、类别、年限。

房改房：按照国家房改有关售房政策以标准价、优惠价、成本价向符合分房条件和已取得住房使用权的住户出售的公有直管和自管住宅。

"五证一书"：《国有土地使用证》《建设用地规划许可证》《建设工程规划许可证》《建设工程施工许可证》《商品房预售许可证》《房地产开发企业资质证书》。

第二节 房地产价格及其影响因素

一、房地产价格的类型

由于各种房地产业务的性质不同、所涉及的权利不同，加之房地产的用途不同，形成了较为复杂的价格体系，使得房地产价格有多种表现形式。

（一）按房地产的实体形态，可划分为土地价格、建筑物价格、房地产价格

1. 土地价格。在我国，土地所有权归国家或集体所有，实行土地所有权与使用权相分离的制度，土地所有权不能转让，只能转让土地的使用权，因此，我国的土地价格是指土地使用权的价格，简称地价，通常是指空地的价格。根据目前我国的地价体系，地价又可具体分为若干种类。

（1）基准地价。基准地价是在土地利用总体规划确定的城镇可建设范围内，对平均开发利用条件下，不同级别或不同均质地域的建设用地，按照商服、住宅、工业等用途分别评估，并由政府确定的，某一估价期日法定最高使用年期土

地使用权利的区域平均价格。基准地价有以下特点：基准地价是区域性价格，这个区域可以是级别区域，也可以是区段，因而基准地价的表现形式通常为级别价、区片价和路段价；基准地价是平均价格，反映的是不同等级、不同区域的土地使用权的平均价格，不能把基准地价等同于宗地地价；基准地价一般都要覆盖整个城市建成区；基准地价是单位土地面积的地价；基准地价是由政府组织评估测算、论证并公布的价格，是评估出的特定时点的价格，具有一定的现实性。

（2）标定地价。标定地价是政府为管理需要确定的，标准宗地在现状开发利用、正常市场条件下，于某一估价期日法定最高使用年期下的土地权利价格。

（3）土地使用权出让底价。政府出让土地使用权（招标或拍卖）时确定的最低价格，又称起叫价格，若低于这个价格则不出让。出让底价是政府根据土地出让的年限、用途、地产市场行情等因素确定的待出让宗地或成片土地在某时点的价格。

（4）转让价格。土地的转让价格是使用者将已取得的土地使用权转让给第三者，由第三者向转让者所支付的价格。由于转让的本身是土地使用者之间的交易，其价格形成也是由交易双方来决定。转让价格具体包括买卖价格、租赁价格。买卖价格是以买卖方式让渡土地使用权的价格；租赁价格是以租赁方式让渡土地使用权的价格，一般以租金的形式表现。

（5）其他价格。其他价格主要有抵押价格、课税价格和征用价格。抵押价格是以抵押方式将房地产作为债权担保时的价值，是当抵押人不履行债务，抵押权人依法以提供担保的房地产折价或拍卖、变卖时，该房地产所能实现的合理价格。课税价格是按照税法规定，构成房地产课税基础的价格。征用价格是政府征用土地对被征用土地的权益主体进行补偿而评定的价格。

我国的土地市场可分为一级市场和二级市场。一级市场是由政府垄断的土地出让市场，是土地市场的基础。基准地价、标定地价和出让地价属于一级市场的价格范畴，其价格由政府决定。二级市场是土地使用权转让市场，具有竞争性。

2. 建筑物价格。建筑物价格是指纯建筑物部分的价格，不包含其占有的土地价格。在现实生活中，单纯的建筑物价格并不多见，因为很少有单纯的建筑物买卖案例。

3. 房地产价格。房地产价格是土地（地产）价格、建筑物价格及土地与建筑物综合体价格的统称。土地价格、建筑物价格、土地与建筑物综合体价格均可称为房地产价格。通常，房产价格或房价是指建筑物连同其占用的土地在一起的价格。

（二）按照房地产计价范围不同，可划分为总价格、单位价格、楼面地价

1. 总价格。总价格是指一宗房地产的整体价格。它既可以是一幢楼的总价格，也可以是一个地区乃至一国范围内房地产的总价格。房地产的总价格一般不能说明房地产的价格水平。

2. 单位价格。单位价格是指单位土地面积或单位建筑物面积的价格，它可以反映房地产价格水平的高低。

3. 楼面地价。楼面地价又称单位建筑面积地价，是平均到每单位建筑面积上的土地价格。在现实中，楼面单价比土地单价更能说明土地价格的高低。楼面地价与土地总价格的关系为：

$$楼面地价 = 土地总价格 / 建筑总面积$$
$$容积率 = 建筑总面积 / 土地总面积$$

由上述公式可以得到楼面地价、土地单价、容积率三者之间的关系：

$$楼面地价 = 土地单价 / 容积率$$

（三）按房地产的权益不同，房地产价格可划分为所有权价格、使用权价格和其他权益价格

1. 所有权价格。房地产所有权价格是指房屋所有权价格和土地所有权价格。我国目前只有房屋所有权价格，没有土地所有权价格。

2. 使用权价格。房地产使用权价格主要是指土地使用权价格，我国目前有偿出让和转让土地的价格均为土地使用权价格。

3. 其他权益价格。其他权益价格是指所有权价格、使用权价格以外的各种房地产权益价格，如租赁权价格、抵押权价格等。

（四）按价格形成方式，房地产价格可划分为市场交易价格和评估价值

1. 市场交易价格。市场交易价格是房地产在市场上实际成交的价格。由于交易的具体环境条件不同，实际交易价格具有个别性，而且市场交易价格经常波动。

2. 评估价值。评估价值是评估人员根据自己在房地产方面的经验和知识对房地产可能交易价格的估计数额。房地产评估价值根据其目的和作用可分为基准地价、标定地价、房屋重置价值、交易底价、课税价值等。房地产的评估价值通常用于为涉及房地产的交易提供价值参考。

二、房地产价格的特性

（一）土地价格的特殊性

土地价格与一般商品价格相比，其特殊性主要表现在以下方面。

1. 价格构成的特殊性。土地不同于一般的商品，它的价格也与一般商品价格的构成不同。一般商品是劳动产品，其价格是"劳动价值"的货币表现，而商品的"劳动价值"则是由生产该商品所消耗的社会必要劳动时间决定的。而

土地不是人类劳动的产物，没有"劳动价值"，土地价格不是土地"劳动价值"的货币表现。但是土地有使用价值，它是一种特殊商品，它的价格只是土地所有权或使用权转让时获得这种所有权或使用权的人所支付的代价，其实质是地租的资本化价格，即土地能带来的地租收益的现值。此外，现实经济生活中，土地价格还包括另外一部分，即人类在开发利用土地过程中投入的物化劳动和活劳动所创造的价值，这部分价值及价格与一般商品的"劳动价值"和价格构成是一样的。

2. 价格决定机制的特殊性。一般商品的价格以"劳动价值"为基础，受市场供求关系的影响，围绕"劳动价值"上下波动，而且一般商品有较完善的市场，形成的价格较为客观。土地价格主要由地租或收益即土地的使用价值决定。而土地的地理位置、周围社会和经济环境状况、交通状况以及城市基础设施完善状况、土地的用途等均影响土地的使用价值，土地价格的形成是这些因素共同作用的结果。此外，由于土地缺乏完善的市场，地价的形成受主观因素的影响较大，且一系列偶然因素对土地价格的形成也有较大影响。

3. 市场供求关系的特殊性。一般商品价格与土地价格都受供求关系变化的影响，但是土地市场的供求关系与一般商品不同，土地的供给弹性较小，因而土地价格主要受需求方面的影响。从全社会角度看，土地数量是固定的，人们不能增加土地的供给，土地供给几乎是没有弹性的。相反，土地的需求由于人口的增加、城市的扩展和经济的增长处于不断扩张之中。因此，在市场供求关系中，土地价格基本上是由人们对土地的需求状况所决定的，这是一种特殊的市场供求关系。但是，对于某种特定用途的土地来说，情况又有所不同。因为土地往往可以有多种用途的选择，分配于各个不同的产业部门，对于某一个产业部门来说，土地的供给是有弹性的，也就是说，就局部而言，土地的价格会受到供求两方面的影响，但这并不否定从总体上讲土地供求关系的特殊性。

4. 价格呈不断增长趋势。一般商品，只要生产该商品的社会必要劳动时间不变，则"劳动价值"不变，在币值不变的条件下，该商品的价格也不变。但是，在技术不断进步、劳动生产率不断提高的条件下，单位商品的"劳动价值"及价格会不断下降；同时，一般商品因自然损耗和使用损耗，随着时间的推移会丧失其使用价值，其价格最终为零。而土地价格构成的特殊性决定了土地价格主要取决于土地的地租收益及供求状况。在技术不断进步的条件下，土地的生产力会不断提高，土地收益也会随之增加；同时人口的增长导致对土地需求的不断扩张也会改变土地的供求关系而使地租不断增加。因此，土地价格，特别是城市土地价格会呈现出不断上涨的趋势。

（二）房地产价格的特性

房地产价格除了具有土地价格的特殊性质外，还具有以下特征。

1. 房地产价格构成具有复杂性。房地产价格与一般商品价格相比，其价格构成特别复杂，包含地价和房价两部分，两者的形成机制是不同的。地价在我国是土地使用权的价格，包括土地作为自然资源的价格和对土地开发所投入的资金。房价是所有权价格，建筑物是劳动产品，房价的形成机制与一般商品价格相类似。此外，影响房地产价格形成的因素特别复杂，从而影响房地产的价格构成。

2. 房地产价格具有明显的区域性。房地产属于不动产，不能移动。因此，房地产的供给状况不能通过移动房地产来改变，房地产价格基本上是由房地产所在区域的需求状况所决定的，其他区域的需求一般不会对其产生大的影响，从而使房地产价格具有明显的区域性。

3. 房地产价格具有较强的政策性。房地产的特殊性及房地产在国民经济和人民生活中的特殊作用，决定了政府会对土地的合理开发和利用、房地产的生产和交易进行较多的直接或间接干预，由此产生政府关于房地产的一系列法规、政策等。政府的政策对房地产的价格会产生重要影响。

三、房地产价格的构成

房地产价格的实际构成极其复杂，不同地区、不同时期、不同类型的房地产，其价格构成也不同。房地产的价格构成还取决于对其构成项目的划分，划分的标准或角度不同，其价格构成内容也不同。

房地产作为商品，虽然和其他商品有诸多不同，但其价格应与一般商品一样，由生产成本、税金、利润和销售费用等因素构成，所不同的是各因素的具体内容。通常房地产商品的价格由土地取得成本、开发成本、管理费用、投资利息、销售税费和开发利润六大项构成。

（一）土地取得成本

土地取得成本是取得开发用地所花的费用和税金等。土地的取得成本一般由购置土地的价款和应缴纳的税费构成，根据房地产开发取得土地的途径，一般分为以下几种。

1. 征用农地的土地取得成本。通过征收农村集体土地取得的土地，土地取得成本包括征地补偿安置费用、相关税费和土地使用权出让金等。

征地补偿安置费用是国家建设单位为了使用土地并取得土地使用权，而向被征地的农村集体经济组织所支付的各种费用的总和。一般由土地补偿费、土地投资补偿费和安置补偿费三部分组成。

相关税费一般包括征地管理费、耕地占用税、耕地开垦费、新菜地开发建设基金等。

农村集体土地被国家征收后，土地归国家所有，国家再把土地使用权让渡给房地产开发企业时，除上述费用外还要收取一定的土地有偿使用费，这笔费用就是土地使用权出让金。

2. 城市房屋拆迁的土地取得成本。通过在城市中进行房屋拆迁取得的土地，土地取得成本包括拆迁安置补偿费、相关税费和土地使用权出让金等。

拆迁安置补偿费是城市建设需要拆除被拆迁人所有的房屋及地上附属物，而向被拆迁人支付的安置、补偿费用的总和。

相关税费包括房屋拆迁管理费、房屋拆迁服务费、房屋拆迁估价费、房屋拆除和渣土清运费等。

3. 市场购买的土地取得成本。通过市场"购买"取得的，即购买政府出让或其他开发商转让的土地，土地取得成本包括购买土地的价款和应缴纳的税费（如交易手续费、契税）。

购买政府出让的土地可能是生地、毛地或熟地，其他开发商转让的土地一般是进行过一定开发后的土地。

（二）开发成本

开发成本是在取得开发用地后进行土地开发和房屋建设所需的费用和税金等，理论上可划分为土地开发成本和建筑物建造成本。一般来说，开发成本主要包括以下几项。

1. 勘察设计和前期工程费。包括可行性研究、环评、规划、勘察、设计及"三通一平"（指路通、水通、电通和场地平整），施工执照费等工程前期所发生的费用。

2. 基础设施建设费。包括工程所需的道路、给水、排水、电力、通信、燃气、热力及有线电视等设施的建设费用。

3. 建筑安装工程费。包括建造房屋及附属工程所发生的建筑工程费和安装工程费、招投标费、预算审查费、质量监督费、竣工图费等。

4. 公共配套设施建设费。包括由开发商承担的非营业性的公共配套设施的建设费用，如居委会、派出所、托儿所、幼儿园等的建设费用。

5. 税费。指房地产开发过程中由开发商承担的税费。

6. 其他工程费。包括工程监理费、竣工验收费等。

（三）管理费用

管理费用是指房地产开发商为组织和管理房地产开发经营活动所发生的费用，包括房地产开发过程中支付的管理人员工资及福利费、办公费、差旅费、固定资产使用费等。

（四）投资利息

这里的投资利息并不是开发过程中由于借贷资金而发生的实际利息，而是在假定开发商的开发资金均为借贷资金的前提下，所应支付的利息。因为借贷资金要支付利息，用自有资金投资开发则要放弃可得的存款利息，这是一种机会成本。而且从评估的角度看，开发商自有资金应得的利息也要与其应获得的利润分开，不能算作利润，因而无论开发资金是借贷资金还是自有资金，都应计算利息。一般应计算利息的开发资金包括土地取得成本、开发成本和管理费用。

(五) 销售税费

销售税费是指预售未来开发完成的房地产或销售开发完成后的房地产所需的费用及应由开发商缴纳的税费，一般包括以下几项。

1. 销售费用。包括广告宣传费用、展销费、销售人员的工资、办公费用、销售代理费及其他在销售过程中发生的费用。

2. 销售税金及附加。包括应缴纳的增值税、城市维护建设税和教育费附加等。

3. 其他销售税费。包括应由开发商负担的印花税、交易手续费、空房看管费和保修期内的维修费等。

(六) 开发利润

房地产开发企业与其他商品生产企业一样，其经营目标也是追求利润，商品生产经营企业的利润是商品价格的组成部分。同样，房地产开发企业的利润也应是房地产价格的构成部分。

四、房地产价格的影响因素

影响房地产价格的因素很多，而且这些因此相互影响、关系错综复杂，共同作用于房地产价格的变动。各种因素对房地产价格的影响是不同的，有的有利于提高房地产的价格，有的则起相反的作用。同时，不同的因素对房地产价格的影响程度也不尽相同，有的影响力较大，有的则较小。而且即使同一因素，也会由于房地产的用途、类型等的不同而产生不同的影响。此外，随着时间的变化、地区的不同，影响房地产价格的因素也会发生变化。正因如此，在进行房地产价格评估时，应准确把握各种影响因素对被评估房地产价格的影响。

影响房地产价格的因素可根据其对房地产价格影响作用方式的不同划分为一般因素、区域因素和个别因素。

(一) 一般因素

一般因素是指对房地产价格高低及其变动具有普遍性、一般性和共同性影响的因素。它通常会对整个房地产市场产生全面的影响，从而成为影响房地产价格的基本因素。一般因素包括以下几项。

1. 行政因素。行政因素是指影响房地产价格的制度、政策、法规、行政措施等方面的因素。主要有土地制度、住房制度、城市规划、土地利用规划、房地产价格政策、房地产税收政策等。这些因素对土地的开发与利用、房地产的市场交易均产生重大影响，从而影响房地产的价格。

2. 社会因素。社会因素包括人口数量、人口素质、家庭规模、政治安定状况、社会治安状况、城市化程度及公共设施的建设状况等。这些因素均对房地产的需求有着重要的影响，而公共设施的建设状况同时会影响到房地产的投资成本，从而影响房地产的供给，它们都会影响到房地产的价格。

3. 经济因素。经济因素包括经济发展状况、储蓄及投资水平、财政收支及金融状况、物价、工资及就业水平等。

经济发展状况对房地产价格的影响巨大。经济发展速度快，各行业对房地产的需求就相应增大，房地产价格看涨；在经济发展速度放慢甚至萧条时，房地产价格就会出现徘徊甚至回落的情况。储蓄及投资水平对房地产价格的影响较为复杂。房地产是消费资料和生产资料的综合体，一般来说，随着储蓄水平和投资水平的提高，对房地产的需求就会增加。财政、金融状况的恶化会导致银根紧缩、利率上升，从而一方面造成对房地产需求的下降，另一方面也会因开发资金不足，使房地产的供给量急剧下降。物价变动与房地产市场的价格正相关，通常来说，当通货膨胀严重时，人们为减少货币贬值带来的损失，往往转向房地产投资，以求保值增值，从而刺激房地产价格猛涨，而房地产价格的上涨又会加剧通货膨胀，两者往往表现出轮番上涨趋势。在工资及就业水平较高时期，由于人们的收入增加，对住宅的质量和面积会产生更高的要求，就可能推动房地产价格上涨；反之，失业率上升，对房地产的需求就会减少，房地产价格会出现徘徊或回落。

4. 其他一般因素。影响房地产价格的一般因素除了上述三个方面外，还有一些自然因素，如日照、气候、温度、湿度、降水量等。另外，心理因素、国际因素等也会对房地产市场产生一定的影响。

美国底特律的房价

（二）区域因素

区域因素是指房地产所在地区的自然条件与社会经济、行政因素相结合所成的地区特点而影响房地产价格水平的因素。这些因素主要包括位置、交通条件、基础设施条件、环境、城市规划限制等。

不同性质的区域，如住宅区、商业区、工业区等，其影响房地产价格的区域因素是不同的，即使是同一种因素，其对不同性质区域的影响程度也是不同的。

1. 影响商业区房地产价格的区域因素。

（1）商业繁华程度。是指所在区域的商业、服务业繁华状况及各级商业、服务中心的位置关系。商业繁华程度反映了其客流量的数量及质量、消费者的认可程度、功能级别及商业区的集聚规模。一般来说，商业繁华程度高，则该地区的房地产价格也高。

（2）交通便捷度。是指顾客到达商业区的交通方便程度，包括对内和对外两个方面。对内方面有道路类型、道路宽度、路面状况、站点总数及密度、平均车流量等。对外方面有火车站、港口、长途汽车站等设施的距离，对外连接的方便程度等。交通越便捷、该商业区的客流量就越大，该地区的经济效益也就越好。

（3）环境优劣度。反映商业用地的环境质量主要有两个指标：一是人文环境，即商业区周围的人口密度、收入水平等，人口密度大，意味着商业区服务对象多，对营业额产生直接影响，导致单位土地面积收益提高。二是自然环境，即商业区的地质状况（有无地陷、地裂、定期地震等情况）、土地承压力、地形（坡度大小）和有无洪水淹没威胁等。

（4）规划限制。主要指城市规划对商业区土地利用提出的具体要求，包括土地的具体用途，建筑物的高度、密度、容积率，道路宽度等。此外，交通管理等限制也会对商业区房地产价格产生制约作用。

（5）其他因素。主要指不在以上影响因素中，但又确定对商业区土地价格产生重大影响的因素。在评估过程中，可根据各地区条件和评估人员的经验具体确定。

2. 影响住宅区房地产价格的区域因素。

（1）位置。主要包括距商业服务中心和城市中心的距离、所处土地等级。

（2）交通便捷度。主要以购物和工作方便程度两个指标来衡量。购物和工作方便程度可以通过从住宅地到达通往市级商业服务区、区级商业服务区和工业区域的公交站点的距离来反映。

（3）基础设施保证度。基础设施主要指直接用于为居住服务的供电、供气、供水、供暖等设施，保证度则是用来衡量这些设施配置情况及运行状况的指标。在我国的许多城市，特别应着重考虑供水、供电、供热的保证程度。

（4）公用设施完备度。主要指为住宅区域服务的公用设施的完善程度，包括学校、幼儿园、医院、邮电所、公园、储蓄所、游乐场所的配置状况。

（5）环境质量度。一是人文环境，包括住宅区内居民的就业结构、受教育水平等；二是自然环境，包括水污染、大气污染及噪声污染的状况。

（6）规划限制。主要指城市规划中对住宅区住宅建筑的高度、式样、密度、建筑容积率、消防间距以及土地使用前景等提出的具体规划和限制要求。

（7）其他因素。主要指不在以上影响因素中，但确实对住宅区土地价格产生重大影响的因素。

3. 影响我国工业区的区域因素。

（1）交通便捷度。一是对内的情况，包括区域内道路类型、宽度、路面状况、道路面积、道路密度等；二是对外联系情况，包括工业区道路系统同对外公路、过境公路、铁路的连接状况，距火车站、港口及其他交通枢纽的距离、可利用程度等。

（2）基础设施完善度。是指为工业服务的基础设施配置以及运行能力。基础设施包括动力和能源（主要有煤、油、火电、水电、热能等）、供水能力及保证率、排水设施及能力。

（3）产业集聚规模。指工业地区内工业企业数目多寡以及企业规模的大小。现代化工业生产分工细、专业化强，许多生产部门需要相互协作。因此，工业区要达到一定的规模，具备一定的生产技术体系才能使企业产生规模效益和集聚效益，减少不必要的生产成本和一些其他费用。产业的集聚和规模可以用两个指标测度和衡量：一是工业区内工业企业数目；二是单个企业的生产经营规模（通常用资产总额、净产值、职工人数来衡量）。

（4）环境质量。环境主要指区域内的自然条件，包括地质状况、土地承压力、地形和有无洪水淹没威胁以及区域内水、大气、噪声污染程度等。

（5）规划限制。主要指城市规划对工业用地的有关要求，包括建筑物的高度、密度、消防间距以及土地使用的发展前景等。

（6）其他因素。主要指不在以上影响因素中，但也能对工业区土地价格产生重大影响的因素。

（三）个别因素

个别因素是指房地产的具体个别特性对房地产个别价格造成影响的因素，它是决定相同区域房地产出现差异价格的因素。包括土地的个别因素、建筑物的个别因素和房地产权益因素三个方面。

1. 土地的个别因素。不同用途的土地的个别因素并不完全一致，对土地价格影响较大的个别因素主要有以下几个方面。

（1）位置因素。城市是各种社会、政治、经济、文化活动的中心，由于各种形式的活动受其本身特征的影响，对城市地产的位置要求也就不完全一样。例如，住宅用地要求环境条件比较好，而商业性用地则要求繁华程度较高的地段。同一区域内的土地由于其具体位置的差异，会产生不同的效用和价值，也就是说会有不同的地产价格。

（2）临街状况。地块的临街状况对地价的影响很大，临街状况可以用临街深度来反映。临街深度是指具体宗地离开街道临街线的距离。一般来讲，宗地越接近道路，其单位面积价值越高，离开街道越远价值越低。

（3）地形地质因素。地形地质因素对地价的影响主要表现在两个方面：一是城市中如果地形条件较差，如背阴、通风不畅等，其使用效果差，造成地价水平较低；二是复杂的地形、较差的地质条件均会造成土地开发成本的增高，从而降低地产的价格。

（4）面积因素。土地面积对土地价格的影响主要是通过它与土地利用性质是否匹配发挥作用。一个综合性的商业大厦不可能以较小的地块得到满足，而小型的商业铺面又无须求得较大的地块面积，如果不能各得其所，其地产价格水平就不能得到提高。

（5）地块形状因素。地块形状因素主要表现在宽、深的比例。如果这个比例不合理，就会在一定程度上限制土地的规模经营，以致难以形成较好的土地收益，使土地价格难以提高。一般来说，在城市中的商业经营，要求有适当宽度和深度条件的地块。估价实践中常采用宽度、深度比来修正宗地价格。

（6）土地利用因素。主要包括土地用途、容积率和使用年限。土地的用途不同，同一地块上表现出的单位面积的土地收益也不同，则地价不同。一般来说，对于同一宗土地，商业用途、住宅用途、工业用途的地价是递减的。容积率越高，在地块面积一定的条件下，意味着建筑物面积的增加，对房地产开发来说，其销售的收益就相应增大，意味着其使用效益的增加，其结果也必然导致土地价格的增加。使用年限对地价影响也较大,土地使用年限越长,则地价越高。

(7)生熟程度。生熟程度是指被开发的程度,土地的被开发程度越高,地价也越高。通常,熟地的价格要高于生地和毛地的价格。

2. 建筑物的个别因素。从建筑物个别性看,影响房地产价格的个别因素主要有以下几个方面。

(1)面积、结构(构造)、材料等。建筑物的高度、建筑面积不同,建造成本就有差异,建筑物越高、建筑面积越大,则建筑物的建造成本就越高;结构及使用材料品质也影响着建造成本。

(2)设计、设备。建筑物设计的合理性、设备档次、质量对建筑物价格有着重大影响。一般来说,房屋的布局、造型及使用功能合理,房价就高。设备的性能、质量好,房价也高。

(3)施工质量。施工质量是指建筑物在抗震、防渗漏、隔音、抗变形、抗磨损及安全性等方面的质量。在其他条件相同的情况下,建筑物的施工质量将直接影响房地产的价格。

(4)楼层、朝向。楼层的高低影响房屋的使用功能和使用的方便性、舒适性,进而影响房价。房屋的朝向影响房屋的通风、采光及视野等,楼层、朝向一般共同影响到房屋使用的舒适性。

(5)新旧程度。新的房屋一般价格要高些,旧的房屋价格则低些。

3. 房地产权益因素。房地产评估实质是对房地产物质实体所载权益的评估,房地产权益的性质和状况对房地产价格有重要影响。

权益的性质不同,则房地产的价格不同。如所有权的价格大于使用权价格。因此,房地产评估时需要明确评估的是房地产的哪种性质的权益,是使用权、抵押权还是租赁权等。

权益的状况不同,则房地产的价格也不同。如权益的完整性、清晰性、受限程度等都会影响房地产价格。通常权益的受限程度越大,价值就越小。

第三节 房地产评估的成本法

一、成本法的基本思路

成本法是以假设重新复制待评估房地产所需要的成本为依据,通过求取在评估基准日重置一宗与待评估房地产有同等效用的房地产所需投入的各项费用,再加上一定的利润和应纳税金来确定房地产价格的方法。成本法的基本思路是求取评估对象在评估基准日的重新购建价值和建筑物贬值,然后将重新购建价值减去建筑物贬值得到被估房地产的评估价值。成本法评估房地产的基本公式为:

$$评估价值 = 重置成本 - 建筑物贬值$$

由于房地产可能兼具房屋建筑物特性和土地特性，在采用成本法对房地产进行评估时，要考虑采取的评估路径。应当根据估价对象状况和土地市场状况，选择房地分估路径或房地合估路径。通常，工业类房地产多采用房地分估；商业、住宅类房地产多采用房地合估。

当选择房地分估路径时，应把土地和建筑物分别作为独立的资产，分别测算土地重置成本、建筑物的重置成本，得到两部分的评估值，两部分的评估值加总即为待估房地产的评估值，即：评估价值＝土地使用权价格＋房屋建筑物价值。

当选择房地合估路径时，应把土地当作原材料，模拟房地产开发建设过程，测算房地产重置成本或重建成本，最终得到房地合一的评估价值。

实务中，企业的土地使用权和建筑物如果是分别在不同科目核算的，那么应当分别对土地使用权和建筑物进行评估，不必相加。

二、成本法的适用对象及前提条件

（一）成本法的适用对象

成本法一般适用于成本与其实际价值相差不大或者不宜采用收益法和市场法评估的房地产，具体包括以下几种情形。

1. 新开发建造、计划建造或可以假设重新开发建造的房地产价值评估。
2. 既无收益又很少交易的房地产价格的评估。如学校、体育场馆、医院、图书馆、公园、政府办公楼等公用、公益性房地产，以及化工厂、钢铁厂、发电厂、码头、机场等有独特设计或只针对个别用户的特殊需要而开发建设的房地产。
3. 用于市场法和收益法评估结果的检验和校核。
4. 在房地产保险及其他损害赔偿中的价值评估。

利用成本法评估的房地产可以是单独的土地，也可以是房地合一的房地产，还可以是单纯的建筑物。但对于建筑物过于老旧的房地产，成本法并不太适用，因为老旧房地产的重新购建价值和贬值的估算较为困难，可能因得不到市场数据的支持而很难判断评估结论的合理性。

（二）成本法评估房地产的前提条件

由于土地的价格大部分取决于它的效用，并非仅是它所花费的成本，也就是说，土地成本的增加并不一定会增加它的使用价值，因此，成本法在土地评估中的应用范围受到一定限制。同样，建筑物成本的增加并不一定能增加其价值，花费的成本不多也不一定说明其价值不高。价值等于"成本加平均利润"是在较长时期内平均来看的，并且需要具备两个条件：一是自由竞争（即可以自由进出市场）；二是该种商品本身可以大量重复生产。因此，运用成本法评估时，要求被评估房地产具备以下前提条件：

(1) 被评估房地产处于继续使用状态或被假定处于继续使用状态，被评估房地产的实体特征、内部结构及其功能必须与假设的重置全新房地产具有可比性。

(2) 被评估房地产应当具备可利用的历史资料。成本法的应用是建立在历史资料基础上的，许多信息资料、指标需要通过历史资料获得。

(3) 房地产建造过程中的工程量是可以计量的，且该类房地产可以大量重复"生产"。

三、土地使用权评估的成本法

（一）成本法评估土地使用权价值的计算公式

土地使用权评估的成本法又称成本逼近法，是以开发土地所耗费的各项费用之和为依据，再加上一定的利润、利息、税费以及土地增值收益来确定土地价格的一种评估方法。其计算公式为：

$$土地评估值 = 土地取得费用 + 土地开发费用 + 税费 + 利息 + 利润 + 土地增值收益$$

（二）成本法评估土地使用权的操作步骤

1. 估算土地取得费用。土地取得费用是为取得土地使用权而向原土地使用者支付的费用。根据取得方式不同，其土地取得费用的构成和费用标准也不一样。

(1) 征收集体土地。征收集体土地需要向农村集体经济组织及个人支付费用，这些费用包括土地补偿费、附着物和青苗补偿费、新菜地开发建设基金、安置补助费等。其中，征收耕地的土地补偿费按该耕地被征用前3年平均年产值的3~6倍计算；附着物和青苗补偿费、新菜地开发建设基金由省、自治区、直辖市规定费用标准；安置补偿费按每亩不超过被征用前3年平均年产值的10倍计算。其他土地的土地补偿费和安置补助费，由各省、自治区、直辖市参照征收耕地的土地补偿费和安置补助费的标准规定。被征收土地上的附着物和青苗的补偿标准，由各省、自治区、直辖市规定。

(2) 购买和征用城市旧有土地。购买和征用城市旧有土地，需向原土地所有者支付拆迁费用等，这是对原城市土地使用者在经济上的补偿，补偿标准由各地规定。

2. 估算土地开发费用。土地开发费用主要包括基础设施配套费、公共事业建设配套费和小区开发配套费。

(1) 基础设施配套费。各地方规定不一，有的为"三通一平"，即通路、通水、通电、土地平整；有的为"七通一平"，即通路、通上水、通下水、通电、通讯、通气、通热、土地平整，应视具体情况确定。而且"三通一平"或"七通一平"指的是红线外土地状况。

（2）公共事业建设配套费。主要指邮电、图书馆、学校、公园、绿地等设施的费用。与项目大小、用地规模有关，各地情况不一，视实际情况而定。

（3）小区开发配套费。与公共事业建设配套费类似，应按小区内各种设施及网点配套情况，或按当地规定确定合理的项目标准。

3. 估算税费。税费是指土地取得和开发过程中所必须支付的税赋和费用，主要包括耕地占用税、土地管理费和土地增值税等。通常，耕地占用税包含在土地取得费中，土地增值税在集体土地征为国有土地时不考虑。具体标准按照当地规定。

4. 估算利息。投资利息是评估土地时考虑的投入资金的时间价值，投入资金包括考虑土地取得费和土地开发费。考虑到土地取得费和土地开发费两部分资金的投入时间和占用时间不同，土地取得费用在土地开发动工前要全部付清，在开发完成销售后方能收回，因此，计息期应为整个开发期和销售期。土地开发费用在开发过程中逐步投入，销售后收回。若土地开发费是均匀投入，则计息期为开发期的1/2。利息计算公式为：

$$利息 = 土地取得费 \times 土地开发期 \times 相应利息率 + 土地开发费 \times 土地开发期 \times 相应利息率 \times 50\%$$

5. 估算利润。利润是投资开发商投资的回报，土地投资利润计算的关键是确定利润率或投资回报率。利润率计算的基数可以是土地取得费用和土地开发费用，也可以是开发后土地的地价，计算时，要注意所用利润率的内涵。

6. 估算土地增值收益。土地增值收益是由于土地的用途改变或土地功能变化而引起的增值收益。由农用地转变为建设用地，新用途的土地收益将远高于原用途土地，必然会带来土地增值收益。由于这种增值是土地所有权人允许改变土地用途带来的。如果土地的性能发生变化，提高了土地的经济价值，也能使土地收益能力增加，这个增加的收益，是由于土地性能改变而带来的。这两种增值应在土地所有者之间或土地所有者与土地使用者之间合理分配。土地增值收益率应通过实际调查测算取得，也可以根据当地政府或国土资源管理部门的相关规定确定。

7. 估算土地使用权评估值。将上述各项加总，即可得到土地使用权价格，然后通过年期修正和其他因素修正，最终得出土地使用权评估值。

（三）成本法评估土地使用权案例

【例4-1】某宗土地面积为64 000平方米，是通过城镇土地出让而取得的（为毛地出让），出让金20万元/亩，拆迁费10万元/亩，开发费20万元/亩，其他费用（包括税费）5万元/亩，土地开发周期为两年，开发资金均匀投入，目前市场上地产开发的投资报酬率为12%，银行贷款利率为8%，测算的该地区工业用地增值收益为土地取得费、税费、土地开发费、利息、利润之和的20%。试评估该土地经开发后的价格。

1. 估算土地取得费用。

土地取得费用 = 出让金 + 拆迁费 = 20 + 10 = 30（万元/亩）= 450（元/平方米）

2. 估算土地开发费用。

土地开发成本 = 开发费 + 其他费用 = 20 + 5 = 25（万元/亩）= 375（元/平方米）

3. 估算投资利息。

假定土地取得成本一次性投入，因而计息期为两年；土地开发成本均匀投入，计算期为两年的1/2。

投资利息 = $450 \times [(1+8\%)^2 - 1] + 375 \times 8\% = 104.88$（元/平方米）

4. 估算开发商利润。

开发利润 = $(450 + 375) \times 12\% = 99$（元/平方米）

5. 估算土地增值收益。

地增值收益 = $(450 + 375 + 104.88 + 99) \times 20\% = 205.78$（元/平方米）

6. 计算土地价格。

土地单价 = $450 + 375 + 104.88 + 99 + 205.78 = 1\,234.66$（元/平方米）

土地总价 = $64\,000 \times 1\,234.66 = 79\,018\,240$（元）

即该地块的评估价格为 79 018 240 元。

四、建筑物评估的成本法

建筑物评估中的成本法是基于建筑物的再建造费用或投资的角度来考虑，通过估算出建筑物在全新状态下的重置成本，再扣减由于各种损耗因素造成的贬值，最后得出建筑物的评估值。其基本公式为：

建筑物评估值 = 建筑物重置成本 − 实体性贬值 − 功能性贬值 − 经济性贬值

建筑物评估中的成本法主要涉及四个基本要素，即建筑物的重置成本、实体性贬值、功能性贬值和经济性贬值。

（一）建筑物成本构成

由于建筑物不可能脱离土地而独立存在，而且企业在划分建筑物成本费用时，有时会把取得土地或开发土地的费用归入建筑物成本中，因此，评估人员在分析建筑物成本时应注意准确划分其成本构成，以免有些费用被重复评估。建筑物成本通常可归纳成以下几个方面。

1. 建筑安装工程费。建筑安装工程包括建筑工程和建安工程，建筑安装工程费是指为建筑安装工程而直接或间接耗费的各种材料和人工费用，一般包括直接工程费、间接工程费、计划利润、定编费、税金等。

建筑工程费中包括直接工程费、其他直接费用、临时设施费用、现场管理费、现场经费等；间接费用包括企业管理费、劳动保险费、财务费用、利润、材差、定编费、税金等。建筑工程费占建筑总造价的比重很大。建筑物的结构部分、装修部分和基础部分是建筑工程费核算的基本对象。

建安工程费包括直接费（给排水、采暖、电气等）、人工费、其他直接费、临时设施费、现场管理费、现场经费、企业管理费、劳动保险费、计划利润、税金等。

在计算建筑安装工程费时，各项取费标准是根据评估对象所在地区的预算定额计算的。建筑物的工程量是根据决算资料计算的实际工程量。若竣工决算资料所依据的定额年代较早，则应根据评估基准日要求进行相应调整。

2. 前期费用。前期费用一般包括：规划和可行性研究费、工程设计费、人防工程设计费、"三通一平"费、地上附属物拆除费、工程标的编制费、工程招投标费、合同预审费、公证费、鉴证费。

建筑物的前期费用要根据具体评估对象及所在地的有关规定进行计算。

3. 其他费用。其他费用包括企业管理费、工程监理费、质量监督费、管理费、白蚁防治费、人防费、消防费、绿地建设费等。

4. 间接费用。间接费用主要包括应分摊的职工培训费、联合试运转费、总体设计费等。在计算间接费用时应注意，不应把资金成本及合理利润计算在内。

5. 合理利润。合理利润是指为开发建设建筑物而应获得的平均利润。应该注意的是，在计算工业用厂房时一般不考虑合理利润。

6. 资金成本。资金成本是根据额定工期、平均投入资金及适当的贷款利率测算的建筑成本利息。在估算资金成本时应注意以下几个问题。

（1）资金成本计算时建设工期是指正常建设条件下，完成整个建设项目的合理工期。

（2）建设工期的计算与利息率的计算期要一致，如同为年或月。

（3）计算资金投入时，通常按建设期内均匀投入进行测算。

7. 税金。税金是指在房屋开发建设过程中需交纳的各种税项。

（二）建筑物重置成本的估算方法

建筑物的重置成本可以根据建筑物成本的构成，通过分项测算各部分的数额加总后获得，具体可以用公式表示为：

$$重置成本 = 建安综合造价 + 前期费用及其他费用 + 利息 + 合理利润$$

1. 建安综合造价的估算。建安综合造价可通过勘察待估建筑物的各项实物情况和调查工程竣工图纸、工程结算资料齐全情况，采取不同的估价方法分别确定待估建筑物建安工程综合造价。一般可以根据实际情况采用重编预算法、决算调整法、类比系数调整法、单方造价指标法等方法中的一种方法或同时运用几种方法综合确定估价对象的建安工程综合造价。

（1）重编预算法。重编预算法是指按工程预算的编制方法，对待估建筑物成本构成项目重新估算的方法。即根据待估建筑物工程竣工图纸或按评估要求绘制工程图，按照编制工程预决算方法，在计算工程量基础上按现行工程预算价格和费率，编制工程预算书，再按现行标准计算间接成本，从而计算出建筑物建安工程综合造价。

用重编预算法计算的工程综合造价通常与历史成本有较大差异。主要原因是：由于技术进步出现了新材料，特别是价廉质优的材料，代替了旧材料；设计或结构改进、项目工程量发生变化；材料价格和费用项目、取费标准发生变化。由于重编预算法所需的技术经济资料较多，而且费时，工作量较大，因此，此法主要适用于测算建筑物更新重置成本或构造较简单的建筑物。

（2）预决算调整法。预决算调整法是根据建筑物完工时的决算资料，以待估建筑物决算资料中经确认的工程量为基础，分析建筑物建安工程综合造价决算中的各项构成费用，并根据评估基准日当地市场的人工、材料等价格信息和相关取费文件，对建筑物建安工程综合造价决算进行调整重新估算的方法。

建筑物单项工程价值量较大，在基本建设竣工验收或更新改造竣工时，通常以单项工程为对象，分别按照工程造价的各项构成编制出详细的成本核算资料，作为项目决算的依据。决算价格即为建筑物的历史成本。由于竣工决算资料提供了建筑物建设的当期工程量资料，项目决算资料就大有用武之地。一旦有了当期工程量作为计算依据，就可用单价和费用项目及费用标准确定建筑物的现行造价。

由于预决算调整法是以待估建筑物预决算资料中的工程量为基础进行现行价格的调整而确定评估值的，因此，其以建筑物原工程量合理为假设前提。用预决算调整法进行评估，必须要具备完整的建筑工程竣工决算资料或预算资料。

（3）类比系数调整法。类比系数调整法是通过对典型工程案例或省市当地工程造价主管部门公布的已完工造价分析表中的工程结算实例的建筑面积、结构、层高、层数、跨度、材质、内外装修、施工质量、使用维护等各项情况与估价对象进行比较，参考决算调整法测算出的典型工程案例的人工费、材料费、机械费增长率，调整典型工程案例或工程结算实例建安工程综合造价后求取待评估建筑物的建安工程综合造价的方法。

类比系数调整法主要适用于设计图纸及工程决算资料不齐全的建筑物评估。对于用途相同、结构相同且数量较多的建筑物评估也经常采用类比系数调整法。这样，可以通过选择若干有代表性的典型建筑物按此法评估得出现行综合造价。然后以估测出的典型建筑物的重置成本与该建筑物原预决算价格进行比较，求出一个调整系数，推算出其他相同、相似建筑物的造价成本。

（4）单方造价指标估算法。是通过查阅有关部门定期公布的成本手册，或调查近期建成的类似建筑物的单位造价资料，并根据它们在建筑时间和建筑规格方面与待评估建筑物的差异进行相应修正，得到待估对象的单位成本的方法。这种方法主要适用于某些建成年份较早，账面历史成本已不具备参考价值，而且工程图纸、工程决算资料也不齐全的建筑物评估。

（5）价格指数调整法。价格指数调整法是根据建筑物的账面成本，运用建筑业产值价格指数或其他相关价格指数推算出建筑物现行成本的一种方法。一般情况下，建筑物的账面成本既包含了建安工程造价也包含了资金利息和各种费用，因此，采用价格指数调整法得到的评估结果往往是工程造价与各项费用之和，即建筑物的重置成本。

建筑物的成本构成复杂，不同部分价格变化差异较大，采用价格指数调整法推算待估建筑物重置成本的准确性较差。因此，应尽量控制其使用范围，这种方法一般只限用于单位价值小、结构简单，以及运用其他方法有困难的建筑物的重置成本估算。

建筑业产值价格指数是直接反映建筑产品价格变化趋势的一个综合性指标。该指标可向统计部门调查取得。由于统计资料中的价格指数是年度价格指数，而待估建筑物可能是许多年以前建成的，因此，需要计算出待估建筑物竣工年度至评估基准日的综合价格指数。在具体测算综合价格指数时，还应注意统计资料中的年度价格指数是定基价格指数还是环比价格指数。不同性质的价格指数，在计算综合价格指数时方法有所不同。

对于定基价格指数，在计算综合价格指数时，其公式为：

$$综合价格指数 = \frac{评估时点价格指数}{建筑物购建时价格指数} \times 100\%$$

对于环比价格指数，在计算综合价格指数时，其公式为：

$$综合价格指数 = \prod a_i$$

其中，a_i 为从建筑物竣工年度后第 1 年至评估基准日年度的各年环比价格指数。

价格指数调整法计算公式为：

$$待估建筑物重置成本 = 待估建筑物账面原值 \times 综合价格指数$$

【例 4-2】某待估建筑物为某企业的一简易仓库，账面原值为 50 万元人民币，建筑面积为 300 平方米，竣工于 2010 年。要求估算 2017 年底该仓库的重置成本。经查询企业所在地区建筑业产值环比价格指数分别为：2011 年 10.9%、2012 年 13%、2013 年 15.5%、2014 年 11.2%、2015 年 7.8%、2016 年 21.3%、2017 年 16.9%。

（1）计算综合价格指数。

综合价格指数 = $(1 + 10.9\%) \times (1 + 13\%) \times (1 + 15.5\%) \times (1 + 11.2\%)$
$\times (1 + 7.8\%) \times (1 + 21.3\%) \times (1 + 16.9\%) \times 100\% = 246\%$

（2）待估建筑物重置成本。

重置成本 = 500 000 × 246% = 1 230 000（元）

如果待评估的建筑物规模大、类型杂、项数多，可以在计算建安综合造价时将委托评估的建筑物进行分类，例如，A 类为大型、价值高、重要的建筑物；B 类为一般建筑物；C 类为价值量小、结构简单的建筑物。

对于大型、价值高、重要的建筑物，采用决算调整法确定其建安综合造价，即以待估建筑物决算中的工程量为基础，按现行工程预算价格、费率，将其调整为按现行价格标准计算的建安综合造价。对于一般建筑物，根据典型房屋和构筑物实物工程量，按照现行建筑安装工程定额（或指标）和取费标准及当地的材料价格、人工工资，确定其综合造价；计算出典型工程综合造价后，再运用类比法对类似房屋和构筑物进行分析，找出其与典型房屋和构筑物的差异因素，进行增减调整,从而计算出与典型工程类似的房屋和构筑物的综合造价。对于价值量小、结构简单的建筑物,可采用单方造价法确定其建安综合造价或采用价格指数调整法确定重置成本。

2. 前期费用及其他费用确定。除建筑安装工程造价外,一般建安工程还有其他有关费用,包括前期费用、期间费用等。前期费用包括筹建费、可行性研究费、规划费、设计费、地质勘察费、场地平整费、水电气费、临时设施费用等。期间费用主要为工程建设监理费、建设单位管理费、城市基础设施配套费、人防工程易地建设费、文物调查、勘探、发掘费、工程定额测定费、建设劳保费、拆迁管理费、新型墙体材料专项基金、建筑垃圾处置费、临时占道费和其他相关验收检测费等。

这些费用有的是按照工程费的一定比例收取的,有的是按照建筑面积收取的,对此,国家及当地政府均有相关文件规定,评估时应认真查询核对取费项目和费率,合理确定费用数额。

3. 计算利息。利息根据本项目合理的建设工期,按照评估基准日相应期限的贷款利率,以建安工程造价与前期及其他费用之和为基数确定。

$$利息 = \left(\begin{matrix}建安\\工程造价\end{matrix} + \begin{matrix}期间\\费用\end{matrix}\right) \times \begin{matrix}正常\\建设期\end{matrix} \times \begin{matrix}正常建设期\\贷款利率\end{matrix} \times 1/2 + \begin{matrix}前期\\费用\end{matrix} \times \begin{matrix}正常\\建设期\end{matrix} \times \begin{matrix}正常建设期\\贷款利率\end{matrix}$$

4. 确定合理利润。通常情况下,自用的生产型建(构)筑物是不计算利润的,房地产开发和商业经营型房地产则应当计算合理利润。

利润率有多种含义,如成本利润率、投资利润率、销售利润率等,在计算合理利润时,应明确计算基数与利润率的含义,注意两者的匹配关系。

(三) 建筑物实体性贬值及成新率的估算

建筑物的价值减损,一般是由两方面因素引起的。一是物理化学因素,即因建筑物使用而使建筑物磨损、建筑物自然老化、自然灾害引起的建筑物结构毁损和功能减弱,所有这些因素均导致建筑物价值减损,因而这种减损又被称为自然折旧或有形损耗。二是社会经济因素,即由于技术革新、建筑工艺改进或人们观念的变化,或市场环境发生变化,引起建筑物设备陈旧落后、设计风格落后,功能不能满足需要,由此引起建筑物陈旧、落后,致使其价值降低,这种减损称为无形损耗。根据导致建筑物的价值减损的因素,建筑物的贬值同样可以分为实体性贬值、功能性贬值和经济性贬值三种。

实体性贬值是建筑物在实体方面的损耗所造成的价值损失,建筑物实体性贬值的大小可以用实体性贬值率或成新率表示,建筑物实体性贬值率或成新率的测算主要采用使用年限法和打分法。

1. 使用年限法。使用年限法是指利用建筑物的实际已使用年限占建筑物全部使用寿命(年限)的比率作为建筑物的实体性贬值率;或以估测出的建筑物尚可使用年限占建筑物全部使用寿命(年限)的比率作为建筑物的成新率。

$$\text{建筑物实体性贬值率} = \frac{\text{建筑物实际已使用年限}}{\text{建筑物实际已使用年限} + \text{建筑物尚可使用年限}} \times 100\%$$

$$\text{建筑物成新率} = \frac{\text{建筑物尚可使用年限}}{\text{建筑物实际已使用年限} + \text{建筑物尚可使用年限}} \times 100\%$$

运用年限法的关键在于，测定一个较为合理的建筑物尚可使用年限。关于各类建筑物的使用寿命，目前国家尚无统一的标准，这对估测建筑物的尚可使用年限是一种困难。这就需要评估人员有相当丰富的实践经验，结合国家以前曾制定过的固定资产折旧年限等数据，并根据待估建筑物的实际状态和维修保养状况估算待估建筑物的尚可使用年限。

不同结构的建筑物的经济耐用年限与残值率不相同，而且它们所处的使用环境也直接影响其经济耐用年限，这是评估中要考虑的问题，如表4－1所示。

表4－1　　　　　　建筑物的经济耐用年限与残值率参考值一览

建筑物结构类型	不同使用环境下的经济耐用年限（年）			残值率（%）
	生产用房	受腐蚀的生产房	非生产用房	
钢结构	70	50	80	0
钢筋混凝土结构	50	35	60	0
砖混结构	40	30	50	2
砖木结构	30	20	40	4~6
简易结构	10	10	10	3

在房地合估时，需要特别注意土地使用权剩余年限与地上物的尚可使用年限是否一致，这时需要根据具体情况确定建筑物尚可使用年限。如果地上物的尚可使用年限短于土地使用权剩余年限，则应以地上物的尚可使用年限为基础测算成新率，计算出的评估结果需要再加上土地使用权剩余年限与地上物的尚可使用年限之差那部分的土地使用权价格；如果地上物的尚可使用年限长于土地使用权剩余年限，则应按照土地使用权剩余年限为基础测算成新率。

2. 打分法。打分法是指评估人员借助建筑物成新率的评分标准，分解建筑物整体成新率评分标准，以及按不同构成部分的评分标准进行对照打分，得出或汇总得出建筑物的成新率。

建筑物成新率评分标准可参考和借鉴原城乡建设环境保护部1984年11月8日颁发的《房屋完损等级评定标准》。该标准按房屋的结构、装修、设备等组成部分的完好和损坏程度，将房屋划分为五个等级。

（1）完好房，指成新率在80%以上的房屋，房屋的结构件、装修、设备齐全且完好，成色新，使用良好。

（2）基本完好房，指成新率在60%~79%的房屋，房屋的结构件、装修、设备基本完好，成色略旧并有少量或微量损坏，基本能正常使用。

（3）损坏房，指成新率在40%~59%的房屋。房屋的结构件、装修、设备有部分损坏或变形、老化，需进行大修理。

（4）严重损坏房，指成新率在39%以下的房屋。房屋的结构件、装修、设备有明显的损坏和变形，并且不齐全，需进行大修或翻修。

（5）危房。房屋的结构件已处危险状态，随时有倒塌的可能。

按房屋的结构、装修、设备等方面的完损程度，综合确定建筑物的成新率，从理论上讲，比单一按建筑物使用年限测算合理一些。采用打分法的关键问题有两方面。一是打分标准是否合理。从《房屋完损等级评定标准》来看，以房屋的经济寿命为根据设计的房屋正常使用年限及其成新率，要比建筑物的自然寿命或技术寿命短。它所反映的房屋损失率是有一定误差的。评估人员在参照该标准进行建筑物有形损耗率或成新率评估时应当注意。二是评估人对打分标准掌握和运用的水平。打分标准是固定的，而待估建筑物情况却是多样性的。在一般情况下，评估人员及评估机构都要在统一打分标准的基础上，根据实际情况，制定不同类型建筑物成新率修正系数，作为按统一打分标准评分后的进一步调整和修正。

统一的建筑物完损等级评定一般也是按房屋的结构、装修和设备三个部分分别规定标准，并具体规定评定的部位内容。《房屋完损等级评定标准》如表4-2所示；不同类型房屋成新率的评分修正系数如表4-3所示。

表4-2　　　　　　　　评定部位内容、完损等级和成新率

部位内容			完损等级	成新率（%）
结构	装修	设备		
地基基础	门窗	水卫	完好房	80~100
承重构件	外抹灰	电照	基本完好房	60~99
非承重构件	内抹灰	暖气	一般损坏房	40~59
层面	顶棚	特种设备	严重损坏房	40以下
楼地面	细木装修		危险房	残值

表4-3　　　　　　　　不同结构类型房屋成新率评分修正系数

项目	钢筋混凝土结构			混合结构			砖木结构			其他结构		
	结构部分 G	装修部分 S	设备部分 B	结构部分 G	装修部分 S	设备部分 B	结构部分 G	装修部分 S	设备部分 B	结构部分 G	装修部分 S	设备部分 B
单层	0.85	0.05	0.1	0.7	0.2	0.1	0.8	0.15	0.05	0.87	0.1	0.03
2~3层	0.8	0.1	0.1	0.6	0.2	0.2	0.7	0.2	0.1			
4~6层	0.75	0.12	0.13	0.55	0.15	0.3						
7层以上	0.8	0.1	0.1									

用打分法估测建筑物的成新率可按照下列公式计算：

$$建筑物实体性成新率 = \frac{结构部分得分}{合计得分} \times G + \frac{装修部分得分}{合计得分} \times S + \frac{设备部分得分}{合计得分} \times B$$

其中，G 表示结构部分的评分修正系数；S 表示装修部分的评分修正系数；B 表示为设备部分的评分修正系数。

【例 4 - 3】 某钢筋混凝土 10 层框架楼房，经评估人员现场打分，结构部分得分 80 分，装修部分得分为 70 分，设备部分得分为 60 分。经查表 4 - 3 列示的修正系数 $G=0.8$，$S=0.1$，$B=0.1$，则该楼房的成新率为：

成新率 = $(80 \times 0.8 + 70 \times 0.1 + 60 \times 0.1) \div 100 \times 100\% = 77\%$

（四）建筑物功能性贬值的估算

建筑物功能性贬值是指由于建筑物用途、使用强度、设计、结构、装修、设备配备等不合理造成的建筑物功能不足或浪费形成的价值损失。

建筑物功能性贬值的原因包括：（1）因建筑物用途与使用强度不合理形成的功能性贬值；（2）建筑物的设计及结构上的缺陷形成的功能性贬值；（3）建筑物的装修及其配套设备与其总体功能不协调形成的功能性贬值。

建筑物用途与强度不合理是相对于其所占用的土地的最佳使用而言的。如果出现了建筑物用途及使用强度与其占用土地的最佳使用不一致，土地的最佳效用没有发挥出来，土地的价值就没有得到充分实现。但是，在资产评估中，土地使用权的评估通常是按其最佳使用用途为依据进行的，对土地与建筑物用途不协调所造成的价值损失一般是以建筑物的功能性贬值体现的。有时当建筑物的用途、使用强度等与其占用的土地的最佳使用严重冲突的时候，甚至可能出现建筑物的功能性贬值超过其考虑了成新率后的重置成本。例如，繁华商业区内的低矮非商业用建筑物的功能性贬值可能就会很大，以至于出现建筑物部分的价值为负值，即建筑物不仅没有价值，反而由于拆迁还要扣减土地使用权的一部分价值。关于建筑物用途及使用强度与其占用土地最佳使用不一致、不协调形成的功能性贬值的大小，从理论上讲，相当于建筑物所占用土地的现实用途与其最佳使用之间的价值差。当然在具体测算建筑物由于用途、使用强度形成的功能性贬值时，还要考虑建筑物是连同土地一并评估，即房地合一评估，还是房地分估，再来分析判定其功能性贬值。

建筑物的设计以及结构上的缺陷，将导致建筑物不能充分发挥其应有的功能和效用。不合理的设计及结构可能出现建筑物面积较大而有效使用面积却与建筑面积不成比例，从而影响了建筑物的有效利用。建筑物有效使用面积与其建筑面积的比例低于正常建筑物有效使用面积与其建筑面积的比例部分所形成的价值损失，也是建筑物的一种功能性贬值。

建筑物的装修、设备与其总体功能的不协调，也会出现"档次不够"情况。这种两极分化的情况也会造成建筑物的功能性贬值。尤其是建筑物装修和设备"超标准"情况，豪华的装修以及与建筑物总体功能不协调的超一流设备，在增加建筑物使用价值不明显的前提下往往形成建筑物局部功能浪费，其部分价值是无法实现的。

无论是哪种原因形成的建筑物功能性贬值,在其测算过程中都要与建筑物重置成本测算以及成新率测算一并统筹考虑,避免重复评估和漏评现象出现。

(五)建筑物经济性贬值的估算

建筑物经济性贬值是指由于外界条件的变化而影响了建筑物效用的发挥,导致其价值贬损。从现象上看,建筑物出现经济性贬值一般都伴随着利用率下降,如商业用房的空房率增加、出租面积减少、工业用房大量闲置等,从建筑物出现经济性贬值所造成的后果看,最终都会导致建筑物的收益下降。因此,在测算建筑物经济性贬值时,可按下列公式计算:

$$建筑物经济性贬值 = \sum_{i=1}^{n} \frac{R_i}{(1+r)^i}$$

其中,R_i 表示第 i 年的建筑物年收益净损失额;r 表示折现率;n 表示预计建筑物收益损失持续的时间,通常以年为单位。

(六)成本法评估建筑物的案例分析

【例 4-4】利用成本法评估建筑物。

1. 待估建筑物状况。某评估公司利用成本法对一栋企业厂房进行评估,该厂房 2014 年 8 月竣工建成,厂房为单层钢结构,建筑面积为 2800 平方米,层高 3.8 米,钢筋混凝土独立基础,钢柱及钢梁防火漆,钢屋架以及大型钢屋面板,内外墙为彩钢板,地坪采用耐磨地坪地面,门窗采用电动卷帘门,墙面彩钢板隔断,一般水电配备,给排水管道采用镀锌钢管。该房屋使用、维护和保养正常。

2. 评估日期:2017 年 9 月 30 日。

3. 评估目的:改制上市。

4. 评估方法:采用成本法。

5. 评估过程。

(1)资料准备与核实。评估人员进入现场后根据委托方提供的待估建筑物评估申报表进行核实。对申报表中的各项数据与企业账表进行核对,并进行合理调整。

(2)现场勘察。评估人员根据评估申报表深入现场进行勘察,核对建筑物名称、坐落地点、结构类型、建筑面积等与申报表是否一致。对待估建筑物的外形、高度、精度、内外装修、室内设施、各构件现状、基础状况及维修使用情况进行详细观察和记录。

(3)准备文件。根据待估建筑物所处的位置及企业所属行业特点,重点收集评估所需的各项文件资料,包括以下方面。

①委托方提供的建筑物评估申报表;
②工程竣工结算造价资料、施工图、竣工资料等;
③房屋产权证明资料;
④建筑物所在地区的建设工程价格信息、现行造价状况的调查资料;
⑤与待估建筑物评估有关的文件、标准。

6. 评定估算。

(1) 重置成本的估算。采用重编预算法估算的厂房重置成本构成及估算结果如下。

①土建工程造价测算。根据该建筑物的预算标准,按照工料分析估算土建工程造价,具体测算如表 4-4 所示。

表 4-4 土建工程造价测算

序号	费用名称		计算公式	费率(%)	金额(元)
一	分部分项费用		1+2+3+4+5		8 203 561.52
	其中	1. 人工费	人工消耗量×人工单价		2 524 590.47
		2. 材料费	材料消耗量×材料单价		4 463 223.32
		3. 机械费	机械消耗量×机械单价		155 419.73
		4. 管理费	1×费率	28	706 885.33
		5. 利润	1×费率	14	353 442.67
二	措施项目清单费用		分部分项工程费×费率	17.54	1 438 904.69
三	其他项目费用				
四	规费		1+2+3		347 128.78
	其中	1. 工程排污费	(一+二+三)×费率	0.1	9 642.47
		2. 社会保障费	(一+二+三)×费率	3	289 273.99
		3. 住房公积金	(一+二+三)×费率	0.50	48 212.33
五	税金		(一+二+三+四)×费率	3.48	347 637.91
六	工程造价		一+二+三+四+五		10 337 232.90

②安装工程造价测算。根据该工程的安装工程量,估算安装工程造价,具体测算如表 4-5 所示。

表 4-5 安装工程造价测算

序号	费用名称		计算公式	费率(%)	金额(元)
一	分部分项费用		1+2+3+4+5		785 610.50
	其中	1. 人工费	人工消耗量×人工单价		356 530.85
		2. 材料费	材料消耗量×材料单价		232 339.56
		3. 机械费	机械消耗量×机械单价		4 213.43
		4. 管理费	1×费率	40	142 612.34
		5. 利润	1×费率	14	49 914.32
二	措施项目清单费用		分部分项工程费×费率	3.70	29 067.59
三	其他项目费用				

续表

序号	费用名称		计算公式	费率（%）	金额（元）
四	规费		1+2+3		36 660.51
	其中	1. 工程排污费	（一+二+三）×费率	1	8 146.78
		2. 社会保障费	（一+二+三）×费率	3	24 440.34
		3. 住房公积金	（一+二+三）×费率	0.50	4 073.39
五	税金		（一+二+三+四）×费率	3.48	29 626.58
六	工程造价		一+二+三+四+五		880 965.18

③建安综合造价 = 土建工程造价 + 安装工程造价 = 10 337 232.90 + 880 965.18 = 11 218 198.08（元）。

④前期费用及其他费用。根据相关规定和标准，前期费用及其他费用估算如表4-6所示。

表4-6　　　　　　　　　　　前期费用及其他费用估算

费用名称	计算公式	金额（元）
前期费	建安综合造价×0.44%	49 360.07
建设工程规划管理费	建筑面积×1.6元/平方米	4 480
勘察设计费	建安综合造价×1.4%	157 054.77
市政工程设施费	建安综合造价×0.1%	11 218.20
消防设施配套费	建安综合造价×0.8%	89 745.58
新墙体开发费	建筑面积×9元/平方米	25 200
建设单位管理费	建安综合造价×3%	336 545.94
费用合计		673 604.56

⑤资金利息。

建设期为一年，贷款利率为8%，则：

资金利息 =（综合造价 + 前期费用及其他费用）×8%
　　　　 =（11 218 198.08 + 673 604.56）×8% = 951 344.21（元）

⑥重置成本 = 综合造价 + 前期费用及其他费用 + 资金成本
　　　　　 = 11 218 198.08 + 673 604.56 + 951 344.21
　　　　　 = 12 843 146.85（元）

（2）测算建筑物的成新率。

①按年限法确定成新率。该建筑物已使用3年，参照建设部门颁发的"房屋完损程度的评定标准"和《建设部 财政部关于修订印发〈房地产单位会计制度——会计科目和会计报表〉有产问题的通知》有关不同结构、用途房屋建（构）筑物使用年限的规定，该建筑物使用年限为50年，尚可使用47年。

成新率 = 尚可使用年限 +（尚可使用年限 + 已使用年限）×100% = 94%

②打分法成新率的确定。依据建设部门有关鉴定房屋新旧程度的参考依据、

评分标准，根据现场勘察情况，采用打分法确定成新率，如表 4-7 所示。

表 4-7　　　　　　　　　建筑物成新率分项打分表

分项	结构					装修					设备			
具体项目	地基	承重构件	非承重构件	层面	地面	天棚	门窗	内窗	外墙	其他	给水、排水	电照	通风空调	其他
分数	24	19	20	18	15	22	19	19	19	13	19	39	19	19
小计	96					92					96			

根据评估专业人员的经验及判断该类房屋，评分修正系数：结构部分为 0.80，装修部分为 0.10，设备部分为 0.10。则成新率为：

成新率 =（结构打分 × 评分修正系数 + 装修打分 × 评分修正系数 + 设备打分 × 评分修正系数）÷ 100 × 100%

=（96 × 0.80 + 92 × 0.10 + 96 × 0.10）÷ 100 × 100% = 95.6%

假定按年限法确定成新率与打分成新率按 4：6 确定，由此可知：成新率 = 94% × 0.4 + 95.6% × 0.6 = 94.96%。

（3）根据考察，该建筑物不存在功能性贬值和经济性贬值，由此可确定该建筑物评估值：

评估值 = 12 843 146.85 × 94.96% = 12 195 852（元）

第四节　房地产评估的收益法

一、收益法的基本思路及步骤

房地产评估的收益法又称收益现值法、收益还原法，是指通过预测房地产未来产生的预期收益，以一定的还原利率将预期收益折算为现值之和，从而确定房地产评估值的方法。该方法是评估房地产价值的主要方法之一，被广泛用于收益性房地产的评估。

收益法以地租理论和预期理论为依据，认为房地产交易是原所有者将房地产收益的权利让渡给购买者，房地产的购买者必须一次性支付一定的金额，补偿房地产所有者失去的收益，这一货币额每年给房地产所有者带来的利息收入必须等于其每年能从房地产获得的净收益，这个金额就是该收益性房地产的理论价格，用公式表示为：

$$P = \frac{A}{r}$$

其中，P 表示房地产评估值；r 表示资本化率。

上述公式包含着三个假设前提：净收益每年不变；资本化率固定；收益为无限年期。

收益为有限年期的房地产估值计算公式为：

$$P = \frac{A}{r}\left[1 - \frac{1}{(1+r)^n}\right]$$

其中，n 表示房地产收益年限；r 表示折现率。

收益法涉及三个基本的参数：净收益额、折现率（资本化率）及收益期限。运用收益法评估房地产价值，首先要求取净收益，然后估算折现率（资本化率），最后选用适当的计算公式求得待估房地产的价值。因此，运用收益法评估一般有以下步骤。

（1）收集有关房地产收入、成本、税费、利润等资料；
（2）确定房地产净收益；
（3）确定房地产收益期限；
（4）选择和估算适当的资本化率或折现率；
（5）采用适当的收益法模型估算房地产收益现值。

二、收益法的适用对象与条件

收益法适用于有收益或有潜在收益的房地产的评估，如商场、旅馆、餐馆、商务楼等收益性房地产及可以转为收益性房地产的住宅等。但对于政府办公楼、学校、公园、图书馆等社会公用、公益房地产，收益法一般不适用。

运用收益法对房地产进行评估，需满足其使用的前提条件，这些条件包括：房地产的未来收益必须是可以预测并可用货币来衡量的；收益期内，房地产权益拥有者获得未来预期收益所承担的风险可以估测，并可用货币来衡量；房地产预期获利年限可以预测。

此外，收益法不限于估价对象本身现在有收益，只要估价对象所属的这类房地产有获取收益的能力即可，例如，空闲的公寓虽然目前没有收益，但可以将其设想为出租的情况下来运用此方法估价。

三、收益法评估房地产各参数的估算

（一）净收益的估算

1. 净收益的概念。净收益是指归属于房地产的收入除去各种费用后的收益，一般以年为单位。在确定净收益时，必须注意房地产的实际净收益和客观净收益的区别。实际净收益是指在现状下被估房地产实际取得的净收益，实际收益由于受到多种因素的影响，通常不能直接用于评估。例如，当前收益权利人在法律上、行政上享有某种特权或受到特殊的限制，致使房地产的收益偏高或偏低，而这些权利或限制又不能随同转让；当前房地产并未处于最佳利用状态，收益偏低；收益权利人经营不善，导致亏损，净收益为零甚至为负值；土地处于待开发状态，无当前收益，同时还必须支付有关税费，净收益为负值。由于评估结果用以作为正常市场交易的参考，因此，必须对存在上述偏差的实际净收益进行修正，剔除其中特殊的、偶然的因素，得到在正常市场条件下房地产用于法律上允许的最佳利用方向上的净收益值，其中还应包含对未来收益和风险的合理预期。我们把这个收益称为客观净收益，只有客观净收益才能作为评估的依据。

2. 客观净收益的估算。客观净收益等于客观总收益（毛收益）减去客观总费用。

客观总收益是指以收益为目的的房地产和与之有关的各种设施、劳动力及经营管理者要素结合产生的收益，也就是被估房地产在一年内所能得到的所有收益。

客观总费用是指取得该收益所必需的各项支出，如维修费、管理费等，也就是为创造总收益必须投入的正常支出。

求取净收益时，无论是总收益还是总费用，均应是正常情况下发生的收益和费用，即客观收益和客观费用。由于现实经济过程的复杂性，呈现在评估专业人员面前的收益、费用状况也非常复杂，因而较难确定净收益。如某种经营能带来的收益虽较丰厚，但在未来存在激烈竞争或存在潜在的风险，现实收益具有下降趋势，则不能用现实收益估价，而必须对其加以修正。为此，在确定收益值时，一是需以类似房地产的收益作比较；二是需对市场走势作准确的预测；三是必须考虑收益的风险性和可实现性。在确定费用时，要根据被估房地产的状态不同而具体分析。费用支出有些是正常支出，有些是非正常支出。作为从总收益中扣除的总费用，应剔除不正常的费用支出，选择正常支出作为费用。用来求取房地产净收益的房地产总费用通常包括管理费、维修费、保险费、税金等，但不包含折旧费。

净收益的具体估算因评估对象的收益类型不同而有所不同，可归纳为下列几种情况。

出租型房地产包括出租的住宅、写字楼、商场、标准厂房、仓库和场地等，其净收益通常为租赁收入扣除维修费、管理费、保险费、房地产税等之后的余额。租赁收入包括租金收入和租赁保证金、押金等的利息收入。有租约限制的，租约期内的租金宜采用租约所确定的租金，租约期外的租金应当采用正常客观的租金。在估算费用时，维修费、管理费、保险费及房地产税等是否需扣除，应在分析租赁合同的基础上确定，即费用的扣除与租赁收入的水平有关。如果保证房地产正常使用的费用均由出租方承担，则应将它们全部扣除；如果维修、管理等费用全部或部分由承租方承担，则扣除的项目就不包括这些由承租方承担的费用。

直接经营型房地产的所有者同时又是经营者，房地产的租金和经营者利润没有分开。商业用经营型房地产应根据经营资料测算净收益，净收益为商品销售收入扣除商品销售成本、经营费用、商品销售税金及附加、管理费用、财务费用和商业利润等之后的余额。工业用经营型房地产应根据产品市场价格以及原材料、人工费用等资料估算净收益，净收益为产品销售收入扣除生产成本、产品销售费用、产品销售税金及附加、管理费用、财务费用和厂商利润等之后的余额。

（二）收益期限的确定

房地产收益期限应根据具体的评估对象的寿命及评估时采用的假设条件等来确定。

对于单独的土地和单纯的建筑物作为评估对象的，应分别根据土地使用权年限和建筑物经济寿命，扣减房地产开发建设及装修等期限，以确定未来可获收益的期限。

对于土地与建筑物合成体作为评估对象的，如果建筑物的经济寿命长于土地使用权年限或与之相同，则根据土地使用权年限确定未来可获收益的期限。如果建筑物的经济寿命短于土地使用权年限，可先根据建筑物的经济寿命，扣减房地产开发建设及装修等期限，以确定未来可获收益的期限；然后再加上土地使用权年限超出建筑物经济寿命的土地剩余使用年限价值的折现值。

（三）资本化率的确定

1. 资本化率的实质。资本化率又称还原利率，实际上是房地产投资的报酬率。投资于房地产的报酬率应该与投资于其他具有同等风险的项目的利润率相当，因此，资本化率的大小同投资风险的大小呈正相关的关系。投资风险越大，期望利润率越高；风险越小，期望利润率越低。处于不同用途、不同区位、不同交易时间的房地产，投资风险也各不相同，因此，资本化率也各不相同。

2. 资本化率的种类。

（1）综合资本化率。这是将土地和附着于其上的建筑物看作一个整体评估所采用的资本化率。此时评估的是房地产整体的价值，采用的净收益也是房地合一的净收益。

（2）建筑物资本化率。建筑物资本化率用于评估建筑物的自身价值。这时采用的净收益是建筑物自身所产生的净收益，把房地产整体收益中的土地净收益排除在外。

（3）土地资本化率。土地资本化率用于求取土地自身的价值。这时采用的净收益是土地自身的净收益，把房地产整体收益中的建筑物净收益排除在外。

综合资本化率、建筑物资本化率和土地资本化率的关系，可用公式表示如下：

$$r = \frac{r_1 L + r_2 B}{L + B}$$

或：

$$r_1 = \frac{r(L + B) - r_2 B}{L}$$

其中，r 表示综合资本化率；r_1 表示土地资本化率；r_2 表示建筑物资本化率；L 表示土地价值；B 表示建筑物价值。

3. 资本化率的确定方法。资本化率是决定评估价值的关键因素。这是因为，评估价值对资本化率最为敏感。资本化率的每个微小变动，都会使评估价值发生显著改变。由于确定资本化率是一项复杂的、精度要求高的工作，所以运用收益法的评估专业人员必须具有较高的评估水平和丰富的经验。常见的确定资本化率的方法包括以下几种。

（1）收益还原法。该方法是通过收集市场上近期交易的与被估房地产相同或相近似的房地产的净收益、价格等资料，计算出它们各自的资本化率。这种方法运用的基础是房地产商品的替代性。选取的交易案例均来自市场，能直接反映市场供求状况，因此，计算出来的资本化率基本上能够反映投资该房地产的报酬率。此时的资本化率是用实际收益与房地产价格之比求出来的，可以通过选取多个案例的资本化率取平均值的办法来消除各种偶然因素的影响，一般要求选择4个以上的参照案例，且应是近期发生的与待估房地产情况接近的交易案例。平均值的求取具体可以根据实际情况，采取简单算术平均值或加权算术平均值。这种方法要求房地产市场发育比较充分、交易案例比较多。评估专业人员必须拥有充分的资料。

【例 4 – 5】某评估机构对一土地采用收益法进行评估，为确定资本化率，选取了 4 个近期成交的类似案例，获得的资料如表 4 – 8 所示。

表 4 – 8　　　　　　　　　　　　还原利率测算

比较实例	纯收益（万元）	价格（万元）	还原利率（%）
A	20	170	11.8
B	28.5	235	12.1
C	25	220	11.4
D	18	150	12

则：待估土地的还原利率 = (11.8% + 12.1% + 11.4% + 12%) ÷ 4 = 11.83%

（2）安全利率加风险调整值法。安全利率即无风险报酬率，通常选择国债利率作为安全利率。风险调整值根据影响被估房地产的社会经济环境状况，估计投资风险程度确定。这种方法简便易行，对市场要求不高，应用比较广泛，但是风险调整值的确定主观性较强，不容易掌握。这种方法的公式为：

$$还原利率 = 安全利率 + 风险调整值$$

（3）各种投资收益率排序插入法。这种方法的基本思路是：将社会上各种类型的投资及其收益率找出来，按收益率大小从低到高顺序排列，制成图表，评估人员再将被估房地产投资与上述各项投资比较，根据经验判断被估房地产在各类投资风险排序中的位置，然后根据风险排序结合相邻投资的收益率确定被估房地产资本化率的大小。

需要说明的是，尽管有上述确定还原利率的方法，但这些方法并不能确切地肯定评估对象的还原利率究竟是多大数字，需要评估人员运用自己掌握的还原利率的理论知识、实际评估经验和对各种投资市场的了解，作出合乎实际的判断。

四、收益法评估房地产的案例分析

【例4-6】 某房地产公司于2012年10月以出让方式取得一宗土地50年使用权，土地面积2 000平方米，并于2014年5月在此地块上建成一座钢混结构的写字楼，当时造价为每平方米5 200元，经济耐用年限为60年。目前，该类型建筑的重置价格为每平方米6 000元。该大楼总建筑面积为20 000平方米，全部用于出租。根据市场调查，当地同类型写字楼的租金一般为每月每平方米50元，空置率在10%左右，每年需支付的管理费用一般为年租金的3%，维修费为建筑物重置价的2%，房产税为租金收入的12%，土地使用税按土地面积每年20元/平方米，保险费为建筑物重置价的0.5%，折现率确定为8%。根据以上资料评估该写字楼在2017年10月的评估价值。

年有效毛收入 = 50 × 12 × 20 000 × (1 - 10%) = 10 800 000（元）= 1 080（万元）
年管理费 = 1 080 × 3% = 32.4（万元）
年维修费 = 6 000 × 20 000 × 2% = 2 400 000（元）= 240（万元）
年房产税 = 1 080 × 12% = 129.6（万元）
年土地使用税 = 2 000 × 20 = 40 000（元）
年保险费 = 6 000 × 20 000 × 0.5% = 6 000 004（元）
年营运总费用 = 32.4 + 240 + 129.6 + 4 + 60 = 466（万元）
年净收益 = 年有效毛收入 - 年营运总费用 = 1 080 - 466 = 614（万元）

该建筑物的经济耐用年限为60年，而土地使用权剩余年限为45年，因此，房地产的剩余收益期为45年，则：

$$房地产评估值 = \frac{A}{r}\left[1 - \frac{1}{(1+r)^n}\right] = \frac{614}{8\%} \times \left[1 - \frac{1}{(1+8\%)^{45}}\right]$$
$$= 7\ 434.56（万元）$$

评估单价 = 7 434.56 ÷ 20 000 = 0.3717（万元/平方米）

五、收益法的派生方法——残余法

上述收益法是根据土地收益估算土地价值，根据建筑物收益估算建筑物价值，或者根据房地合一收益估算房地产价值，这是收益法的基本运用。但当需要利用土地与地上建筑物共同产生的收益单独求取土地的价值或建筑物的价值时，这种情况下的收益法一般称为残余法，残余法是收益法的派生方法。

房地合一的净收益等于土地净收益加上建筑物净收益，如果可以通过除收益法以外的方法得到土地和建筑物中一个的价值，即可以得到其应得的收益，从房地合一的净收益中减去这部分收益就可以得到另一部分的净收益，从而可以采用收益法评估其价值。由于建筑物的回报应该包括两部分：一部分是正常的投资回报；另一部分是建筑物投资成本的收回。在计算房地合一净收益时一般没有扣除建筑物折旧，因此，采用残余法评估时建筑物的回报率应该是正常收益率和折旧之和。

在假定收益期限为无限期的情况下，房地产的价值、收益之间的关系可用公式表示为：

$$a = Lr_1 + Br_2$$

其中，a 为房地合一的净收益，L 为土地价值，B 为建筑物价值。r_1 和 r_1 分别为土地和建筑物的投资报酬率（资本化率）。由此可以得到土地残余法和建筑物残余法估值的公式分别为：

$$L = \frac{a - Br_2}{r_1}$$

$$B = \frac{a - Lr_1}{r_2}$$

如果收益期限为有限期 n，则：

$$L = \frac{a - Br_2}{r_1}\left[1 - \frac{1}{(1 + r_1)^n}\right]$$

$$B = \frac{a - Lr_1}{r_2}\left[1 - \frac{1}{(1 + r_2)^n}\right]$$

如果在房地合一净收益 a 中不含建筑物折旧，则计算公式中就不应再扣除建筑物折旧。

上述残余法的计算公式中均假定在未来收益期限中每年的净收益是等额的，如未来收益期限中每年的净收益不等额，则应根据净收益的变化特点对上述计算公式作相应的调整。

残余法从评估原理的角度属于收益法的一种，尤其适用于其他方法难以准确判断土地或建筑物的价格的情况。例如，当建筑物的使用用途、使用强度与土地的最佳使用不尽一致的时候，需判断因建筑物的存在而导致土地市值的减值幅度（或称其为建筑物的功能性贬值），用其他方法很难作出准确判断，此时运用建筑物残余法可以给出一个比较合理的说明。

残余估价法属于收益法中的一种，此法的运用要求被评估对象可以获得正常收益，即只有具有客观收益的房地产才能运用残余法。另外，运用残余法还要求建筑物使用强度以及使用状态等与土地的最佳使用不能严重背离。例如，建筑物已濒临倒塌、建筑物容积率过低、租金收入或收益极低，以至于当时房地合一的租金收入难以满足土地对其纯收益的要求时，采用残余法正确估价房地产市值就比较困难。

【例4-7】某砖混结构六层公寓，占地面积 1 500 平方米，建筑面积 3 600 平方米，月租金 80 000 元，空租率平均为 10%，土地还原利率为 8%，建筑物还原利率为 10%，建筑物评估时的剩余使用年限为 25 年，用残余估价法评估该公寓建筑物价格。

年租金收入 = 80 000 × 12 × (1 - 10%) = 864 000 （元）
年总费用：
房产税（按年租金的 12%）= 864 000 × 12% = 103 680 （元）
土地使用税（按土地面积每年 2 元/平方米）= 1 500 × 2 = 3 000 （元）
管理费（按年租金收入的 3%）= 864 000 × 3% = 25 920 （元）
修缮费（按年租金收入的 4%）= 864 000 × 4% = 34 560 （元）
保险费 = 5 000 元
年总费用 = 103 680 + 3 000 + 25 920 + 34 560 + 5 000 = 172 160 （元）
房地产年总收益 = 864 000 - 172 160 = 691 840 （元）
另运用市场法及成本逼近法等求得土地使用权价格为 2000 元/平方米，则土地使用权总价为：2 000 × 1 500 = 3 000 000 （元）
归属土地的年纯收益 = 3 000 000 × 8% = 240 000 （元）
故归属建筑的年纯收益 = 691 840 - 240 000 = 451 840 （元）

$$建筑物评估值 = \frac{451\,840}{10\%} \times \left[1 - \frac{1}{(1+10\%)^{25}}\right] = 4\,101\,370 (元)$$

建筑物每平方米价格 = 4 101 370 ÷ 3 600 = 1 139.27 （元）

第五节　房地产评估的市场法

一、基本思路及计算公式

市场法又称市场比较法、买卖实例比较法、交易案例比较法等，是指依据市场销售资料，将待估房地产与近期内市场上已发生交易的类似房地产加以比较对照，对已发生交易的类似房地产的已知价格进行调整修正，得出被估房地产价值的一种评估方法。简而言之，就是根据类似房地产的成交价格来估算评估对象房地产价值的方法。这里所称的类似房地产，是指其位置条件、物质特征以及其他可能影响房地产市场价值的基本因素和条件，均与待估房地产之间存在相似性和可比性的市场交易实例。类似房地产在市场法中通常被称为交易实例房地产，简称交易案例，或称为参照物房地产、类比房地产。

与其他评估方法相比，市场法更直接依赖于现实的市场价格资料和房地产的品质资料，更符合当事人的行为方式，因而在房地产市场比较发达、交易活跃、存在大量房地产交易案例的情况下，市场法被认为是一种说服力强、可靠性好、适用范围广的基本评估方法。

市场法以商品交易的替代原理为理论依据。市场经济中经济主体的行为普遍遵循理性原则，追求效用最大化，当同一市场上出现两种或两种以上效用相同或效用可相互替代而价格不等的商品时，购买者将力求选择价格较低的商品。通过市场供求和竞争机制的作用，效用均等的商品之间将产生替代效应，最终使得市场上具有同等效用的商品获得相同的市场价格。这一替代原理作用于房地产市场，在房地产市场上，某宗房地产的交易价格必然受到与其具有同等效用的替代房地产价格的影响，便表现为效用相同、条件相近的房地产价格在相互竞争的条件下会趋于一致。因此，运用已发生交易的房地产价格来推测、估算具有同等效用或相近效用的被估房地产价值是可行的。

当然，由于房地产的个别性，交易案例与待估房地产之间总是存在一定的特性差异，这些差异影响和决定了两者之间价格的差异。因此，在依据成交实例的价格来推测待估房地产价格的过程中，必须对成交实例和待估房地产进行认真比较，分析两者之间的特性差异，进而定量估测由这些差异影响所可能带来的价格差异。

市场法就是通过对可比交易价格的一系列因素进行修正，从而得到被估房地产在评估基准日的市场状况下的价值。通过交易情况修正，将可比交易案例修正为正常交易情况下的价格；通过交易日期因素修正，将可比交易案例价格修正为评估基准日下的价格；通过房地产状况因素修正，将可比交易案例价格修正为被估房地产状况下的价格。房地产状况修正又可以分为区域因素修正、个别因素修正和权益状况因素修正，这些因素还可以细分为若干因素。在实际评估中，需逐一列出被估房地产与交易案例之间的差异，分别算出差异因素调整率，再测得交易案例成交日至评估基准日之间房地产价格上涨率，才可求得被估房地产价值。因此在具体的评估中，市场法的公式可表示为：

$$\text{被估房地产价值} = \text{交易案例单价} \times \text{交易情况修正系数} \times \text{区域因素修正系数} \times \text{个别因素修正系数} \times \text{交易时间修正系数} \times \text{被估房地产面积}$$

二、市场法的适用对象及条件

市场法需要有大量可比的交易案例，因此，市场法适用于具有交易性的房地产，如房地产开发用地、普通商品住宅、商务楼、商场、标准厂房等。而对于很少发生交易的房地产，如特殊工业厂房、古建筑、教堂、庙宇等，则难以采用市场法进行评估。在房地产市场尚不发达或交易规模很小的地区，一般也不宜应用市场法进行估价。

市场法的应用必须以一个发育健全的房地产市场为基本条件，并保证获取充分有效的市场交易资料。具体说来，采用市场法必须具备以下三个条件。

1. 要有充分的市场交易资料。从理论上讲，交易案例多，客观性好，较能反映市场正常的交易价格。因此，收集的资料越充分，运用这一方法所得到的结论就越符合实际。一般认为，评估者掌握的初始资料即供筛选的房地产交易案例应有 10 个以上，其中不少于 3 个可最终选定为参照物的比较案例。要有充分的市场交易资料，就需有一个比较活跃的房地产市场，否则就很难收集到比较充分的市场交易案例资料，运用市场法就缺乏基础。

2. 交易案例资料及其来源必须翔实可靠。市场交易资料的可靠性是市场法评估结果精确性的根本保证。因此，首先要保证资料来源的可靠和资料内容的详尽与真实；其次在具体利用资料时还要对已确定的比较案例的有关因素进行补充和修正，以切实保证资料的可靠性和适用性。必要时还应对比较交易案例本身的有效性、可靠性作出验证，排除不合理甚至是无效的市场交易资料，以保证房地产价值评估的准确性。

3. 比较案例与待估标的房地产具有替代性或较好的可比性。只有具有相互替代性的房地产，才存在相同或相似的价格影响因素，价格之间才存在较强的相关性。但完全替代的房地产是不存在的，因而要对比较案例与待估标的房地产进行比较，要求两者之间在地段、环境、结构等方面具有较好的可比性，可以对差异因素进行定量分析、调整修正。

三、市场法评估的步骤

（一）资料收集

1. 收集途径。收集交易案例资料的途径如下。其一，查阅政府有关部门的房地产咨询资料。其二，查阅各种报纸、杂志、年鉴上有关的信息、广告。其三，通过各类房地产估价协会组织、经纪人协会组织，在同行中交流信息，相互提供经手的交易案例资料。其四，以购买房地产者的身份直接向当事人收集租售案例资料。

2. 收集资料的内容。房地产的位置、面积、用途、成交时间；双方当事人是买卖所有权还是使用权，能否再转让出售；使用年限、环境条件、房屋状况、地块条件、交易条件、购买动机和销售动机、交易价格、出价和报价、融资条件等。

3. 验证资料的准确性。由于交易情况对有关人员比较敏感，加上社会、经济、心理情况等因素的影响，被调查者不一定能提供完全真实的情况，因而对调查资料要进行甄别，验证其准确性。

（二）选取可供比较参照的交易案例

评估人员收集和积累的交易案例较多，但针对被估房地产来讲，其中有些交易案例并不适用。因此，在对某一房地产进行评估时，还需选取其中符合一定条件的交易案例作为比较参照物。参照交易案例选择恰当与否，直接影响评估价格的精度，因而应特别慎重。所选择的交易案例应满足以下基本要求。

1. 与被估房地产的交易类型、交易情况基本相同，且是正常交易或可修正成正常交易。

2. 交易时间与被估房地产的评估基准日尽量接近。交易案例发生的时间与被估房地产的评估基准日越接近，价格受市场变化影响较小。当然，如果房地产市场相对稳定,则交易案例的交易发生日期到评估基准日的时间可以长一些。

3. 与被估房地产同属一个地区或对房地产供求具有相同影响因素的邻近地区,在环境条件上有类似性。

4. 与被估房地产的用途相同。这里的用途指房地产的具体利用方式,如工业、商业、住宅等。在大类相同的情况下,尽量小类也相同,如评估对象为工业厂房,则选择的比较案例最好也是工业厂房。

5. 与被估房地产的建筑结构要相同或相似。至少应在大类结构(钢筋混凝土结构、砖混结构、砖木结构、简易结构、钢结构等)上相同,如能小类相同则更好,如评估对象的建筑结构为砖木一等,则选取的案例最好也为砖木一等。

6. 与被估房地产的筹资条件相似。筹资条件包括贷款利率、期限、偿还方式等。

(三)建立比较基础

选取了可比的交易案例后,应先使每个可比交易案例及被估对象的价格具有可比的基础,需要对可比案例的成交价格进行处理,建立价格可比基础,统一其表达方式和内涵,然后再进行修正。具体包括:统一付款方式,通常折算为成交日一次付清;统一采用单价,土地一般采用楼面地价;统一货币单位,一般以人民币为基准;统一面积单位,一般以平方米为基准;统一面积内涵,一般以建筑面积为基准。

(四)差异因素的比较和修正

1. 交易情况修正。交易情况修正是指消除交易行为中的一些特殊因素所造成的价格偏差。由于房地产的种种特征,决定了房地产不易具备自由市场,其交易价格由个别交易构成,价格受个别情况影响,因而必须将交易案例中的特殊交易行为对价格造成的影响剔除,将交易价格修正为正常交易价格,修正后的交易案例价格,才适合作进一步比较。

交易行为中应进行修正的交易情况主要有以下几种。

(1)政府为了对某种产业进行鼓励、扶持或控制,在政策上给予某些优惠或限制,甚至对一些房地产交易进行干预和管制。

(2)有利害关系的经济主体之间的交易。例如,亲友、有利害关系的公司、合作伙伴、单位与职工之间的房地产交易等,通常都会以低于市价的价格进行交易。

(3)交易时有特别的动机。例如,按照相关政策,限期处置低效闲置房地产或因急需现金周转而急于出售房地产,或在政府限购政策生效前急于购买房地产,急欲脱手的价格往往偏低,急欲购买的价格往往偏高。

(4)买方或卖方不了解市场行情。如果买方不了解房地产市场行情,盲目购置,往往使交易价格偏高;反之,卖方不了解行情,盲目出售,往往使交易价格偏低。

(5) 购买相邻房地产。由于该房地产与原有房地产合并后会增加原有房地产的效用，因而购买价格有时要高于该房地产单独存在时的正常价格。

(6) 特殊方式的交易。如拍卖、招标等。房地产正常价格的形成应该是买卖双方经过讨价还价的协议方式，拍卖、招标方式容易受到现场气氛、情绪的影响而使价格失常。

(7) 特殊的交易条件。例如，卖方在房地产脱手后的半年内能继续使用而不必支付租金。

(8) 优惠的融资条件。例如，房地产交易的新买主能借到低于现行市场贷款利率的资金来购买房地产。

(9) 其他特殊情况。例如，土地增值税本应由卖方负担，但却转移给买方交易；手续费本应由双方各负担一部分，却转嫁给了某一方。

基于对交易情况特殊性的分析，特殊情况的交易应修正为正常交易。交易情况的修正需要评估人员在掌握大量信息的情况下根据经验先确定出交易情况修正系数，然后将可比案例价格修正为正常交易情况下的价格。计算公式为：

$$交易情况修正后的正常价格 = 交易案例成交价格 \times 交易情况修正系数$$

交易情况修正系数是以正常情况为基准计算的，即假定正常交易情况指数为100，根据交易案例的成交价格是低于还是高于正常情况下的交易价格以及偏离程度确定交易案例情况指数，用100除以参照案例情况指数即得到交易情况修正系数。即：

$$交易情况修正系数 = \frac{100}{交易案例情况指数}$$

2. 交易日期的修正。参照案例的交易日期与被评估房地产的评估基准日，总会存在或多或少的时间差异。在这一期间，房地产市场可能不断发生变化，房地产价格可能升高或降低。对比较案例房地产的交易日期进行修正，其实是要对房地产的销售价格予以调整，以反映随着时间变化房地产市场价格行情的涨跌情况，使得比较案例房地产的价格符合估价时点的实际市场情况。

交易日期的修正方法，一般是用房地产价格指数或变动率将交易案例当时的成交价格修正为评估基准日的价格，修正的公式为：

$$评估基准日价格 = 交易日期价格 \times 交易日期修正系数$$

$$交易日期修正系数 = \frac{评估基准日价格指数}{可比案例交易日价格指数}$$

由于房地产价格指数种类较多，各种价格指数可能存在较大差别，采用的价格指数必须是与待估房地产类似的房地产价格指数。可供选择的几类价格指数有：一般物价指数；建筑造价指数；建筑材料价格指数；建筑人工费指数；房地产价格指数；地产价格指数。

3. 区域因素修正。房地产价格随其所处地区的特性不同而有很大差别。因此，采用市场法估价时，必须很好地把握待估房地产和每个交易案例房地产的地区特性，分析清楚地区特性的影响，将可比实例区域环境状况下的价格调整为评估对象区域环境状况下的价格。

区域因素修正的内容主要包括商业繁华程度、交通通达程度、公用设施及基础设施水平、区域环境条件、城镇规划、使用限制、产业集聚程度等影响房地产价格的因素。由于影响不同使用性质房地产价格的区域因素不同，具体比较修正的内容不尽相同。

商业区的收益率是影响房地产价格的主要因素，而区域内繁华程度对商业区的销售额影响很大，故繁华程度是决定商业房地产价格的根本因素。

住宅区房地产价格的影响因素主要是离市中心的距离、交通设施条件和居住环境的好坏，即环境是否清静，风景是否优美，有无影响环境的设施，居民的职业构成及其社会地位、文化水平、生活方式等。

工业区的好坏，主要是看交通运输的便利情况、基础设施水平等。

值得注意的是，由于房地产区域因素会随着周边环境的变化而变化，评估时交易案例的区域因素应是参照案例交易当时的区域状况。

区域因素修正的基本公式为：

区域因素修正后的参照案例价格 = 参照案例交易价格 × 区域因素修正系数

在实际比较中，区域因素修正系数的确定往往是将修正的区域因素列表，采取分别打分的方法进行。具体方法有直接比较法和间接比较法。

直接比较法，即以估价对象房地产的区域因素为基准，将参照案例房地产的各区域因素与之进行比较，对交易案例的区域因素逐项打分，通常将基准分值设定为 100 分。若可比实例的区域因素优于估价对象，则得分高于 100 分；若可比实例的区域因素劣于估价对象，则得分低于 100 分。然后将所得分数转化为修正系数。

$$区域修正系数 = \frac{100}{交易案例区域因素分值}$$

间接比较法，是设定一宗标准房地产，以此标准房地产的区域因素为基准，将估价房地产和参照案例的区域因素分别与标准房地产的区域因素进行比较，逐项打分，然后将所得分数转化为修正系数。

$$区域修正系数 = \frac{待估房地产区域因素分值}{交易案例区域因素分值}$$

4. 个别因素修正。区域因素决定地区房地产的整体价格水平，而每一宗房地产的价格还受到房地产自身因素的影响，影响个别房地产价格的内在因素就是房地产的个别因素。个别因素以房地产本身的物理性质为基础，是决定相同区域房地产出现差异的依据。个别因素修正就是将参照案例相对于待估价房地产因个别因素条件差别所造成的交易价格的差异部分剔除掉，得到待估房地产所具有的个别因素条件下的价格。

土地和房屋所考虑的个别因素是不同的,土地的个别因素包括:微观位置;面积;正面宽度;深度;形状;地势;地质;土地使用年限。

房屋的个别因素包括:面积、构造、材料;房屋的成新率;房屋的装修、设备标准;房屋的朝向;施工质量;行政立法上的限制。

与区域因素修正方法一样,个别因素的修正一般也采用比较打分的方法确定修正系数,具体修正方法也有直接比较和间接比较两种。修正的公式为:

个别因素修正后的参照案例价格 = 参照案例交易价格 × 区域因素修正系数

个别因素中容积率的修正一般应取得容积率变化与价格的关系,测定容积率与地价的相关系数,然后,用参照案例容积率的相关系数与评估对象容积率的相关系数进行对比,求得容积率修正系数。计算公式为:

$$容积率修正系数 = \frac{评估对象容积率与价格相关系数}{参照案例容积率与价格相关系数}$$

【例4-8】某城市某用途土地容积率相关系数如表4-9所示。

表4-9 容积率相关系数

容积率	0.1	0.4	0.7	1.0	1.1	1.3	1.7	2.0	2.1	2.5
相关系数	0.5	0.6	0.8	1.0	1.1	1.2	1.6	1.8	1.9	2.1

如果参照案例宗地地价每平方米为2 200元,容积率为2.5,被估宗地规划容积率为2.1,则待估宗地容积率修正计算如下:

经容积率修正后参照案例价格 = 2 200 × 1.9 ÷ 2.1 = 1 990.48(元/平方米)

个别因素中的土地使用年限修正可用下列公式计算修正系数:

$$K = \frac{1 - \dfrac{1}{(1+r)^m}}{1 - \dfrac{1}{(1+r)^n}}$$

其中,K 表示年限修正系数;n 表示参照案例土地使用权剩余年限;m 表示待估土地使用权剩余年限;r 表示折现率。

(五)被估房地产价值的确定

通过交易情况修正、交易时间修正、区域因素修正、个别因素修正,将参照案例的成交价格转化为被估房地产价格。计算公式为:

被估房地产评估价格 = 参照案例成交价格 × 交易情况系数 × 交易日期修正系数 × 区域因素修正系数 × 个别因素修正系数

但由于用来比较参照的交易案例有多个(一般应在3个以上),通过修正后每一个交易案例都得出一个价格（比准价格），而且可能存在差异。最后，要将上述结果采用适当方法进行处理，得到最终评估结论。具体操作中一般可采用算术平均法、加权平均法、中位数法或众数法处理。

四、市场法评估房地产案例分析

【例4-9】某股份公司拟申请公开发行股票上市，对其全部资产进行评估。其中生产性用地总面积40 000平方米，土地使用年限50年。以2017年10月31日为评估基准日，对该土地使用权市场价值进行评估。

1. 评估人员通过收集有关案例，筛选出A、B、C三个比较案例。有关情况如表4-10所示。

表4-10　　　　　　　　　比较因素条件

	项目	A	B	C	待估宗地
	坐落位置	略	略	略	略
	土地用途	工业	工业	工业	工业
	供需圈	郊区	郊区	郊区	郊区
	宗地面积（平方米）	18 000	20 000	35 000	40 000
	交易单价（平方米）	1 550	1 430	1 200	待估
时间因素	交易日期	2016年12月	2016年12月	2016年1月	2017年10月
	交易日期地价指数	111.567	111.567	100	123.239
交易因素	交易类型	股份制改造	股份制改造	股份制改造	股份制改造
	交易情况	正常	正常	正常	正常
区域因素	道路通达度	支线	支线	次干道	次干道
交通条件	交通便捷度	有三路公共汽车	有三路公共汽车	有三路公共汽车	有三路公共汽车
	距区域中心距离	1.8千米	2.5千米	2.5千米	5千米
	距火车站距离	1千米	0.8千米	5千米	11千米
	基础设施情况	红线外六通一平	红线外六通一平	红线外六通一平	红线外六通一平
	产业集聚度	较高	较高	较高	一般
	环境优劣度	较重污染	严重污染	较重污染	污染较小
个别因素	宗地形状	规则	规则	较规则	规则
	容积率	0.6	0.7	0.46	0.3
	地形	平坦	平坦	平坦	平坦
	目前规划限制	无限制	无限制	无限制	无限制

2. 进行交易情况修正。评估人员经过调查,未发现交易案例的交易情况有特殊情形,均作为正常交易看待,故无须修正。

3. 进行交易日期修正。经调查该市近年工业用地地价变动情况,2016年1月至2017年10月地价呈稳步上升,平均每月上涨幅度为1%,如将2016年1月的地价指数定为100,则2016年12月地价指数为111.567,2017年10月地价指数为123.239。

交易案例A和B的日期修正系数 = 123.239 ÷ 111.567 = 1.105

交易案例C的日期修正系数 = 123.239 ÷ 100 = 1.232

4. 进行区域因素修正。

(1) 道路通达度分支线、次干道、主干道三个等级,以待估宗地的等级为100,支线与次干道相比差2%,次干道与主干道相比差2%。

(2) 交通便捷度,以待估宗地为100千米,每增加或减少一路公交车辆,地价往上或往下修正0.5%。

(3) 距区域中心距离,以待估宗地为100千米,每增加1千米,相应减少0.2%。

(4) 距火车站距离,以待估宗地为100千米,每增加1千米,相应减少0.3%。

(5) 产业集聚度,分为低、较低、一般、较高、高五个等级,考虑到产业集聚规模对工业地价影响较大,以待估宗地为100千米,每增加一个等级,地价相应往上修正2%。

(6) 环境优劣度,分为无污染、污染小、有一定污染、污染较重、污染严重五个等级,以待估宗地为100千米,每上升一个等级,地价往下修正0.5%。

根据以上比较因素系数的说明,编制区域因素修正系数表,如表4-11所示。

表4-11　　　　　　　　　　区域因素修正系数

	项目		A	B	C
区域因素	交通条件	道路通达度	100/98	100/98	100/100
		交通便捷度	100/100	100/100	100/100
		距区域中心距离	100/100.64	100/100.5	100/100.5
		距火车站距离	100/103	100/103.6	100/101.8
	基础设施情况		100/100	100/100	100/100
	产业集聚度		100/102	100/102	100/102
	环境优劣度		100/99	100/98.5	100/99
	区域因素综合修正系数		0.975	0.975	0.968

5. 进行个别因素修正。参照案例与待估土地的土地用途相同,宗地面积相差不大,不需要修正。其他个别因素修正如下。

(1) 宗地形状分为不规则、较规则、规则三个等级,以待估宗地为100,每上升一个等级，地价往上修正1%。

（2）容积率修正，以待估宗地为100，比较实例及待估宗地容积率，每上升或下降0.1，地价往上或往下修正1.5%。

根据以上比较因素系数的说明，编制个别因素修正系数表，如表4-12所示。

表4-12　　　　　　　　　　　个别因素修正系数

项目		A	B	C
个别因素	宗地形状	100/100	100/100	100/99
	容积率	100/104.5	100/106	100/102.4
	地形	100/100	100/100	100/100
	目前规划限制	100/100	100/100	100/100
	个别因素综合修正系数	0.957	0.943	0.986

6. 确定待估宗地评估价。

根据各修正因素系数将参照案例成交单价修正为待估宗地价格，分别为：

$P_A = 1\,550 \times 1.105 \times 0.975 \times 0.957 = 1\,598.12$（元）

$P_B = 1\,430 \times 1.105 \times 0.975 \times 0.943 = 1\,452.83$（元）

$P_C = 1\,200 \times 1.232 \times 0.968 \times 0.986 = 1\,411.06$（元）

三个案例修正后的价格较接近，故采用算术平均值作为待估土地的评估单价。

评估单价 = $(1\,598.12 + 1\,452.83 + 1\,411.06) \div 3 = 1\,487.34$（元）

土地使用权评估值 = $40\,000 \times 1\,487.34 = 59\,493\,600$（元）

【例4-10】某企业拟以其拥有的一栋办公楼对外投资入股，该楼总建筑面积20 000平方米，地上12层，地下1层，现委托评估机构对其市场价值进行评估，评估基准日为2017年12月。评估人员经过分析选择了A、B、C三个交易案例作对比，采用市场法进行评估。待估办公楼和对比交易案例基本情况如表4-13所示。

表4-13　　　　　　　　待估办公楼和对比交易案例基本情况

项目	A	B	C	待估办公楼
坐落位置	M市甲区	M市乙区	M市甲区	M市甲区
交易日期	2015年4月	2016年8月	2017年3月	2017年12月
交易情况	正常	正常	正常	正常
用途	办公楼	办公楼	商办楼	办公楼
交易价格（元/平方米）	9 100	9 800	9 500	
基础	钢筋砼灌注桩	钢筋砼灌注桩	钢筋砼灌注桩	钢筋砼灌注桩
结构	框架剪力墙内筒	框架剪力墙内筒	框架剪力墙内筒	框架剪力墙内筒

续表

项目	A	B	C	待估办公楼
装修	地面为水泥砂浆；共用部分为地板砖	地面为水泥砂浆；共用部分为地板砖	地面为水泥砂浆；共用部分为地板砖	地面为水泥砂浆；共用部分为地板砖
备注	现房	现房	现房	现房

评估过程如下。

（1）进行交易情况修正。待估对象和参照案例均为在正常情况下进行交易，无须进行交易情况修正。

（2）进行交易日期修正。评估人员收集了 M 市近年的房地产价格变化情况，根据 M 市近年来不同时期的房地产平均价格水平，以 2015 年 1 月为 100，确定的不同时点房地产价格指数分别为 2015 年 4 月 101.2、2016 年 8 月 105.3、2017 年 3 月 107.5、2017 年 12 月 112.6。

（3）进行区域因素修正。以评估对象的状况为基准，将各比较项目标准值确定为 100，通过交易案例和评估对象区域因素各项目进行比较，得到交易案例各项目评分，计算区域因素修正系数，结果如表 4-14 所示。

表 4-14   区域因素修正系数

比较项目	评估对象	A	B	C
自然条件	100	100	100	100
社会环境	100	100	100	100
街道条件	100	102	100	100
离市中心距离及交通设施	100	102	100	100
供给配套设施状况	100	100	100	100
商业、金融等配套服务设施	100	100	100	100
噪声等环境污染状况	100	99	99	100
城市规划限制	100	100	100	100
周围环境	100	100	99	100
区域因素修正系数		0.971	1.020	1.000

（4）进行个别因素修正。以评估对象的个别因素为基础，对参照案例与评估对象之间的装修标准、坐落位置等个别因素差异逐项比较打分，计算区域因素修正系数，结果如表 4-15 所示。

表 4-15   个别因素修正系数

比较项目	评估对象	A	B	C
面积	100	100	100	100
邻街状况	100	102	98	98

续表

比较项目	评估对象	A	B	C
坐落位置	100	104	98	101
土地使用年限	100	102	100	100
建筑结构	100	100	100	100
施工质量	100	100	100	100
装修标准	100	98	105	98
新旧程度	100	100	100	100
修正系数	100	0.943	0.991	1.031

（5）计算评估价。根据各修正因素系数将参照案例成交单价修正为评估对象价格，分别为：

$P_A = 9\ 110 \times (112.6 \div 101.2) \times 0.971 \times 0.943 = 9\ 281.27$（元）

$P_B = 9\ 800 \times (112.6 \div 105.3) \times 1.020 \times 0.991 = 10\ 592.78$（元）

$P_C = 9\ 500 \times (112.6 \div 107.5) \times 1 \times 1.031 = 10\ 259.17$（元）

以上述三个案例修正后的价格的算术平均值作为待估土地的评估单价。

评估单价 = (9 281.27 + 10 592.78 + 10 259.17) ÷ 3 = 10 044.41（元）

土地使用权评估值 = 20 000 × 10 044.41 = 200 888 200（元）

五、市场法的派生方法——基准地价修正法

基准地价修正法是利用当地政府制定颁布的基准地价作为参照物（比较案例），对其各种因素进行系数修正，求得待估土地评估值的一种方法。基准地价修正法是市场法的一种特殊形态，是在地产市场不太发达的情况下评估地价的一种常用方法。

采用基准地价修正法一般根据具体宗地的各种地价影响因素与基准地价对应的土地级别、区域整体影响因素状况的差别，进行商服繁华度、城市设施完备度和环境质量优劣度等区域因素和容积率、时间、土地使用权年限等个别因素的修正。基准地价修正法的基本公式为：

待估土地使用权价值 = 基准地价 × 时间修正系数 × 区域因素修正系数 × 年限修正系数 × 容积率修正系数 × 其他因素修正系数

基准地价修正法各种修正系数的确定方法在前面已详细介绍，这里不再赘述。但是，基准地价修正法应用时需要注意以下几个问题。

（1）各地政府规定的基准地价的构成内容不一致，有的包含土地出让金，有的则不包含土地出让金，评估时应注意其内涵。

（2）各地基准地价规定的土地使用权年限不一致，有的为有限年限，有的则为无限年限，应注意年限的修正。年限的修正可采用下述公式：

$$K = \frac{\frac{(1+r)^n - 1}{(1+r)^n}}{\frac{(1+r)^N - 1}{(1+r)^N}} = \frac{1 - \frac{1}{(1+r)^n}}{1 - \frac{1}{(1+r)^N}}$$

其中，K 表示年限修正系数；N 表示最高出让年限；n 表示实际出让或转让年限；r 表示还原利率。

【例 4-11】 某工业用地剩余使用年限 30 年，该地区制定基准地价的最高出让年限 50 年，还原利率取 8%，则：

$$年限修正系数 = \frac{1 - \frac{1}{(1+8\%)^{30}}}{1 - \frac{1}{(1+8\%)^{50}}} = 0.92$$

(3) 各地的基准地价，有的数年公布一次，随着土地交易市场的完善和经济的发展，已不适合，应注意对其进行时间因素的修正。

第六节 房地产评估的假设开发法

一、基本思路及计算公式

假设开发法也称剩余法、倒算法或预期开发法。其基本技术思路是将待开发房地产的预期开发后的价值扣除正常的开发费用、正常的税金及合理的开发利润，以倒推算出的剩余值作为待估房地产价值。

运用该方法评估地价时，先估算开发完成后房地产正常交易的价格，然后扣除建筑物续建费用和与建筑物续建、买卖有关的专业费、利息、利润、税收等费用，以价值余额来确定被估房地产价值。假设开发法的基本公式为：

待开发房地产价值 = 开发完成后的房地产价值 - 开发成本 - 管理费用
　　　　－资金成本 - 销售费用 - 销售税费 - 开发利润
　　　　－取得待开发房地产应缴纳的税费

对假设开发法基本公式中具体应该减去的项目，应根据具体情况来确定，基本的原则是设想从得到评估对象到开发完成还需支出的一切合理、必要的费用、税金及应得的利润均应该减除，已经投入的费用，应该包含在待开发房地产的价值中，而不该作为扣除项。

目前，假设开发法在待开发土地的价值评估中运用较为广泛。假设开发法评估待开发土地的具体计算公式也可表述为：

地价 = 预期楼价 - 建筑费 - 专业费用 - 利息 - 利润 - 税费 - 销售费用

其中：

（1）预期楼价为土地开发建设后的具体产品预期可实现的销售价格。如物业开发完成后的"总楼价"、生地开发成熟地后的熟地出售价。

（2）建筑费为土地开发的具体产品所耗费的成本，主要包括项目开发的前期费用、建安工程费、配套费及管理费等，其具体的费用构成取决于待估土地的开发程度，具体金额可根据同类建筑物工程预决算及当地的有关规定来确定。

（3）专业费用是指地质勘察费、建筑设计费等专业技术费用，通常按建筑费的一定比例计算。

（4）利息是指开发投资的全部资金成本，全部投资包括地价、建筑费和专业费。不论是借入资金还是自有资金，在评估中均应考虑利息。

（5）利润是指开发商在房地产开发过程中应得的正常利润。通常按全部投资的一定比例或预期楼价的一定比例来估算，具体估算取决于所采用的是成本利润率还是销售利润率。

（6）税费是指取得待估土地并开发完成销售后的全部税费，包括取得土地应负担的税费及开发完成后的销售税费，取得土地应缴纳的税费通常按地价的一定比例计算，开发完成后的销售税费通常按预期楼价的一定比例来计算。

（7）销售费用是土地开发建设后的销售发生的费用，包括销售人员的工资、办公费、设备使用费、差旅费、推销费等，通常可以根据经验预测确定。

二、假设开发法的适用对象及条件

（一）适用范围

假设开发法最早用于待开发空地的估价，之后被推广到各种待开发房地产以及正在开发的房地产的估价。假设开发法的适用情况包括：待开发的土地（包括生地、毛地和熟地）的评估；待拆迁改造房地产的评估，这时的建筑费应包括拆迁费用；未开发完工的房地产（在建工程）的评估。

（二）前提条件

假设开发法的可行性主要取决于最佳开发利用方式的选择和未来开发完成的房地产售价的推测，只要做到这两项具有一定的准确性，假设开发法的可靠性也就有了一定的保证。运用假设开发法要求有一个相应的社会经济环境保证，包括：有一个明确、开放和长远的房地产政策；有一套统一、严谨及健全的房地产法规；有一个完善、公开及透明度很高的房地产资料库；有一个稳定、清晰及全面的有关房地产投资与交易的税费清单；有一个长远、公开及稳定的土地供给（出让）计划。

三、假设开发法的操作步骤

1. 调查房地产及其开发项目的整体情况。

（1）房地产及其开发项目占有土地的情况，包括土地位置（包括所在城市的性质及其在城市中的具体坐落，以及周围土地条件和利用现状）、土地实物状况（包括面积大小和土地形状、地质状况、地形地貌、基础设施状况和生活设施状况以及公用设施状况等）、土地利用限制条件（包括土地政策的限制，城市规划、土地利用规划的制约等）。

（2）房地产及其开发项目的总体规划、建筑规模、总投资，建设分期情况、容积率、覆盖率、建筑物高度限制等。

（3）地块的权利状况，包括权利性质、使用年限、能否续期、是否已设定抵押权等。这些权利状况与确定开发完成后的房地产价值、售价及租金水平有着非常密切的关系。

2. 选择最佳开发利用方式。在政府规划及法律许可的范围内，根据调查的房地产及其开发项目的状况和房地产市场条件等确定地块的最佳利用方式，包括具体用途、建筑容积率、土地覆盖率、建筑高度、建筑样式等。在选择最佳的开发利用方式中，最重要的是选择最佳的土地用途。土地用途的选择，要与房地产市场的需求相结合，并且需要进行合理的预测。最佳的开发利用方式决定开发完成后销售时能获得最高的收益。

3. 估计合理开发建设期。包括整个房地产项目开发过程周期，以及在房地产开发过程的各个不同时期的各种费用投入时间，目的在于考虑货币的时间价值，确定资金成本或对各项收入与支出进行折现计算。

4. 预测未来开发完成后的房地产的价值。根据所开发房地产的类型，对开发完成后的房地产总开发价值进行预测。通常可以通过以下两个途径获得。

（1）对于出售的房地产，如居住用商品房、商业楼宇、写字楼、工业厂房等，可采用市场比较法确定开发完成后的房地产总开发价值。

（2）对于出租的房地产，如写字楼和商业楼宇等，其开发完成后房地产总开发价值的确定，先采用市场法，确定所开发房地产出租的净收益，再采用收益法将出租净收益转化为房地产总开发价值。

5. 估测开发建设总成本，开发建设总成本即建筑费。建筑费一般可采用建筑工程概预算方法估算，也可按当地同类建筑物当前的建筑费用推算，要充分考虑建筑材料价格及人工费用的变化。

6. 估测销售费用、税金和开发利润。销售费用可按建筑物价格的一定比例估测，税金应根据税法的规定估算，开发利润可按开发成本或楼价的一定比例计算。

7. 估算待开发房地产价值。根据前面各项估算结果，采用假设开发法的计算公式，计算待开发房地产价值。

四、假设开发法下货币时间价值的处理

房地产开发具有周期长的特点,其土地取得成本、开发成本、管理费用、销售费用、销售税费、开发完成后的价值等实际发生的时间不尽相同。因此,在运用假设开发法评估房地产价值时必须考虑货币的时间价值。货币时间价值的处理有两种不同的方式:一种是将不同时点的收支统一折算为现值,此方法称为现金流折现法;另一种是对前期的投入计算利息,这种方法称为传统假设开发法。

(一) 现金流折现法

在运用现金流折现法时,对开发完成后的房地产价值、开发成本、管理费用、销售费用、销售税费等的估算,要模拟开发和租售过程,预测它们在未来发生时的金额,即对它们未来发生的金额作为现金流进行预测,然后再对未来现金流进行折现。即将发生于不同时间的各项支出、收入首先折现到同一时点,然后再相加减,以求得待开发房地产价值。

由于现金流折现法将不同时点的现金流均折为现值,因而运用现金流折现法时就无须单独计算资金成本,如果折现率除货币的时间价值外,还考虑了预期收益,此时也不再需要考虑开发利润。

(二) 传统假设开发法

运用传统方法时,对开发完成后房地产价值、开发成本、管理费用、销售费用、销售税费等主要是根据评估时点的房地产市场状况进行预测,前期的投入要单独计算利息,计息期通常到开发完成时止,然后将各项支出、收入直接进行加减。

五、假设开发法案例分析

【例 4 – 12】 一待开发建设的"七通一平"空地拟对外转让,面积 1 000 平方米,允许用途为商住混合,允许建筑容积率为 7,覆盖率≤50%,土地使用年限 50 年。现采用假设开发法对其市场价值进行评估,评估基准日为 2017 年 6 月 25 日。

估价过程如下。

1. 确定最佳开发方式。根据规划的要求和市场调查,设计建筑面积 7 000 平方米,14 层,1~2 层为商业用房,共 1 000 平方米;3~14 层用于住宅,共 6 000 平方米。

2. 预计建设期。预计共需 2 年时间完成,建筑费与专业费用均匀投入。

3. 估计开发费用。总建筑费用 2 000 万元,专业费用为总建筑费的 6%,利息率为 10%,成本利润率为 20%,销售费用及税金为综合售楼价的 5%。

4. 预计售楼价。假定楼建成后即可全部售出，预计当时售价，商业楼20 000 元/平方米，住宅楼15 000 元/平方米。

5. 求取地价。

楼价 = (20 000×1 000) + (15 000×6 000) = 110 000 000（元）= 11 000（万元）

建筑费 = 2 000 万元

专业费用 = 建筑费×6% = 2 000×6% = 120（万元）

利息 = 地价×[$(1+10\%)^2 - 1$] + (建筑费 + 专业费)×[$(1+10\%)^{2/2} - 1$]
= 地价×21% + (2 000 + 120)×10% = 地价×0.21 + 212

利润 = (地价 + 建筑费 + 专业费)×20% = 地价×0.2 + (2 000 + 120)×0.2
= 地价×0.2 + 424

销售费用及税金 = 楼价×5% = 11 000×5% = 550（万元）

根据公式：地价 = 预期楼价 – 建筑费 – 专业费用 – 利息 – 利润 – 税费 – 销售费用

地价 = 11 000 – 2 000 – 120 – (地价×0.21 + 212) – (地价×0.2 + 424) – 550

地价 = 5 456.74 万元

【本章小结】

房地产评估是资产评估中的重点和难点。把握房地产的概念和特征，有利于科学界定房地产的含义。进行房地产评估时，需要遵循合法原则、最佳使用原则、替代原则等。房地产评估一般应依照以下程序进行：明确评估基本事项、拟定评估工作方案、实地勘察收集资料、选用评估方法评定估算、确定评估结果，撰写评估说明和报告。

收益法、市场法和成本法是进行房地产评估最常用的方法。此外，还有假设开发法等方法。收益法适用于有收益的房地产价值评估，如商场、写字楼、旅馆、公寓等。收益法可以评估单独的土地价值，也可以评估单独的地上建筑物价值，还可以评估房地合在一起的房地产价值。市场法适用于有类似房地产交易实例的房地产评估。运用市场法，就是通过与近期交易的类似房地产进行比较，并对一系列因素进行修正，从而得到被估房地产在评估基准日的市场状况下的价值水平。成本法与其他评估方法相比具有特殊用途，一般特别适用于房地产市场发育不成熟，成交实例不多，无法利用市场法、收益法等方法进行评估的情况，但是在土地评估中应用范围受到一定限制。假设开发法主要适用于评估待开发土地的价值。

【想一想/小思考】

1. 简述房地产的概念与特点。
2. 简述土地的主要特性。

3. 房地产价格有什么特征?
4. 房地产价格的作用是什么?
5. 简述房地产评估的特点。
6. 房地产评估有什么作用?

【本章练习】

一、单项选择题

1. 下列有关不动产数量有限性,表述正确的是(　　)。
   A. 数量有限性,又称需求有限
   B. 土地的总量固定有限,故经济供给无弹性
   C. 土地供给的稀缺性,形成了稀缺的经济资源,造成供求上不同程度的矛盾
   D. 数量有限性属于不动产的经济特性
2. 某经济主体行为使他人或社会受损,而该经济主体却没有为此承担成本。此属于不动产经济特性中的(　　)。
   A. 价值量大　　　　　　　　B. 用途多样性
   C. 涉及广泛性　　　　　　　D. 难以变现性
3. 下列选项中,一般根据土地利用的优先顺序,应优于居住用地选择利用的用地类型为(　　)。
   A. 耕地　　B. 牧场　　C. 商业用地　　D. 工业用地

二、多项选择题

1. 以下关于不动产的特性说法中,正确的有(　　)。
   A. 实体唯一性是不动产最重要的特性
   B. 相互影响性是不动产的自然特性之一
   C. 从经济特性的角度出发,本着对于土地的优先利用,居住用地应该优先于商业用地
   D. 如果没有价格的约束,不动产也就不存在难以变现性的特性
   E. 某经济主体行为使他人受益,而受益者无须为此花费代价,这称之为正外部性
2. 影响不动产价格的自身因素包括区位因素、实物因素和权益因素。其中,权益因素包括(　　)。
   A. 土地使用权取得方式　　　　B. 土地管制

C. 不动产相邻关系　　　　　D. 不动产通用性
E. 环境景观

3. 以下关于建筑物的说法中，正确的有（　　）。
A. 广义的建筑物是指人工建造的所有建造物
B. 住宅、影剧院属于房屋的范畴
C. 构筑物主要是指能供人们居住活动的场所
D. 水井、隧道属于构筑物的范畴
E. 房屋以外的建造物都可以称之为构筑物

三、案例分析题

某资产评估机构对一企业商业经营用建筑物进行评估，评估基准日为2017年6月30日，采用重置成本法。该建筑物由企业出资委托施工企业承建，建设周期1年，于2012年6月底建成并投入使用，建筑面积6 000平方米，经济使用年限50年，该建筑物使用、维修和保养正常。资产评估专业人员对该建筑物的结构部分，装修部分和设备部分的状况进行了评判打分（满分100分），分值分别为94分、70分、90分，修正系数分别为80%、10%、10%。按照重编预算的方法计算得出土建工程造价为3 883万元，安装工程造价为675万元。前期费用为建安工程造价的2%，期间费用为建安工程造价的5%。

假设合理利润为建安工程投资、前期费用及期间费用之和的3.5%，不考虑资金成本。

要求：

（1）列出建筑物重置成本的计算公式；并列出建筑安装工程造价常用的确定方法。

（2）计算委估建筑物的重置成本。

（3）计算委估建筑物的年限法成新率，打分法成新率、综合成新率（采用加权平均法计算，年限法权重取0.4，打分法权重取0.6）。

（4）计算委估建筑物的评估值。

第五章 无形资产评估

【学习目标】

◆知识目标

掌握无形资产的概念、分类、评估程序；理解无形资产评估的特点、无形资产评估价值的影响因素；掌握各种无形资产评估方法；掌握专利权、专有技术、商标权、著作权、计算机软件、商誉等各类无形资产评估的相关概念、特点、评估程序和方法。

◆能力目标

运用无形资产评估理论与方法，正确评估各类无形资产的价值。

◆思政目标

通过学习无形资产的评估，使学生能够正确认识无形资产的价值，加深对科学技术是第一生产力这一论断的理解，认识到无形资产是国家实力和竞争力的重要组成部分，培养学生投身科学研究的热情，培育学生勇于创新的精神。

【本章重点和难点】

本章的重点为无形资产评估的方法、专利权和专有技术评估、商标权的评估、商誉的评估。难点为无形资产评估的方法及其在各类无形资产评估中的应用。

【案例导入】

X公司为一家制药类企业，目前拥有多项药品专利，且注册有自己的商标，但公司规模有限，盈利能力并不理想。为实现短期内规模收益快速扩张的战略发展规划，公司拟以自己拥有的专利和商标为投资与其他企业成立多家子公司。其中部分专利投资采用独家使用权转让的方式，部分专利投资采用排他使用权转让的方式，商标投资采用许可使用的方式。

思考与讨论：

X公司在采用这些无形资产投资时应如何评估这些无形资产的价值呢？

第一节　无形资产评估概述

一、无形资产的概念及特点

（一）无形资产的概念

"无形资产"一词在西方已有近百年的历史，目前是在会计学、经济学、资产评估等学科和专业里被广泛使用的一个概念。但对于什么是无形资产，迄今尚未有一个确定的和一致的定义，不同专业领域对无形资产有不同的说明和范围界定。我国于 2017 年 9 月颁布的《资产评估执业准则——无形资产》将无形资产定义为"特定主体拥有或者控制的，不具有实物形态，能持续发挥作用并且能带来经济利益的资源"，包括专利权、商标权、著作权、专有技术、销售网络、客户关系、特许经营权、合同权益、域名等可辨认无形资产和商誉这一不可辨认无形资产。2022 年 1 月 31 日生效的《国际评估准则》将无形资产定义为"一种能通过经济属性来证明其自身价值的非货币性资产。它不具有实物形态，但能赋予所有者权利和/或带来经济利益"，包括营销相关类、客户相关类、合同相关类、技术相关类、艺术相关类等可辨认无形资产和商誉这一不可辨认无形资产。这两种无形资产的定义均强调了无形资产不具实物形态和能给其拥有者带来经济利益这两个显著特征。

（二）无形资产的特点

无形资产除了具有一般资产的共性特征外，还具有其自身的特点，具体体现为无形资产的形式特征和无形资产的功能特征。

1. 无形资产的形式特征。

（1）非实体性。无形资产不具有实物形态，不需要存放空间，也无法使人们直观判断出它是否存在，因而不存在实体性贬值，只存在无形损耗。无形资产发挥作用的形式也是无形的，具体表现在无形资产在生产经营过程中不直接作用于劳动对象发挥作用，而是以特殊的方式将其作用体现在有形资产和企业生产经营过程中，无形资产的价值取决于无形要素的贡献。

（2）排他性。排他性也被称为垄断性或独占性，是指无形资产特定权利只与特定主体有关。特定主体对无形资产排他性独占。凡不能排他或者不需要任何代价就能获得的，都不属于无形资产。无形资产的排他性有的是通过自身保护取得，有的是借助法律保护取得，有的则是通过获取社会公认的信誉取得。

（3）效益性。无形资产的效益性在于其能够以一定方式，直接或间接地为其控制主体（所有者、使用者或投资者）创造效益，并且必须能够在较长时间内持续产生经济效益。这就把无形资产同一些偶然对生产经营发挥作用但不具有持续性的经济资源,以及虽能持续发挥作用却没有效益或不能排他性控制的经济资源相区别,如普通技术、政府发布的经济信息等就不是无形资产。

2. 无形资产的功能特征。

(1) 依附性。无形资产没有实物主体,不能单独获得收益,它必须依附于一定的实物载体才能够存在并发挥作用,如土地使用权依附于土地,商誉内含于企业整体资产。对无形资产的评估,必须考虑其所依附的实体。

(2) 共益性。有形资产不可能在不同地点、同一时间由不同的主体所使用、控制,而无形资产可以在不同地点、同一时间由不同的主体所使用,即无形资产具有共益性。无形资产的共益性会受到市场有限性和竞争性的制约,有时各主体出于追求自身利益的需要对无形资产的使用还必须通过相关合约进行限制。无形资产的共益性要求它的界定需要根据其权益界限来判断。

(3) 累积性。累积性一方面是指无形资产在生产经营中的作用,往往是建立在一系列其他成果的基础之上,在一定范围内发挥特定的作用;另一方面是指无形资产自身的发展也是一个不断累积和演进的过程。因此在资产转让时,应对无形资产的作用程度以及成熟度予以必要的关注。

(4) 替代性。替代性是指一种技术取代另一种技术,一种工艺替代另一种工艺等。一种无形资产总会被更新的无形资产所取代,这是社会发展的必然。新与旧的不断变化决定了一项无形资产的寿命是有限的。这种经济寿命的长短主要取决于该领域内技术进步的速度和无形资产创新的竞争。因而,必须在无形资产评估中考虑它的作用期限。

二、无形资产的分类

无形资产种类很多,可以按以下不同标准进行分类。

1. 按无形资产的取得方式,无形资产可分为自创无形资产和外购无形资产。自创无形资产是企业通过自行研究、开发、设计或在生产经营活动过程中形成的无形资产,如自创专利权、自创商标权、自创技术秘密及客户关系等。外购无形资产是指企业从外部购入或接受投资形成的无形资产,如外购或投资者以投资方式投入的专利权、商标权、技术秘密、特许权、著作权等,企业接收捐赠的无形资产一般也被归并到外购无形资产之中。企业通过不同方式取得的无形资产账面价值包含的内容不同,评估时要考虑这种差异。

2. 按有无法律保护,无形资产可分为有专门法律保护的无形资产和无专门法律保护或法律不保护的无形资产。前者又被称为法定无形资产,主要依托于法律发挥作用,如专利权、商标权等均受到国家有关法律的保护;而后者一般不受专门的法律保护,如专有技术(非专利技术)、经营秘密等,一旦该类无形资产被公开,便失去其原有的价值。对于有专门法律保护的无形资产的评估,需要关注特定法律法规及保护条件对无形资产的约束以及企业是否已经依法及时获取法律保护;对于没有专门的法律保护或法律不予保护的无形资产,评估专业人员应当关注无形资产拥有主体对无形资产的保护程度。

3. 按能否辨认及独立存在，无形资产可分为可确指无形资产和不可确指无形资产。能够从实体企业中分离或拆分出来，并且可以单独进行或与一个相关的合约、一项可辨认资产或负债共同出售、转让、许可使用、租赁或交换的无形资产被称为可确指无形资产，如专利权、商标权、著作权、专有技术、销售网络、客户关系、商业特许权、合同权益、域名等；不可单独取得，离开企业整体就不复存在的无形资产被称为不可确指无形资产，如商誉。可确指无形资产可以独立存在、单独转让，评估中可作为独立的评估对象并具有独立价值影响因素和单独的评估值；而不可确指无形资产不能单独转让，此类资产的评估则不能脱离企业整体而单独进行。

4. 按无形资产的性质和属性分类，无形资产可分为知识型无形资产、权利型无形资产、关系型无形资产和组合型无形资产。（1）知识型无形资产通常是指通过人类智力劳动创造形成的成果，以及包含、凝结和体现人类智力劳动成果的无形资产，例如知识产权范畴的无形资产，通常包括工业产权和著作权。（2）权利型无形资产是指特定当事人经由政府、企业或他人授权，并且通常会通过契约的形式获得的能给特定当事人带来超额收益的相关权利，例如租赁权、特许经营权和专卖权等。（3）关系型无形资产是指特定主体通过提高企业经营管理水平、商品质量、服务质量和商业信誉等方面逐渐建立起来的经济资源。该类无形资产主要依赖于与相关业务当事人建立的非契约性信任关系，例如销售网络、客户关系和专家网络等。（4）组合型无形资产是指运用多种因素综合形成的无形资产，这类资产的价值源泉无法和具体的因素对应起来，是各种难以独立存在和辨识的无形资产的总和，如商誉等。

三、无形资产评估的相关介绍

（一）无形资产评估的概念

无形资产评估是对评估基准日特定目的下的待评估无形资产的价值进行评定和估算，并出具资产评估报告的专业服务行为。正确理解无形资产评估的概念，需关注以下两个要点。

1. 无形资产评估必须基于无形资产的具体属性。资产具有经济属性、物理属性、功能属性等多重属性，一项无形资产会因为考量角度不同、评价侧重点不同或者处理方法不同而表现出一定的差异性。无形资产评估中主要考虑的是无形资产的经济属性，尤其是众多经济属性中的价值属性。在实际评估中，无形资产的价值有多种表现形式，需要专业的评估人员根据实际情况，运用专业的判断来决定。

2. 确定无形资产的价值量必须基于特定的时间点。资产评估需要在特定的评估基准日对某项资产进行评估。如果存在不同的时间节点，那么评估出的无形资产价值也会有所不同,也就无法进行比较。在考虑无形资产的经济属性时,如果没有将价值量和时间点相联系是没有意义的。此外,对于评估报告的使用者来说,不确定的时间节点无法评估出某项资产的价值量,更无法结合评估目的解读评估结果,这样的评估报告不仅没有价值,还会影响评估报告使用者作出决策。

(二) 无形资产的评估范围

在执行无形资产评估业务时,需明确无形资产的评估范围,即关于被评估无形资产的具体内容,它不仅包含无形资产具体名称的内涵和外延,也包括被评估无形资产的具体数量。根据无形资产的类型可以分为单项无形资产、可辨认无形资产组和其他无形资产组三类。

1. 单项无形资产的评估范围。单项无形资产主要是指单项可辨认无形资产,其评估范围包括该无形资产权属的不同种类、同种权属的不同限制条件下的权利以及该无形资产使用所受到的具体限制等内容。

2. 可辨认无形资产组的评估范围。可辨认无形资产组的评估范围除了含有与单项无形资产一致的评估范围之外,还需要考虑其包含的单项无形资产的种类和数量。

3. 其他无形资产组的评估范围。其他无形资产组的评估范围除包含不同单项无形资产的种类和数量外,还包括不可辨认无形资产——商誉的有关内容,同时也可能涉及所依托的有形资产的种类、数量等具体内容。

(三) 无形资产的评估假设

无形资产总是处于不断变化之中,其最终估算价值会因经营环境和评估条件的变化而改变,因而通常需要建立一系列评估假设作为评估结果合理的前提条件。评估假设是评估结论成立的前提和基础,无形资产评估的假设一般分为基本假设和具体假设。

基本假设:目前与无形资产相关的常见的评估基本假设主要包括持续使用假设、公开市场假设和清算假设等。

1. 持续使用假设。持续使用假设是对无形资产使用状态的一种假定性描述,是假设无形资产能够为企业持续经营所使用,并且它能够对企业整体价值作出贡献。在作出这一假设时,需考虑无形资产是否尚有显著的剩余使用寿命。

2. 公开市场假设。公开市场假设是假设无形资产可以在公开的市场上出售,买卖双方地位平等,并且有足够的时间收集信息。只有在公开市场假设的前提下,运用市场法等方法进行评估才能具有有效的参考依据,才能对无形资产的市场价值进行合理的评估。

3. 清算假设。当企业面临被迫出售时,单项无形资产不是作为持续经营企业的一部分出售,而是分开出售。清算假设是假设无形资产在非公开市场条件下被迫出售或快速变现条件的假定说明或限定。

具体假设:与无形资产评估相关的具体假设是针对具体的无形资产评估项目

和评估对象进行价值判断时所做的假设。例如，与被评估无形资产相关的国家法律法规和政策在预测期无重大变化；国家现行银行信贷利率、外汇汇率无重大不可预见变化；国家目前的税收制度除社会公众已知变化外，无其他重大变化；被评估无形资产所在企业的经营模式、盈利模式在预测期内无重大变化；被评估单位会计政策与核算方法在评估基准日后无重大变化。

四、影响无形资产评估价值的因素

无形资产不具有实体形态，能持续带来经济效益的特征，决定了无形资产评估的复杂性和困难性。因此，进行无形资产评估先应明确影响无形资产评估价值的因素。一般地，影响无形资产评估价值的因素主要有以下几个。

（一）无形资产的成本

尽管无形资产的成本具有不完整性和与价值的弱对应性，但无形资产的成本与其价值之间仍可能存在一定的关系，成本仍是评估无形资产价值应考虑的一项重要因素。一般来说，无形资产的成本项目包括创造发明成本、法律保护成本、发行推广成本等。

（二）机会成本

机会成本是指该项无形资产转让、投资、出售后失去市场和损失收益的大小，即将该项无形资产用于某一确定用途而非其他用途而导致的损失。

（三）效益因素

成本是从对无形资产补偿角度考虑的，但决定无形资产价值的主要是其所能创造的收益。一项无形资产，在社会、环境、制度允许的条件下，获利能力越强，其评估值越高；获利能力越弱，其评估值越低。

（四）收益期限

每一项无形资产都有一定的作用年限。作用年限的长短，一方面取决于该无形资产先进程度；另一方面取决于其无形损耗的大小。无形资产越先进，其领先水平越高，作用年限越长。同样地，无形损耗程度越低，其作用年限越长。另外，无形资产的期限还受到法律保护期限、合同约定期限的影响。评估时应结合作用年限和保护期限综合考虑无形资产的收益期限，例如某项发明专利，保护期20年，但由于无形损耗较大，拥有该项专利实际能获超额收益的期限为10年，则这10年即为评估该项专利时所应考虑的期限。

（五）技术成熟程度

一般科技成果都有一个发展—成熟—衰退的过程。科技成果的成熟程度高低直接影响到评估值高低。其开发程度越高，技术越成熟，运用该技术成果的风险性越小，评估值就会越高。一项成熟程度不是很高的无形资产，在评估时应分析估计其可能的成熟程度，正确估计其风险，从而合理确定其评估值。

（六）转让内容因素

从转让内容来看，无形资产转让有所有权转让和使用权转让。另外，在转让过程中有关条款的规定都会直接影响其评估值。就所有权转让和使用权转让来说，所有权转让的无形资产评估值高于使用权转让的评估值。在技术贸易中，同是使用权转让，其许可程度不同，也影响评估值的高低。

（七）国内外该种无形资产的发展趋势、更新换代情况和速度

一项无形资产的寿命期主要取决于其损耗程度。该项无形资产的更新换代越快，无形损耗越大，其评估值越低。可见，无形资产价值的损耗和贬值不取决于自身的使用损耗，而取决于本身以外的更新换代情况。

（八）市场供需状况

市场供需状况一般反映在两个方面：一是无形资产市场需求情况；二是无形资产的适用程度。对于可出售、转让的无形资产，其评估值随市场需求的变动而变动。市场需求大，则评估值就高；市场需求小，且有同类无形资产替代，则评估值就低。同样地，无形资产的适用范围越广，适用程度越高，需求者越多，需求量越大，评估值就越高。

（九）产权

知识产权是无形资产中的一个重要部分，是一种相对于实物产权而言的产权存在形式，属于法律范畴，是法律界常用术语。因此不同类型的知识产权的评估和利用受到相关法律法规的制约，进而影响到其价值的评估。

除上述因素外，无形资产评估值还取决于无形资产交易、转让的价款支付方式以及各种支付方式的提成基数、提成比例等，在评估无形资产时，应综合考虑。

五、无形资产评估的程序

无形资产评估程序是评估无形资产的操作规程。科学严密的评估程序既要体现评估工作的规律，又是提高评估工作效率和质量的有效保证。无形资产评估一般按下列程序进行。

（一）明确评估目的

同样的无形资产，由于发生的经济行为不同，其评估的价值类型和选择的方

法也不一样。无形资产评估的具体目的有以下几种。

1. 无形资产的转让。
2. 无形资产的许可使用：主要表现为将单项或无形资产组合的使用权进行转让，此时需要对无形资产进行评估。
3. 无形资产投资：将无形资产作为非货币性资产设立公司或者向公司增资时，需要对无形资产进行评估。
4. 股份制改造、资产清算：在这种情况下，企业需要将所有的资产进行评估，其中包括无形资产的评估。
5. 无形资产的质押：企业需要将无形资产质押给银行等金融机构以取得贷款时，需要对无形资产进行评估。
6. 法律诉讼中作为诉讼标的：当出现以下四种情况时，一般需要对无形资产进行评估。一是最常见的，因无形资产侵权损害而导致的无形资产纠纷；二是因违约导致的无形资产纠纷；三是因无形资产买卖交易引起的仲裁；四是因公司、合伙关系解散或者股东不满管理层的经营、决策等而涉及的无形资产纠纷。
7. 纳税的需要：以税收为目的的无形资产评估主要适用于企业重组涉税、内部无形资产转移等情况。根据税法规定或合理避税的需要，以税收为目的的无形资产评估能够为企业提供无形资产公允价值的合法依据。
8. 编制财务报告的需要：以财务报告为目的的无形资产评估主要涉及商誉减值测试、可辨认无形资产减值测试、合并对价分摊等业务情形。以财务报告为目的的无形资产评估已成为企业资产管理的重要环节。
9. 保险的需要及其他目的：以保险为目的的无形资产评估主要包括两种情形。一是在投保前，对被保险无形资产的价值进行评估，可以为投保人确定投保额；二是一旦发生损失，通过评估被毁损无形资产的价值，可以确定赔偿额，为保险机构保险理赔提供依据。

（二）鉴定无形资产

无形资产是附着于企业、与企业共存的资产，许多无形资产并未在企业财务报表中列示。因此，对无形资产进行评估时，评估人员应对被评估的无形资产进行鉴定。无形资产的鉴定是进行无形资产评估的基础工作，直接影响到评估范围和评估价值的科学性。通过无形资产的鉴定，可以解决以下问题：一是证明无形资产的存在；二是确定无形资产种类；三是确定无形资产有效期限。

1. 证明无形资产的存在。其可以从以下几方面进行：（1）无形资产的先进性，能否通过它获得超额收益，相应地查询其技术的内容、国家有关规定、技术人员评价情况、法律文书（如专利证书、技术鉴定书等），核实有关资料的真实性、可靠性和权威性。（2）无形资产的适用性。分析无形资产运用所要求的与之相适应的特定技术条件和经济条件，鉴定其应用能力。（3）确定无形资产的归属是否为委托者所拥有，要考虑其存在的条件和要求，对于剽窃、仿造的无形资产要加以鉴别，对于有的无形资产要分析其历史渊源，是否符合国家的有关规定。

2. 确定无形资产种类。其主要包括确定无形资产的名称。有些无形资产是由若干项无形资产综合构成，应加以确认和分离，注意商标权与商誉、商标权与专利权、商标权与专有技术、专有技术与有形资产之间关系的分析，避免重复评估和漏评估。例如，专利权、专有技术与商标权同属于工业产权，但都有其独立的特征，应分别进行评估。但在一个企业中，有时往往支持某项商标权获利能力的是某一项专利权或专有技术，因此，某一项商标权价值中可能包含专利权或专有技术的价值，在这种情况下，评估商标权价值的同时再评估专利权或专有技术的价值，就有可能重复评估。再如，有的进口设备中包含配套的专利权或专有技术，进口设备本身的性能就有别于其他同类型设备，其价值也应高于同类型设备，高出的部分就是其所包含的专利权或专有技术的价值，在评估该进口设备时，如果考虑了这部分价值，就不应再独立评估与之配套的专利权或专有技术的价值。

3. 确定无形资产有效期限。无形资产有效期限是其存在的前提。某项专利权，如超过法律保护期限，就不能作为专利权评估。有效期限对无形资产评估值具有很大影响，例如商标权，有的商标，历史越悠久，价值越高，有的商标则是越新越值钱，如战略性新兴产业的商标。

（三）确定评估方法，收集相关资料

应根据所评估无形资产的具体类型、特点、评估目的及外部市场环境等具体情况，选用市场法或收益法、成本法等评估方法。

采用市场法评估无形资产时，特别要注意被评估无形资产必须确实适合运用市场法，注意掌握公开市场原则，充分重视被评估无形资产的特点。当类似无形资产之间具有可比性时，可根据它们的交易条件、市场交易价格和价值影响因素的差异，调整确定评估值；当被评估无形资产曾向多个使用者转让使用权时，可结合受让者的具体情况调整确定评估值。

采用收益法时，要注意分析超额获利能力和预期收益，注意将收益额的计算口径与被评估无形资产相对应，不要将其他资产带来的收益误算到无形资产收益中；要充分考虑法律法规、宏观经济环境、技术进步、行业发展变化、企业经营管理、产品更新和替代等因素对无形资产收益期、收益率和折现率的影响。

当被评估无形资产确具超额获利能力，但不宜采用市场法和收益法时，可采用成本法进行评估。要注意根据现行条件下重新形成或取得该项无形资产所需的全部费用（含资金成本）确定评估值；要注意扣除实际存在的功能性贬值和经济性贬值。

一般情况下，评估无形资产需要准备好以下材料：

1. 与无形资产相关的法律权属文件或其他证明资料；
2. 反映无形资产的性质和特点、历史和当前发展情况的资料；
3. 反映无形资产获利能力的相关资料；

4. 反映无形资产剩余经济寿命、法定寿命和保护措施的相关材料；
5. 反映无形资产实施的地域范围、领域、获利能力和方式的材料；
6. 与该无形资产相关的技术资料；
7. 该无形资产以往的评估资料和交易情况；
8. 反映无形资产的转让、出资、质押等行为的可行性资料；
9. 反映当前经济环境和无形资产所属行业的基本情况、发展前景的资料。

（四）作出评估结论，编写评估报告

无形资产评估报告书是无形资产评估过程的总结，也是评估者承担法律责任的依据。报告书中应说明拥有被评估无形资产的公司或权利人名称；说明评估目的和基准日；说明提供价值的含义及适用条件；列出评估方法及其重要参数确定过程等。另外，评估报告书要简洁、明确，避免误导。

第二节 无形资产评估的方法

无形资产的评估方法包括收益法、成本法和市场法，但由于无形资产自身的特殊性，在评估实践中，运用最广泛的方法是收益法，其次是成本法，市场法因条件限制，目前运用尚不普遍。

一、无形资产评估的收益法

（一）基本思路与公式

采用收益法评估无形资产一般是通过测算该项无形资产所产生的未来预期收益并折算成现值，借以确定被评估无形资产的价值。根据无形资产转让和使用情况的不同，收益法评估无形资产的具体应用形式又包括增量收益法、超额收益法和许可费节省法。

1. 增量收益法。增量收益法是通过将被评估无形资产所在的企业和另一个不具有该项无形资产的企业的财务业绩进行对比，预测无形资产未来带来的增量收益，以预期的增量收益确定无形资产价值的评估方法。增量收益法的基本思路是将增量收益以适当的折现率折算为现值，以无形资产增量收益的现值作为评估值，该方法的基本公式为：

$$无形资产评估值 = \sum_{t=1}^{n} \frac{R_t}{(1+r)^t}$$

其中，R_t 表示第 t 年无形资产预期增量收益；r 表示折现率或资本化率；n 表示收益年限。

增量收益法主要用于评估两种无形资产的价值：一种是使用无形资产可以产

生额外的利润或现金流量,即增加收入;另一种是使用无形资产可以带来成本的节省,即节约成本。运用增量收益法的基本步骤包括预测增量收益、确定收益期限、确定折现率或资本化率。

【例 5 – 1】甲企业有一种已经使用 5 年的注册商标。该商标已具有一定的市场知名度,使用这一商标的产品比同类产品可以卖出更高的价格。根据预测,该企业这种商标产品每年销量可达到 100 万件,每件可比其他企业同类产品获得 12 元的增量净利润,预计该商标能够继续获取增量利润的时间是 5 年,5 年后增量利润将消失。评估该商标权的价值。

(1) 先计算预测期内每年的增量利润:$100 \times 12 = 1\,200$(万元)。
(2) 根据企业的资金成本率及相应的风险率,确定其折现率为 10%。
(3) 确定该项商标权的价值:

商标权的价值 $= 1\,200 \times (P/A, 10\%, 5) = 1\,200 \times 3.7907 = 4\,548.84$(万元)

2. 超额收益法。超额收益法是用归属于目标无形资产所创造的收益的折现值来确定该项无形资产价值的评估方法。思路是先测算无形资产与其他相关贡献资产共同创造的整体收益,在整体收益中扣除其他相关贡献资产的相应贡献,将剩余收益确定为超额收益,并作为目标无形资产所创造的收益,再将上述收益采用适当的折现率转换成现值,获得无形资产评估值。超额收益法的基本公式为:

$$无形资产评估值 = \sum_{t=1}^{n} \frac{R_t}{(1+r)^t}$$

其中,R_t 表示第 t 年无形资产预期超额收益;r 表示折现率或资本化率;n 表示收益年限。

超额收益法在特许经营权、公路收费权、矿权等无形资产的评估中特别适用,也常用于企业合并对价分摊、商誉减值测试、可辨认无形资产减值测试等以财务报告为目的的无形资产评估。运用超额收益法的基本步骤包括预测超额收益、确定收益期限、确定折现率或资本化率。

3. 许可费节省法。许可费节省法的思想是假想企业在不拥有待估无形资产的情况下,通过许可使用的方式从第三方处获得无形资产的使用权,需向第三方支付许可使用费。企业拥有待估无形资产就可以节省虚拟许可使用费,以此节省的虚拟许可使用费作为收益现金流测算无形资产价值。具体思路是,测算由于拥有该项资产而节省的向第三方定期支付许可使用费的金额,并对该无形资产经济寿命期内每年节省的许可费支出考虑税收影响后,通过适当的折现率折现到评估基准日时点,以此作为该项无形资产的价值。在某些情况下,许可使用费可能包括一笔期初入门费和建立在每年经营业绩基础上的分成费。许可费节省法的计算公式为:

$$无形资产评估值 = Y + \sum_{t=1}^{n} \frac{KR_t}{(1+r)^t}$$

其中,Y 表示最低收费额;K 表示无形资产分成率(许可费率);R_t 表示第 t 年分成基数；r 表示折现率；n 表示许可期限。

许可费节省法多用于无形资产使用权转让、出租的评估，主要包括商标、专利以及技术特许。许可费节省法也常用于无形资产侵权损失评价，以及无形资产评估涉及的具体经济行为具有明确的标的设定下，对无形资产"权利束"的一部分或许可权利进行评估。许可费节省法的操作步骤包括确定入门费、确定许可费率、确定许可期限、确定折现率。

【例 5-2】乙公司 4 年前取得一项专利许可使用权，合同约定的使用年限为 10 年，现对此专利使用权进行评估。经调查，同类专利目前许可使用一般采用最低收费额加收入分成的方法进行收费。评估人员根据该项专利的情况，最低收费额确定为 50 万元，许可费率为产品收入的 5%，预计使用该项专利生产的产品年销售收入为 400 万元，折现率取 12%。则该专利使用权评估值为：

$$评估值 = Y + \sum_{t=1}^{n} \frac{KR_t}{(1+r)^t} = 50 + \sum_{t=1}^{8} \frac{0.05 \times 400}{(1+12\%)^t}$$
$$= 50 + 20 \times 4.9676 = 149.352 （万元）$$

（二）最低收费额的确定

最低收费额是指在无形资产转让中，视购买方实际生产和销售情况收取转让费的场合所确定的"旱涝保收"收入，并在确定比例收费时预先扣除，有时称之为"入门费"。当然，在某些无形资产转让中，转让方按固定额收费时把最低收费规定为转让最低价，也可作为无形资产竞卖的底价。在采用许可费节省法评估无形资产时需要对最低收费额进行估算。

由于无形资产具有垄断性，当某项无形资产是购买方必不可少的生产经营条件，或者购买方运用该项无形资产所增加的效益具有足够的支付能力时，无形资产转让的最低收费额由以下因素决定：

1. 重置成本。购买方使用无形资产，就应由购买方补偿成本费用。当购买方与转让方共同使用该项无形资产时，则由双方按运用规模、受益范围等来分摊。

2. 机会成本。由于无形资产的转让，可能因停止由该无形资产支撑的业务而减少收益，也可能为自己制造了竞争对手而减少利润或者是增加开发支出，这些构成无形资产转让的机会成本，应由无形资产购买者来补偿。

综合考虑以上两大因素评估最低收费额，可得到如下一组公式：

$$无形资产最低收费额 = 重置成本净值 \times 转让成本分摊率 + 无形资产转让的机会成本$$

其中：

$$转让成本分摊率 = \frac{购买方运用无形资产的设计能力}{运用无形资产的总设计能力}$$

$$无形资产转让的机会成本 = 无形资产转出的净减收益 + 无形资产再开发净增费用$$

其中,"购买方运用无形资产的设计能力"可根据设计产量或按设计产量计算的销售收入确定,各方"运用无形资产的总设计能力"是指运用无形资产的各方汇总的设计能力,由于是分摊无形资产的重置成本,所以不是按照实际运用无形资产的规模,而是按照设计规模来确定权重。当购买方独家使用该无形资产时,转让成本分摊率为1。"无形资产转出的净减收益"和"再开发净增费用"是运用边际分析的方法测算的。"无形资产转出的净减收益"一般是指在无形资产尚能发挥作用期间减少的净现金流量。"再开发净增费用"包括保护该无形资产追加的科研费用和其他费用、员工再培训费用等。

【例5-3】某企业转让某化学制剂全套生产技术,经收集和初步测算已知如下资料:(1) 双方共同享用该化学制剂生产技术,该企业与购买企业的设计能力分别为600吨和400吨;(2) 该化学制剂生产技术系从国外引进,账面价格1 000万元,已使用2年,尚可使用8年,2年通货膨胀率累计为5%;(3) 该项技术转出对该企业生产经营有较大影响,由于市场竞争加剧,产品价格下降,在以后8年中因该项技术转让减少的销售收入现值预计为200万元,增加的开发费用现值预计为80万元。该项无形资产转让的最低收费额估算如下。

(1) 按物价指数法调整得到无形资产的重置成本,并根据成新率确定重置成本净值为:

$$1\,000 \times (1 + 5\%) \times \frac{8}{2 + 8} = 840\ (万元)$$

(2) 按双方设计能力计算重置成本净值分摊率为:

$$\frac{400}{600 + 400} = 40\%\ (万元)$$

(3) 无形资产转让的机会成本为:

$200 + 80 = 280$(万元)

故该项无形资产转让的最低收费额评估值为:

$840 \times 40\% + 280 = 616$(万元)

(三) 无形资产收益额的确定

无形资产收益额的测算是采用收益法评估无形资产的关键步骤。由于无形资产需要附着于有形资产发挥作用并产生共同收益,因此,关键问题是如何从这些收益中分离出无形资产带来的收益额。无形资产收益额的具体测算方法有直接估算法、差额法和分成率法。

1. 直接估算法。无形资产主要是通过竞争优势为企业带来价值,体现在能够为企业提升产品价格、降低产品成本或扩大市场份额。直接估算法就是通过未使用无形资产与使用无形资产前后收益情况的对比分析,确定无形资产带来的增量收益额。在许多情况下,从无形资产为特定持有主体带来的经济利益上来看,我们可以将无形资产划分为收入增长型和费用节约型。

(1) 收入增长型。收入增长型无形资产是指无形资产应用于生产经营过程,能够使产品的销售收入大幅度增加,具体包括两种情形。

①生产的产品能够以高出同类产品的价格销售。在销售量不变、单位成本不变的情况下,无形资产增量收益额可以用下式计算:

$$R = (P_2 - P_1) \times Q \times (1 - T)$$

其中,R 表示无形资产增量收益额;P_2 表示使用被评估无形资产后单位产品的价格;P_1 表示使用被评估无形资产前单位产品的价格;Q 表示产品销售量;T 表示所得税税率。

②生产的产品采用与同类产品相同价格的情况下,市场占有率扩大,销售数量大幅度增加。在单位价格和单位成本不变的情况下,无形资产增量收益额可以用下式计算:

$$R = (Q_2 - Q_1) \times (P - C) \times (1 - T)$$

其中,R 表示无形资产增量收益额;Q_2 表示使用被评估无形资产后产品的销售量;Q_1 表示未使用被评估无形资产时产品的销售量;P 表示产品价格;C 表示单位产品的成本;T 表示所得税税率。

由于销售量增加不仅可以增加销售收入,而且还会引起成本的增加,因此,估算销售量增加产生的超额收益时,必须扣减由于销售量增加而增加的成本。

此种情况下应注意的是,销售收入增加可以引起收益的增加,它们是同方向变动的,由于存在经营杠杆和财务杠杆效应,销售收入和收益一般不是同比例变动,这在计算中应予以考虑。

(2) 费用节约型。费用节约型无形资产是指无形资产的应用使得生产产品中的成本费用降低,从而形成增量收益。当假定销售量不变、价格不变时,可以用下列公式计算无形资产的增量收益额:

$$R = (C_1 - C_2) \times Q \times (1 - T)$$

其中,R 表示无形资产增量收益额;C_1 表示未使用被评估无形资产时产品的单位成本;C_2 表示使用被评估无形资产时产品的单位成本;Q 表示产品销售量;T 表示所得税税率。

实际上,收入增长型和费用节约型无形资产的划分,是假定其他资产因素不变的情况下,为了明晰无形资产形成收益来源情况的人为划分方法。通常,无形资产应用后,其收益是收入变动和成本变动共同作用的结果。评估人员应根据实际情况进行综合性的运用和测算,以科学地测算无形资产收益额。

2. 差额法。差额法是在无法将使用无形资产和没有使用无形资产的收益情况进行对比时,采用无形资产和其他类型资产在经济活动中的综合收益与行业平均水平进行比较,从而得到无形资产的增量收益。

差额法估算无形资产的步骤是:收集有关使用无形资产的产品生产经营活动财务资料,进行盈利分析,得到经营利润和销售利润率等基本数据;对上述生产经营活动中的资金占用情况(固定资产、流动资产和已有账面价值的其他无形资产）进行统计；收集行业平均资金利润率等指标；计算无形资产带来的超额收益。上述步骤可以用公式表示为：

$$无形资产增量收益 = 经营利润 - 资产总额 \times 行业平均资产利润率$$

增量收益计算的核心在于对"正常利润率"的确定。从字面上理解，正常的利润水平是指在无形资产缺失的情况下该行业业务经营的利润率。因此在上式中用"行业平均资产利润率"作为"正常利润率"。然而，尽管行业相同、产品及客户类型一致，各公司的获利能力仍可能具有很大差异，这导致在确定行业的标准化利润率时会相当困难。因此，在无形资产评估中使用行业平均利润应当谨慎并有充分的理由。

此外，使用差额法应注意计算出来的增量收益有时不完全由被评估无形资产带来（除非能够认定只有这种无形资产存在），往往是一种组合无形资产增量收益，还需进行分解处理。

【例 5-4】某企业拥有一项专有技术，经鉴定该企业无其他无形资产。该企业每年经营利润为 800 万元，企业的资产总额为 4 000 万元，企业所在行业的平均资产利润率为 15%，则由该专有技术带来的增量收益为：

$$800 - 4\,000 \times 15\% = 200（万元）$$

3. 分成率法。无形资产的价值来源于其与其他资产共同创造的经济收益中无形资产的贡献，通过分成率来获得无形资产收益是目前国际和国内技术交易中常用的一种实用方法。分成率法先计算使用无形资产的总收益，然后再将总收益在目标无形资产与产生总收益过程中作出贡献的所有有形资产和其他无形资产之间进行分成。分成率法测算无形资产收益的公式为：

$$无形资产收益额 = \frac{销售收入}{（利润）} \times \frac{销售收入（利润）}{分成率} \times \left(1 - \frac{所得税}{税率}\right)$$

对于销售收入（利润）的测算已不是较难解决的问题，重要的是确定无形资产分成率。

既然分成对象是销售收入或销售利润，因而就有销售收入分成率和销售利润分成率两个不同的分成率。实际上，由于销售收入与销售利润有内在的联系，可以根据销售利润分成率推算出销售收入分成率。

$$收益额 = 销售收入 \times 销售收入分成率 \times (1 - 所得税税率)$$
$$= 销售利润 \times 销售利润分成率 \times (1 - 所得税税率)$$
$$销售收入分成率 = 销售利润分成率 \times 销售利润率$$
$$销售利润分成率 = 销售收入分成率 \div 销售利润率$$

从理论上来讲，无形资产的收益以利润进行分成比较合理，因此从利润分成率的高低可以判断无形资产转让价格是否合理。但是，由于利润额不够稳定也不容易控制和核实，因而在无形资产转让实务中，往往按销售收入分成，一般是确定一定的销售收入分成率，俗称"抽头"。例如，在国际市场上一般技术转让费的分成率为销售收入的 3%~5%，如果按社会平均销售利润率 10% 推算，当技术转让费为销售收入的 3% 时，则利润分成率为 30%。在评估中则应以评估利润分成率为基础，至于换算成销售收入分成率，只需要掌握销售利润率即可。

利润分成率的确定是以无形资产带来的追加利润在利润总额中的比重为基础的。有些情况下容易直接计算，而在不容易区别追加利润的情况下，往往要采取曲折迂回的方法。因而，评估无形资产转让的利润分成率有多种方法，主要介绍如下几种。

(1) 边际分析法。边际分析法是选择两种不同的生产经营方式作比较：一种是运用普通生产技术或企业原有技术进行经营，另一种是运用转让的无形资产进行经营，后者的利润大于前者利润的差额，就是投资于无形资产所带来的追加利润；测算各年度追加利润占总利润的比重，并按各年度利润现值的权重求出无形资产寿命期内追加利润占总利润的比重，即评估的利润分成率。这种方法的关键是科学地分析追加无形资产投入可以带来的净追加利润。这也是购买无形资产所必须进行决策分析的内容。

边际分析法的步骤是：

①分析无形资产边际贡献的影响因素，如成本费用降低、产品结构优化、成本销售收入率提高等。

②测算无形资产寿命期间的利润总额及追加利润总额，并折现。

③按利润总额现值和追加利润总额现值计算利润分成率。计算公式如下：

$$利润分成率 = \sum 追加利润现值 \div \sum 利润总额现值$$

【例 5-5】某企业拟引进一项先进技术，经预测该技术的经济寿命为 4 年，企业预计采用该技术后，未来 4 年的利润分别为 250 万元、400 万元、450 万元、500 万元，其中因采用该技术带来的追加利润分别为 100 万元、120 万元、90 万元、70 万元。折现率为 10%，则该技术的利润分成率计算如下：

$$各年度利润现值之和 = \frac{250}{1+10\%} + \frac{400}{(1+10\%)^2} + \frac{450}{(1+10\%)^3} + \frac{500}{(1+10\%)^4}$$
$$= 250 \times 0.9091 + 400 \times 0.8264 + 450 \times 0.7513 + 500 \times 0.6830$$
$$= 1\,237.42 \text{（万元）}$$

$$追加利润现值之和 = \frac{100}{1+10\%} + \frac{120}{(1+10\%)^2} + \frac{90}{(1+10\%)^3} + \frac{70}{(1+10\%)^4}$$
$$= 100 \times 0.9091 + 120 \times 0.8264 + 90 \times 0.7513 + 70 \times 0.6830$$
$$= 305.505 \text{（万元）}$$

$$无形资产利润分成率 = \frac{305.505}{1\,237.42} \times 100\% = 24.68\%$$

(2) 约当投资分成法。边际分析法是根据各种生产要素对提高生产率的贡献来估算，道理明了，易于被人们接受。但是由于无形资产与有形资产的作用往往互为条件，在许多场合下很难单独确定无形资产的贡献率。因而，还需寻求其他途径。由于利润往往是无形资产与其他资产共同作用的结果，根据等量资本获得等量报酬的原则，将共同发挥作用的无形资产及有形资产换算为相应的约当投资额，以无形资产折合的约当投资与总约当投资的比例作为利润分成率。

约当投资分成法的具体步骤如下。

①确定无形资产的约当投资量。考虑到无形资产是高度密集的知识智能资产，采取在成本的基础上附加相应的成本利润率，折合计算无形资产的约当投资量，计算公式为：

无形资产的约当投资量 = 无形资产的重置成本 × (1 + 适用成本利润率)

计算时使用的成本利润率按照转让方无形资产带来的利润与其成本之比计算。无法获取企业实际数时按社会平均水平确定。

②计算无形资产购买方的约当投资量。计算公式为：

$$购买方的约当投资量 = \frac{购买方投入总资产的重置成本} \times (1 + 适用成本利润率)$$

其适用的成本利润率按购买方的现有水平测算。

③计算无形资产利润分成率。计算公式如下：

$$无形资产利润分成率 = \frac{无形资产约当投资量}{购买方约当投资量 + 无形资产约当投资量} \times 100\%$$

【例5-6】甲企业以一项专有技术向乙企业投资，该技术的重置成本为200万元，甲企业无形资产成本利润率为400%；乙企业拟投入的资产重置成本为10 000万元，资产利润率为12%。无形资产投资利润分成率计算如下：

无形资产约当投资量 = 200 × (1 + 400%) = 1 000 (万元)

乙企业约当投资量 = 10 000 × (1 + 12%) = 11 200 (万元)

无形资产利润分成率 = 1 000 ÷ (1 000 + 11 200) = 8.20%

(3) 经验数据法。经验数据法是经常被采用的一种利润分成法，一般根据"三分"分成法、"四分"分成法或其他经验比例等原则估计无形资产的利润分成率。其中，"三分"分成法是假设企业的收益是资金、劳动力和技术三项因素共同创造的，技术占比33%，因此无形资产利润分成率为33%；"四分"分成法是假设企业的收益是资金、劳动力、技术和管理四项因素共同创造的，技术占比25%，因此无形资产利润分成率为25%。

我国通常将企业生产经营活动分成资金、技术和管理三大要素的贡献，企业总收益由资金收益、技术收益以及管理收益组成。一般认为技术收益是由企业无形资产的运用所产生。但是考虑到在不同行业这三种要素的贡献程度存在差异，因此确定无形资产分成率时应考虑行业的具体差别。一般认为，资金密集型行业三种要素的贡献率依次为50%、30%、20%，技术密集型行业依次为40%、40%、20%，一般行业依次为30%、40%、30%，高科技行业依次为30%、

50%、20%。这些数据也可供确定无形资产收益额时参考,并且应根据企业实际再进行调整。

经验数据法作为一种基准,体现了过去的许可惯例和行业平均水平,具有一定的经验可信性和参考性,可用于对无形资产利润分成率的粗略估计。但是,在现代企业中,技术已不再是唯一的无形资产,因此,采用该方法获得的"分成"收益应当被理解为企业全部无形资产所创造的收益,而不能简单地视为技术无形资产所创造的收益。经验数据法的优势在于测算简单,容易理解,比较适合传统行业的评估;劣势则在于方法的理论基础薄弱,在对部分单项无形资产进行评估时需要进行修正。

(四)无形资产评估中折现率的确定

折现率的内涵是指与投资于该无形资产相适应的投资报酬率。折现率一般包括无风险利率、风险报酬率和通货膨胀率。一般来说,无形资产投资收益高,风险性强,因此,无形资产评估时折现率往往要高于有形资产评估的折现率。评估时,评估者应根据该项无形资产的功能、投资条件、收益获得的可能性条件和形成概率等因素,科学测算其风险报酬率,以进一步测算出其适合的折现率。另外,折现率的口径应与无形资产评估中采用的收益额的口径保持一致。

常用的无形资产折现率的测算方法有风险累加法和回报率拆分法。其中,风险累加法的计算公式为:

$$无形资产折现率 = 无风险回报率 + 风险回报率$$

回报率拆分法是从企业整体回报率出发,对其他有形资产、无形资产的回报率逐一量化,从而倒推出被评估无形资产的回报率。

虽然无形资产折现率的确定通常具有较大的主观性,但总体来说,应当遵循以下原则。

(1)一般来说,无形资产的风险高于有形资产。

(2)单一用途的无形资产的风险高于多用途无形资产。

(3)单项无形资产的风险通常高于无形资产组。

(4)确定用途并已经服务于生产的无形资产的风险低于仍在开发过程中的无形资产。

(5)寿命较长的无形资产的风险高于寿命较短的无形资产。

(6)用于生产收益相对确定产品的无形资产的风险低于用于生产收益不确定产品的无形资产。例如,用于生产已经确认的订单产品的无形资产风险就要低于诸如客户关系类的无形资产。

(五)无形资产收益期限的确定

无形资产收益期限也称有效期限,是指无形资产发挥作用,并具有超额获利能力的时间。无形资产损耗的价值量是确定无形资产有效期限的前提。无形资产因为没有物质实体，它不会像有形资产那样存在由于使用或自然力作用形成的有形损耗，只存在无形损耗。无形损耗产生的原因主要有以下三个方面。

1. 新的、更为先进的、更经济的无形资产的出现。新的无形资产替代了旧的无形资产，使被替代的无形资产同时丧失了价值和使用价值。

2. 无形资产传播面的扩大。随着无形资产传播面的逐渐扩大，无形资产所带来的销量、价格、成本等方面的优势就会逐渐减弱。当其他企业普遍掌握这种无形资产时，获得这项无形资产已不需要任何成本，使拥有这项无形资产的企业不再具有获取超额收益的能力，无形资产的价值也就大幅度贬低或丧失。

3. 使用该项无形资产生产的产品因种种因素，如消费者偏好改变、国家制定的环保政策限制等导致需求大幅度下降、销售量骤减，该项无形资产的价值就会减少，以致完全丧失。

无形损耗只影响无形资产价值，但不影响其使用价值，对于许多知识性资产，特别是科学定理、基本原理来说，作为知识财富，它永葆"辉煌"，并不存在实际"损耗"。所以，无形资产的无形损耗完全是从相对意义上来说的，仅仅是从知识运用的替代性、积累性、更新和发展的角度以及从它为持有者带来超额收益的角度来说的，而不是说知识的陨灭和废止。

无形资产具有获得超额收益能力的时间决定无形资产的有效期限。在资产评估实践中，预计和确定无形资产的有效期限，可依照下列方法实现。

第一，法律或合同、企业申请书分别规定有法定有效期限和受益年限的，可按照法定有效期限与受益年限孰短的原则确定。

第二，法律未规定有效期限，企业合同或企业申请书中规定有受益年限的，可按照受益年限确定。

第三，法律和企业合同或申请书均未规定有效期限和受益年限的，按预计受益期限确定。预计受益期限可以采用统计分析或与同类资产比较得出。

同时应该注意的是，无形资产的有效期限要比它们的法定保护期短得多，因为它们要受许多因素的影响，如废弃不用、人们爱好的转变以及经济形势变化等，特别是在科学技术快速发展的今天，无形资产更新周期加快，使得其有效期限越来越短，评估时都应给予应有的重视。

二、无形资产评估的成本法

（一）无形资产成本的特征

无形资产成本包括研制或取得、持有期间的全部物化劳动和活劳动的费用支出。无形资产的成本具有明显区别于有形资产的特征。

1. 不完整性。与购建无形资产相对应的各项费用是否计入无形资产的成本，是以费用支出资本化为条件的。在企业生产经营过程中，科研费用一般都是比较均衡地发生，并且比较稳定地为生产经营服务，因而我国现行财务制度一般从当期生产经营费用中列支科研费用,而不是先对科研支出进行费用资本化处理,再按无形资产折旧或摊销的办法从生产经营费用中补偿。因此,企业账簿上反映的无形资产成本是不完整的,大量账外无形资产的存在是不可忽视的事实。即使是按国家规定进行费用支出资本化的无形资产的成本核算一般也是不完整的。因为无形资产的创立具有特殊性,有大量的前期费用,如培训、基础开发或相关试验等往往不计入该无形资产的成本,而是通过其他途径进行补偿。

2. 弱对应性。知识资产的创建经历基础研究、应用研究和工艺生产开发等漫长过程,成果的出现带有较大的随机性、偶然性和关联性。有时有这类情形发生:在一系列的研究失败之后偶尔出现一些成果,由其承担所有的研究费用显然不够合理。而在大量的先行研究(无论是成功,还是失败)成果的积累之上,往往可能产生一系列的知识资产。然而,这些研究成果是否应该以及如何承担先行研究的费用也很难明断。因而,开发无形资产的费用对应估算是比较困难的。

3. 虚拟性。无形资产的成本具有不完整性、弱对应性的特点,其成本往往是相对的。特别是一些无形资产的内涵已经远远超出了它的外在形式的含义,这种无形资产的成本只具有象征意义。例如商标,其成本核算的是商标设计费、登记注册费、广告费等。而商标的内涵是标示商品的质量信誉,它包括了该商品使用的特种技术、配方和多年的经验积累,这种无形资产的价值是很难用商标设计费、登记注册费、广告费度量的,商标形式本身所耗费的成本只具有象征性(或称虚拟性)。

无形资产所具有的成本特性使得其实际价值与重置成本之间可能严重脱节,这些因素会导致在评估一些无形资产时成本法无法适用。

(二) 无形资产评估中成本法的应用

成本法评估无形资产的基本公式为:

$$无形资产评估值 = 无形资产重置成本 \times 成新率$$

如何估算无形资产重置成本(或称重置完全成本)和成新率,从而科学确定无形资产评估值,是评估者所面临的重要工作。就无形资产重置成本而言,它是指在现时市场条件下重新创造或购置一项全新无形资产所耗费的全部货币总额。根据企业取得无形资产的来源情况,无形资产可以划分为自创无形资产和外购无形资产。不同渠道获得的无形资产,其重置成本构成与评估方法均有所区别,需要分别进行估算。

1. 自创无形资产重置成本的估算。自创无形资产的成本是由创制该资产所消耗的物化劳动和活劳动费用构成的。自创无形资产如果已有账面价格,并且它在全部资产中的比重不大,在这种的情况下,可以按照定基物价指数作相应调整,即可得到重置成本。在实务上,自创无形资产往往无账面价格,通常根据具体情况采用重置核算法或倍加系数法估算重置成本。

(1) 重置核算法。重置核算法即将无形资产开发的各项支出按现行价格和费用标准逐项累加核算，并考虑资金使用成本和合理利润得到无形资产重置成本。其计算公式为：

$$重置成本 = 直接成本 + 间接成本 + 资金成本 + 合理利润$$

其中，直接成本按无形资产发明创造过程中实际发生的材料、工时消耗量的现行价格和费用标准进行测算，即：

$$无形资产直接成本 = \sum \left(物质资料实际消耗量 \times 现行价格 \right) + \sum \left(实耗工时 \times 现行费用标准 \right)$$

直接成本不能按现行消耗量计算而应按实际消耗量计算。其原因如下：一是无形资产是创造性的成果，一般不能原样复制，从而不能模拟在现有生产条件下再生产的消耗量；二是无形资产生产过程是创造性智力劳动过程，技术进步的作用最为明显，如果按模拟现有条件下的复制消耗量来估价重置成本，必然影响到无形资产的价值形态的补偿，从而影响到知识资产的创制。

（2）倍加系数法。对于投入智力比较多的技术型无形资产，考虑到科研劳动的复杂性和风险，科研人员的创造性劳动应该相当于数倍的普通劳动。此时可以利用以下公式测算无形资产的重置成本：

$$重置成本 = \frac{C + \beta_1 V}{1 - \beta_2} \times (1 + L)$$

其中，C 表示无形资产研发中的物化劳动消耗；V 表示无形资产研发中活劳动消耗；β_1 表示科研人员创造性劳动倍加系数；β_2 表示科研的平均风险系数；L 表示无形资产投资报酬率。

活劳动与物化劳动是物质资料生产中所用劳动的一对范畴。前者是指在物质资料生产过程中发挥作用的能动的劳动力，是劳动者加进生产过程的新的、流动状态的劳动；后者也称死劳动，又称过去劳动或对象化劳动，是指保存在一个产品或有用物中凝固状态的劳动，是劳动的静止形式。

【例 5-7】某企业研制成功一项专有技术，该项技术的研制过程发生动力及材料消耗 80 万元，支付科研人员工资 120 万元。现评估该技术的重置成本，评估人员经过市场调查，确定科研人员创造性劳动倍加系数为 3，科研的平均风险系数为 0.5，该项无形资产投资报酬率为 18%，采用倍加系数法测算的重置成本为：

$$无形资产重置成本 = \frac{80 + 120 \times 3}{1 - 0.5} \times (1 + 18\%) = 1\,038.4（万元）$$

2. 外购无形资产重置成本的估算。外购无形资产一般有购置费用的原始记录，也可能有可供参照的现行交易价格，评估相对比较容易。外购无形资产的重置成本包括购买价和购置费用两部分，一般可以采用以下两种方法确定。

（1）市价类比法。在无形资产交易市场选择类似的参照物，再根据功能和技术先进性、适用性对其进行调整，从而确定其现行购买价格。购置费用可根据现行标准和实际情况核定。

(2) 物价指数法。它是以无形资产的账面历史成本为依据，用物价指数进行调整，进而估算其重置成本。计算公式为：

$$无形资产重置成本 = 无形资产账面成本 \times \frac{评估基准日物价指数}{购置时物价指数}$$

从无形资产价值构成来看，主要有两类费用：一类是物质消耗费用；另一类是人工消耗费用。前者与生产资料物价指数相关度较高，后者与生活资料物价指数相关度较高，并且最终通过工资、福利标准的调整体现出来。不同的无形资产两类费用的比重可能有较大差别，一些需利用现代科研和实验手段取得的无形资产，物质消耗的比重就比较大。在生产资料物价指数与生活资料物价指数差别较大的情况下，可根据两类费用的大致比例按结构分别适用生产资料物价指数与生活资料物价指数进行估算。两种价格指数比较接近，且两类费用的比重有较大倾斜时，可按比重较大费用类适用的物价指数来估算。

【例5-8】某企业2019年外购的一项无形资产账面值为1 200万元，2021年进行评估，按物价指数法估算其重置完全成本。

经分析，该无形资产系运用现代先进的实验仪器经反复试验研制而成，物化劳动耗费的比重较大，可适用生产资料物价指数。根据资料，此项无形资产购置时价指数和评估时物价指数分别为120%和135%，故该项无形资产的重置成本为：

$$1\ 200 \times \frac{135}{120} = 1\ 350（万元）$$

3. 无形资产成新率的估算。影响无形资产成新率的因素是无形资产的损耗（或贬值）。无形资产的损耗（贬值）表现为功能性损耗（贬值）和经济性损耗（贬值）。功能性损耗（贬值）表现为由于科学技术进步，使得拥有该项无形资产的单位或个人垄断性减弱，降低了获取垄断利润的能力而引致的贬值。经济性损耗（贬值）是指由无形资产以外的因素（如国家相关发展政策的影响、市场需求的变化等）造成的无形资产价值降低。例如，某项技术上仍然先进的专利，因其生产的产品可能会引致环境污染，国家有关法规禁止该项技术产品的生产，这样就使得该项无形资产报废。

现实中，也存在一些特定的无形资产可能不会随时间的延续而出现贬值，例如有的商标随着使用年数的增加，其"知名度"可能越来越高，知名度的提高不但不会使得商标贬值，反而可能提高商标的价值。因此对于这类商标在采用成本法评估时可能不需要考虑贬值因素。

通常，无形资产成新率的确定，可以采用专家鉴定法和剩余经济寿命预测法进行。

(1) 专家鉴定法是指邀请有关技术领域的专家，对被评估无形资产的先进性、适用性作出判断，从而确定其成新率的方法。

(2) 剩余经济寿命预测法是指由评估人员通过对无形资产剩余经济寿命的预测和判断，从而确定其成新率的方法。其计算公式为：

$$成新率 = \frac{剩余使用年限}{已使用年限 + 剩余使用年限} \times 100\%$$

在成新率计算公式中，已使用年限比较容易确定，剩余使用年限需要专业评估人员根据无形资产的特征，通过专家访谈、调查了解，特别是关注可替代标的无形资产的替代资产出现的时间等因素分析、判断获得。

需要注意的是，该公式计算成新率的前提是被评估无形资产的贬值在其经济寿命期内呈现直线型变化。实务中存在许多无形资产贬值趋势不是呈现直线型的，因此无法直接采用上述公式计算成新率，例如影视作品著作权资产，按照相关法律规定经济寿命期可能超过50年，但是其经济利益的80%～90%可能在其第一轮放映期内就实现了，其后的剩余经济寿命期内仅有10%～20%的经济利益，对于这种无形资产，显然不能采用上述公式计算其成新率。

三、无形资产评估的市场法

市场法在资产评估中因其评估结果客观性较强，较易为交易双方所接受，因此是使用频率较高的评估方法。但是，由于无形资产一般具有非标准性和唯一性特征，往往不具备运用市场法的前提条件，所以市场法在无形资产评估中受到限制。但这并不能完全排除在无形资产评估实践中应用市场法的可能性，如果被评估无形资产可以找到足够多的参照物，并能对评估对象与可比参照物之间的差异加以适当调整，则可应用市场法进行无形资产价值评估。

（一）无形资产评估市场法的思路

现实交易中无形资产价值的计量方式可分为总价计量方式与从价计量方式，不同的价值计量方式下会产生不同的评估技术思路。

1. 总价计量方式下市场法的思路。无形资产的总价计量方式又称绝对计量方式，就是以一个总价值计量一项无形资产的价值，这种计量方式也是目前国内资产评估界采用较为普遍的计量方式，如一项专利资产转让价300万元、一项商标资产转让价1 000万元等都是以总价计量方式计量其价值的。

总价计量方式下的市场法评估程序与市场法基本评估程序大致相同，即通过收集可比的无形资产交易案例，针对被评估对象和参照物之间的差异，对参照案例的价格进行调整，从而确定被评估对象的价值。在此方法下，重点是选择合适的参照案例及差异分析调整。

2. 从价计量方式下市场法的思路。无形资产的从价计量方式又称相对计量方式，就是按照无形资产所组成的业务资产组可以获得的"组合收益"计量无形资产的价值。该计量方式的依据是认为一项无形资产往往不能单独发挥作用，一定需要与其他有形资产组成一个业务资产组共同发挥作用。该资产组发挥作用的能力是由资产组中的无形资产与有形资产共同决定的。因此，该无形资产的价值总量与组成的业务资产组的规模、大小是密切相关的。无形资产的价值可以用其在资产组收益中的贡献份额来表示。从价计量方式最典型的形式包括以收入分成率为核心参数的从价计量方式和以利润分成率为核心参数的从价计量方式。

从价计量方式下的无形资产评估通常不需要评估出无形资产的绝对价值，而是给出一个相对的比率，如收入分成率或利润分成率。因此，无形资产的从价计量方式下市场法评估实际上是收益法中许可费节省法的一个步骤，即通过类比的方法确定收入分成率或利润分成率。该方法也同样包括可比对象选择和差异分析调整两个重要的步骤。

由于从价计量方式下评估的是无形资产的分成率，即无形资产在资产组中的贡献份额，因此可比对象的选择可以是实际发生的无形资产成交案例，以实际成交案例的分成率调整确定被评估对象的分成率，也可以是其他公司相似的无形资产，以类比公司相似无形资产的贡献率调整确定被评估对象的分成率。差异的调整主要包括标的无形资产与可比无形资产对各自产品收益贡献的差异调整以及入门费绝对值大小对分成影响的差异调整。

（二）应用市场法评估无形资产应注意的事项

1. 具有合理比较基础的类似无形资产。是否能寻找到具有合理比较基础的类似无形资产的交易案例，是能否运用市场法评估无形资产的关键。具有合理比较基础的类似无形资产是指至少与被评估无形资产形式相似、功能相似、载体相似，以及交易条件相似。所谓形式相似，是指参照物与被评估资产按照无形资产分类原则，可以归并为同一类。所谓功能相似，是指尽管参照物与被评估资产的设计和结构不尽相同，但它们的功能和效用应该相同或相似。所谓载体相似，是指参照物与被评估资产所依附的产品或服务应满足同质性要求，所依附的企业应满足同行业与同规模的要求。所谓交易条件相似，是指参照物的成交条件与被评估资产模拟的成交条件在宏观、中观和微观层面上都应大体接近，如供求关系、产业政策、市场结构、交易方式（是所有权转让还是使用权转让）、许可程度等。

现实中找到"可比"的可比对象是非常困难的，特别是在总价计量方式下，不但需要找到"可比"的无形资产，还需要找到"可比"的所依附的业务资产组。这几乎是难以完成的，因此通过总价计量方式的市场法评估一般不具有适用性。而从价计量方式下由于是评估无形资产的分成率，该方法受所依附的业务资产组规模、大小限制较小，尤其是参照类比公司评估分成率，并不需要通过实际的成交案例来对比，也不需要考虑交易条件的限制，因此，该方法具有较强的操作性。

2. 除收集类似的无形资产交易的市场信息外，还需收集被评估无形资产的以往交易信息。收集类似的无形资产交易的市场信息是为横向比较提供依据，而收集被评估无形资产的以往交易信息是为纵向比较提供依据。在运用市场法评估无形资产时之所以需要纵向比较，是因为无形资产具有依法实施多元和多次授权经营的特征，从而使过去交易的案例成为未来交易的参照依据。但是，也应注意时间、地点、交易主体和交易条件的变化会影响被评估无形资产的未来交易价格。

3. 从价计量方式下分成率的调整应注意的问题。在从价计量方式下的评估中，利用可比对象的分成率来估算被评估资产的分成率，通常需要对可比对象的分成率进行调整。而调整时两者之间销售利润率往往是重点考虑的差异因素，但应特别关注分成率的实质是单位产品收益中应该分给无形资产的比率，这是一个分配比例指标而不是一个绝对价值指标，是一项针对无形资产贡献率的指标而不是针对无形资产所依附业务资产组获利能力的指标。无形资产所依附资产组获利能力强并不一定代表无形资产的贡献率高，即并不一定代表无形资产的分成率会高，这两者之间没有必然联系。

第三节 专利权和专有技术评估

专利权和专有技术虽属于不同的概念，具有各自的特点，但两者都属于技术型无形资产，是知识产权型无形资产的重要组成部分。两者在评估目的、评估方法方面具有相似性。

一、专利权的概念、特点及转让方式

（一）专利权的概念

专利权又称专利，是指由国家知识产权局或代表几个国家的地区机构认定，根据法律批准授予专利所有人在一定期限内对其发明创造享有的独占使用权、转让权、许可权等权利。任何人如果要利用该项专利进行生产经营活动或出售使用该项专利制造的产品，需事先征得专利所有人的许可，并付给报酬。专利一般包括发明专利、实用新型专利和外观设计专利。

1. 发明专利。发明专利是指以发明为保护客体的专利权。发明是指对产品、方法或者改进所提出的新的技术方案。发明一般分为产品发明和方法发明两类。产品发明是指人们通过研究开发出来的关于各种新产品、新材料、新物质等的技术方案，如电子计算机、超导材料等。方法发明是指人们为制造产品或者解决某个技术课题而研究开发出来的关于操作方法、制造方法以及工艺流程等的技术方案，如汉字输入方法、无铅汽油的提炼方法等。发明具有如下特征。

第一，发明必须利用自然规律。发明是一种技术方案，必须在利用自然规律的基础上发展，因此，发明是利用自然规律或自然现象的结果。没有利用自然规律和自然现象的方案则不属于技术方案，如财务结算办法、体育比赛规则、逻辑推理法等，均不属于专利法意义上的发明。但是，自然规律本身不是发明。

第二，发明是具体的技术性方案。所谓具体是指发明必须能够实施，达到一定效果并具有可重复性。

第三，发明是新的技术方案。与现有技术相比，要求发明必须是前所未有

的，如果只是重复前人的成果而没有任何创新，不能被称为发明。

2. 实用新型专利。实用新型专利是指以实用新型为客体的专利权。实用新型是指对产品的形状、构造或者其结合所提出的适于实用的新的技术方案。实用新型具有如下特征。

第一，实用新型是一种新的技术方案。

第二，实用新型仅限于产品，不包括方法。

第三，实用新型要求产品必须是具有固定的形状、构造的产品。气态、液态、凝胶状或颗粒粉末状的物质或者材料，不属于实用新型的产品范围。

3. 外观设计专利。外观设计专利是指以工业品外观设计工作为保护客体的专利权。外观设计是指对产品的整体或局部形状、图案或者其结合以及色彩与形状、图案的结合所作出的富有美感并适于工业应用的新设计。外观设计具有如下特征。

第一，外观设计必须与产品相结合。外观设计是产品的外观设计，外观设计必须以产品的外表为依托，构成产品与设计的组合。

第二，外观设计必须能在产业上应用。外观设计必须能够用于生产经营目的的制造或生产。如果设计不能用工业的方法复制出来，或者达不到批量生产的要求，就不是专利法意义上的外观设计。

第三，外观设计富有美感。外观设计包含的是美术思想，即解决产品的视觉效果问题，而不是技术思想。

此外，在其他国家还设有植物专利、产品专利、方法专利、改进专利、独立专利、从属专利、输入专利等。

（二）专利权的特点

1. 独占性，也称排他性。同一内容的技术发明只授予一次专利，对于已取得专利权的技术，任何人未经许可不得进行营利性实施。

2. 地域性。任何一项专利只在其授权范围内才有法律效力，在其他地域范围内不具有法律效力。一国所确认和保护的专利，只在本国和所参加的国际专利联盟成员方范围内有效。超出了这个范围，专利权就失效了。

3. 时间性。依法取得的专利权在法定期限内有效，受法律保护。我国专利法规定，发明专利的保护期限为 20 年，实用新型专利和外观设计专利的保护期限为 10 年，均自申请日起计算。期满后，专利权人的权利自行终止。一旦超过规定的保护期限，专利法将不再提供保护，专利将不再为专利权人带来超额经济收益，也就不具有无形资产价值。

4. 可转让性。专利权可以转让，由当事人订立合同，并经原专利登记机关或相应机构登记和公告后生效。专利权一经转让，原发明者不再拥有专利权，专利权由购入者所有。

5. 共享性。专利权也可以通过使用权转让的方式授权他人使用，而且同一专利可以授权许可多家在同一时间共同使用。

除了以上特性，专利资产作为无形资产，还具有以下两个特点。

一是确认的复杂性。由于专利技术的盈利能力是通过法律保护获得的，法律在对专利技术提供保护的同时，也对专利技术获得保护的条件做了明确的规定。另外，法律还对专利技术获得保护的范围及时限等做了明确规定。这就使专利资产与一般有形资产相比，在资产确认方面比较复杂。

二是盈利的不确定性。与有形资产相比，专利资产的盈利能力具有一定的不确定性。这种不确定性主要体现为专利资产在应用过程中有可能面临的技术风险、市场风险、资金风险及管理风险。另外，专利资产作为一种无形资产，在交易过程中存在一定的困难，包括专利技术交易价格的不确定性、专利技术移植的复杂性及专利技术交易的多样性等，这都造成了专利资产价值实现的困难。因此，评估人员在评估过程中应充分考虑到专利资产的这一特点。

（三）专利权的转让方式

专利权转让情形及转让形式的不同，确定的价值类型也不一样，其评估方法的应用也有一定的差异性。

专利权的转让一般有两种情形：一种是刚刚研究开发的新专利技术，专利权人尚未投入使用就直接转让给接受方；另一种是转让的专利已经过长期的或一段时间的生产，是行之有效的成熟技术，而且转让方仍在继续使用。

专利权转让形式很多，但总体来说可以分为全权转让（所有权转让）和使用权转让。使用权转让往往通过技术许可贸易形式进行，专利权技术许可贸易合同的内容包括使用权的权限、时间期限、地域界线和处理纠纷的仲裁程序等。

1. 使用权限。专利权转让按技术使用权限的大小，可分为以下几种。

（1）独家使用权，是指在许可证合同所规定的时间和地域范围内卖方只把技术转让给某一特定买方，买方不得卖给第二家买主。同时卖主自己也不得在合同规定范围内使用该技术和销售该技术生产的产品。显然，这种转让方式卖方索价会比较高。

（2）排他使用权，是指卖方在合同规定的时间和地域范围内只把技术授予买方使用，同时卖方自己保留使用权和产品销售权，但不再将该技术转让给第三者。

（3）普通使用权，是指卖方在合同规定的时间和地域范围内可以向多家买主转让技术，同时卖方自己也保留技术使用权和产品销售权。

（4）回馈转让权，是指卖方要求买方在使用过程中将对转让的技术的改进和发展反馈给卖方的权利。

2. 地域范围。技术许可证大多数都规定明确的地域范围，如某个国家或地区，授予和保护的专利权仅在该国或地区的范围内有效，买方的使用权不得超过这个地域范围，对其他国家和地区不发生法律效力，其专利权是不被确认与保护的。

3. 时间期限。技术许可证合同一般都规定有效期限，时间的长短因技术而异。一项专利技术的许可期限一般要和该专利的法律保护期相适应。

4. 法律和仲裁。技术许可证合同是法律文件，是依照参与双方所在地的法律来制定的，受法律保护，是当一方毁约时另一方可循法律程序追回损失的权益。

显然，不同的转让形式，其市场条件、收益获得情况以及收益分割情况也不相同，其评估结果也不相同。

二、专有技术的概念、特点及价值影响因素分析

（一）专有技术的概念

专有技术又称非专利技术、技术秘密，是指未经公开、未申请专利的知识和特有经验，主要包括设计资料、技术规范、工艺流程、材料配方、经营诀窍以及图纸、数据等技术资料，也包括专家、技术人员、工人等所掌握的经验、知识和技巧等。

（二）专有技术的特点

专有技术与专利权不同，从法律角度来讲，它不是一种法定的权利，而仅仅是一种自然的权利，是一项收益性无形资产。从这一角度来说，进行专有技术的评估，应该鉴定专有技术，分析、判断其存在的客观性，这一判断要比专利权的判断略显复杂。一般根据以下特点判断专有技术的存在。

（1）实用性。专有技术必须能够在生产实践过程中操作才有存在价值，不能应用的技术不能被称为专有技术。

（2）新颖性。专有技术所要求的新颖性与专利技术的新颖性不同，专有技术并非要具备独一无二的特性，但它也决不能是任何人都可以随意得到的东西。

（3）价值性。专有技术必须有价值，表现在它能为企业带来超额利润。价值是专有技术能够转让的基础。

（4）保密性。保密性是专有技术的最主要因素。如前所述，专有技术不是一种法定的权利，其自我保护是通过保密性进行的。该项技术一经泄密和公开，被众人所熟悉和掌握，这项专有技术也就不存在了。

另外，专有技术与专利技术的区别表现在以下几个方面。

（1）专有技术具有保密性，而专利技术则是在《专利法》规定范围内公开的。一项技术一经公开，获取它所耗费的时间与投资远远小于研制它所耗费的时间和投资，必须要有法律手段保护发明者的所有权。而没有申请专利又不公开的技术，所有者只有通过保密手段进行自我保护。

（2）专有技术的内容范围很广，包括设计资料、技术规范、工艺流程、材料配方、经营诀窍和图纸等，专利技术通常包括三种，即发明、外观设计和实用新型。

(3) 专利技术有明确的法律保护期限，专有技术没有法律保护期限。

(4) 对专利技术的保护通常按《专利法》条文进行，对专有技术保护的法律主要有《中华人民共和国民法典》《中华人民共和国反不正当竞争法》等。

（三）影响专有技术评估值的因素分析

在专有技术评估中，应注意研究影响专有技术评估值的各项因素。这些因素包括以下几种。

(1) 专有技术的使用期限。专有技术依靠保密手段进行自我保护，没有法定保护期限。但是，专有技术作为一种知识和技巧，会因技术进步、市场变化等因素而终究被先进技术所替代。作为专有技术本身，一旦成为一项公认的使用技术，它特有的价值也就不复存在了。因此，专有技术的使用期限应由评估者根据本领域的技术发展情况、市场需求情况及技术保密情况进行估计，也可以根据双方合同的规定期限、协议情况估算。

(2) 专有技术的预期获利能力。专有技术具有使用价值和价值，使用价值是专有技术本身应具有的，而专有技术的价值则在于专有技术的使用所能产生的超额获利能力。因此，评估时应充分研究分析专有技术的直接和间接获利能力，这是确定专有技术评估值的关键，也是评估过程中的难点所在。

(3) 专有技术的市场情况。技术商品的价格也取决于市场供求情况。市场需求越大，其价格越高，反之则越低。从专有技术本身来说，一项专有技术的价值高低取决于其技术水平在同类技术中的领先程度。在科学技术高速发展的情况下，技术更新换代的速度加快，无形损耗加大，一项专有技术很难持久地处于领先水平。另外，专有技术的成熟程度和可靠程度对其价值量也有很大影响。技术越成熟、可靠，其获利能力越强，风险也越小，卖价就越高。

(4) 专有技术的开发成本。专有技术取得的成本也是影响专有技术价值的因素。评估中应根据不同技术特点研究开发成本和其获利能力的关系。

三、专利权和专有技术评估的程序

专利权和专有技术的评估，一般按下列程序进行。

（一）明确评估目的

技术型无形资产的评估目的主要有：
(1) 技术型资产产权变更；
(2) 技术型资产转让使用权；
(3) 技术型资产变更经营主体或经营性质；
(4) 以技术型资产投资入股；
(5) 清产核资中技术型资产的摊销；
(6) 技术型资产的捐赠价值；

(7) 对确定侵犯他人知识产权的损害赔偿值；

(8) 其他目的，如质押融资、以财务报告为目的评估等。

(二) 证明和鉴定被评估无形资产的存在

1. 专利权的鉴定。证明和鉴定专利权的存在，先应由企业提供有关专利权的详细说明，证明专利权存在的资料一般有专利说明书、专利要求书、专利证书、有关法律性文件以及当年缴费证明等。作为被评估的专利权资产，还应具有明确的、核心的、区别于其他已有技术的实质性内容，应由有关专家鉴定该项专利的有效性和可用性。当然，专利检索也是实施鉴定的重要环节。核实专利权的有效性可以从以下两个方面入手。

一是核实该专利是否为有效专利，著录项目是否属实。对专利权的核实，不能仅凭"专利证书"确认该专利的有效性。"专利证书"虽是依法授予专利权的凭证，但在授权以后，专利权随时可能因各种因素而失效，如未交年费或是经过无效程序都可能导致丧失专利权。根据我国专利管理制度，失效后的"专利证书"国家并未收回，而是在《专利公报》上予以公告作废，但是作废的"专利证书"仍保留在原专利权人手中。因此，不能仅以"专利证书"证明专利权的有效性，还必须要求委托人提供由省、自治区、直辖市、国务院有关部委专利管理机关出具的确权证明，或通过检索，确认该专利权的法律状态是否为有效。对于已向专利部门提出专利申请并正在受理中的专利申请权，要核实专利部门发出的"受理通知书"和缴费凭证等。

二是核实该专利是否具有专利性。由于我国对实用新型专利实行初步审查制度，很多已授权的实用新型专利是不符合《专利法》的实质性要求的。因此，即使是有效的实用新型专利，仍可能因不具备"三性"（新颖性、创造性和实用性），经过无效程序，丧失专利权。在无效程序中，关键是对专利是否具有专利性的判断。实用新型专利的稳定性是不足的。专业评估人员在评估之前，应当对委估对象的权利稳定性进行分析，但鉴于专利的专业性较强，必要时应咨询或借助该专利领域的专家。只有在确定专利权有效的前提下，才能够开展对专利的评估。丧失专利权的专利，实际上也就丧失了作为资产的条件，不再具有评估意义上的价值。因此，对于专业的评估人员来讲，应先确定评估对象权利的有效性再进行具体的价值评估。

2. 专有技术的鉴定。由于专有技术不具备证明其存在的法律性文件，只能依靠有关专家根据其特征进行鉴定。此外，有观点认为，从评估者自我保护的角度应重点做两方面的工作：一是审查技术拥有方是否采取了保密措施；二是要求委托方出具承诺函，承诺该技术为自己开发或购买的并采取了保密措施的专有技术。

(三) 确定评估方法，收集相关资料

专利权与专有技术最常用的评估方法是收益法，有时也会用到成本法。方法

的运用不在于其表达形式，更重要的是有关技术指标参数的确定，因此，收集相关资料并加以选择整理是一项重要的工作。需要收集的资料主要有以下内容。

（1）被评估资产的研制、开发成本。如果是已使用过的专利，还应收集前若干年（一般为三年）为本企业创造的效益资料。

（2）被评估资产的先进性、适用性与经济合理性的有关权威部门的鉴定与证明文件。

（3）技术成熟程度和预期寿命。

（4）预期在何种生产规模下该资产的应用可能产生的效益。

（5）市场预测情况，包括市场需求、占有率、同行业或同类产品的竞争情况、行业平均收益率等。

（6）该资产的转让情况，包括转让方式、转让次数、地区等。

（7）预期定价范围。

上述资料中的许多部分需要由委托方提供和协助提供。评估人员在此基础上还应对上述资料、信息加以整理和分析。这些分析包括以下四种。

（1）技术状况分析，包括技术先进性确认、技术成熟程度和寿命周期分析等。就技术成熟程度而言，一项技术的成长具有四个阶段，即开发、发展、成熟和衰退四个时期。不同技术的成熟程度差异很大，有的已经过工业化试验阶段，不需再作进一步的二次开发，有的却不够成熟，仅仅完成了开发，对于批量生产中的许多问题，如原材料来源问题、政策性问题等都尚未考虑到，在运用中风险较大。

寿命周期分析即对专利或专有技术的可能有效利用年限的分析。在科技发达的今天，技术更新的周期加快，一项新产品占领市场的时间多则七八年，短的只有一两年，这反映了技术寿命的长短。即使是同类技术，其更新时间也是不同的。

（2）收益能力分析。收益能力高低是评估专利权和专有技术价值高低的重要标准。收益能力的分析，应结合未来预测期内的投资量、生产规模、产量、价格、销售额、成本、利润的预测进行。

（3）市场分析。市场分析包括应用该项技术的产品市场需求总量分析、市场占有率分析、风险分析等。

（4）投资可行性分析。通过分析确定各有关技术参数、指标，最后进行评定估算，确定评估值。

（四）完成评估报告，并加以详尽说明

评估报告是专利权评估结果的最终反映，但这种结果是建立在各种分析、假设基础之上的。为了说明评估结果的有效性和实用性，评估报告中应详尽说明评估中的各有关内容，这些内容包括以下两方面。

1. 专利技术成熟度。如果该专利技术已经付诸实施，应说明其实施运用情况、技术本身先进程度、有无转让记录、实施中若干问题等；如果该专利尚未实施，应说明评估值测定中的依托条件，包括技术本身、受让方条件、市场预测等。

2. 接受方可受度的分析。成熟的专利技术对接受方的要求，即可受度，包括对接受方基础设施、技术素质、投资规模、资金需求等方面的要求和预测。

这些分析有助于说明评估结果的有效性和适用性，也是用以说明报告者承担法律责任和义务的区间，同时也为买卖双方提供分析的依据。

四、专利权和专有技术的评估方法

专利权和专有技术主要采用的评估方法是收益法，特殊情况下也可以采用成本法。

（一）运用收益法评估专利权和专有技术

无形资产评估的收益法已在前面的有关章节中进行了详细介绍，用收益法评估专利权和专有技术的根本问题还是如何寻找、判断、选择和测算评估中的各项技术指标和参数，即收益额、折现率和获利期限。技术型无形资产一般通过分成的方法进行转计，下面通过具体的例子说明收益法在专利权和专有技术评估中的运用。

【例 5-9】某公司拟以其拥有的一项专用技术对外投资，委托评估机构对该专有技术进行评估。根据投资双方协议，确定该专用技术收益期限为 5 年，评估基准日为 2022 年 12 月 31 日。评估过程如下。

（1）经分析，接受投资方使用该项专有技术后，可以通过提高产品质量使其产品价格高出同类产品，并且产品的生产成本也比同类产品下降，评估人员预测计算专有技术未来 5 年带来的超额收益，结果如表 5-1 所示。

表 5-1　　　　　　　　未来 5 年专有技术超额收益预测

项　目	2023 年	2024 年	2025 年	2026 年	2027 年
销售量（件）（1）	350	400	450	450	500
售价提高（元/件）（2）	100	100	95	95	95
成本节约（元/件）（3）	20	20	20	20	20
增加税前收益（元）（1）×[（2）+（3）]	42 000	48 000	51 750	51 750	57 500
税后超额收益（元）（所得税税率25%）	31 500	36 000	38 812.5	38 812.5	43 125

（2）确定折现率。根据同期国债收益率确定无风险利率为 3.5%，根据技术所属行业和市场情况确定风险利率为 11.5%，由此确定折现率为 15%。

（3）计算确定评估值。

$$\text{专有技术评估值} = \sum_{t=1}^{5} \frac{\text{各年专有技术超额收益}}{(1+r)^t}$$

$$= 31\ 500 \times 0.8696 + 36\ 000 \times 0.7561 + 38\ 812.5 \times 0.6575$$
$$+ 38\ 812.5 \times 0.5718 + 43\ 125 \times 0.4972$$
$$= 123\ 766（元）$$

【例 5-10】 A 公司 5 年前自行开发了一项大功率电热转换体及其处理技术，并获得发明专利证书，专利保护期 20 年。现在，该公司准备将该专利技术出售给另一家企业。现需要对该项专利技术进行评估。

评估分析和计算过程如下。

(1) 评估对象和评估目的。由于 A 公司系出售该项专利，因此，转让的是专利技术的所有权。

(2) 专利技术鉴定。该项技术已申请专利，该技术所具备的基本功能可以从专利说明书以及有关专家鉴定书中得到。此外，该项技术已在 A 公司使用了 5 年，产品已进入市场，并深受消费者欢迎，市场潜力较大。因此，该项专利技术的有效功能较好。

(3) 评估方法选择。该项专利技术具有较强的获利能力，而且，同类型技术在市场上被授权使用情况较多，分成率容易获得，从而为测算收益额提供了保证。因此，决定采用收益法进行评估。

(4) 判断确定评估参数。根据对该类专利技术的更新周期以及市场上产品更新周期的分析，确定该专利技术的剩余使用期限为 4 年。根据对该类技术交易实例的分析，以及该技术对产品生产的贡献性分析，确定销售收入分成率为 3%。

根据过去经营绩效以及对未来市场需求的分析，评估人员对未来 4 年的销售收入进行预测，结果如表 5-2 所示。

表 5-2　　　　　　　　　　预期销售收入测算结果　　　　　　　　　单位：万元

年份	销售收入
2023	6 000
2024	7 500
2025	9 000
2026	9 000

根据当期的市场投资收益率及专利的风险情况，确定该专利技术评估中采用的折现率为 15%。

(5) 计算评估值，得出结论如表 5-3 所示。

表 5-3　　　　　　　　　　　评估值计算　　　　　　　　　　单位：万元

年份	销售收入①	分成额②=①×3%	税后净额③=②×(1-25%)	收益现值 ($r=15\%$)
2023	6 000	180	135	117.396
2024	7 500	225	168.75	127.592

续表

年份	销售收入①	分成额②=①×3%	税后净额③=②×(1−25%)	收益现值（$r=15\%$）
2025	9 000	270	202.5	133.144
2026	9 000	270	202.5	115.790
合计				493.922

注：所得税税率为25%。

因此，该专利技术的评估值为493.922万元。

（二）运用成本法评估专利权和专有技术

1. 运用成本法评估专利权。成本法应用于专利技术的评估，重要的在于分析计算其重置完全成本构成、数额以及相应的成新率。专利分为外购和自创两种，外购专利技术的重置成本确定比较容易。自创专利技术的成本一般由下列因素构成。

（1）研制成本，可分为直接成本和间接成本。

直接成本是指研制过程中直接投入发生的费用，一般包括：①材料费用，即为完成技术研制所耗费的各种材料费用；②工资费用，即聘请参与研制技术的科研人员和相关人员的费用；③专用设备费，即为研制开发技术所购置的专用设备的摊销；④资料费，即为研制开发技术所需的图书、资料、文献、印刷等费用；⑤咨询鉴定费，即为完成该项目发生的技术咨询、技术鉴定费用；⑥协作费，即项目研制开发过程中某些零部件的外加工费以及使用外单位资源的费用；⑦培训费，即为完成本项目委派有关人员接受技术培训的各种费用；⑧差旅费，即为完成本项目发生的差旅费用；⑨其他费用。

间接成本是指与研制开发有关的费用，主要包括：①管理费，即为管理、组织本项目开发所负担的管理费用；②非专用设备折旧费，即使用通用设备、其他设备所负担的折旧费；③应分摊的公共费用及能源费用。

（2）交易成本是指发生在交易过程中的费用支出，主要包括：①技术服务费，即卖方为买方提供专家指导、技术培训、设备仪器安装调试及市场开拓等发生的费用；②交易过程中的差旅费及管理费，即谈判人员和管理人员参加技术洽谈会和在交易过程中发生的食宿及交通费等；③手续费，即有关的公证费、审查注册费用、法律咨询费等；④税金，即无形资产交易、转让过程中应交纳的增值税。

（3）专利费。专利费是指申请和维持专利需要缴纳的费用，主要包括以下内容：

①申请费、申请附加费、公布印刷费、优先权要求费；

②发明专利申请实质审查费、复审费；

③专利登记费、公告印刷费、年费；

④恢复权利请求费、延长期限请求费；

⑤著录事项变更费、专利权评价报告请求费、无效宣告请求费。

由于评估目的不同,其成本构成内涵也不一样,在评估时应视不同情形考虑以上成本的全部或一部分。

专利技术评估中成新率的估算方法详见本章第二节的内容。下面举例说明成本法用于专利技术评估的过程。

【例 5-11】某股份公司由于经营管理不善,企业经济效益不佳,亏损严重,将要被同行业的另一家公司兼并,需要对其全部资产进行评估。该公司有一项专利技术(实用新型),两年前自行研制开发并获得专利证书。现需要对该专利技术进行评估。

评估分析和计算过程如下。

(1) 确定评估对象。该项专利技术系被兼并公司自行研制开发并申请专利权,公司对其拥有所有权。被兼并公司资产中包括该项专利技术,因此,确定的评估对象是专利技术所有权。

(2) 技术功能鉴定。该项专利技术的专利权证书、技术检验报告书均齐全。根据专家鉴定和现场勘查,表明该项专利技术在应用中对于提高产品质量、降低产品成本均有很大作用,效果良好,与同行业同类技术相比较,处于领先水平。至于企业经济效益不佳、产品滞销的原因在于企业管理人员素质较低,管理混乱。

(3) 评估方法选择。该公司经济效益欠佳,故很难确切地预计该项专利技术的超额收益;同类技术在市场上尚未发现有交易案例,因此,决定选用成本法。

(4) 各项评估参数的估算。先分析测算其重置完全成本。该项专利技术系自创形成,其开发形成过程中的成本资料可从企业中获得。具体如下:

材料费用	45 000 元
工资费用	10 000 元
专用设备费	6 000 元
资料费	1 000 元
咨询鉴定费	5 000 元
专利申请费	3 600 元
培训费	2 500 元
差旅费	3 100 元
管理费分摊	2 000 元
非专用设备折旧费分摊	9 600 元
合计	87 800 元

考虑到专利技术难以复制的特征,各类消耗仍按过去实际发生额计算,对其价格可按现行价格计算。根据考察、分析和测算,近两年生产资料价格上涨指数分别为 2% 和 3%。由于该项专利技术开发中工资费用所占份额很少,因此,可以将全部成本按生产资料价格指数调整,即可估算出重置完全成本。

重置完全成本 = 87 800 × (1 + 2%) × (1 + 3%) = 92 242.68（元）

对于该项实用新型专利技术，法律保护期限为 10 年。根据专家鉴定分析和预测，该项专利技术的剩余使用期限为 5 年，由此可以计算成新率为：

$$成新率 = \frac{5}{2+5} \times 100\% = 71.43\%$$

（5）计算评估值，得出结论。

评估值 = 92 242.68 × 71.43% = 65 888.95（元）

确定该项专利技术的评估值为 65 888.95 元。

2. 运用成本法评估专有技术。成本法评估专有技术的原理与专利技术的评估基本相同，下面通过例子说明专用技术评估中的成本法运用。

【例 5 – 12】某企业现有不同类型的设计工艺图纸 8 万张，需进行评估，以确定该设计工艺图纸的价值。

评估过程如下。

第一步，分析鉴定图纸的使用状况。评估人员根据这些图纸的尺寸和所给产品的种类、产品的周期进行分析整理。根据分析，将这些图纸分成以下 4 种类型（这也是一般用于确定图纸类型的标准）。

（1）活跃/当前型：6.2 万张。其是指现正在生产、可随时订货产品的零部件、组合件的工程图纸及其他工艺文件。

（2）半活跃/当前型：0.9 万张。其是指目前已不再成批生产但仍可订货产品的零部件、组合件的工程图纸及其他工艺文件。

（3）活跃/陈旧型：0.7 万张。其是指计划停止生产但目前仍可供销售产品的零部件、组合件的工程图纸及其他工艺文件。

（4）停止生产而且不再销售产品的零部件、组合件的工程图纸及其他工艺文件，计 0.2 万张。

根据分析确定，继续有效使用的图纸共计 7.1 万张。

第二步，估算图纸的重置完全成本。根据图纸设计、制作耗费及其现行价格分析确定，这批图纸每张的重置成本为 150 元。由此可以计算出这批图纸的重置完全成本。

图纸的重置完全成本 = 71 000 × 150 = 10 650 000（元）

第三步，估算图纸的贬值。对重置完全成本总额还需按其产品的剩余使用年限与总使用年限的比较百分比（也称条件百分比）进行调整。即：

$$条件百分比 = (剩余使用年限/总使用年限) \times 100\%$$

假如活跃/当期型图纸对应产品的剩余使用年限为 7 年，总使用年限为 12 年，则其条件百分比为：

条件百分比 = 7/12 × 100% = 58.33%

由此确定的贬值率则为 41.67%。依照这种做法，可以分别计算每种类型图纸的条件百分比。为了简化估算，假定估算出综合条件百分比为 46%。

第四步,估算这些图纸的价值。即:
10 650 000×46% =4 899 000(元)

第四节　商标权的评估

一、商标与商标权

(一)商标及其分类

商标是商品或服务的标记,是生产者或经营者为了把自己的商品或服务区别于他人的同类商品或服务,在商品上或服务中使用的一种特殊标记。根据《中华人民共和国商标法》(以下简称《商标法》)的规定,任何能够将自然人、法人或者其他组织的商品与他人的商品区别开的标志,包括文字、图形、字母、数字、三维标志、颜色组合和声音等,以及上述要素的组合,均可以作为商标申请注册。

商标的作用表现在以下几个方面:商标表明商品或服务的来源,说明该商品或服务来自何企业或何地;商标能把一个企业提供的商品或服务与其他企业的同一类商品或服务区别开来;商标标志一定的商品或服务的质量;商标反映向市场提供某种商品或服务的特定企业的声誉。消费者通过商标可以了解这个企业的形象,企业也可以通过商标宣传自己的商品或服务,提高企业的知名度。

从经济学角度来说,商标的这些作用最终能为企业带来客观的超额收益。从法律角度来说,保护商标也就是保护企业拥有商标获取超额收益的权利。

商标的种类很多,可以依照不同标准予以分类。

1. 按商标是否具有法律保护的专用权,商标可以分为注册商标和未注册商标。注册商标是指满足《商标法》的规定,经政府商标管理行政主管部门批准注册的商标。我国《商标法》规定:经商标局核准注册的商标为注册商标,包括商品商标、服务商标和集体商标、证明商标;商标注册人享有商标专用权,受法律保护。而非注册商标则是指未经政府商标管理行政主管部门批准注册的商标。普通的非注册商标不受法律保护。我们所说的商标资产的评估,指的是注册商标专用权的评估。

2. 按商标的构成,商标可以分为文字商标、图形商标、符号商标、文字图形组合商标、色彩商标、三维标志商标、声音商标等。

3. 按商标的不同作用,商标可以分为商品商标、服务商标、集体商标和证明商标等。其中,集体商标是指以团体、协会或者其他组织名义注册,供该组织成员在商事活动中使用,是表明使用者在该组织中的成员资格的标志;证明商标是指由对某种商品或者服务具有监督能力的组织所控制,而由该组织以外的单位或者个人使用于其商品或服务,用以证明该商品或服务的原产地、原料、制造方法、质量或者其他特定品质的标志。

4. 按商标的功能不同,商标可以分为经常使用的商标、防御商标、联合商标、扩展商标、备用商标。经常使用的商标是指单位在生产经营中经常使用的商标;防御商标是为了防止他人侵犯而申请使用一系列与自己商标近似而又相互联系的商标;联合商标是将同一商标在不同商品上注册,阻止别人在其他商品上使用自己已经注册的商标;扩展商标是指在同一商标的基础上,进行一系列的扩展注册,如注册汉字商标后,还注册英文的意译商标、音译商标。

5. 按商标的享誉程度,商标可以分为普通商标和驰名商标。普通商标是相对于驰名商标的一种对商标的称谓,通常是指没有特别的市场影响力及公众知晓程度不是很高的商标;驰名商标一般是指具有较大市场影响力、广为公众知晓并享有较高声誉的商标。在我国,驰名商标是国家知识产权局商标局根据企业的申请而认定的。

(二) 商标权

商标权是商标注册后,商标所有者依法享有的权益,它受到法律保障,未注册商标不受法律保护。商标权是以申请注册的时间先后为审批依据,而不以使用时间先后为审批依据。我国《驰名商标认定和保护规定》规定了非注册的驰名商标同样受法律保护,因此,驰名商标是个例外。从某种意义上来讲,驰名商标本身就是一种商标权。

商标权一般包括排他专用权(或独占权)、转让权、许可使用权、继承权等。排他专用权是指注册商标的所有者享有禁止他人未经其许可在同一种商品或类似商品上使用其商标的权利。转让权是指商标所有者作为商标权人,有权决定将其拥有的商标转让给他人。我国《商标法》规定,"转让注册商标的转让人和受让人应当共同向商标局提出申请。受让人应当保证使用该注册商标的商品质量""转让注册商标经核准后,予以公告"。许可使用权是指商标权人依法有权通过商标使用许可合同许可他人使用其注册商标。商标权人通过使用许可合同转让的是注册商标的使用权。继承权是指商标权人有权将自己的注册商标交给指定的继承人继承,但这种继承仍必须依法办理有关手续。

商标权和专利权一样都属于知识产权中的工业产权,它和专利权一样需要经过申请、审批、核准、公告等法定程序才能获得。但取得商标权与专利权的实质性条件不同,具体表现在:(1)《专利法》规定取得专利权的技术要求是新颖性、创造性和实用性;而商标权取得的条件是具有显著性、不重复性和不违反禁用条款。(2)专利权有法定的有效保护期限,一般不准续展;而商标权尽管在注册时有一个有效期规定,例如我国《商标法》规定商标注册的有效期为 10 年,但可以按照每一期 10 年无限续展。

商标权的价值是由商标所带来的效益决定的,带来的效益越大,商标价值就越高;反之则越低。而带来效益的原因在于商标代表的企业的产品质量、信誉、经营状况的提高。表面上来看,商标价值的形成来自设计和广告宣传,但实际并非如此。尽管在商标设计、制作、注册和保护等方面都需要花费一定的费用，有利于扩大商标知名度，广告宣传也需支付很高的费用，但这些花费只对商标价值起影响作用，而不是决定作用，起决定作用的是商标所能带来的超额收益。

二、商标权评估的程序

商标权评估可按下列程序进行。

1. 明确评估目的。评估目的即商标权发生的经济行为。从商标权转让方式来说，可以分为商标权转让和商标权许可使用。商标权转让是指转让方放弃商标权，转归受让方所有，实际上是商标所有权转让。商标许可使用则是拥有商标权的商标权人在不放弃商标所有权的前提下，特许他人按照许可合同规定的条款实施商标特许使用权。商标权转让方式不同，价值内涵也不一样，一般来说，商标所有权转让的评估值高于商标权许可使用的评估值。商标权评估情况一般包括商标权作为投资作价入股、商标权许可使用、商标权转让等。比较多的情况下，例如股份制改造或股份公司上市时，出于股本结构、出资要求等原因，往往将商标权许可使用，这样，既可以保证股份制企业正常生产经营所必需，又不影响其股权结构和出资规定。在这种情况下，不仅要对商标权进行评估，还应评估出年许可使用费标准，作为签订许可使用合同的依据。

2. 向委托方收集有关资料。

（1）委托方概况（包括经营历史、现状），经营业绩（包括前三至五年财务报表）。

（2）商标概况，包括商标注册有关的法律性证件、商标权人、注册时间、注册地点、注册证书号、保护内容、有效期及续展条件、商标的适用范围、商标的种类、商标的法律诉讼情况、许可使用和转让情况、商标的知名度、商标有无其他协议等。

（3）商标产品的历史、现状与展望，包括市场环境、同行业情况、商标产品的信誉、市场占有率情况等。

（4）商标的广告宣传等情况。

（5）委托方未来经营规划。

（6）未来财务数据预测，包括：生产、销售预测；成本费用预测；损益预测。

（7）相关产业政策、财税政策等宏观经济政策对其的影响。

3. 市场调研和分析。

（1）产品市场需求量的调研和分析；

（2）商标现状和前景的分析；

（3）商标产品在客户中的信誉、竞争情况的分析；

（4）商标产品市场占有率的分析；

（5）财务状况分析，分析判断商标产品现有获利能力和风险程度，为未来收益发展趋势预测提供依据；

(6) 市场环境变化的风险分析；

(7) 其他相关信息资料的分析。

4. 确定评估方法，收集确定有关指标。

商标权评估虽较多采用收益法，但也不排斥采用市场法和成本法。由于商标的单一性及获取同类商标价格比较困难，使得市场法应用受到限制。由于商标权投入产出的弱对应性，即有时设计、创造某种商标的成本费用较低，其带来的收益却很大；相反，有时设计、创造某种商标的成本费用较高，如为宣传商标投入了巨额的广告费，但带来收益却很小，因此，采用成本法评估商标权时必须慎重。

收益法评估商标权主要是分析确定收益额、折现率和收益期限三项指标。收益额、折现率的分析测算前已述及，不再赘述。收益期限的确定应是商标权评估时十分重要的问题。按照《商标法》的规定，商标权法律保护期限（注册）是10年，到期后可以续展。但是，在评估中不能简单地根据商标权的法律保护期（包括续展期）来确定收益期限，而是需具体预测被评估商标权获取超额收益的时间。

5. 计算、分析，得出结论，完成评估报告。

三、商标权评估举例

（一）商标权转让的评估

【例 5-13】 甲公司拟将已经使用 5 年的 Z 注册商标转让给乙公司。根据历史资料，甲公司近 5 年使用 Z 商标的产品每件可获超额利润 10 元，甲企业每年生产该产品 200 万件。该商标目前在市场上趋势较好，生产产品基本上供不应求。根据预测估计，该商标能够继续获取超额利润的时间是 10 年，在生产能力足够的情况下，这种商标产品每年可销售 250 万件，前 5 年每件可获超额利润 8 元；后 5 年每年可获取的超额利润会比前 5 年下降 15%。试评估这项商标权的价值（本案例中所指超额利润是指已扣所得税后的净利润）。

评估过程如下：

1. 先计算其预测期内超额利润：

前 5 年中每年的超额利润 = 250 × 8 = 2 000（万元）

后 5 年中每年的超额利润 = 2 000 × (1 - 15%) = 1 700（万元）

2. 根据企业的资金成本率及相应的风险报酬率，确定其折现率为 15%。

3. 确定该项商标权价值为：

商标评估值 = 2 000 × (P/A, 15%, 5) + 1 700 × (P/A, 15%, 5)

　　　　　　× (P/F, 15%, 5)

　　　　　= 2 000 × 3.3522 + 1 700 × 3.3522 × 0.4972

= 9 537.82（万元）

由此确定该商标权转让评估值约为 9 537.82 万元。

（二）商标权许可价值评估（商标使用权评估）

【例 5 – 14】甲包装机械厂将其所拥有的 T 注册商标使用权通过许可使用合同许可给生产同类包装机械的乙厂使用，合同约定的使用时间为 10 年。双方约定由乙厂每年按使用该商标新增利润的 40% 支付给甲厂作为商标使用费。试评估该商标使用权价值。

评估过程如下。

1. 预测使用期限内新增利润总额。新增利润总额取决于每台产品可新增利润和预计生产数量。根据评估人员预测，预计乙厂使用该商标后，每台产品新增利润 100 元，第 1 年将生产产品 1 万台，第 2 年将生产 2 万台，第 3 年将生产 4 万台，第 4 年至第 10 年每年产量稳定在 5 万台，由此确定每年新增利润为：

第 1 年：$1 \times 100 = 100$（万元）

第 2 年：$2 \times 100 = 200$（万元）

第 3 年：$4 \times 100 = 400$（万元）

第 4 ~ 10 年：$5 \times 100 = 500$（万元）

2. 确定折现率。根据该行业的风险状况，确定适用的折现率为 10%。由此，可以计算出每年新增利润的折现值（如表 5 – 4 所示）。

表 5 – 4　　　　　　　　　新增利润折现计算　　　　　　　　　单位：万元

时间	新增利润额	折现值
1 年	100	90.91
2 年	200	164.92
3 年	400	300.52
4 ~ 10 年	500	1 828.81
合计		2 385.16

3. 按 40% 的分成率计算确定商标使用权评估值为：

商标使用权评估值 = $2\,385.16 \times 40\% = 954.06$（万元）

第五节　其他可确指无形资产的评估

除了专利权、专有技术和商标权以外，可确指无形资产还包括著作权、特许权、租赁权、购销合同、计算机软件、商业秘密等。这些无形资产都具备无形性、盈利性等无形资产的一般特征，前述关于专利权、非专利权及商标权的评估方法，都可通过一定的修正并结合评估实践加以创新运用到这些无形资产的评估中。本节简要介绍著作权、计算机软件、特许权的评估。

一、著作权评估

（一）著作权的概念

著作权也称版权，是指文学、艺术作品和科学作品的创作者依照法律规定对这些作品所享有的各项专有权利。它是知识产权的一个重要组成部分，也是现代社会发展中不可缺少的一种法律制度。根据《中华人民共和国著作权法》（以下简称《著作权法》）的规定，著作权包括人身权和财产权这两种不同的民事权利，这是著作权的主要特点。其中，人身权包括发表权（决定作品是否公布于众的权利）、署名权（表明作者身份，在作品上署名的权利）、修改权（包括授权他人修改作品的权利）、保护作品完整权（保护作品不受歪曲、篡改的权利）。

著作权中的财产权是通过使用权和获得报酬权来体现的，具体包括以下内容。

1. 复制权，即以印刷、复印、拓印、录音、录像、翻录、翻拍、数字化等方式将作品制作一份或者多份的权利。

2. 发行权，即以出售或者赠与方式向公众提供作品的原件或者复制件的权利。

3. 出租权，即有偿许可他人临时使用视听作品、计算机软件的原件或者复制件的权利，计算机软件不是出租的主要标的的除外。

4. 展览权，即公开陈列美术作品、摄影作品的原件或者复制件的权利。

5. 表演权，即公开表演作品，以及用各种手段公开播送作品的表演的权利。

6. 放映权，即通过放映机、幻灯机等技术设备公开再现美术、摄影、视听作品等的权利。

7. 广播权，即以有线或者无线方式公开传播或者转播作品，以及通过扩音器或者其他传送符号、声音、图像的类似工具向公众传播广播作品的权利。

8. 信息网络传播权，即以有线或者无线方式向公众提供作品，使公众可以在其个人选定的时间和地点获得作品的权利。

9. 摄制权，即以摄制视听作品的方法将作品固定在载体上的权利。

10. 改编权，即改变作品，创作出具有独创性的新作品的权利。

11. 翻译权，即将作品从一种语言文字转换成另一种语言文字的权利。

12. 汇编权，即将作品或者作品的片段通过选择或者编排，汇集成新作品的权利。

13. 应当由著作权人享有的其他权利。

著作权必须通过一定的物质载体来体现，如书籍、照片、录像带、录音带、光盘等。著作人身权不能继承和转让，但是著作财产权可以。著作权人可以许可他人行使著作权的财产权，并依照约定或者《著作权法》有关规定获得报酬。此外，著作权人还可以全部或者部分转让著作权的财产权，并依照约定或者《著作权法》有关规定获得报酬。

享有著作权的主体主要是作者，也可以是除作者之外的其他依照《著作权法》享有著作权的公民、法人或其他组织。

（二）著作权的保护期

在著作权中，作者的署名权、使用权、保护作品完整权的保护期不受限制，永远归作者所有。公民作品的发表权、使用权和获得报酬权的保护期为作者终生至死亡后 50 年；若为合作作品，至最后死亡的作者死亡后 50 年。单位作品的发表权、使用权和获得报酬权的保护期为首次发表后 50 年。作者身份不明的作品，《著作权法》第十条第一款第五项至第十七项规定的权利的保护期截止于作品首次发表后第 50 年的 12 月 31 日。作者身份确定后，适用《著作权法》第二十一条的规定。作者生前未发表的作品，如果作者未明确表示不发表，作者死亡后 50 年内，其发表权可由继承人或者受遗赠人行使；没有继承人又无人受遗赠的，由作品原件的所有人行使。

电影、电视、录像和摄影作品的发表权、使用权和获得报酬权的保护期为首次发表后 50 年。

根据《中华人民共和国计算机软件保护条例》，软件版权自软件开发完成之日起产生。自然人的软件版权，保护期为自然人死亡后 50 年；合作开发的软件，保护期截止于最后死亡的自然人死亡后第 50 年的 12 月 31 日。法人或其他组织的软件版权，保护期为 50 年。

（三）著作权的评估

著作权评估的目的主要是著作财产权转让。著作财产权的转让是指著作权人将其著作财产权全部或部分的有偿转让。

著作权的评估一般采取收益法，当作品成本投入较大时，宜采用成本—收益法。

【例 5 – 15】某影视传媒公司拟出售其新近拍摄完成的一套电视剧著作权，经核算该电视剧制作的全部成本为 11 000 万元，其中支付给演员及创作人员的费用为 5 000 万元，制作费用为 6 000 万元。根据国内市场预测，该电视剧可以在未来 5 年每年获得收益 6 000 万元。评估该电视剧独家转让权的价值。

评估过程如下。

1. 确定评估方法。该电视剧制作投入了大量资金，预测未来收益也非常可观，因而采用成本—收益法进行评估。

$$评估价格 = 重置净值 + 收益现值 \times 利润分成率$$

2. 估算重置成本。该电视剧为近期制作，其间物价没有发生显著变化，不需要进行价格指数调整。经分析电视剧制作过程中创作人员及演员的创造性劳动倍加系数为3，创作的风险系数为6%，行业的投资报酬率为15%，该作品不存在无形贬值。

$$重置净值 = \frac{6\ 000 + 5\ 000 \times 3}{1 - 6\%} \times (1 + 15\%) = 25\ 691.49（万元）$$

3. 确定折现率。经分析评估基准日无风险利率为3%，影视剧行业风险报酬率确定为12%，折现率确定为15%。

4. 估算收益现值。据预测，未来5年该电视剧每年可获得收益6 000万元，则：

$$收益现值 = \sum_{t=1}^{5} \frac{6\ 000}{(1 + 15\%)^t} = 6\ 000 \times 3.3522 = 20\ 113.2（万元）$$

5. 确定分成率。根据电视剧发行放映中成本、广告费用等的预测，按照双方的约当投资量，并结合行业经验数据，确定的利润分成率为20%。

6. 确定评估值。

$$评估值 = 重置净价 + 收益现值 \times 利润分成率 = 25\ 691.49 + 20\ 113.2 \times 20\%$$
$$= 29\ 714.13（万元）$$

二、计算机软件的评估

（一）计算机软件的特点

计算机软件属于著作权的一种，但其又属于高度知识密集型的技术，具有技术型无形资产的特征。计算机软件不仅受到《著作权法》的保护，还受到《专利法》的保护。计算机软件的特点包括以下几点。

1. 智力成果性。软件是由一个人或许多人共同完成的高强度智力劳动的结晶，是建立在知识、经验和智慧基础上的具有独创性的产物。其经济价值是由软件中凝聚的知识决定的，这主要体现为软件中非物质的内容，如思想、方法、算法、诀窍等，它类同于一般工程设计图纸等无形资产，同其他具有创造性的精神产品有明显差异。

2. 无形性。软件产品是无形的，既没有质量，也没有体积及其他物理性质，它只收藏在某种有形的载体中，如光盘等介质，而且是通过该载体进行交易，也就是说，带有软件的光盘的交换价值，是光盘自身价值和软件价值之和，而且主要是软件的价值。

3. 复制（批量生产）极其简单。软件产品复制成本同其开发成本相比较，几乎可以忽略不计，软件产品容易被剽窃和复制。为保护软件产品的著作权，软件产品的著作权必须依法登记取得。

4. 侵权的隐蔽性。由于计算机软件的技术特征只体现在计算机运行的过程中，而不表现在运行的结果上，再加上许多计算和设计方法是软件设计人员共享的知识，因此计算机软件的侵权具有极大的隐蔽性。

5. 可改编性。可改编性又称应用的延伸性。软件改编比较容易，只要掌握了计算机程序设计的基础知识就能予以改编。例如将他人的源程序改编形成一个实质内容完全一样的新程序，比独立开发一个程序要容易和简便得多。

6. 更新周期短。计算机软件技术的迅速发展使得软件产品的经济寿命日趋缩短，从而加快了产品更新换代的速度。由于更新周期较短，计算机软件的价值与时间高度相关，因此在评估计算机软件价值时要充分考虑这一因素。

7. 维护的特殊性。计算机软件几乎没有有形损耗而只有无形损耗，对计算机软件的维护可以减少其无形损耗。所谓软件维护是指在软件已经交付使用之后，为了改正错误或满足新的需要而修改软件的过程。软件维护分为三类：（1）改正性维护。由于软件自身的复杂性，在软件开发和维护中难以避免会隐藏一些错误，诊断和改正错误的过程被称为改正性维护。（2）适应性维护。它是指为适应不断变化的硬、软件环境而对软件所做的修改。（3）完善性维护。它是指为增强软件功能和提高软件性能而对软件进行的修改，是软件维护的主要形式。以不断升级的新版本代替旧版本是计算机软件的一个显著特点。所以，软件维护在软件生命周期中占有重要地位。软件维护过程是一个价值增值过程，维护费用相当昂贵。

（二）计算机软件价值评估的特殊性

计算机软件评估与一般文学作品、艺术作品等版权评估存在着差异，计算机软件价值评估的特殊性主要反映在如下几个方面。

1. 可行性研究报告和软件技术鉴定书是其价值评估的重要依据。对于一项被委托评估的计算机软件，其通常具有立项申请书、项目可行性研究报告和软件技术鉴定书等技术经济类报告书。这些报告书在一定层面上给出了该项计算机软件的技术可行性论证结果、计划采取的可行方案及技术水平。

2. 权属关系必须要清晰。权属关系清晰，即委托评估计算机软件的法律状态明确是评估工作中基础性的一个环节。对于以作价入股为目的的计算机软件，由于是所有权的转让，评估时必须要明确权属关系和法律上的稳定程度，必须要有相关的法律文件和证明文件（如计算机软件登记证书、软件产品登记证书、鉴定书、专利证书、海关备案公告、商标权证书等）。同时，在相关协议中应有软件整体转让的内容、方式、时间等的明确规定。

3. 计算机软件的新颖性、创造性和实用性是评估中应予关注的核心内容。计算机软件的价值评估，是以对该项计算机软件的技术评定为基础和前提的，同样，在资产评估中，不仅要借助于软件评审和专家鉴定意见，还要充分了解软件技术实施的可行性、市场及其经济效益。

4. 计算机软件价值评估有别于商誉与商标等无形资产的价值评估，通常是在有一定的经济行为发生时，如有交易（或使用）对象、有一定的生产规模和明确的用途，才进行价值评估。在具体的评估方法选择上，可能与商誉、商标等无形资产不同。后面两者往往可根据企业的经营状况,以未来收益现值为基础来评估。

5. 计算机软件评估一般是针对具体的软件应用者以及软件的使用范围、使用规模、用途等加以评定估算。而且,是自行研制开发还是引进的,是多次转让还是一次性转让,其价值都可能不同。此外,计算机软件技术的实施效果往往还取决于接受方的环境,伴有一定的风险。正因为如此,在软件技术合作方式中,往往采用作价入股或提成率法以保障双方权益。因此,也就影响到软件技术评估方法的选定和评估价值。

(三) 计算机软件评估时需要注意的因素

由于计算机软件成本具有明显的不完整性和弱对应性,给企业带来的经济效益也可能受各种因素的影响而具有明显的不确定性,这给软件评估带来许多困难。在进行评估时,必须考虑如下因素。

(1) 系统大小,主要是指可执行程序或机器语言指令的字节数、高级语言语句的行数、新编写指令的百分比、系统数据存储量和文体数目等。

(2) 系统复杂性,主要是指系统和界面的复杂度、系统的独特性、硬件与软件的接口和程序结构等。

(3) 程序类型,主要是指应用程序的形式(商用或非商用),程序所处理的技术问题类型等。

(4) 软件对支持条件和运行环境的要求,主要是指计算机系统的速度及内存、外存容量,支持开发的软件工具和软件环境等。

(5) 软件的有效收益或经济寿命期。

(6) 软件的维护成本和升级能力。

(7) 市场竞争状况。

(四) 计算机软件的评估方法

计算机软件的评估方法可根据具体情况确定,企业自己开发自用的,一般可用成本法评估;如果是购进的通用软件,可采用市场法进行进价估价;如果是为了销售,能计算销售收益的,可用收益法进行估价。

1. 成本法。目前评估实务中应用比较广泛的计算机软件成本评估模型为参数成本法模型。其基本公式为:

$$P = C_1 + C_2$$

其中,P 为软件成本评估值,C_1 为软件开发成本,C_2 为软件维护成本。

软件开发成本 C_1 由计算机软件工作量 M (单位为人·日)和单位工作量成本 W 所决定,其公式为:

$$C_1 = M \times W$$

工作量 M 为在现有条件下重新开发被评估软件所需的工作量，为一般水平下的计算机软件劳动工作量，M 可采用专用模型来确定。

单位工作量成本 W 为待估软件开发公司实际投入的成本除以该计算机软件实际工作量，体现的是该软件公司开发该计算机软件的实际生产能力。

软件的维护成本是指修正现有可运行软件并维护其主要功能不变过程中发生的成本。软件维护成本的测算可以按照系统软件开发成本乘以该系统软件的维护参数来获得。维护参数可以按系统的复杂程度分别取不同的值，例如，中小型软件根据复杂程度从简单、一般到复杂，成本维护参数大约为 0.15、0.20 和 0.25；大型软件根据复杂程度从简单、一般到复杂，成本维护参数大约为 0.30、0.35 和 0.40。

【例 5-16】某计算机软件是由甲公司开发的应用于工业领域的控制软件，现将该软件转让给乙公司。经评估人员了解，乙公司购买该软件的目的主要是节省开发时间，因此认为以成本法评估该项转让业务较为合适。评估人员通过查阅审核有关资料，得到以下信息：该软件的源程序有效代码行数为 13.5 千行，经管理人员统计，开发该软件的实际工作量为 80 人·日，开发该软件的各种费用之和为 85 000 元。根据专业模型估计的该软件工作量为 $M=120$ 人·日。

评估过程如下。

单位工作量成本为：$W = 85\ 000 \div 80 = 1\ 062.5$（元/人·日）

开发成本为：$C_1 = 120 \times 1\ 062.5 = 127\ 500$（元）

评估人员认为该软件属中小型软件，维护的复杂程度一般，故认为维护成本大约为开发成本的 20%。

维护成本为：$C_2 = 127\ 500 \times 20\% = 25\ 500$（元）

该软件的评估值为：$P = C_1 + C_2 = 127\ 500 + 25\ 500 = 153\ 000$（元）

2. 市场法。计算机软件评估的市场法主要是在市场上选择相同或相似的资产作为参照物，对被评估计算机软件与参照物计算机软件的差异（主要是功能上的差异）进行对比调整，分析各项调整结果，确定被评估计算机软件的评估值。其计算公式为：

被评估软件的价值 = 参照物的成交价 × 综合调整系数 × 成新率调整系数

【例 5-17】被评估软件为一个专业教学软件，评估时市场上存在一种更新版本的软件，售价为 60 万元。被评估软件已经使用了 1 年，预计剩余使用年限为 4 年，考虑到全新参照软件的功能比被评估软件有所增加，从而将综合调整系数设定为 0.8。试评估该软件价值。

被评估软件价值 $= 60 \times 0.8 \times \dfrac{4}{5} = 38.4$（万元）

需要注意的是，应用市场法评估计算机软件的前提条件是，市场上必须有与评估对象类比的同类软件的市场价格可供参考。运用这种方法，被评估的软件通常不是新软件，而是已有一定的流通年限。

3. 收益法。运用收益法评估软件价值的基本公式与其他技术型无形资产评估类似。其基本公式为:

$$软件评估值 = \sum_{t=1}^{n} \frac{R_t}{(1+r)^t}$$

其中,R_t 为第 t 年无形资产预期增量收益;r 为折现率或资本化率;n 为收益年限。

【例 5-18】某计算机软件预计寿命为 5 年,各年的净收益预测值分别为 150 万元、160 万元、160 万元、130 万元、100 万元,假定折现率为 15%,运用收益法评估该软件的价值为:

软件评估值 = 150×0.8695 + 160×0.7561 + 160×0.6575 + 130×0.5717
　　　　　　+ 100×0.4971
　　　　　 = 480.632（万元）

需要注意的是,收益期限和预期收益额由评估人员分析预测评估对象的未来经营收益情况确定。由于计算机软件的技术更新很快,所以未来收益期限一般选取 3~5 年。

三、特许权评估

(一) 特许权的概念

特许权又称特许经营权或专营权,是指获准在一定区域、一定时间内经营或销售某种特定商品的专有权利。它一般分为两种:一种是政府特许的专营权。根据特许经营的内容,一般可分为特种行业经营权、垄断经营权、实施许可证制度行业的经营权、资源性资产开采特许权等。另一种是某一企业特许另一企业使用其商标权或在特定地区经营销售某产品,即纯商业性的特许经营权。专营权的实行一般能使专营权拥有者获得较高经济收益。

国际特许经营协会对特许经营的定义为:特许经营是特许人和受许人之间的契约关系,对受许人经营领域、经营诀窍和培训,特许人有义务提供或保持持续的兴趣;受许人的经营是在由特许人所有的控制下的一个共同标记、经营模式和（或）过程之下进行的,并且受许人从自己的资源中对其业务进行投资。

特许权的本质是以特许经营权的转让为核心的一种经营方式,包含三个方面。

1. 特许经营是利用自己的专有技术与他人的资本相结合,来扩张经营规模的一种商业发展模式。它是技术和品牌的价值的扩张,而不是资本的扩张。

2. 特许经营是以经营管理权控制所有权的一种组织方式,被特许者投资特许加盟店而对店铺拥有所有权,但该店铺的最终管理权由特许者掌握。

3. 成功的特许经营应该是双赢的模式,只有让被特许者获得比单体经营更多的利益,特许经营关系才能维持。

（二）特许权的特点

1. 时效性：市场经济发展的产物，以一定的物质和技术为基础，具有较强的时效性，它的价值与剩余的许可有效期限密切相关。
2. 转让的限制性：与其他无形资产相比，在转让时有较强的限制性。有一些不能转让，如烟草专卖生产企业许可证、烟草专卖经营许可证和准运证，不能转让的就不能评估其价值；可以转让的也往往有期限和区域的限制。
3. 垄断经济效益：专营权是企业通过一定的法律和行政手段所取得的，在一定时期内有效的一种专门或独家制造和销售某类商品的特许权利。例如，电力专营权就具有区域性的垄断经济特点；铁路、邮电等公用事业的特许权既包含区域性的特许权，同时又包含地下、地上的土地使用权和空中禁止权。

（三）特许权的评估方法

特许权的评估就是评估特许权带来的额外经济收益和付出的代价，其现值的差额就是专营权益。特许权评估可以采取收益法，在一定条件下也可以采取市场法。

【例 5 – 19】某公司获得当地政府一种特种药品的经营许可权，许可期限为 5 年，现评估该许可经营权价值。

经分析，该公司这种特种药品未来 5 年的销售利润稳定在 600 万元/年，资金利润率为 30%，行业的平均资金利润率为 10%。则：

$$\text{专营权每年带来的超额利润} = 600 \times \frac{30\% - 10\%}{30\%} = 400 \text{（万元）}$$

$$\text{专营权评估值} = 400 \times (P/A, 10\%, 5) = 400 \times 3.7908 = 1\,516.32 \text{（万元）}$$

第六节　商誉的评估

一、商誉及其特点

（一）商誉的概念

商誉是指在同等条件下，一个企业预期将来的利润超过同行业正常利润的超额利润的价值。这种价值的预期是由于企业所处的地理位置的优势，或由于历史悠久、经营效率高、管理水平高、人员素质高、良好的客户关系等多种因素综合造成的。

从历史渊源考察，20 世纪 60 年代以前所说的无形资产是一个综合体，商誉则是这个综合体的总称。20 世纪 70 年代以后，随着对无形资产确认、计量的需要，无形资产进一步分解、分化，形成各项独立的无形资产。因此，现在所说的商誉，是指企业所有无形资产扣除各单项可确指无形资产以后的剩余部分。

（二）商誉的特点

商誉是不可确指的无形资产，是企业整体声誉的体现，是不可辨认无形资产，不能离开企业单独存在。一般来说，商誉具有如下特性。

1. 商誉不能离开企业而单独存在，不能与企业的可确指资产分开出售。
2. 商誉是多项因素作用形成的结果，但形成商誉的个别因素不能以任何方法单独计价。
3. 商誉本身不是一项单独的、能产生收益的无形资产，而只是超过企业可确指的各单项资产价值之和的价值。
4. 商誉是企业长期积累起来的一项价值。
5. 商誉存续期间没有法定限制，它只依赖于企业的经营状况。商誉一旦形成，即可以在较长时间里发挥无形的作用。

二、评估商誉的目的

由于商誉依附于企业整体资产，不能单独转让，只能和企业同时转让，因此，人们一直认为商誉评估所服务的特定目的是企业产权转让，以及与企业产权转让有关的其他经济活动。但是，随着企业管理的专业化和复杂化，形成不可确指无形资产的各项因素，如企业文化、管理模式、客户关系、销售渠道等对企业价值的贡献被人们越来越重视，以管理咨询为目的的商誉评估需求逐渐增多。在企业价值管理中，企业的股东、债权人也希望了解这一未入账的资产信息，以便作为投资决策和评价管理者业绩的基础。企业内部经营管理者也要了解企业的商誉价值，以便作出有效的资本运营决策。此外，当企业利益受到损害时，商誉也是要求赔偿的内容之一。

三、商誉评估所需的资料

商誉评估方法的运用需要依据充分的信息资料和数据。资产评估专业人员进行评估时，除了自身所具有的知识、经验，还需要委托人的全面配合，提供充分、可靠的资料。这些资料主要包括：（1）委托人概况，包括企业发展历史沿革，企业现状及预期状况、经营业绩、知名度等。（2）企业生产经营概况，包括企业主要产品质量、产量、工艺流程，产品和企业所获荣誉，企业经济效益。（3）企业员工人数、构成、文化素质与管理水平。（4）委托人前5年的资产负债与损益表。（5）委托人经营发展战略，特别是今后 5~10 年的发展规划。（6）未来若干年（5~10 年）财务预测，包括销售收入、产量、价格、生产成本、期间费用、利率、折旧、税金、损益等。（7）委托人所在行业竞争情况，包括：委托人在市场竞争中的有利和不利因素；预测竞争格局，垄断或部分垄断市场的可能性;市场开发预测及新产品开发前景和自身投资能力。(8) 营业外收入及支出的项目及其变化趋势。(9) 国内同行业平均收益率。

四、商誉评估的方法

(一) 割差法

割差法是根据企业整体评估价值与各单项资产评估值之和进行比较确定商誉评估值的方法。其基本公式是:

商誉的评估值 = 企业整体资产评估值 – 企业的各单项资产评估值之和

企业整体资产评估值可以通过预测企业未来预期收益并进行折现或资本化获取;对于上市公司,也可以按股票市价总额确定。企业的各单项资产评估价值之和包含各项可确指无形资产的价值。

商誉的评估值可能是正值,也可能是负值。当企业的收益水平低于行业或社会平均收益水平时,商誉就为负值。商誉为负值时,对商誉的评估也就失去意义。可见,商誉价值的评估,限于经济效益水平高于同行业或社会平均水平的企业。

【例 5-20】某企业进行股份制改造,根据企业过去经营情况及未来市场趋势,预测其未来 5 年的净利润分别是 200 万元、230 万元、250 万元、280 万元和 300 万元,假定从第 6 年开始,每年的净利润将保持 300 万元不变。根据市场无风险利率及企业经营风险情况确定的折现率为 10%。采用单项资产评估方法,评估确定该企业各单项资产评估值之和(包括有形资产和可确指无形资产)为 2 300 万元。试确定该企业商誉评估值。

采用收益法确定该企业整体评估值:

企业整体评估值 = 200×0.9091 + 230×0.8264 + 250×0.7513 + 280×0.6820 + 300×0.6209 + (300÷10%)×0.6209 = 2 799.65 (万元)

商誉的价值 = 企业整体资产评估值 – 企业的各单项资产评估值之和
= 2 799.65 – 2 300 = 499.65 (万元)

最后确定该企业商誉评估值为 499.65 万元。

(二) 超额收益法

超额收益法的思路是:商誉是由企业的超额收益带来的,商誉价值应是企业超额收益的资本化价值,商誉价值的评估可以通过超额收益折现的方法进行,这种方法被称为超额收益法。超额收益法的基本公式是:

$$P = \sum_{t=1}^{n} \frac{R_t}{(1+r)^t} + \frac{\bar{R}}{r(1+r)^n}$$

其中，P 表示商誉的评估值；R_t 表示第 1 年至第 n 年各年的预期超额收益；$\bar{R}$ 表示 n 年后每年的等额超额收益；r 表示折现率（资本化率）。

超额收益法基本公式适用于企业在未来第 1 年至第 n 年的若干年内的超额收益可以预测，第 n 年后各年超额收益基本稳定的情况。如果预计企业未来各年内的超额收益基本不变，则可使用下面的公式：

$$P = R/r$$

其中，R 为企业未来各年的预期超额收益。超额收益的预测可采用如下公式：

$$超额收益 = \frac{企业预期}{年收益额} - \frac{行业平均}{收益率} \times \frac{该企业的单项资产}{评估值之和}$$

或：

$$超额收益 = \frac{被评估企业单项}{资产评估值之和} \times \left(\frac{被评估企业}{预期收益率} - \frac{行业平均}{收益率} \right)$$

其中：

$$\frac{被评估企业}{预期收益率} = \frac{企业预期年收益额}{被评估企业单项资产评估值之和}$$

【例 5 – 21】某企业预期年收益额为 500 万元，该企业各单项资产评估值之和为 2 200 万元，企业所在行业的平均收益率为 12%，并以行业平均收益率作为适用资产收益率。评估企业的商誉价值。

年超额收益 = 500 – 2 200 × 12% = 236（万元）

商誉的价值 = 236 ÷ 12% = 1 966.67（万元）

上述方法主要适用于经营状况一直较好、超额收益比较稳定的企业。如果在预测企业预期收益时，发现企业的超额收益只能维持有限期的若干年，则超额收益法的计算公式变为：

$$P = \sum_{t=1}^{n} \frac{R_t}{(1+r)^t}$$

其中，R_t 表示第 t 年企业预期超额收益；r 表示折现率。

【例 5 – 22】〖例 5 – 21〗中，假定企业的超额收益只能保持 5 年，5 年后超额收益将消失，其他条件不变，则：

商誉评估值 = 236 × (P/A, 12%, 5) = 236 × 3.6048 = 850.73（万元）

五、商誉评估需要注意的几个问题

商誉本身的特性决定了商誉评估的困难性。商誉评估的理论和操作方法争议较大，现在虽然尚难定论，但在商誉评估中，至少应明确下列一些问题。

1. 不是所有企业中都有商誉，商誉只存在于那些长期具有超额收益的少数企业之中。一个企业在同类型企业中超额收益越高，商誉评估值越大。因此，在商誉评估过程中，如果不能对被评估企业所属行业收益水平全面了解和掌握的话，也就无法评估出该企业商誉的价值。

2. 商誉评估是在产权变动或经营主体变动时进行的。在企业持续经营的前提下，如不发生产权变动或经营主体变动，尽管该企业可能具有商誉，但却无须评估商誉以显示其价值。因此，企业在不发生各项特定经济行为的情况下（如合资、合营、合并、股份制改造等），评估和公布企业商誉的做法，从评估学角度来说是错误的。

3. 商誉评估必须坚持预期原则。企业是否拥有超额收益是判断企业有无商誉和商誉大小的标志。这里所说的超额收益指的是企业未来的预期超额收益，并不是企业过去或现在的超额收益。特殊情况是，评估过程中，对于目前亏损的企业，经分析预测，如果其未来超额收益潜力很大，则该企业也会有商誉存在。可见，目前盈利企业或超额收益比较大的企业，未来不一定盈利或未来超额收益不一定大；现在亏损的企业，其未来未必亏损，商誉评估值高低取决于企业未来的超额收益高低，这在评估时必须加以综合分析和预测。

4. 商誉价值形成建立在企业预期超额收益基础之上，商誉评估值高低与企业中为形成商誉投入的费用和劳务没有直接联系，并非企业为形成商誉投资越多，其评估值就越高。尽管所发生的投资费用和劳务会影响商誉评估值，但它是通过未来预期收益的增加得以体现的，因此，商誉评估不能采用投入费用累加的方法进行。

5. 商誉是由众多因素共同作用形成的，但形成商誉的个别因素不能够单独计量，决定了商誉评估也不能采用市场类比的方法进行，因为影响商誉的各项因素的定量差异调整难以运作。

6. 企业负债与否、负债规模大小与企业商誉没有直接关系。从财务学原理分析，企业负债不影响资产收益率，而影响投资者收益率，即资本收益率。商誉评估值取决于预期资产收益率，而非资本收益率。当然，资产负债率应保持一定的限度，负债比例增大会增大企业风险，最终会对资产收益率产生影响。这在商誉评估时应有所考虑，但不能因此得出负债企业就没有商誉的结论。

7. 商誉与商标是有区别的，两者反映两个不同的价值内涵。企业中拥有某项评估值很高的知名商标，并不意味着该企业一定就有商誉。为了科学地确定商誉的评估值，注意商誉与商标的区别是必要的。

（1）商标是产品的标志，而商誉则是企业整体声誉的体现。商标与其产品相结合，它所代表的产品质量越好，市场需求越大，商标的信誉越高，由此带来的超额收益越大，其评估值也就越大。而商誉则是与企业密切相关的，企业经营机制完善并且运转效率高，企业的经济效益就高，信誉就好，其商誉评估值也就越大。可见，商标价值来自产品所具有的超额获利能力，商誉价值则来自企业所具有的超额获利能力。

(2) 商誉作为不可确指的无形资产，是与企业及其超额获利能力结合在一起的，不能脱离企业而单独存在。商标则是可确指的无形资产，可以单独存在，并可以在原组织继续存在的同时，转让给另一个组织。

(3) 商标可以转让其所有权，也可以转让其使用权。而商誉只能随企业整体实现其转移或转让，没有所有权与使用权之分。

尽管商誉与商标的区别可以列举许多，但商誉与商标在许多方面是密切关联的，两者之间有时存在相互包含的因素。例如，与商誉相对应的企业超额收益中包含商标作用的因素，这也是必须在评估中加以分析确定的。

8. 商誉评估有待进一步研究。商誉评估值是否入账，如何入账，尽管这属于会计计价的问题，不是评估本身的问题，但与评估直接相关，有待进一步研究。同时，还需要进一步研究的是：商誉在企业合资时如何影响双方权益；实行股份制改造以及股票发行、上市时，商誉与股票溢价发行、市价变动的关系等。因为商誉价值只有在产权变动、企业主体变动时才显现出来，在有些人看来是凭空增加了一笔财富，因此在数量上往往不注重，随意性较大。在此前提下由于评估缺乏科学性导致商誉价值被低估，是造成资产流失的一个不可忽视的因素。另外，商誉是否计价入账，是否直接对股票溢价幅度以致未来的分配产生影响，这也是需要进一步解决的问题。

【本章小结】

无形资产是特定主体所拥有或者控制的，不具有实物形态，能持续发挥作用且能带来经济利益的资源。从形式上来看，无形资产具有非实体性、排他性、效益性特征；在功能方面，无形资产具有依附性、共益性和累积性特征。影响无形资产评估价值的因素包括无形资产的成本、机会成本、效益因素、收益期限、技术成熟程度、转让内容因素、无形资产的更新换代情况和速度、市场供需状况等。无形资产最常用的评估方法为收益法，其次是成本法，市场法较少被使用。无形资产评估的收益法具体包括增量收益法、超额收益法和许可费节省法。收益法评估无形资产涉及最低收费额的确定、收益额的确定、折现率的确定和收益期限的确定。无形资产成本具有不完整性、弱对应性、虚拟性。成本法评估无形资产涉及重置成本的确定和成新率的确定。评估中涉及的常见无形资产包括专利权和专有技术、商标权、著作权、计算机软件等可确指的无形资产和不可确指的无形资产——商誉。各类无形资产在评估时均需要考虑这些无形资产的特征及特殊的因素。

【本章练习】

一、单项选择题

1. 按照无形资产的性质和属性分类，企业管理和企业文化范畴的无形资产属于（　　）。
   A. 知识型无形资产　　　　　　B. 权利型无形资产
   C. 关系型无形资产　　　　　　D. 组合型无形资产

2. 下列各项资产中不属于无形资产的是（　　）。
   A. 特许经营权　　B. 商标权　　C. 流动资产　　D. 专有技术

3. 下列各项中，不属于根据无形资产的类型对无形资产评估范围进行的分类是（　　）。
   A. 单项无形资产的评估范围　　　B. 可辨认无形资产组的评估范围
   C. 不可辨认无形资产组的评估范围　D. 其他无形资产组的评估范围

4. 评估无形资产最为重要的技术方法，同时也是使用频率最高的技术方法是（　　）。
   A. 市场法　　B. 成本法　　C. 收益法　　D. 资产基础法

5. 某项专利技术已使用了 2 年，尚可使用 4 年，则评估时的成新率为（　　）。
   A. 33.33%　　B. 25%　　C. 66.67%　　D. 20%

6. A 企业于 2018 年外购的一项专利技术账面价值为 700 万元，此项专利技术购置时和评估基准日相同基期的定基比价格指数分别为 120 和 150，则该项专利技术的重置成本为（　　）万元。
   A. 700　　B. 875　　C. 560　　D. 1 050

7. 企业整体评估的资产价值为 100 万元，该企业各单项资产的重估值之和为 120 万元，则该企业商誉为（　　）万元。
   A. 100　　B. 20　　C. -20　　D. 0

8. 某企业的预期年收益额为 16 万元，该企业各单项资产的重估价值之和为 60 万元，企业所在行业的平均收益率为 20%，以此作为适用资本化常计算出的商誉的价值为（　　）万元。
   A. 10　　B. 20　　C. 30　　D. 40

二、多项选择题

1. 无形资产作为独立的转让对象评估，其前提包括（　　）。
   A. 能带来正常利润　　　　　　B. 能带来超额利润

C. 能带来垄断利润 D. 能带来预期利润
E. 能带来折现利润

2. 通过无形资产的鉴定，可以解决的问题有（　　）。
   A. 证明无形资产存在 B. 确定无形资产的种类
   C. 确定无形资产的有效期限 D. 确定无形资产的评估方法
   E. 确定无形资产的评估目的

3. 下列无形资产中，评估值较高的有（　　）。
   A. 技术比较成熟的无形资产
   B. 运用风险比较小的无形资产
   C. 运用风险比较大的无形资产
   D. 创造成本很高但不为市场所需求的无形资产
   E. 收益高的无形资产

4. 影响无形资产评估价值的因素有（　　）。
   A. 效益因素 B. 机会成本
   C. 技术成熟程度 D. 市场供需状况
   E. 转让内容因素

5. 无形资产的功能特征有（　　）。
   A. 依附性 B. 共益性 C. 累积性 D. 替代性

6. 专利的特点包括（　　）。
   A. 独占性 B. 地域性 C. 时间性 D. 可转让性
   E. 共享性

7. 按照商标的构成，商标可以划分为（　　）。
   A. 文字商标 B. 符号商标 C. 集体商标 D. 图形商标
   E. 证明商标

8. 计算机软件的特点包括（　　）。
   A. 智力成果性 B. 无形性 C. 复制极其简单 D. 可改编性
   E. 更新周期短

三、综合题

1. 某企业5年前获得一项专利，法定寿命为10年，现对其价值进行评估。经专家估算至评估基准日，其重置成本为290万元，尚可使用4年，则该项专利的评估价值为多少？

2. 某企业将其一种特种化学试剂生产技术对外转让，转让后该企业与购买企业共同享用该技术，双方设计能力分别为10吨和6吨。该技术是3年前从国外购买，账面价值为200万元，购买时和现在与该类技术相关的定基物价指数分别为110和115。该项技术尚可使用5年，但转让对企业生产经营有较大影响，以后5年减少的销售利润折现值为90万元，追加开发费25万元。试评估该项技术转让的最低收入费额。

3. 甲公司以一项专有技术向乙企业投资，该专有技术取得时账面成本为200万元，取得该技术时的定基物价指数为102，评估基准日定基物价指数为108，该专有技术的成本利润率为300%。乙企业目前资产重置成本为2 257万元，成本利润率为12%，试计算该专有技术的利润分成率。

4. 甲企业将一项专利使用权转让给乙公司使用5年，拟采用利润分成的方式收取转让费。该专利的开发研制成本为100万元，专利成本利润率为500%，乙公司的资产重置成本为3 000万元，成本利润率为15%。乙公司的实际年生产能力为30万件，每件生产成本为80元，预计未来5年的市场出售价格分别是150元、150元、160元、140元、140元。折现率为10%，所得税税率为25%。试确定该专利的使用权价值。

5. 甲公司将W注册商标通过许可使用合同许可给乙公司使用，使用期限为5年。双方约定乙公司按使用商标新增税后利润的30%支付给甲公司。据估测乙公司使用该商标后，每个产品可新增税前利润120元，该公司在未来5年内的生产量估计为20万件、25万件、25万件、30万件和40万件。假定折现率为10%，所得税税率为25%。试评估该商标许可使用权的价值。

6. 某企业进行股份制改造，根据企业过去经营情况及未来市场趋势，预测其未来1~5年的净利润会保持在每年200万元，从第6年开始，每年的净利润将维持在250万元不变。根据市场无风险利率及企业经营风险情况确定的折现率为10%。采用单项资产评估方法，评估确定该企业各单项资产评估值之和为1 500万元。试确定该企业商誉评估值。

第六章 流动资产评估

【学习目标】

◆知识目标

了解流动资产的概念、分类,掌握运用市场法、成本法进行实物性流动资产评估和应收账款评估的内容;熟悉流动资产评估的特点、评估目的及评估程序;了解货币性资产评估的方法,并掌握各类流动资产的评估方法。

◆能力目标

让学生能够结合实际判断流动性资产的评估范围;培养学生具有评估流动性资产的能力。

◆思政目标

课程通过对案例的巧妙设计以及深入分析,更好地理解资产的价值和风险,并提供专业的评估意见。

【本章重点和难点】

理解流动资产的种类;流动资产的特点;存货评估的范围;存货评估的特点;成本法评估存货的要点;市场法评估存货的要点。掌握各种评估方法和技术,如市场比较法、收益法、成本法等,以便根据不同类型的资产选择合适的评估方法,并准确计算资产的价值。

【案例导入】

某地××汽车空调有限公司委托评估机构对某地 S 汽车空调有限公司进行评估,拟收购该公司另一股东日本 S 株式会社在该公司 25% 的股权。经查,该公司有 10 483.15 万元的存货,其账面价值占总资产的 34.11%,占净资产的 92.91%。其主要构成为原材料和产成品,该公司的产品主要为汽车空调用压缩机,每台售价约为 1 000 元。对如此大量的存货,评估机构是否认真进行了清查核实呢?清查的数量和金额是否达到相关要求呢?

带着这些疑问,评估管理机构到公司以及评估机构进行了调查。评估机构的答复是他们根据资产占有方提供的存货清单,核实了有关的采购和销售合同、购置和销售发票等会计凭证,并同该公司的存货负责人一起到存货存放地清查核实有关的存货,对各类存货进行了盘点,抽查数量和金额均达到要求。但在公司了解的情况是该公司的存货除少量在厂区内存放外,其余大部分都存放在外地,如长春、武汉和广州等地,以便随时向附近厂商供货。而本次评估时评估机构却未对异地存放的存货进行现场清查核实,仅是从账面上进行了复核。由此看来,评估机构对存货的清查核实应是不达标的。

存货作为企业重要的一项资产,对其清查核实的好坏,直接影响到整体的评估结果。评估机构在对账面价值占总资产34.11%的存货进行评估时,仅选取了小部分进行现场清查核实,而大部分采用账面核实这种会计的方式代替评估现场清查,这样是无法了解存货的真实情况的,自然也无法对存货的价值进行正确的评估。

思考与讨论:

如何进行存货评估,得到准确的存货价值。

第一节 流动资产评估概述

一、流动资产及其特征

(一) 流动资产的定义

流动资产(current assets)是指企业在1年内或超过1年的一个营业周期内变现或出售,或者主要因交易目的而持有,或者预计在资产负债表日起1年内变现的资产,是企业资产中必不可少的组成部分。流动资产主要表现为:

(1) 预计可以在一个正常营业周期中变现、出售或耗用。

(2) 主要因交易目的而持有。

(3) 预计在资产负债表日起1年内(含1年,下同)变现。

(4) 自资产负债表日起1年内,交换其他资产或清偿负债的能力不受限制的现金或现金等价物。

(二) 流动资产的分类

流动资产一般包括库存现金、各种银行存款以及其他货币资金、交易性金融资产、应收票据、应收账款、预付账款、其他应收款、存货以及其他流动资产等。

库存现金包括企业内部各部门可随时用于周转和支付使用的备用金。

银行存款是指企业存放在开户银行的款项。按照国家现金管理和结算制度的规定,每个企业都要在银行开立账户,即结算户存款,用来办理存款、取款和转账结算。

其他货币资金是指除现金和银行存款以外的其他货币资金，包括外埠存款、银行本票存款、银行汇票存款、存出投资款、信用卡存款、信用证保证金存款等。

交易性金融资产是指企业为了近期内出售而持有的债券投资、股票投资和基金投资，包括以赚取差价为目的从二级市场购买的股票、债券、基金等均属于交易性金融资产。

应收票据是指企业通过商业信用销售商品、提供劳务等而收到的商业汇票。按承兑人不同，商业汇票可分为商业承兑汇票和银行承兑汇票；按是否带息分为带息应收票据和不带息应收票据。应收票据是票据化的债权，以商业票据为债权载体，作为载体的票据可以转让背书。

应收账款是指企业因赊销商品、提供劳务等应向购货单位或受益单位收取的款项，是购货单位所欠的短期债务。

预付账款是指企业按照购货合同规定预付给供货单位的购货定金或部分货款。

其他应收款是指企业在商品交易业务以外发生的各种应收、暂付款项。

存货是指企业在日常经营活动中持有以备出售的原料或产品、处在生产过程中的在产品、在生产过程或提供劳务过程中耗用的材料、物料、销售存仓等。存货区别于固定资产等非流动资产的最基本的特征是，企业持有存货的最终目的是出售；可供直接销售，如企业的产成品、商品等；需经过进一步加工后才能出售，如原材料等。

从不同的角度来看，流动资产有不同的分类方式，不同的行业也有不同的流动资产构成。如工业企业的流动资产可分为储备资产、生产资产、成品资产、结算资产和货币资产。商业企业的流动资产可分为商品资产、非商品资产、结算资产、货币资产。工业企业和商业企业中同种流动资产的构成比例也有很大不同。按流动资产的表现形态，可分为货币性流动资产和实物形态的流动资产。

（三）流动资产的特点

流动资产具有以下特点。

第一，周转速度快。流动资产在使用中经过一个生产经营周期，就改变其实物形态，并将其全部价值转移到所形成商品中，构成成本费用的组成部分，然后从营业收入中得到补偿。可见，判断一项资产是否是流动资产，不仅是看资产的表面形态，而是视其周转状况而定。

第二，变现能力强。各种形态的流动资产都可以在较短的时间内出售和变卖，具有较强的变现能力，是企业对外支付和偿还债务的重要保证。变现能力强是企业中流动资产区别于其他资产的重要标志，但各种形态的流动资产，其变现速度是有区别的。按其变现的快慢排序，首先货币形态的流动资产本来就是随时可用的资金；其次是可在短期内出售的存货和近期可变现的债权性资产；最后是生产加工过程中的在制品及准备耗用的物资。一个企业拥有的流动资产越多，企业对外支付和偿还债务的能力越强,企业的风险性就越小。

第三,形态多样化。流动资产在周转过程中不断改变其形态,由货币形态开始,依次经过供应、生产、销售等环节,从一种形态转化为另一种形态,最后又变为货币形态。各种形态的流动资产在企业中并存,分布于企业的各个部门。这些流动资产按其存在形态可以归结为四种类型:货币类流动资产,包括现金和各项存款;实物类流动资产,包括各种材料、在产品、产成品等;债权类流动资产,包括应收账款、预付款等;其他流动资产。

第四,波动性。企业的流动资产一般需要不断地购买和售卖,受市场供求变化和季节性影响较大。此外,企业的流动资产还受到外部经济环境、经济秩序等因素的制约,使其占用总量以及流动资产的不同形态构成比例呈现出波动性。

二、流动资产评估的特点

研究流动资产评估的特点是做好流动资产评估工作、提高流动资产评估质量的重要保证。流动资产评估的特点主要有以下几点。

第一,流动资产评估是单项评估。它是以单项资产为评估对象进行的资产评估。因此,它不需要以其综合获利能力进行综合性价值评估。一方面是由于流动资产与固定资产存在不同的运营方式,其价值变化的规律是不同的,因而评估的技术特点也就不同;另一方面是由于流动资产在会计核算和会计报表中是独立的计量账户,它与流动负债配合,共同反映营运资金的状况,为投资人和债权人提供企业资产流动性的信息。

第二,必须选准流动资产评估的基准时间。流动资产与其他资产的显著不同在于其流动性和波动性。不同形态的流动资产随时都在变化,而评估则是确定其某一时点上的价值,不可能人为地停止流动资产的运转。因此,所选评估基准日应尽可能在会计期末,必须以规定的时点进行资产清查、登记和确定流动资产数量和账面价值,应避免重复登记和漏记现象的发生。

第三,既要认真进行资产清查,同时又要分清主次,掌握重点。流动资产评估之前必须进行认真仔细的资产清查,否则会影响评估结论的准确性。由于流动资产一般具有数量大、种类多的特点,清查工作量很大,所以流动资产清查应考虑评估的时间要求和评估成本,因此,流动资产评估往往需要根据不同企业的生产经营特点和流动资产分布的特点,对流动资产要分清主次、重点和一般,选择不同的方法进行清查和评估,做到突出重点,兼顾一般。清查采用的方法是抽查、重点清查和全面清查。当抽查核实中发现原始资料或清查盘点工作可靠性较差的,要扩大抽查面,直至核查全部流动资产。

第四,流动资产周转速度快,变现能力强。在价格变化不大的情况下,资产的账面价值基本上可以反映出流动资产的现值,因此,在特定情况下,也可以采用历史成本作为评估值。同时,与长期资产不同的是,评估流动资产时无须考虑资产的功能性贬值因素,而资产的有形损耗(实体性贬值)的计算也只适用于低值易耗品以及呆滞、积压流动资产的评估。

第五，流动资产评估实务受企业运营的牵制较大，对企业流动资产会计核算资料的依赖度高。由于流动资产处于企业生产经营的实际运转中，进入现场评估会影响企业正常运转，因而通常更需要企业配合，在相对静止的条件下进行清查核实。流动资产种类繁多，许多价格信息只有通过会计资料才能获得，因此，流动资产评估的一个重要特点就是对企业会计账表进行可用性判断，并确切了解企业在流动资产、成本费用等项目核算中所使用的程序和方法，在此基础上判断流动资产评估与这些会计程序、方法间的联系与区别，从而正确利用会计信息。

三、流动资产评估的基本程序

1. 明确资产评估的目的。流动资产评估的目的：一是在企业产权变动，如企业改制、合资合作经营、联营等需要采用资产基础法对企业价值进行评估时，单独对各类流动资产进行评估。二是企业清算和资产变卖时，对所涉及的流动资产进行评估。三是保险索赔，对所涉及的流动资产进行评估。我国企业财产保险以企业的固定资产和流动资产为保险标的，索赔以保险责任范围内的标的损失及蔓延费用为依据，这就需要对所涉及的流动资产进行单独评估。四是清产核资。五是会计核算需要。六是其他经济行为中对所涉及的流动资产进行评估。

上述不同目的的资产评估，按照流动资产自身的特点，大致有三种评估方式。

（1）在企业持续经营条件下，流动资产按在用用途使用。例如，在企业改制、合资合作经营和联营等产权变动的资产业务中，待估企业不改变生产经营方式、产品结构等，流动资产就可按在用用途评估。清产核资、会计核算、保险索赔等，在总体上都是以企业持续经营、资产按在用用途使用为前提的，这种情况下，按重置成本评估流动资产。

（2）在企业持续经营条件下，流动资产进入市场转移使用或出售。例如，企业产权变动后，生产经营方式、产品结构等进行调整，未来生产经营对待估流动资产的需求大大减少或不需要。这种情况下，按变现净值评估流动资产。

（3）在企业清算条件下，要求流动资产快速变现，按快速变现净值评估流动资产。当然，在评估实践中，不同类型的流动资产变现性能不同，变现价值与账面价值可能存在较大差异，如包装物、低值易耗品等。而部分待摊费用的价值则可能损失殆尽。

2. 确定评估对象。进行流动资产评估前，先要确定被评估资产的对象和范围，这是节约工作时间、保证评估质量的必要条件之一。被评估对象和评估范围应依据经济活动所涉及的范围而定。同时，主要应做好下列工作。

第一，鉴定流动资产，弄清被评估流动资产范围，必须注意划清流动资产与其他资产的界限，防止将不属于流动资产的机器设备等作为流动资产，也不得把属于流动资产的低值易耗品等作为其他资产，以避免重复评估和漏评估。

第二，查核待评估流动资产的产权。企业中存放的外单位委托加工材料、代保管的材料物资等，尽管存在于该企业中，但不得将其列入流动资产评估范围。此外，根据国家有关规定，抵押后的资产不得用于再投资，如该企业的流动资产已作为抵押物，则不能将其再转让或投资，这类流动资产也不得列入评估范围。

第三，对被评估流动资产进行抽查核实，验证基础资料。一份准确的被评估资产清单是正确估价资产的基础资料，被评估资产的清单应以实存数量为依据，而不是以账面记载情况为标准。

按照流动资产的内容划分，流动资产评估对象如图6-1所示。

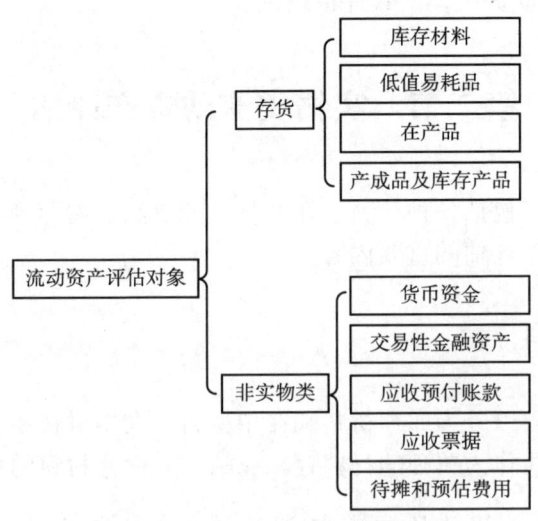

图6-1　流动资产评估类别

3. 对评估对象进行分析和测评。对企业需要评估的材料、半成品、产成品、库存商品等流动资产进行检测和技术鉴定，目的是了解这部分资产的质量状态，以便确定其是否尚有使用价值，并核对其技术情况和等级状态与被评估资产清单的记录是否一致。对被评估资产进行技术检测是正确估计资产价值的重要基础，特别是对那些有时效要求的各种存货，如有保鲜期要求的食品和有有效期要求的药品、化学试剂等，技术检测尤为重要。存货在存放期内质量发生变化，会直接影响其市场价格。因此评估必须考虑各类存货的内在质量因素。对各类存货进行技术质量检测，可由被评估企业的有关技术人员、管理人员与评估人员合作完成。对企业的债权、票据、分期收款发出商品等基本情况进行分析。根据对被评估企业与债务人经济往来活动中的资信情况的核查了解和每一项债权资产的经济内容、发生时间的长短及未清理的原因等因素，综合分析确定这部分债务、票据等回收的可能、回收的时间、回收时将要发生的费用及风险。

4. 选择评估方法。评估方法的选择，一是根据评估目的选择，二是根据不同种类流动资产的特点选择。如前所述，根据不同流动资产的特点，从评估角度将流动资产划分为四种类型，不同类型的流动资产对评估方法的选择有很大影响。对于实物类流动资产，可以采用市场法和成本法，对存货中价格变动较大的要考虑市场价格，对买入价较低的要按现价调整，对买价提高的，除考虑市场价格外，还要分析最终产品价格是否能够相应提高，或存货本身是否具有按现价出售的现实可能性。对于货币类流动资产，其清查核实后的账面价值本身就是现值，不需采用特殊方法进行评估，只是应对外币存款按评估基准日的国家外汇牌价进行折算。对于债权类流动资产，只适用于按可变现值进行评估。对于其他流动资产，应区分不同情况进行，其中有物质实体的流动资产，则应视其价值情形，采用与机器设备等相同的方法进行。

5. 评定估算流动资产，出具评估结论。

第二节　实物类流动资产评估

实物类流动资产包括各种材料、在产品、产成品及库存商品等。实物类流动资产评估是流动资产评估的重要内容。

一、库存材料评估

企业中的材料可以分为库存材料和在用材料。在用材料在生产过程中形成产品或半成品，已不再作为单独的材料存在，故仅对库存材料的评估进行说明。

（一）库存材料评估的内容与步骤

库存材料包括各种主要材料、辅助材料、燃料、修理用备件、装物、低值易耗品等。

库存材料的特点是：品种多，金额大，而且性质各异，计量单位、计价和购进时间、自然损耗各不相同。根据库存材料的特点，评估时可按下列步骤进行。

1. 账、表与实物数量应相符，并查明有无霉烂、变质、毁损的材料，有无超储呆滞的材料等。

2. 根据不同评估目的和待评估资产的特点，选择适应的评估价值类型和方法。一般地说，根据不同的经济行为，材料评估可以适用现行市价、重置成本、收益现值和清算价格等价值类型，但在方法应用上，则更多地采用成本法、市场法。因为材料等流动资产的功效高低取决于自身，而且是生产过程中的"消费性"资产，所以，即使在发生投资行为情况下，仍可采用市场法和成本法。就这两种方法而言，如果在某种材料市场畅销、供求基本均衡情况下，两者可以替代使用，但如不具备上述条件，则应分析使用。

3. 运用企业库存管理的 ABC 管理法，按照一定的目的和要求，对材料排队，分清重点，着重对重点材料进行评估。

(二) 库存材料评估的方法

对材料进行评估时，可以根据材料购进情况，选择相适应的方法。

1. 近期购进库存材料的评估。近期购进的材料库存时间短，在市场价格变化不大的情况下，其账面价值与现行市价基本接近。评估时，可以采用成本法，也可以采用市场法。如果外地购入，运杂费较高，应将其计入评估值；如果本地购进，可忽略运杂费。

【例6–1】甲企业中A材料系两个月前从外地购进，材料明细账的记载为：数量5 000千克，单价400元/千克，运杂费为600元。根据材料消耗的原始记录和清查，评估时库存尚有1 500千克。根据上述资料，可以确定该材料的评估值如下：

材料评估值 = 1 500 × (400 + 600/5 000) = 600 180（元）

对于购进时发生运杂费的材料，如果是从外地购进的，因运杂费数额较大，评估时应将由被评估材料分担的运杂费计入评估值；如果是从本地购进的，因运杂费数额较小，评估时可以不考虑运杂费。

2. 购进批次间隔时间长、价格变化大的库存材料评估。对这类材料进行评估时，可以采用最接近市场价格的材料价格或直接以市场价格作为其评估值。存货计价方式的差异不应影响评估结果。

【例6–2】某企业要求对其库存的特种钢材进行评估。该特种钢材是分两期购进的，第一批购进时间是上年10月，购进1 000吨，每吨3 800元，第二批购进时间是今年4月，购进100吨，每吨4 500元。今年5月1日评估时，经核实去年购进特种钢尚存500吨，今年4月购进的尚未使用。因此，需评估特种钢材的数量是600吨，价格可采用4 500元以计算，确定评估值为：

特种钢评估值 = 600 × 4 500 = 2 700 000（元）

〖例6–2〗的评估中，因评估基准日5月1日与今年4月购进时间较近，直接采用4月份购进材料价格。如果近期内该材料价格变动很大，或者评估基准日与最近一次购进时间间隔期较长，其间价格变动很大，评估时应采用评估基准日的时价。另外，由于材料分期购进，且购价各不相同，各企业采用核算方法不同，如先进先出法、后进先出法、加权平均法等，其账面余额就不一样。但核算方法的差异不应影响评估结果，评估时关键是核查库存材料的实际数并按最接近市场的价格计算确定其评估值。

【例6–3】某企业库存材料账面值为12 600元，该种材料购进时间为2020年11月，数量为8吨，价格为每吨1 250元，当时的价格指数为150%；2021年10月评估时价格指数为180%，不计损耗，计算该材料的评估值。

该材料评估值 = 8 × 1 250 × 180/150 = 12 000（元）

3. 缺乏准确现价的库存材料评估。企业库存的某些材料购进的时间早，市场已经脱销，目前无明确的市场价格信息可供参考或使用。对此进行评估时，可以通过寻找替代品的价格变动资料修正材料价格；也可以在分析市场供需的基础上，确定该项材料的供需关系，并以此修正材料价格；还可以通过市场同类商品的平均物价指数进行评估。

4. 呆滞材料价值的评估。呆滞材料是指从企业库存材料中清理出来，需要进行处理的材料。由于这类材料长期积压，时间较长，可能会因为自然力作用和保管不善等因素造成使用价值的下降。对这类材料的评估，应先对其数量和质量进行核实和鉴定，然后区分不同情况进行评估。对其中失效、变质、残损、报废、无用的，应通过分析计算，扣除相应的贬值额后，确定评估值。

【小思考】

当缺乏准确现价时可以采用市场同类材料的平均物价指数进行评估吗？

二、低值易耗品评估

低值易耗品是指单项价值在规定限额以下或使用期限不满一年，但能多次使用而基本保持其实物形态的劳动资料。低值易耗品与固定资产都是企业中的劳动资料，所不同的是固定资产是主要劳动资料，因此，尽管财务制度规定了划分固定资产和低值易耗品的一般标准，但各行业、各地区在对两者的划分上却是不一样的。例如作为服装行业主要劳动资料的缝纫机，在机械工业企业中通常是作为低值易耗品看待，因此，评估过程中确定劳动资料是否是低值易耗品，原则上视其在企业中的作用判断，一般可尊重企业原来的划分方法。同时，低值易耗品又是特殊流动资产，与典型流动资产相比，它具有周转时间长、不构成产品实体等特点。明确低值易耗品的特点，是做好低值易耗品评估的前提。

低值易耗品种类很多，为了评估需要，可以对其进行分类。分类方法有两种。

1. 低值易耗品按用途分类，可以分为一般工具、专用工具、替换设备、管理用具、劳动保护用品等。

2. 低值易耗品按使用情况分类，可以分为两类：一是在库低值易耗品，二是在用低值易耗品。

上述第一种分类的目的在于，在低值易耗品评估过程中，为了简化评估工作，可以按大类对其评估。第二种分类则是考虑了低值易耗品的具体情况，对评估方法选用影响较大。在库低值易耗品的评估，可以根据具体情况，采用与库存材料评估相同的方法。

在用低值易耗品的评估，可以采用成本法进行评估。计算公式为：

$$在用低值易耗品评估值 = 全新低值易耗品重置价值 \times 成新率$$

全新低值易耗品重置价值可以直接采用其账面价值（价格变动不大），也可以采用现行市场价格，有时也可以在账面价值基础上乘以其物价变动指数确定。低值易耗品分外购和自制两种形式，确定评估价值时，在细节分析上有所不同，评估者应视具体情况分析计算。

对于在用低值易耗品损耗的计算,由于其使用期限较固定资产短,所以一般不考虑其功能性损耗和经济性损耗。其成新率计算公式为:

成新率 =(1 - 低值易耗品实际已使用月数/低值易耗品可使用月数)×100%

对低值易耗品采用摊销的方式将其价值转入成本、费用,摊销的目的在于计算成本、费用。但是,低值易耗品的摊销在会计上采用了较为简化的方法,这并不完全反映低值易耗品的实际损耗程度。因此,低值易耗品成新率应根据实际损耗程度确定,而不能简单按照摊销方式确定。

【例6-4】某企业某项低值易耗品原价为750元,预计使用1年,现已使用9个月,该低值易耗品现行市价为1 200元,由此确定其评估值为:

在用低值易耗品评估值 = 1 200 × [(1 - 9/12) × 100%] = 300(元)

【例6-5】某企业购进某项低值易耗品10件,购进时原价为400元,预计使用10个月,实际已使用6个月,该项低值易耗品现行市价为500元。经核实,该项低值易耗品库存工件,在用的为8件,则该项低值易耗品的评估值为:

低值易耗品的评估值 = 500 × (4/10 × 100%) × 8 + 500 × 2 = 2 600 (元)

分析:本案例中低值易耗品的评估区分了在库低值易耗品和在用低值易耗品两种不同使用状态。在库低值易耗品的评估可按原值评估。在用低值易耗品因已发生了部分损耗,不能按原值评估,只能按净值评估,即要确定成新率。成新率的确定可根据实际剩余使用期与预计使用期的比值,也可以根据低值易耗品的账面净值与账面原值的比率。对于后者,由于低值易耗品核算多采用"五五摊销法",新旧程度很难从账面上反映出准确结果,因此,成新率还要由评估人员通过经验观测方法予以确定。

【例6-6】某低值易耗品账面原价为800元,预计使用1年,现在已经使用了6个月,该低值易耗品重置价值的现行市价为1 200元,确定的低值易耗品的评估值为:

低值易耗品的评估值 = 1 200 × (1 - 6/12) = 600 (元)

三、在产品评估

这部分流动资产包括制作过程中的在制品、已加工完成入库但不能单独对外销售的半成品(可直接对外销售的自制半成品视同库存产品进行评估,在此不做介绍)。在对这部分资产进行评估时,应结合其特点,按照重置时的合理费用进行估价。具体方法有以下两种。

(一)成本法

这种方法是根据技术鉴定和质量检测的结果,按评估时的相关市场价格及费用水平重置同等级在制品及自制半成品所需投入合理的料工费计算评估值。这种评估方法只适用于生产周期在半年以上或一年以上,仍需继续生产、销售并且有盈利的在制品等的评估。对生产周期短的在制品主要以其发生成本为计价依据，在没有变现风险的情况下，可根据其账面值进行调整。具体方法有以下几种。

1. 按价格变动系数调整原成本。对生产经营正常、会计核算水平较高的企业在制品的评估，可参照实际发生的原始成本，根据到评估日的市场价格变动情况，调整成重置成本。评估的过程是：

（1）对被评估在制品进行技术鉴定，将其中超出正常范围的不合格在制品成本从总成本中剔除。

（2）分析原成本，将非正常的不合理费用从总成本中剔除。

（3）分析原成本中材料从其生产准备开始到评估日止市场价格变动情况，并测算出价格变动系数。

（4）分析原成本中的工资、燃料、动力等制造费用从开始生产到评估日有无大的变动，是否进行了调整，并测算出调整系数。

（5）根据技术鉴定、原始成本的分析及价格变动系数的测算，调整成本，确定评估值，必要时还要从变现的角度修正评估值。

评估价值的基本计算公式如下：

$$\text{某项或某类在产品、自制半成品评估值} = \text{原合理材料成本} \times (1 + \text{价格变动系数}) + \text{原合理工资、费用（含借款费用）} \times (1 + \text{合理工资、费用变动系数})$$

需要说明的是，在产品成本包括材料、工资费用、制造费用和借款费用四部分。制造费用属于间接费用；工资费用尽管是直接费用，但也同间接费用一样较难测算。因此，评估时可将工资费用和制造费用合为一项费用进行估算。而借款费用一般用于需要经过相当长时间的购建或者生产活动才能达到预定可使用或者可销售状态的存货。

2. 按社会平均工艺定额和现行市价计算评估值，即按重置同类资产的社会平均成本确定被评估资产的价格。用这样的方法对在制（产）品等进行评估需要掌握以下资料：

（1）被评估在制品的完工程度；

（2）被评估在制品有关工序的工艺定额；

（3）被评估在制品耗用物料的近期市场购买价格；

（4）被评估在制品的合理工时费率（这个数据要采用正常情况下生产经营的工时费率）。

计算评估值的基本公式为（只考虑某几道工序，而在产品可能已经过若干道工序）：

$$\text{某在产品评估值} = \text{在产品实有数量} \times (\text{该工序单件材料工艺定额} \times \text{单位材料现行市价} + \text{该工序单件工时定额} \times \text{正常工资费用})$$

对于工艺定额的选取，有行业平均物料消耗标准的，可按行业标准计算；没有行业统一标准的，按企业现行的工艺定额计算。

3. 按在产品的完工程度计算评估值。因为在产品的最高形式为产成品，因此，要计算确定在产品评估值，可以在计算产成品重置成本基础上，按在产品完工程度计算确定在产品评估值。计算公式为：

$$在产品评估值 = 产成品重置成本 \times 在产品约当量$$
$$在产品约当量 = 产成品数量 \times 在产品完工率$$

在产品约当量和在产品完工率可以根据其完成工序与全部工序比例、生产完成时间与生产周期比例确定。确定时应分析完成工序、完成时间与其成本耗费的关系。

（二）市场法

按同类在产品和半成品的市价，扣除销售过程中预计发生的相关费用后计算评估值。一般来说，被评估资产通用性好，能用于产品配（部）件更换或用于维修等，评估价值就比较高。对不能继续生产，又无法通过市场调剂出去的专用配件等只能按废料回收价格进行评估。计算评估值的基本公式为：

$$某在产品评估值 = 该种在产品实有数量 \times 市场可接受的不含税的单价 - 预计销售过程中发生的费用$$

如果在调剂过程中有一定的变现风险，还需要考虑设立一个风险调整系数，计算可变现评估值。

【例6-7】 丁企业因产品技术落后而全面停产，现准备与 M 公司合并，有关在产品的资料如下。

在产品原账面记录的成本为 175 万元。按其状态及通用性分为三类。

第一类：已从仓库中领出，但尚未进行加工的原料。

第二类：已加工成部件，可通过市场销售且流动性较好的在产品。

第三类：加工成的部件无法销售，又不能继续加工，只能报废处理的在产品。

对于第一类，可按实有数量、技术鉴定情况、现行市场价格计算评估值。第二类在产品可根据市场可接受的现行价格、调剂过程中的费用、调剂的风险确定评估值。第三类在产品只能按废料的回收价格计算评估值，相关公式为：

$$在产品评估值 = 可回收废料的重量 \times 单位重量现行的回收价格$$

根据评估资料可以确定评估结果，如表 6-1、表 6-2、表 6-3 所示。

表 6-1　　　　　　　　　　车间已领用尚未加工的原材料

材料名称	编号	计量单位	实有数量	现行市场价格	按市价估算的资产价值（元）
黑色金属	A001	吨	150	1 600 元/吨	240 000
有色金属	A002	千克	3 000	18 元/千克	54 000
有色金属	A003	千克	7 000	12 元/千克	84 000
合计					378 000

表 6-2　　　　　　　车间已加工成部件并可直接销售的在产品

部件名称	编号	计量单位	实有数量	现行单位市价	按市价估算的资产价值（元）
A	B001	件	1 800	54 元/件	97 200
B	B002	件	600	100 元/件	60 000
C	B003	台	100	250 元/台	25 000
D	B004	台	130	165 元/台	21 450
合计					203 650

表 6-3　　　　　　　　　　　报废在产品

名称	计量单位	实有数量	可回收废料（千克/件）	可回收废料数量（千克）	回收价格（元/千克）	评估值（元）
D001	件	5 000	35	175 000	0.4	70 000
D002	件	6 000	10	60 000	0.4	24 000
D003	件	4 500	2	9 000	6	54 000
D004	件	3 000	11	33 000	5	165 000
合计						313 000

【例 6-8】 某企业库存甲材料评估时账面价值为 540 000 元，共分三批购进，第一批购进 40 000 元，当时的物价指数为 100%；第二批购进 50 000 元，当时的物价指数为 140%；第三批购进 450 000 元，当时的物价指数为 200%。资产评估时物价指数为 180%。损耗不计，据此计算甲材料的评估值为：

第一批评估值 = 40 000 × 180/100 = 72 000（元）

第二批评估值 = 50 000 × 180/140 = 64 286（元）

第三批评估值 = 450 000 × 180/200 = 405 000（元）

总评估值 = 72 000 + 64 286 + 405 000 = 541 286（元）

【课程思政】

由于甲材料是不同时期分批次购进的，且市场行情波动较大，因此要对账面价值根据评估时点的现行市价进行调整。调整的依据有两种：一是比较现行市价与账面单价确定调整系数；二是根据不同时期的物价指数来确定调整系数，选定统一的评估时点为基准日。在〖例 6-8〗中，评估值的确定就是由物价指数法得出的。

四、产成品及库存商品评估

产成品及库存商品包括已完工入库和已完工并经过质量检验但尚未办理入库手续的产成品以及商品流通企业的库存商品等。根据其变现能力和市场可接受的价格进行评估，适用的方法有成本法和市场法。

(一) 成本法

采用成本法对生产及加工工业的产成品进行评估,主要根据生产、制造该项产品发生的成本费用确定评估值。具体应用过程中,可分以下两种情况进行。

1. 评估基准日与产成品完工时间较接近。当评估基准日与产成品完工时间较接近,成本变化不大时,可以直接按产成品账面成本确定其评估值。计算公式为:

$$产成品评估值 = 产成品数量 \times 产成品账面单位成本$$

2. 评估基准日与产成品完工时间间隔较长。当评估基准日与产成品完工时间间隔较长,产成品的成本费用变化较大时,产成品评估值可按下列两种计算方法计算。

方法一,其计算公式为:

$$产成品评估值 = 产成品实有数量 \times [合理材料工艺定额 \times 材料单位现行价格 + 合理工时定额 \times 单位小时合理工时工资、费用(含借款费用)]$$

方法二,其计算公式为:

$$产成品评估值 = 产成品实际成本 \times [材料成本比例 \times 材料综合调整系数 + 工资、费用(含借款费用)成本比例 \times 工资、费用综合调整系数]$$

【例 6-9】 某资产评估公司对 K 企业进行资产评估。经核查,该企业产成品实有数量为 1 200 件,根据该企业的成本资料,结合同行业成本耗用资料分析,合理材料工艺定额为 500 千克/件,合理工时定额为 20 小时/件。评估时,生产产成品的材料价格上涨,由原来的 60 元/千克涨至 62 元/千克,单位小时合理工时工资、费用不变,仍为 15 元/小时。根据上述分析和有关资料,可以确定该企业产成品评估值为:

$$产成品评估值 = 1\,200 \times (500 \times 62 + 20 \times 15) = 37\,560\,000 \text{(元)}$$

【例 6-10】 某企业产成品实有数量 60 台,每台实际成本 58 元,根据会计核算资料,生产该产品的材料费用与工资、其他费用的比例为 60:40,根据目前价格变动情况和其他相关资料,确定材料综合调整系数为 1.15,工资、费用综合调整系数为 1.02。由此,计算该产成品的评估值为:

$$产成品评估值 = 60 \times 58 \times (60\% \times 1.15 + 40\% \times 1.02) = 3\,821.04 \text{(元)}$$

(二) 市场法

1. 应用市场法评估产成品价值,在选择市场价格时应注意考虑下列因素。

(1) 库存商品的使用价值。根据对产成品本身的技术水平和内在质量的技术鉴定,确定产成品是否具有使用价值以及产品的实际等级,以便选择合理的市场价格。

(2) 分析市场供求关系和被评估产品的前景。

(3) 所选择的价格应是在公开市场上所形成的近期交易价格。非正常交易价格不能作为评估的依据。

（4）对于产品技术水平先进，但产成品外表存在不同程度残缺的情况，可根据其损坏程度，通过调整系数予以调整。

2. 如何处理利润和税金。采用市场法评估产成品时，现行市场价格中包含了成本、税金和利润等因素，如何处理待实现的利润和税金，是一个不可忽视的问题。对这一问题应作具体分析，视产成品评估的特定目的和评估的性质而定。

例如，以库存商品出售为目的，就应直接以现行市场价格作为其评估值，而无须考虑扣除为实现销售而发生的销售费用和相关税金。对于交纳增值税的产成品，其销项税额尽管向购买方收取，但并不构成库存商品价格。而且，对于买方来说，支付给卖方的销项税额即为自身的进项税，在买进的库存商品再卖出时，所支付的税款是销项税款与进项税款的差额，本身意味着税款的扣除。

再如，在对企业以投资为目的进行产成品评估时，由于产成品在新的企业中按市价销售后，流转税金和所得税等就要流出企业，追加的销售费用也应得到补偿。产成品评估值折价后作为投资者权益，具有分配收益的依据，因此，在这种情况下，市价中扣除各种税金和利润后，才能作为产成品评估值。

第三节 非实物类流动资产评估

一、非实物类流动资产评估程序

非实物类流动资产是指除存货外的其他流动资产。非实物类流动资产评估程序主要有：

（1）了解账项核算具体内容；
（2）抽查核实账面记录的正确性；
（3）选择相应的评估方法；
（4）评定估算。

二、非实物类流动资产的清查核实方法

非实物类流动资产的清查核实方法视不同的资产种类有所不同。常用的清查核实方法有盘点、函证、抽查、访谈等。

（1）盘点。盘点一般用于库存现金的清查核实。库存现金盘点，是证实资产负债表中或申报的资产评估明细表中所列现金是否存在的一项重要评估程序。库存现金盘点通常是指对已收到但未存入银行的现金、零用金、找换金等进行的盘点。库存现金盘点的步骤如下：

①制定库存现金盘点程序，采取突击方式进行检查；

②审阅现金日记账并同时与现金收付凭证相核对；

③由出纳员将已办妥现金收付手续的收付款凭证登入现金日记账，并结出现金结余额；

④盘点保险柜的现金实存数，同时编制"库存现金盘点表"，分币种、面值列示盘点金额；

⑤盘点金额与现金日记账余额进行核对，如有差异，应查明原因，并作出记录或适当调整。

盘点现金时，应注意以下问题：

①复盘时，必须要求现金出纳人员始终在场；

②对于盘点中发现的充抵库存现金的借条、未作报销的收据和发票，要在"库存现金盘点表"中加以说明；

③盘点完毕，现金退回给出纳人员时，应取得出纳人员签字的收条或由出纳人员在盘点表上注明已收回盘点的现金；

④对于存放在不同地点的库存现金，应将全部现金打上封条，并同时盘点，以避免企业将已盘点的现金转移为未盘点现金。

（2）函证。函证是注册会计师获取审计证据的重要审计程序，多用于执行审计和验资业务，如对应收账款余额或银行存款，通过直接来自第三方对有关信息和现存状况的声明，获取和评价审计证据的过程。通过函证获取的证据可靠性较高，因此，函证是受到高度重视并被经常使用的一种重要程序，也是评估人员对资产进行清查核实，获取评估依据的重要评估手段。

函证的政策背景

（3）抽查（会计凭证）。凭证抽查是注册会计师审计工作中一项非常普遍却又十分重要的程序，也是评估工作中一个十分重要的评估手段。

会计科目或资产类型不同，凭证抽查所关注的内容也不同。银行存款凭证抽查，特别是各种银行进账单，对于日期、双方账户、金额、银行业务章等的查看都是十分重要的。取得应收款权利，查看发票的购货方是否与记账凭证上的明细单位一致，收回应收款，查看进账单的付款方与记账凭证的明细单位是否一致；等等。这些都是十分重要的核实内容。存货的购入，查看发票类型，确定进项税是否可以抵扣；查看发票日期及存货入库单日期，确定存货是否存在跨期；各种形态流动资产，查看内部领料单或者出库单的日期，防止跨期；等等。这些是存货凭证抽查的重要内容。固定资产的购入，查看发票类型，确定税额是否可以抵扣；查看发票时间（或提货时间），确定开始计提折旧的日期；查看发票购方，确定是否为被评估企业；等等。这些是固定资产凭证抽查的重要内容。收到借款，着重关注借款单上的借款日期、借款期限、借款利率，这些都是判断利息支付是否合理的依据。关注归还借款日期，确定利息测算的截止日。应付职工薪酬后附的文件主要为人力资源管理部门提供的工资明细表，关注公司是否按部门将工资正确地列入成本费用。应交税费关注借方缴税发生额，对于贷方税费计提，倾向于对税金及附加的抽查。

（4）访谈。访谈是一种重要的评估工作方法。就评估工作需要了解的信息，与被评估企业相关资产管理人员进行集中或一对一的访问、交谈，可以极大地帮助评估人员取得系统的信息，特别是账项核算的内容。一方面，可以大幅度缩减评估工作时间，提高评估工作效率；另一方面，可以发现相关记录存在的问题，获取评估信息，防范评估执业风险。例如，就应收账款评估明细表中的有关记录，向企业有关人员进行访问，迅速了解账项核算的内容，并配合抽查凭证，有效完成清查核实工作。

三、非实物类流动资产评估方法

本节主要介绍货币资金、应收款项、应收票据、待摊费用和预付费用等的评估方法。

（一）货币资金

货币资金不会因时间的变化而发生变化，只存在不同币种的换算和不同货币资金形态的转换，因此，不存在价值估算，而仅仅需要核实数额。对现金的评估，实际上是通过对现金的盘点，与现金日记账和现金总账核对，确认现金数额。对各项银行存款的评估，实际上是通过银行函证与核对，核实各银行存款的实有数额，最后，以核实后的实有数额作为评估值。如有外币，一般按评估基准日时的汇率换算成等值人民币。

【小思考】

一年以上的定期存款属于流动资产吗？

（二）应收款项

应收款项属于债权类资产。应收款项是指债权已经成立，债务人负有偿债责任的各种款项的总称，包括应收账款和其他应收款。

应收款项的经济特点是债权以明确的货币金额量化，无论是否约定偿债期，到期偿还的债务额都是事前形成、约定的，如企业生产经营过程中由于赊销等形成的尚未支付的货款，因债务方已经收到货物，自然形成需要偿还的债务。这决定了应收款项评估具有如下特点。

1. 因债权金额是事前形成、约定的，评估不是对债权金额的重新认定。应收款项账面余额反映的是已经发生的经济业务和已经成立的债权价值，资产评估并不是对应收款项金额（账面记录）的重新估计或确定。

2. 应收款项评估的是"风险损失"。因债务人的信用和还款能力，债权回收可能存在一定的风险，回收金额可能小于债权金额。因此，应收款项评估是对债务人信用和还款能力的分析，评估对象是应收款项的"风险损失"。

3. 应收款项评估的是"未来现金资产"。应收款项既非现金，也非实际可用于企业经营的资产，而是在未来回收后才能作为实际资产，即"未来现金资产"。即使在未来某一时点应收款项全额回收,从资金的时间价值角度来看,未来回收的价值小于应收款项账面记录。

应收款项不是现金,是一种变现性很强的资产,它的账面金额是固定的,一旦不存在回收风险,其价值是足额的。但其变现时机和过程往往会花很长时间,一笔巨额的应收款需10年甚至20年才能偿还完。尽管不存在回收的风险,但对于反映评估基准日资产价值的专业判断来说,就不得不考虑资金的时间价值问题。只不过在多数情况下,大都是金额不大、时间不长的应收款,评估中忽略未计。

从上述特点不难看出,应收款项评估的本质是对款项回收的"风险损失"和"未来回收价值现值"的判断,应收款项评估应该是"风险损失的预计"和"未来回收价值现值"的确定,而不是对应收账款账面记录的重新估计。

应收款项评估价值估算的基本公式为:

$$应收款项评估价值 = \frac{应收款项}{账面余额} - \frac{已确定的}{坏账损失} - \frac{预计可能发生的}{坏账损失}$$

也就是说,根据对应收款项可回收性的判断,预计风险损失,然后用款项的账面余额减去预计的风险损失,得出应收款项的评估价值。

应收款项评估的程序和方法如下。

1. 确定应收款项账面余额。确定应收款项账面余额,一般采取账证账表核对、函证、抽查凭证等方法,查明每项款项发生的时间、发生的经济事项和原因、债务人的基本情况(信用和偿还能力),作为评估预计风险损失的依据。

在评估实践中,需要注意以下两点:

(1)对集团内部独立核算单位之间的往来,必须进行双向核对,避免重计、漏计。

(2)同时进行财务审计工作的项目,如企业改制设立公司评估项目,应与注册会计师审定调整后的账面余额核对一致,避免重评、漏评。

2. 确认已发生的坏账损失。坏账是指企业无法收回或收回的可能性极小的应收款项。发生坏账而产生的损失被称为坏账损失。已经发生的坏账损失是指评估时有确切证据证明全部或部分金额确实无法收回。通常情况下,企业应收账款符合下列条件之一的,确认为坏账。

(1)因债务人死亡或者依法被宣告失踪、死亡,其财产或者遗产清偿后仍然无法收回;

(2)因债务人依法宣告破产、关闭、解散、被撤销,或者被依法注销、吊销营业执照后,其财产清偿后仍然无法收回;

(3)债务人较长时期内(如超过3年)未履行偿债义务,并有其他足够的证据表明无法收回或收回的可能性极小的;

(4)与债务人达成债务重组协议或法院批准破产重整计划后,无法追偿的;

(5)因自然灾害、战争等不可抗力导致无法收回的。

评估操作中,判断作为已发生的坏账损失,应取得下列工作底稿:

(1) 法院的破产公告和破产清算的清偿文件;

(2) 法院的败诉判决书、裁决书,或者胜诉但被法院裁定终(中)止执行的法律文书;

(3) 工商部门的注销、吊销公示信息;

(4) 政府部门有关撤销、责令关闭的行政决定文件;

(5) 公安等有关部门的死亡、失踪证明;

(6) 逾期3年以上及已无力清偿债务的确凿证明;

(7) 与债务人的债务重组协议及其相关证明;

(8) 其他相关证明。

已发生的坏账损失,直接从应收款项中扣减。

3. 确定可能发生的坏账损失。在评估实践中,对于有充分理由和证据表明无回收风险的、有确切证据表明无法回收的和符合有关管理制度应予以核销的应收款项,是相对容易的。而对于很可能收不回部分款项的,需要一定的分析判断方法。对很可能收不回部分款项的坏账损失的预计,实际上是对未来的判断,坏账损失并未在评估基准日现实发生,因而确切地说属于预测的范畴。

一般来说,确定可能发生的坏账损失,先根据企业与债务人的业务往来和债务人的信用情况,将应收款项分类,然后按分类情况估计坏账损失发生的可能性及其数额。

应收款项一般分为以下四类:

第一类,业务往来较多,债务人结算信用好。

第二类,业务往来较少,债务人结算信用一般。

第三类,偶然发生业务往来,债务人信用状况未能调查清楚。

第四类,有业务往来,但债务人信用状况较差,有长期拖欠贷款的记录。

对预计坏账损失的估计方法主要有如下两种。

(1) 坏账比例法。此法是按坏账占全部应收款项的比例来判断不可收回的应收款项,从而确定坏账损失的数额。可以根据被评估单位以前若干年(一般为3~5年)的实际坏账损失额占其应收款项发生额的百分比确定坏账比例,然后用核实后的应收款项数额乘以坏账比例,得出坏账损失数额。其计算的基本公式为:

$$坏账损失额 = 核实后的应收款项数额 \times 坏账比例$$

$$坏账比例 = 评估前若干年发生的坏账数额 / 评估前若干年应收款项余额 \times 100\%$$

当然,如果一个企业的应收款项多年未清理,账面找不到处理坏账的依据,难以估算出坏账比例,这种方法就会受到限制。

【例6-11】某企业本期的赊销款为80 000元,前期坏账损失为2 800元,赊销净额为70 000元,则:

估计坏账百分比 = 2 800 ÷ 70 000 × 100% = 4%

本期预计的坏账损失 = 80 000 × 4% = 3 200（元）

【例 6 - 12】对某企业进行整体资产评估，经核实，截至评估基准日，应收账款的账面余额为 520 万元，前 5 年的应收账款发生情况及坏账损失情况如表 6 - 4 所示。

表 6 - 4　　　　　　　　　　　　坏账损失情况　　　　　　　　　　　　单位：元

年度	应收账款余额	处理坏账额	备注
第 1 年	1 500 000	200 000	
第 2 年	2 450 000	72 000	
第 3 年	2 500 000	120 000	
第 4 年	3 050 000	83 500	
第 5 年	2 140 000	10 100	
合计	11 640 000	485 600	

由此计算前五年坏账占应收账款的百分比为：
坏账占应收账款的比例 = 485 600 ÷ 11 640 000 × 100% = 4.17%
预计坏账损失额 = 520 × 4.17% = 21.68（万元）

需要说明的是，确定坏账比例时还应分析因特殊因素造成的坏账损失。在计算坏账比例时，应将因特殊因素造成的坏账从中扣除，不能直接作为预计未来坏账损失的依据。

（2）账龄分析法。账龄是指债务人所欠账款的时间。账龄越长，发生坏账损失的可能性就越大。账龄分析法是根据应收账款的时间长短来估计坏账损失的一种方法。采用账龄分析法时，将不同账龄的应收账款进行分组，并根据前期坏账实际发生的有关资料，确定各账龄组的估计坏账损失百分比，再将各账龄组的应收账款金额乘以对应的估计坏账损失百分比，计算出各组的估计坏账损失额之和，即为当期的坏账损失预计金额。

【例 6 - 13】某企业评估时，经核实，该企业应收账款实有金额为 858 000 元，具体发生情况以及由此确定坏账损失情况如表 6 - 5、表 6 - 6 所示。

表 6 - 5　　　　　　　　　　　　应收账款账龄分析　　　　　　　　　　　　单位：元

单位	总金额	其中：未到期	其中：已过期			
			半年	1 年	2 年	3 年及 3 年以上
甲	487 000	202 000	85 000	160 000	40 000	—
乙	176 000	80 000	40 000	—	10 000	46 000
丙	66 000	—	—	18 400	32 000	15 600
丁	129 000	22 000	18 000	24 000	25 000	40 000
合计	858 000	304 000	143 000	202 400	107 000	101 600

表 6-6　　　　　　　　　　　　坏账损失计算分析

账龄	应收金额（元）	预计坏账损失率（%）	坏账金额（元）
未到期	304 000	1	3 040
已过期：半年	143 000	10	14 300
1 年	202 400	15	30 360
2 年	107 000	25	26 750
3 年以上	101 600	43	43 688
合计	858 000	—	118 138

根据表 6-6 计算的应收账款评估值为 739 862 元（858 000 - 118 138）。

真实的账龄是"账龄分析法"的前提条件。账龄的划分一般有三种方法。一是最后账龄法。如果每个客户应收款项截至某一年内有经济业务发生，则将该客户应收款项的全部余额视为某一年度来确定账龄。这一方法虽较简便，但不太符合实际情况。二是先进先出法。该方法是假设收回的账款为先收回先发生的应收款项，以此来确定账龄。三是实际账龄法。按每笔经济业务（或每个合同）实际发生的应收款项和收回款项来确定账龄。评估实践中，经常遇到被评估单位申报应收款项资产清单，有的反映的是最后一笔借方额记录时间，有的反映的是最后一笔贷方额记录时间。一次性业务形成的单笔款项对评估影响不大。多次业务的多笔借方和贷方款项，如常年多次发生赊销、还款业务，则对账龄的划分，对评估十分重要。

此外，还应考虑应收账款评估时"坏账准备"科目的处理。一般来说，应收账款评估以后，账面上的"坏账准备"科目按零值计算，评估结果中没有此项目。对应收账款评估时，是按照实际可收回的可能性进行的。因此，应收账款评估值就不必再考虑坏账准备数额了。

（三）应收票据

应收票据可以采取下列两种方法进行评估。

1. 按票据的本利和计算。票据价值就是票据的到期值，不带息票据为票据的面值；带息票据为票据到期的本利和金额。因此，应收票据的评估价值为票据的面值加上应计利息。其计算公式为：

$$应收票据评估值 = 本金 \times (1 + 利息率 \times 时间)$$

【例 6-14】某企业拥有一张期限为 6 个月的商业汇票，本金为 75 万元，月息为 10‰，评估基准日离付款期尚差 3.5 个月的时间，由此确定评估值为：

应收票据的评估值 = 750 000 × (1 + 10‰ × 2.5) = 768 750（元）

2. 按应收票据的贴现值计算。贴现是持票人持未到期的应收票据，通过背书手续，请银行按贴现率从票据价值中扣取贴现日起到票据到期日止的贴息后，以余额兑付给持票人。票据到期值与贴现收到金额之间的差额，叫作贴息或贴现息，通常记作财务费用。贴息的数额根据票据的到期值按贴现率及贴现期计算。其计算公式为：

$$应收票据评估值 = 票据到期价值 - 贴现息$$
$$贴现息 = 票据到期价值 \times 贴现率 \times 贴现期$$

【例 6 – 15】某企业持有的应收票据为 90 天的无息票据，金额为 5 000 元，在持票 30 天时对其进行评估，贴现率为 7.2%，则这张票据的评估值为：

贴现天数 = 90 – 30 = 60（天）

到期价值 = 5 000（元）

票据评估值 = 5 000 × (1 – 7.2% × 60 ÷ 360) = 4 940（元）

【例 6 – 16】某企业收到 120 天到期的票据一张，票面金额为 50 000 元，年利率为 9%，持票 30 天时进行评估，评估时银行贴现率为 7.2%，则票据的评估价值为：

贴现天数 = 120 – 30 = 90（元）

【例 6 – 17】某企业向甲企业售出一批材料，价款 500 万元，商定 6 个月收款，采取商业汇票结算。该企业于 4 月 10 日开出汇票，并经甲企业承兑，汇票到期日为 10 月 10 日。现对该企业进行评估，基准日为 6 月 10 日。由此确定贴现日期为 120 天，贴现率按月息 6‰计算。则有：

贴现息 = (500 × 6‰ ÷ 30) × 120 = 12（万元）

应收票据评估值 = 500 – 12 = 488（万元）

与应收账款类似，如果被评估的应收票据系在规定时间内尚未收回的票据，由于会计处理上将不能如期收回的应收票据转入应收账款账户，此时，按应收账款的评估方法进行价值评估。

（四）待摊费用和预付费用

1. 待摊费用。待摊费用本身不是资产，而是已耗用资产的反映，从而本身并不是评估的对象。但是，费用的支出可以形成一定形式的实物资产和享用服务的权利及其他无形资产，这种有形或无形的资产只要存在，已付出的费用就有价值。因此，对于待摊费用的评估，一般是按其形成的具体资产价值来分析确定。

例如，某企业待摊费用中，发生的待摊修理费用为 1 万元，而在机器设备评估时，由于发生大修理费用会延长机器设备寿命或增加其功能，使机器设备评估值增大，因此，待摊费用 1 万元已在机器设备价值中得以体现，而在待摊费用中就不应重复体现。

待摊费用价值只与资产和权益的存在相关，与摊余价值没有本质的联系。如果待摊费用所形成的资产和权益已经消失，无论摊余价值有多大，其价值都应该为零。

2. 预付费用。预付费用与待摊费用类似，只是这类费用在评估基准日之前已经支付，但在评估基准日之后才能发挥作用，产生效益。因而，如果预付费用的效益已经在评估基准日之前全部体现，只因发生的数额过大而采用分期摊销的办法，那么这种预付费用评估一般为零。只有那些在评估基准日之后仍将发挥作用的预付费用，才有相应的评估价值。

【例6-18】某资产评估公司受托对某企业待摊费用和预付费用进行单项评估，评估基准日为2016年6月30日。截至评估基准日，待摊费用和预付费用账面余额为86.78万元，其中有预付1年的保险金7.56万元，已摊销1.89万元，余额为5.67万元；尚待摊销的低值易耗品余额39.71万元；预付房租25万元，已摊销5万元，余额为20万元。根据租约，起租时间为2015年6月30日，租约终止期为2020年6月30日。根据上述资料进行如下评估。

（1）预付保险金的评估。根据保险金全年支付数额计算每月应分摊数额为：

每月分摊数额 = 75 600 ÷ 12 = 6 300（元）

应预留保险金（评估值）= 6 300 × 6 = 37 800（元）

（2）未摊销的低值易耗品的评估。低值易耗品根据实物数量和现行市场价格评估，评估值为412 820元。

（3）租入固定资产租金的评估。租入固定资产的价值按租约规定的租期和5年总租金评估。租赁的房屋尚有4年使用权。

评估值 = 50 000 × 4 = 200 000（元）

评估结果为：37 800 + 412 820 + 200 000 = 650 620（元）

课程思政

【本章小结】

流动资产一般作为单独的评估对象，不需要以其综合获利能力进行综合性价值评估，常用清查盘点、函证、抽查、访谈等核实方法。在资产评估实务中，对流动资产进行评估时应以单项资产为评估对象，而评估基准日尽量选在会计期末。从评估角度出发，分别从实物性资产、货币性资产和债权性资产三个角度对流动资产进行评估。实物性流动资产包括各种材料、在产品、产成品及库存商品和包装物等。进行实物性流动资产评估时，应根据实际情况选用成本法和市场法，其中以成本法最为常见。非实物性流动资产包括货币性和债权性流动资产。其中，货币性流动资产因本身就是资产价值的等价物，一般无须采用特殊的资产评估方法进行评估。债权性流动资产包括应收账款、预付账款、应收票据、短期投资及其他费用等。其中，对应收项目的评估关键在于对坏账损失的估算，主要采用余额百分比法和账龄分析法。

【本章练习】

一、单项选择题

1. 某企业产成品实有数量 80 台,每台实际成本 94 元,该产品的材料费与工资、其他费用的比例为 70∶30,根据目前有关资料,材料费用综合调整系数为 1.20,工资、其他费用综合调整系数为 1.08。该产品的评估值应接近于( )元。

   A. 9 745   B. 8 753   C. 7 520   D. 8 800

2. 在进行库存商品的评估时,若以库存商品的出售为目的,则( )。

   A. 直接以现行市场价格作为其评估值
   B. 需要考虑为实现销售而发生的销售费用
   C. 直接以账面价值作为其评估值
   D. 需要考虑为实现销售而发生的相关税金

3. 某企业 1 月初预付 8 个月的房屋租金 100 万元,当年 4 月 1 日对该企业进行评估,该预付费用的评估值为( )万元。

   A. 50   B. 100   C. 62.5   D. 75

4. 购进批次间隔时间较长、价格变化较大的存货,在评估时应采用( )作为评估值。

   A. 账面价值   B. 市场价格   C. 存货计价方法   D. 未来产品售价

5. 下列各项属于流动资产评估特点的是( )。

   A. 评估方法单一
   B. 考虑资产功能性贬值因素
   C. 变现能力强
   D. 评估基准日与评估结论使用时点接近

6. 某企业向 A 企业售出材料,价款 500 万元,商定 6 个月后收款,采用商业承兑汇票结算。该企业 2 月 1 日开出汇票,并由 A 企业承兑,汇票到期日为 8 月 1 日。5 月 1 日对企业进行评估,由此确定的贴现日期为 90 天,贴现率按月息 6‰计算,该应收票据的评估值为( )万元。

   A. 491   B. 509   C. 456   D. 650

7. 贴现是持票人持未到期的应收票据,通过背书手续,请银行按贴现率从票据价值中扣取贴现日起到票据到期日止的贴息后,以余额兑付给持票人。票据到期值与贴现收到金额之间的差额叫作( )。

   A. 贴现息   B. 应收利息   C. 坏账准备   D. 应付利息

8. 在用低值易耗品一般采用( )进行评估。

A. 收益法 B. 市场法
C. 市场同类商品的平均物价指数 D. 成本法

9. 做好低值易耗品评估的前提是（   ）。
   A. 确定低值易耗品的数量 B. 掌握低值易耗品的特点
   C. 确定低值易耗品的成本 D. 确定低值易耗品的种类

10. 甲评估公司正在对乙股份有限公司的在产品进行评估，每件在产品中投入了原材料10元，耗费人工工资和制造费用为6元。现有400件在产品，其中20件为废品。在资产评估基准日，原材料、人工工资和制造费用分别上涨20%和10%，评估值为（   ）元。
    A. 3 534   B. 3 720   C. 7 440   D. 7 068

二、多项选择题

1. 待摊费用价值的影响因素有（   ）。
   A. 摊余价值 B. 形成具体资产价值
   C. 资产 D. 权益
   E. 以上都对

2. 下列关于房地产开发企业存货评估方法的说法中，正确的有（   ）。
   A. 对于外购原材料、辅助材料、燃料、外购半成品等应根据清查核实后的数量乘以现行市场购买价确定其评估值
   B. 对于在用低值易耗品直接采用成本法进行评估
   C. 对于在库低值易耗品直接根据现行购置或制造价格加上合理的其他费用确定评估值
   D. 对残损、无用、待报废的低值易耗品，需根据技术鉴定结果和有关凭证，通过分析计算，扣除相应贬值额（保留变现净值）后，确定评估值
   E. 对于未开工的土地只能用假设开发法评估

3. 委托方提供存货账表清单后，评估人员要做的工作有（   ）。
   A. 通过抽查的方式来核实、验证存货账表清单与实际数量、状况的一致性
   B. 通过存货的保存状况来确定评估基准日
   C. 确定评估范围
   D. 核实存货的权属资料
   E. 评估评估委托方的管理水平

4. 应收账款评估的特点有（   ）。
   A. 评估中需要对应收账款的账面价值进行重新确定
   B. 评估不是对债权金额的重新认定
   C. 应收账款评估的是"风险损失"
   D. 应收账款评估的是"未来现金资产"
   E. 应收账款的评估值可能大于其账面价值

5. 下列各项中属于流动资产特点的有（   ）。
   A. 周转速度快   B. 变现能力强
   C. 存在形态多样化   D. 波动性
   E. 单位价值低

6. 下列各项中不属于流动资产评估特点的有（   ）。
   A. 流动资产评估基准日要尽可能与评估结论使用时点接近
   B. 流动资产一般具有数量大、种类多的特点，故清查工作量很大
   C. 一般来说，流动资产客观存在于企业，故评估中对企业流动资产会计核算资料的依赖度低
   D. 在正常情况下，流动资产的账面价值基本上可以反映出流动资产的现值
   E. 由于流动资产处于企业生产经营的实际运转中，故评估中需要在动态条件下进行清查核实

7. 下列关于企业全新购入并已投入使用低值易耗品评估的说法中，正确的有（   ）。
   A. 重置成本可用购买原价乘以相应物价指数确定
   B. 重置成本可用全新低值易耗品现行市价确定
   C. 一般不考虑功能性损耗，但经济性损耗应当合理考虑
   D. 可以采用成本法进行评估
   E. 价格变动不大的，重置成本可按购买原价确定

8. 库存材料评估时，应根据材料购进情况的不同，选择适应的评估方法，并考虑其数量和质量，合理确定评估值。下列相关说法正确的有（   ）。
   A. 库存材料计价方式的差异不应影响评价结果
   B. 购进时间长、市场价格变化大的库存材料，可采用市场法
   C. 呆滞材料中，失效、变质、残损、报废、无用的库存材料，应扣除相应的贬值额
   D. 购进时间短、市场价格变化不大的库存材料，可采用成本法
   E. 缺乏准确的现价的库存材料，只能通过市场同类商品的平均物价指数评估

9. 下列关于产成品及库存商品评估的说法，正确的有（   ）。
   A. 产成品及库存商品评估，适用成本法和市场法
   B. 当评估基准日与产成品完工时间较接近，成本变化不大时，可以直接按产成品账面成本确定其评估值
   C. 应用市场法评估产成品价值时，非正常交易价格不能作为评估的依据
   D. 应用市场法评估产成品价值时，产成品评估值一律要扣除相关税金和利润
   E. 应用市场法评估产成品价值时，应注意分析市场供求关系

三、思考题

1. 流动资产评估有哪些特点？
2. 用成本法、市场法进行在产品和产成品评估有何不同？
3. 如何用成本法对在用低值易耗品进行评估？
4. 采用市场法对产成品进行评估时，在选择市场价格时应考虑哪些因素？
5. 简述存货评估中可以采用分类评估方法的理由和具体做法。
6. 简述非实物类流动资产评估的基本思路。
7. 对原材料进行评估时，应根据材料购进情况选择相应的方法，具体来说，有哪些不同情况？

四、案例分析题

1. 某项在用低值易耗品，原价为 750 元，预计使用一年，现已使用 9 个月，该低值易耗品现行市价为 1 200 元，确定在用低值易耗品评估值。

2. 某公司被评估的某材料于近期从外地购入，当时共购入 500 件，单价为 600 元/件，共发生运杂费等 8 000 元，经盘点，该材料尚余 100 件，计算该批材料的评估值。

五、综合实训题

1. 评估对象为 A 产成品，共计 2 000 件，实际成本为 100 000 元。根据会计资料，在 A 产成品成本中原材料占 65%，人工费用及其他费用占 35%。已知在评估基准日原材料价格比 A 产成品入账时上升了 5%，人工及其他费用比入账时平均上升了 1%，全部 A 产成品保存完好，若不考虑其他因素，计算 A 产成品的评估值。

2. 某企业在搞联营过程中，对其某一工序上的在制品进行评估，该工序在制品实有数量为 5 000 件。根据行业平均定量标准资料得知，该工序在制品单件材料定额为 10 千克/件，该工序单件工时定额为 5 小时。经过市场调查得知，该在制品耗用材料的近期市场价格为 10 元/千克，且相同工种正常小时工资为 6 元/小时。该在制品评估值为多少？

第七章 长期投资及其他资产评估

【学习目标】

◆ 知识目标

了解债券投资和股票投资的特点;熟悉长期投资评估的特点;掌握债券投资的评估方法;掌握股票投资的评估方法。

◆ 能力目标

能够分析经济社会中金融资产评估的案例;能够运用资产评估的基本方法对长期投资进行价值评估。

◆ 思政目标

树立爱国、敬业、诚信的社会主义核心价值观;坚定道路自信、制度自信。遵守法律、行政法规和评估准则,遵守资产评估职业道德,具备客观、公正、严谨的职业精神等。强化风险意识,降低财务风险,提升全局意识,树立理性的、正确的财富观。

【本章重点和难点】

本章的重点是债券投资评估及股票评估,难点是长期股权投资的评估方法。

【案例导入】

2019年1~4月,全国房地产企业融资如火如荼。5月,银保监会的一纸23号令,市场发生了逆转,国内融资渠道收紧,房地产企业大量开始海外举债。这就造成部分房地产企业发债利率不断攀升。据CRIC统计的历年典型房企债券类融资成本,2019年典型房企境内债券平均融资成本为5.15%,境外债券平均融资成本为8.11%。但是,2019年,W公司通过公司债券、超短期融资券、中期票据等债务融资工具持续优化债务结构、降低融资成本,提升公司对财务风险的防范能力。

2019年,W公司分两次完成总额为45亿元住房租赁专项债券发行,发行利率分别为3.65%和3.55%;完成5亿元超短期融资券发行,发行利率3.18%;完成发行53.32亿元的ABS,发行利率维持在3.7%以下。此外还完成多次美元中期票据发行,最低票面利率为3.15%。2019年,W公司所发行的债券的成本利率约为3.6%,不管是境内债还是海外债,其发债利率均远低于典型房企平均发债成本。

思考与讨论:

W公司发行公司债券、超短期融资券、中期票据等证券属于什么类型投资呢?

第一节 长期投资评估概述

一、长期投资的概念及其分类

（一）长期投资的概念

长期投资是指不准备随时变现、持有时间超过1年的投资,包括股票投资、债券投资、长期股权投资和其他投资。人们通常把长期投资分为广义的长期投资和狭义的长期投资两种。

1. 广义的长期投资是指企业投入财力（包括本企业和企业以外的投资活动）,以期获得投资报酬的活动和行为。

2. 狭义的长期投资是指企业向那些并非直接为本企业使用的项目投入资产,并以利息、使用费、分红、股息或租金收入等形式获得收益的行为。

从资产评估的角度来看,长期投资是指企业持有的时间超过1年,以获得投资权益和收入为目的,向那些并非直接为本企业使用的项目投入资产的行为。

（二）长期投资的分类

1. 实物资产的长期投资是指投资方以实物资产方式,厂房、机器设备、材料等作为资本投入或参与其他企业运营或组成联营企业。

2. 无形资产的长期投资是指投资方以自身拥有的无形资产,如专有技术、商标、土地使用权等作为资本投入其他企业,组成联合企业。

3. 证券资产的长期投资是指通过证券市场购买其他企业的股票或债券（如国库券、企业债券和金融债券）等,以期达到投资于其他企业的目的。

（三）长期投资的风险

1. 国家宏观调控政策。国家宏观调控政策是影响企业长期投资最直接的影响因素,在社会发展特定时期以及特定的经济环境下,国家会根据具体情况对经济进行宏观调控,对相关的行业进行扩张性或者紧缩性的经济调控,这对企业的发展具有至关重要的影响。

当国家宏观调控政策改变时,原本扶植的产业或项目可能受到限制,从而影响企业投资的收益，甚至由盈转亏。所以当企业投资方向和国家宏观调控政策相背时，便会产生投资风险。因此，企业在发展过程中要加强对宏观经济风险的深度研究和剖析，积极适应新的政策，提升自身的抗风险能力，才能使企业投资的风险降到最低。

2. 管理人员缺乏对风险的认识。我国在风险管理理论方面研究起步较晚，所以很多企业对于对风险管理了解较少，也没有得到企业管理人员的重视。并且管理人员受教育水平和自身职业素质的参差不齐，也导致当企业遭遇投资风险时，不能第一时间进行风险识别、评估与控制。当前我国企业的管理模式通常是控制权和经营权相结合，企业管理者可能没有专业经理人对风险的敏锐嗅觉，对风险预警机制的建立往往不够重视，投资决策盲目跟风、经验主义较为严重，这些容易造成企业的投资决策失误，由此带来损失，也会产生企业投资风险。

3. 共同投资风险。企业长期投资占用资金量庞大，回报周期长，单一企业投资有时很难完成，这时就需要两个甚至多个企业对该项目进行共同投资，这在降低企业自身财务风险的同时，也会由于每个企业的投资目的以及自身条件不同，各自的经营理念、财务状况、资信状况不同，影响到该投资未来的进程和收益。当某一投资方遭遇不利情况时，往往会使整个投资项目产生风险，达不到该投资项目的预期收益率，甚至还有可能会让许多很好的投资机会白白浪费。

4. 投资决策的不科学和市场信息的不对称。投资决策者缺乏专业知识。由于企业长期投资涉及的领域很广泛，很多目标行业和企业所在领域有很大差异，这让投资决策者在决策时很可能发生误判，导致后期资金不能回笼达不到预期收益，一些投资完全处于失控状态等一系列问题。对于信息的不对称，在很多情况下，企业长期投资不能达到预期收益率甚至亏损并不是因为经营管理上的问题，而是由于现代市场经济生活中存在着大量的虚假信息，存在信息不对称等问题。正是因为外界披露的信息存在巨大的泡沫与水分，使得企业投资决策所依赖的基础信息不真实，导致了企业管理者在决策时出现误判的可能性变大，进而造成企业投资的低效性、投资收益的不确定性、资源配置的低效率性，给外界的投资者、债权人等利益相关者造成了巨大的损失。

二、长期投资评估的特点

（一）长期投资的特点

作为投资者，从总的方面来看，长期投资的根本目的是获取投资收益及资本增值。但是，在不同的条件下，长期投资的目的会以不同的表现形式或以阶段性的目的表现出来。如通过大量购买另一企业的股票的长期投资，其直接目的是控制另一家企业。又如，通过长期投资，与另一家企业或单位建立起持久的供货和销货的合作关系等。

(二)长期投资评估的特点

长期投资评估的特点取决于长期投资的特点。

1. 长期投资评估是对资本的评估。从出资的形式来看,用于长期投资的资产可以是货币资金、实物资产,也可以是无形资产。但是,不论出资的形式如何,投资者都是把它们作为资本投入另一个企业或特殊项目上。而且从长期投资所发挥的作用来看,都具有资本的功能。因而,长期投资的评估实际上是对资本的评估,这是长期投资的一个显著特点。

2. 长期投资评估是对被投资企业的偿债能力和获利能力的评估。长期投资的根本目的是获得投资收益,它的价值主要体现在其获利能力的大小上。同时,获利能力的大小,一是取决于其数量;二是取决于其风险。对企业风险的衡量指标中,偿债能力是一项重要指标。因此,长期投资的评估,实际上是对投资目标企业的评估,也就是对其获利能力和偿债能力的评估。

三、长期投资评估程序

1. 明确长期投资项目的有关详细内容,如投资种类、原始投资额、评估基准日余额、投资占被投资企业实收资本的比例和所有者权益的比例、相关会计核算方法等。

2. 判断长期投资投出和收回金额计算的正确性和合理性,判断被投资企业资产负债表的准确性。

3. 根据长期投资的特点选择合适的评估方法。考虑各种评估方法的评估范围及价值内涵是否一致;考虑各种方法与评估目的及测算结果的用途是否一致。可上市交易的债券和股票一般采用市场法进行评估,按评估基准日的收盘价确定评估值;非上市交易及不能采用市场法评估的债券和股票一般采用收益法,根据综合因素确定适宜的折现率,确定评估值。

4. 评定测算长期投资,得出评估结论。

【小思考】

长期投资和短期投资有哪些方面的区别?

第二节 债券投资评估

一、债券概述

(一)债券的基本概念

债券是政府、公司、金融机构等债务人为筹集资金,按照法定程序发行,向债权人承诺在指定时间内支付利息和偿还本金的有价证券。它是反映投资者与筹资者之间债权与债务关系的书面凭证。通常债券具有以下三个基本要素。

1. 票面价值,也叫到期价值或面值。它是债券上所载的金额,也是发行人同意在到期日支付的金额。

2. 债券到期日或到期期限。债券发行者按约定支付最后一笔款项的日期被称为债券到期日,或简称为到期日。到期期限是指距到期日的年数。

3. 票面利率。债券利息是指债务人在发行日和到期日之间进行的有规律的现金支付。票面利率又叫息票利率,是指债券上标明的利率。例如,票面利率为10%表示发行人每年要向债券持有人支付的利息额,等于债券面值的10%。有些债券是不带息票的(如国库券),被称为无息票债券,在债券到期日债券持有者一次性取得债券面值的现金额。

(二)债券的特点

1. 投资风险较小。这是因为国家对发行债券有严格的规定,发行债券必须满足一些基本要求。因此,债券投资风险相对较小,安全性较强。其中,政府债券安全性最高。

2. 收益相对稳定。债券收益主要受两大因素影响:债券面值和票面利率。这两大因素是债券的要素,一经确定就不能随意变动,所以只要受资人不发生较大变故,债券利率通常比较稳定并且正常情况下要高于同期存款利率。

3. 流动性较强。发行的债券中相当部分是可流通债券,如国库券,可以随时在证券市场上交易变现。

(三)债券的分类

1. 按发行主体分类。根据债券的发行主体不同,债券可分为政府债券、公司债券与金融债券。

这三类债券的风险程度各有不同。政府债券又可以分为中央政府债券和地方政府债券,一般会保证本息的返还兑付,信誉高、风险小,有"金边债券"之称,主要用于弥补财政赤字,进行基础设施和公共设施建设等。公司债券一般期限长,风险比政府债券及金融债券要大,因此利率也高于政府债券和金融债券。金融债券的发行主体是银行和非银行金融机构。发行期限一般为1~5年,其利率略高于同期定期存款。金融债券的风险很大程度上取决于发行主体的性质,信誉好的银行发行的债券风险较低,若是非国有银行或金融机构发行的债券,其风险则与公司债券相当。

2. 按偿还期限分类。债券可分为短期债券、中期债券和长期债券。其中短期债券是指期限在1年以下的债券,中期债券是指期限在1年以上10年以下的债券,而长期债券是指期限在10年以上的债券。

3. 按利息的支付方式分类。债券可分为付息债券和贴现债券。付息债券是指在债券票面上带有支付利息联票的债券,在指定的地点和规定的日期内,凭联票领取利息。付息债券是债券的基本形式，一般都是不记名的。

贴现债券是指一种表面上不支付利息，其实也是具有固定收益率的债券，这种债券在发行时按小于面值的发行价格出售，按债券面值偿还，发行价格与偿还金额之差就是发行者支付的利息。

4. 按利率是否固定划分。债券可分为固定利率债券和浮动利率债券。

固定利率债券是在发行时规定利率在整个偿还期内不变的债券。固定利率债券发行时不考虑市场因素的变化，发行人筹资成本和投资人投资收益基本事先确定，不确定性较小，但债券发行人和投资者仍要承担利率波动的风险。当市场利率上升时，投资人遭受损失；当市场利率下降时，发行人遭受损失。

浮动利率债券的利率随市场利率变化而定期浮动，债券利率在偿还期内可以进行变动和调整，可以避免债券实际收益和市场收益率之间产生重大偏离。但浮动利率的情况下，发行人成本和投资者收益带有很大的不确定性，从而产生较高风险。

5. 按是否有财产担保划分。债券可分为有担保债券和无担保债券。

有担保债券又称抵押债券，是指以抵押财产为担保发行的债券。按抵押品的不同又可以进一步划分，如公司以不动产作为担保的抵押债券、公司以其他有价证券（子公司股票或其他债券）作为担保所发行的公司债券以及以第三人作为担保的保证债券等。

无担保债券又称信用债券，是指完全靠信用而不以任何财产作为担保来发行的债券。一般来说，国债均为无担保债券。而对于公司债券来说，其持有人只对非抵押资产具有追索权，风险较大，所以往往在债券契约中加入保护性条款，如不能将资产抵押给其他债权人、未经债权人同意不得发行其他债券等。

6. 按是否可流通划分。债券可分为可流通债券和不可流通债券。

可流通债券也称上市债券，是指在一级市场发售后，可在二级市场流通转让的债券。流通性好，变现容易。目前我国的可流通债券包括上市国债、上市企业债券和上市可转换券等类型。

不可流通债券也称非上市债券，是指不在证券交易所上市，只能在场外交易的债券通常流动性较差，变现比较困难。

7. 按发行区域划分。债券可分为国内债券和国际债券。

国内债券是指由本国的债券发行方在国内金融市场上发行的以本国货币计价的债券。

国际债券是指由本国的债券发行方在其他国家或国际金融组织的国际金融市场上发行的以外国货币计价的债券。由于国际债券属于国家对外负债，因此在发行前需要获得国家相关主管部门的同意。

（四）债券的风险

1. 债券的风险。

（1）信用风险。信用风险又称违约风险，是指发行债券的借款人不能按时支付债券利息或偿还本金，而给债券投资者带来损失的风险。在所有债券之中，财政部发行的国债，由于有政府作担保，往往被市场认为是金边债券，所以没有违约风险。但除中央政府以外的地方政府和公司发行的债券则或多或少地有违约风险。因此，信用评级机构要对债券进行评价，以反映其违约风险。一般来说，如果市场认为一种债券的违约风险相对较高，那么就会要求债券的收益率要较高，从而弥补可能承受的损失。

（2）通货膨胀风险。通货膨胀风险是指由于通货膨胀因素使银行成本增加或实际收益减少的可能性。通货膨胀还会使银行资产的实际收益下降。资产实际收益率等于资产名义收益率减去通货膨胀率，通货膨胀率越高，资产实际收益率越低，当通货膨胀率高于资产名义收益率时，资产实际收益率即为负数，资产的实际购买力反而下降了。

（3）流动性风险。流动性是指金融资产在必要时以合理价格变现而不遭受损失的能力。一些债券可能没有流动性或者流动性较差，导致投资者无法及时卖出或者买入。

（4）市场风险。债券市场受到宏观经济、政策和市场等因素的影响，价格波动较大，投资者需要承担市场风险。

2. 债券信用评级标准。债券的预期收益和合适的资本化率是债券价格的两个决定因素，而债券的风险又是确定其资本化率的重要因素，因此风险也就成为决定债券收益现值的重要因素。在证券市场上，常用信用评级来反映债券的信用风险，根据债务人违约的可能性、债务的性质和条款、债务的法律保障等条件，将债券信用划分为若干个等级。目前世界上较权威的债券评级标准是美国的穆迪（Moody's）投资服务公司和标准普尔（S&P）公司制定的信用等级标准，如表7-1所示。

表7-1　　　　　穆迪投资服务公司与标准普尔公司信用评级标准

穆迪投资服务公司		标准普尔公司	
信用等级	解释	信用等级	解释
Aaa	质量最好	AAA	最高级别
Aa	质量较好	AA	高级别
A	超过平均水平	A	超过一般水平
Baa	平均水平	BBB	一般水平
Ba	存在投机因素	BB	低于一般水平
B	总体上缺乏投资所要求的质量	B	有投机性
Caa	质量差，可能违约	CCC	可能违约
Ca	高度投机，经常违约	CC	违约的可能性较高
C	最差等级，前景差	C	通常是违约

对于风险评级在评估债券中的应用,常常是按债券评级来确定相应的风险报酬率,加上无风险报酬率就是相应债券使用的资本化率。

二、债券评估

(一)上市债券评估

当长期投资中的债券作为评估对象时,如果该种债券可以在市场上流通买卖,并且市场上有该种债券的现行市价,那么,对于投资者来说,尽管不准备在近期内将这种债券变现,该种债券的现行市价仍然是其价格最重要的依据。在正常情况下,上市债券的现行市场价格可以作为它的评估值。

可上市交易的债券的现行价格,一般是以评估基准日的收盘价确定评估值;同时,评估人员应在评估报告中说明所用评估方法和结论,并申明该评估结果应随市场价格变动而予以调整。

应当强调指出,不论按什么方法评估,上市债券的评估值一般不应高于证券交易所公布的同种债券的卖出价。

当证券市场投机严重、债券价格严重扭曲、债券价格与其收益现值严重背离时,对上市债券的评估可参照非上市债券的评估方法。

采用市场法评估债券时,计算公式为:

$$债券评估价值 = 债券数量 \times 评估基准日债券的市价(收盘价)$$

【例7-1】某评估公司受托对某企业的持有至到期投资进行评估,持有至到期投资账面余额为20万元(购买债券2 000张,面值100元/张),年利率10%,期限为3年,已上市交易。在评估前,该债券未计提减值准备。根据市场调查,评估基准日的收盘价为120元/张。据评估专业人员分析,该价格比较合理,其评估值为240 000(元)(2 000×120)。

(二)非上市债券评估

不能进入市场自由买卖的债券无法通过市场取得现行市价,主要采用收益法进行评估。根据非上市债券还本付息的方式,把债券分为两类:每年支付利息、到期还本的情况和到期一次还本付息、平时不支付利息的情况。对其采取不同的具体评估方法。

1. 每年(期)支付利息、到期还本的债券评估。每年(期)支付利息、到期还本的债券评估,采用有限期的收益法,其公式为:

$$P = \sum \frac{E_i}{(1+r)^i} + \frac{P_0}{(1+r)^n}$$

其中,P表示债券的评估值;P_0表示债券的面值;E_i表示债券在第i年的预期收益(利息);r表示适用的折现率;n表示债券年限。

长期债券的收益现值评估,实际上是在投资年份里,长期投资带来的收益和投资本金的折现值的加总。由于债券利率和还款期都是事先约定好的,计算预期收益并不困难。而债券评估的折现率也是由两部分内容构成的,即无风险报酬率和风险报酬率。前者可采用政府发放短期债券的利率、国库券利率或银行贷款利率等;后者则应考虑发行债券的企业财务状况、债券到期年限、行业风险等因素。

就我国企业债券发行情况来看,企业发行债券需经国家批准,而国家对发行债券的企业有着严格的约束条件,所以,发行债券的企业大多数是交通、电力等基础建设行业,具有信誉好、经济效益高、风险小等优势。只要评估人员认为债券发行主体具有偿债能力和付息能力,债券风险不是很大。

【例7-2】某被评估企业拥有债券本金 150 000 元,期限为 3 年,年息为 10%,按年付息,到期还本。评估时债券购入已满 1 年,第 1 年利息已作投资收益入账。评估时,国库券年利率为 7.5%,考虑到债券为非上市债券,不能随时变现,经测定企业财务状况等因素,确定风险报酬率为 1.5%,因此测定该种债券的折现率为 9%。评估过程如下:

评估值 = $15\,000/(1+9\%) + 15\,000/(1+9\%)^2 + 150\,000/(1+9\%)^2$
       = $15\,000 \times 0.9174 + 15\,000 \times 0.8417 + 150\,000 \times 0.8417$
       = $152\,641.5$(元)

2. 到期后一次性还本付息的债券评估。这类债券平时不支付利息,到期后连本带利一次性支付。评估时,应将债券到期时一次性支付的本利和折现求得评估值。其计算公式为:

$$P = \frac{F}{(1+r)^n}$$

其中,P 表示债券的评估值;F 表示债券到期时本金和利息之和;n 表示评估基准日到债券还本付息的期限;r 表示折现率。

关于本利和 F 的计算,应视债券利率是采用单利率计算还是复利率计算而定。

(1)采用单利率计算时,其计算公式如下:

$$F = P_0(1 + m \times r)$$

其中,P_0 表示债券面值或计算本金值;m 表示债券的期限或计息期限;r 表示债券利息率。

(2)采用复利率计算时,计算公式如下:

$$F = p_0(1+r)^m$$

式中符号含义同上。

【例7-3】被评估企业持有铁路建设债券 50 000 元,发行期为 4 年,一次还本付息。年利率为 10%,不计复利。评估时债券的购入时间已满 3 年,当时国库券利率为 7%。评估人员认为铁路建设债券风险不大,按 2% 确定风险报酬率,折现率为 9%。该债券评估过程如下:

$$F = p_0(1 + m \times r)$$
$$= 50\ 000 \times (1 + 10\% \times 4)$$
$$= 70\ 000\ (元)$$
$$P = \frac{70\ 000}{(1 + 9\%)} = 64\ 220\ (元)$$

【例 7-4】某公司计划购入一张期限为 20 年的企业债券,该债券票面价值为 1 000 元,票面利率为 6%,复利计息。在计划购入时,该债券已发行满 5 年。如果某公司的理想投资收益率是 8%,则最多以多少资金购入该债券?

$$F = p_0(1 + r)^m$$
$$= 1\ 000 \times (1 + 6\%)^{20}$$
$$= 3\ 207.13\ (元)$$
$$P = \frac{F}{(1 + r)^n}$$
$$= 3\ 207.13 / (1 + 8\%)^{15}$$
$$= 1\ 011\ (元)$$

3. 零息债券评估。零息债券是以贴现的方式发行,到期之前不支付利息,在到期日一次性还本的债券类型。零息债券也只有一次现金流入,因此对零息债券价值的评估方式就是将到期日的本金折算到当前。

零息债券的估值相当于将付息债券的每期利息计为 0。如果以 P_m 表示债券资产的价值,P_p 表示债券的面值,i 表示折现率,n 表示债券的持有期限,则对零息债券的估计价值,可以按照下式进行计算:

$$P_m = \frac{p_p}{(1 + i)^n}$$

【例 7-5】某位投资者计划购买面值总额为 50 000 元的零息债券,准备持有 10 年到期。如果该投资者的要求收益率为 10%,请评估该投资者购买时可接受的债券最高价格。

根据公式可得:

$$P_m = \frac{p_p}{(1 + i)^n}$$
$$= 5\ 000 / (1 + 10\%)^{10}$$
$$= 19\ 277.2\ (元)$$

4. 浮动利率债券评估。浮动利率债券是在发行时规定债券利率会随着市场利率定期变化的债券类型。一般来说,采用浮动利率的债券多为中长期、固定期限的付息债券。该类型债券的利率浮动范围一般是市场利率(如银行一期存利率)加上或减去一定的差额,并且按照债券发行时约定的每季度、每半年或者每年的时间间隔进行浮动。

与固定利率的债券相比,浮动利率债券的优势在于可以在较长时期内,使得债券利率与市场利率保持相同的变化趋势,减少影响利率的不确定性因素为发债人和投资人带来的风险程度,因此受到发债人和投资人的普遍欢迎。

我国浮动利率债券往往以一年期存款利率为基础,该利率由政府制定货币政策时确定,并非完全随着市场调整;浮动利率债券以货币市场的某个基准利率为基础,是高度市场化且时刻变动着的利率水平。

我国的浮动利率债券包含以下具体种类:利率随市场利率变动;债券期限内实行固定利率加浮动利率方式;利率在一定范围内浮动,或者达到某个水平后转换为固定利率;设置偿债基金或提前偿还方式;等等。

浮动利率债券价值的评估方法主要是将其各个阶段的现金流折算到当前。如果以 P_m 表示债券资产的价值,P_p 表示债券的面值,n 表示债券的存续期限,r_m 表示第 m 年的债券利率,随着第 m 年的市场利率浮动,i 表示折现率,该债券采用按年付息的方式,则对浮动利率债券的估计价值,可以按照下式进行计算:

$$Pm = \sum_{m=1}^{n} \frac{p_p \times r_m}{(1+i)^m} + \frac{p_p}{(1+i)^n}$$

当评估日期是浮动利率债券发行后的第 q 年(此时 $q \leq n$),则债券评估公式为:

$$P_m = \sum_{m=1}^{n-q} \frac{p_p \times r_m}{(1+i)^m} + \frac{p_p}{(1+i)^{n-q}}$$

5. 可转换债券评估。可转换债券也称混合资本债券,是以债券的形式发行,并在一定条件下,于到期日前转换为企业股票的债券类型。可转换债券通常包括下列具体条款:票面价格、票面利转换价格、转换比例、转换期限回售条款等。作为一种复杂的金融衍生产品,可转换债券具有债券、股票和期权的双重优势,已逐渐成为上市公司较为重要的融资渠道。

(1) 可转换债券的具体条款。

①票面价格。可转换债券的票面价格决定了债券到期时,发行人需要偿还的本金额。在其他条件相同的情况下,可转换债券的票面价格越高,其债券的估计价值也越高。

②票面利率。票面利率是可转换债券作为普通债券时,发行人需支付给投资者的利息率。由于可转换债券可以在公司股价或市值上升时按一定比例转换为股票,为投资者来潜在的巨大收益,这部分股票收益就抵销了原本由票面利率带来的债券利息收益,所以可转换债券的票面利率一般低于普通债券利率和同时期市场的借贷利率。换句话说,票面利率是可转换债券的发行人为投资者提供的最低收益保证。

③转换价格。转换价格是投资者将可转换债券转变为股票时需要支付的每股价格。转换价格与股票价格之间的差异极大地影响了可转换债券的收益。

④转换比例。转换比例是指投资者在将债券转换为股票时,一份可转换债券所对应的普通股数。

⑤转换期限。投资者可以在规定期限内将可转换债券转变为相应数量的股

票，该期限即为转换期限。在可转换期限到期后，投资者只能要求发行人还本付息。

⑥赎回条款。发行公司在发行可转换债券之后、到期日之前，可以按照债券条款规定的价格强制赎回已发行但尚未转换的可转换债券。赎回条款的执行通常发生在企业市场价值或股票价格不断攀升之际，其目的是保护发行人的利益，规避市场利率风险和财务风险，因此其赎回价格通常高于债券面值，以此补偿投资者的利益损失。

(2) 其他影响可转换债券价值的因素。除了上述可转换债券的条款之外，能够影响可转换债券价值的因素还有以下三个方面。

①持续经营。可转换债券吸引投资者的一大优势在于，其既可以保证最低收益（但一般也高于股票红利），又可以带来股票价格上升时的资本增值收益，是兼具安全性和收益性的金融工具。然而，如果可转换债券的发行方经营失败，投资者可能会损失债券的本金。这是因为可转换债券没有优先级别或担保债券安全，其清偿的次序仅排在股票之前。

②股票价格。由于可转换债券可以按照一定比例和价格转换为企业股票，因此受到股票价格波动的影响。当发行企业市场价值或股票价格较高时，可转换债券在交易市场上的价值也水涨船高；反之，可转换债券的价值也会随着股票价格的下降陷入低迷，其较低的票面利率更会加速其价值的下降。由于股票市场通常是起伏波动的，因此，可转换债券的价值也会随之变化波动。

③市场利率。除了受股票价格影响外，市场利率也会影响债券价值。市场利率与折现率的大小有关，当市场利率较高时，可转换债券的现值较低；当市场利率较低时，可转换债券的现值较高。因此，在股价较低、场利率较高时，可转换债券的市场也普遍低迷。

(3) 评估方法。可转换债券的价值包括两部分：第一部分是纯债券的价值，债券发行方支付的本息为投资者带来了现金流入；第二部分是转换权价值，即拥有转换权所带来的收益，类似于期权。由纯债券价值和转换权价值构成可转换债券的市场价值。因此，债券的市场价值总是高于可转换债券的纯债券价值或转换权价值。

①纯债券价值。可转换债券的纯债券价值与拥有相同票面价值、偿还期限、利率的普通债券是一样的，可以采用贴现现金流模型来评估可转换债券的纯债券部分价值。如果以 P_m 表示可转换债券的纯债券价值，P_p 表示可转换债券的面值，n 表示债券的期限，r 表示债券的票面利率，i 表示折现率，t 表示第 t 年，且债券按照按年付息、到期还本的方式发行，则可转换债券的纯债券部分的估值可按照下式进行：

$$Pm = \sum_{m=1}^{n} \frac{p_p \times r_m}{(1+i)^m} + \frac{p_p}{(1+i)^n}$$

可转换债券的纯债券部分估值是该类型债券最基础的价值。

②转换权价值。可转换债券的转换权价值计算思路是利用无套利方法推导出转换权价值的控制方程，再在一定的边界条件下用数值方法求解。常用的计算可转换债券的转换权价值的方法有布莱克—斯科尔斯期权定价模型、二叉树模型、模拟法和有限差分法等。

第三节　股票投资评估

本节将通过对股票投资的系统学习，了解股票的概念、特点，掌握股票资产的评估方法。

一、股票投资概述

股票是股份公司为筹集资金而发行给各个股东作为持股的凭证，并借以取得股息和红利的一种有价证券，实质上是一种特殊的信用工具，属于资本市场金融资产。股份公司一般将其所筹集的资本划分为若干相等的股份，股票代表着股东对企业的所有权，而不是债务债权关系，同一类别的每一份股票所代表的公司所有权是相等的，每个股东拥有公司有权额大小取决于其持有的股票占公司总股本的比重。股票是股份公司资本的构成部分，可以在二级市场上买卖和转让，也可以作价抵押。股东按照其出资额对公司负有限责任，承担风险、分享收益，不能要求公司返还其出资额，因此股票是资本市场的长期信用工具，股东可以通过股票转让实现投资的收回，同时实现股票的有偿流通和转让。

二、股票的种类及价格构成

（一）股票的分类

1. 按票面是否记名，可分为记名股票和无记名股票。

记名股票是指在股票票面和股份公司的股东名册上记载股东姓名的股票。股东权利归属于记名股东。

无记名股票也称无记名股票，是指在股票票面和股份公司股东名册上均不记载股东姓名的股票。它与记名股票比较，差别不是在股东权利等方面，而是在股票记载方式上。

不记名股票发行时一般留有存根联，它在形式上分为两部分：一部分是股票的主体，记载了有关公司的事项，如公司名称、股票所代表的股数等；另一部分是股息票，用于进行股息结算和行使增资权利。

2. 按有无票面金额，可分为面值股票和无面值股票。

面值股票是指在股票票面上记载一定金额的股票。这一记载的金额也被称为股票票面金额、股票票面价值或股票面值。股票票面金额的计算方法是用资本总额除以股份数，而实际上很多国家通过法规予以直接规定，而且一般是限定了这类股票的最低票面金额。另外，同次发行的面额股票的每股票面金额是等同的。票面金额一般是以国家的主币为单位，大多数国家的股票都是面值股票。

无面值股票是指股票票面不记载金额的股票，只记载股数以及占总股本的比例，又被称为比例股票或股份股票。这种股票并非没有价值，而是不在票面上标明固定的金额，只记载其为几股或股本总额的若干分之几。因此，无面额股票的价值将随股份公司资产的增减而相应增减，公司资产增加，每股价值上升；反之，公司资产减少，每股价值下降。

3. 按股利分配和剩余财产分配顺序，可分为普通股、优先股和后配股。普通股是指在公司经营、财产分配上享有普通权利的股票。普通股的主要特点如下：

第一，普通股在权利及义务方面没有特别的限制。普通股是公司资本构成中最普通、最基本的股份，也是发行量最大、最为重要的股份。股份公司的绝大部分所有者权益资金来源于发行普通股所筹集的资金。

第二，普通股的有效期限。普通股是股份有限公司发行的股票，其有效期限与股份有限公司的存续期一致，没有特定的偿还期限。

第三，普通股是风险最大的股票。股份公司是否分红不确定，分红比例不确定，因此持有普通股的股东所获得的经济利益具有很大的不确定性，这种经济利益不仅随公司的经营水平、分红策略变动，而且该收益的获取是在公司偿付债务本息以及优先股股东的股息之后才能进行的，因而该收益的风险最大且最不稳定。

优先股即优先股股票，是相对普通股而言的，其票面上一般会写明"优先股"字样，是股份公司在分配红利和剩余财产时相对普通股具有优先权的股份。但优先股股东不能参与公司的经营。优先股更像一种债券与普通股的中间产物，一般来说，其"优先性"有以下含义。

第一，在分配公司利润时优先于普通股，且通常预先确定股息收益率。优先股的股息一般不会根据公司经营情况而增减，不影响公司的利润分配。

第二，当股份公司破产清算时，优先股股东分配公司剩余资产的顺序优先于普通股股东。

第三，优先股的权益中不包括表决权，优先股股东一般不能参与公司经营，但如果公司的决策涉及优先股股东自身的权益时，优先股股东可以行使相应的表决权来维护自身的权益。

第四，优先股可赎回。优先股有固定的股息，具有债权集资性质，但优先股与各公司债和金融债不同，优先股股东的分配顺序在公司的债权人之后。优先股虽然不能进行退股，但大多数优先股都附有赎回条款，优先股股东可以依照股票发行时所附带的赎回条款，对优先股股票进行赎回。

4. 按股票是否上市，可分为上市股票和非上市股票。

上市股是指已经公开发行并于股票交易市场挂牌进行买卖交易的股票。作为一种可自由交易的特殊商品，持有者可依据法律和规定进行交易。通常情况下，上市普通股在竞价或交易时间内随时都会有一个市场价格。

购买并持有上市普通股可能带来的收益包括红利及买卖股票所获得的资本利得。红利水平高低一般取决于公司的经营状况好坏，税后利润多则红利水平一般较高，税后利润低或亏损则红利水平一般较低或无红利。而资本利得是通过买卖价差获得的收益，低价买入高价卖出则资本利得为正，反之为负。资本利得取决于投资者的策略及市场的波动情况。

非上市普通股是由公司发行的却没有上市交易的普通股的统称，一般既包括非上市公司发行的股票，也包括上市公司股票中的国家股和法人股。它们与上市公司普通股最大的不同就是无法自由流通并且没有市场价格。

5. 按投资主体不同，可分为国家股、法人股、个人股和外资股。

国家股是指有权代表国家投资的部门或机构以国有资产向公司投资形成的股份。国家股是由国家财政原来投入全民所有制企业的资金构成，主要包括由国家财政拨款投资形成的固定资产和国家拨给的流动资金。国家股一般不采用股票形式。

法人股是指企业法人以其依法可支配的资产向公司投资形成的股份，或具有法人资格的事业单位和社会团体以国家允许用于经营的资产向公司投资形成的股份。

个人股是指以个人合法财产向公司投资形成的股份。一种是股份制企业内部职工认购本企业的股份，被称为"职工股"；另一种是股份制企业向社会公众招募的个人股，这种个人股又被称为"私人股"。

外资股是指经批准，股份公司向外国和我国香港、澳门、台湾地区投资者发行的股票。这是我国股份公司吸收外资的一种方式。

（二）股票的价格构成

股票不仅种类多，而且有多种价格，包括以下几种。

1. 票面价格，是指股份公司在发行股票时所标明的每股股票的票面金额。
2. 发行价格，是指股份公司在发行股票时的出售价格，主要有面额发行、溢价发行、折价发行。一般同一种股票只能有一种发行价格。
3. 账面价格，又称股票的净值，是指股东持有的每股股票在公司财务账单上所表现出来的净值（权益），是证券分析家和财会人员运用的一个概念。
4. 清算价格，是指企业清算时，每股股票所代表的真实价格；是公司清算时，公司净资产与公司股票总数之比。股票的清算价格取决于股票的账面价格、资产出售损益、清算费用高低等因素。
5. 内在价格，是一种理论依据，是根据证券分析人员基于企业未来收益的预测而折算出来的股票现时价格。股票内在价格主要取决于公司的发展前景、财务状况、管理水平以及获利风险等因素。
6. 市场价格，是指证券市场上买卖股票的价格。在证券市场发育完善的条件下，股票市场价格是市场对公司股票的一种客观评价。

对股票进行评估，与上述前三种股票价格关系不大，只与股票内在价格、清算价格和市场价格有关。由于股票有上市和非上市之分，股票评估也可按这两类情况进行。

三、上市股票的评估

上市股票是指企业公开发行的、可以在股票市场上自由交易的股票。在交易正常条件下，股票的市场价格基本上可以作为评估股票的依据。因此，可以按照评估基准日的收盘价确定被评估股票的价值。其计算公式为：

$$上市股票评估值 = 股票股数 \times 评估基准日该股票收盘价$$

【例 7-6】某企业持有 A 企业上市股票 20 000 股，评估基准日该股票的收盘价为每股 6.5 元，计算该股票的价值。

$$股票评估值 = 20\ 000 \times 6.5$$
$$= 130\ 000（元）$$

对于依据股票市场价格进行评估的结果，应在评估报告中说明所采用的方法，并说明该评估结果应随市场价格变化而予以适当调整。

四、非上市股票的评估

（一）优先股的评估

优先股是享有优先权的股票。优先股的股东对公司资产、利润分配等享有优先权，其风险较小。但是优先股股东对公司事务无表决权。优先股股东没有选举及被选举权，一般来说对公司的经营没有参与权，优先股股东不能退股，其所持股票只能通过优先股的赎回条款被公司赎回。依照惯例，优先股在发行时就已规定了股息率。对优先股进行评估，主要是判断股票发行企业是否有足够的税后利润用于优先股的股息分配，如果发行企业经营情况较好，具有较强的支付能力，表明优先股基本上具备了"准企业债券"的性质。评估人员可以根据事先确定的股息率计算优先股的年收益额，然后进行折现或资本化处理。其公式为：

$$P = \sum_{i=1}^{\infty} \frac{R_i}{(1+r)^i} = \frac{A}{r}$$

其中，P 表示优先股的评估值；R_i 表示第 i 年的优先股收益；r 表示折现率；A 表示优先股的等额股息收益。

【例 7-7】某被评估企业持有另一家股份公司优先股 500 股，每股面值为 10 元，年股息率为 10%，评估时，国库券利率为 7%，评估人员经过调查分析，确定风险报酬率为 2%，则该优先股的折现率（资本化率）为 9%。根据上述资料，评估结果如下：

$$P = \frac{A}{r}$$

$$= 500 \times 10 \times 10\% / 9\%$$
$$= 5\,556\text{（元）}$$

如果非上市优先股有上市的可能，持有人又有转售意向，此类优先股可按照下列公式评估：

$$P = \sum_{i=1}^{n} \frac{A_i}{(1+r)^i} + \frac{R_{n+1}}{(1+r)^n}$$

其中，P 表示评估值；A_i 表示持有期第 i 年的定额股息；R_n 表示 n 期末转让市价。

【例 7-8】被评估企业拥有另一家百货公司发行的 15 万股非上市股票，每股面值 1 元。该股票发行时，宣布 5 年后公开上市。被评估企业持有该股票已有 2 年，每年每股股票的股利收益率为 15% 左右。被评估企业拟在股票公开上市时出售。评估人员在对该百货公司的经营情况调查分析后，认为在今后 3~5 年间每股股息率保持在 15% 是有充分把握的。3 年后股票上市的市盈率达到 10 倍是客观的，经测定折现率为 9%。其评估过程如下：

$$P = \sum_{i=1}^{3} \frac{A_i}{(1+r)^i} + \frac{R}{(1+r)^3}$$

$$= 150\,000 \times 15\% \times \frac{1 - \frac{1}{(1+9\%)^3}}{9\%} + 10 \times 15\% \times 150\,000 \times \frac{1}{(1+9\%)^3}$$

$$= 230\,699\text{（元）}$$

（二）普通股的评估

普通股是享有普通权利、承担普通义务的股份，是公司股份的最基本形式。普通股的股东对公司的管理、收益享有平等权利，根据公司经营效益分红，风险较大。在公司的经营管理和盈利及财产的分配上享有普通权利的股份，代表满足所有债权偿付要求及优先股东的收益权与求偿权要求后对企业盈利和剩余财产的索取权。它构成公司资本的基础，是股票的一种基本形式，也是发行量最大、最为重要的股票。目前在上海和深圳证券交易所上市交易的股票，都是普通股。普通股的股息和红利的分配是在优先股收益分配之后进行的，收益额不固定，实际上是企业剩余权益的分配。这样，普通股预期收益的预测相当于对股票发行企业剩余权益的预测。为了便于普通股的评估，把普通股评估模型划分为三种类型：固定红利模型、红利增长模型和两阶段增长模型。

（1）固定红利模型，是针对经营比较稳定、红利分配相当稳定的普通股的评估设计的。它根据企业经营及红利分配的政策比较稳定的趋势和特点，运用假设的方式，认定今后企业红利分配策略建立在一个相对固定的水平上。根据这些前提条件，运用固定红利模型评估普通股的价值。用公式表示为：

$$P = \frac{D_1}{r}$$

其中，P 表示股票评估值；D_1 表示下一年的红利额；r 表示折现率或资本化率。

【例 7-9】被评估企业持有甲机械厂发行的非上市法人股 20 万股，每股面值 1 元。被评估企业持股期间，每年股票收益率保持在 12% 左右的水平。评估人员经过调查分析，判断甲机械厂生产经营比较稳定，在可预见的年份中保持 10% 的红利分配水平是可行的。同时，又考虑到该股票为非上市流通股票，加之机械行业技术进步较快、竞争激烈等情况，在选用国库券利率 4% 作为无风险利率的基础上加上 5% 的风险报酬率确定资本化率为 9%。依上述资料，评估过程和结果如下。

①每股股票价格。

$$P_0 = \frac{D_1}{r} = \frac{1 \times 10\%}{9\%} = 1.11111 \text{（元）}$$

②被评估企业持有的股票价值。

$P = 1.11111 \times 200\,000 = 222\,222$（元）

(2) 红利增长模型。红利增长模型适合于成长型企业股票评估。成长型企业具有发展前景好、潜力大、追加投资能带来较高收益的特点。该模型是假设股票发行企业在红利分配政策上不是把企业的全部剩余收益以股息红利的形式分光吃净，而是保留一部分收益用于追加投资，扩大再生产经营规模，增加企业的获利能力，最终使股东的潜在获利能力增大，红利呈增长趋势。根据成长型企业股票红利分配的特点，可运用红利增长模型评估股票价值。其计算公式为：

$$P = \frac{D_1}{r-g} (r > g)$$

其中，P 表示股票的评估值；D_1 表示下一年股票的股利额；r 表示折现率；g 表示增长比率。

股利增长比率 g 的测定方法有两种。第一种是历史数据分析法，是在企业历年红利分配数据的分析基础上，利用统计方法计算出股票红利历年的平均增长速度，作为增长率 g 的基本依据。第二种是发展趋势分析法，主要是根据股票发行企业股利分配政策，以企业剩余收益中用于再投资的比率与企业股本利润率的乘积，确定股利增长率 g。

【例 7-10】某被评估企业拥有另一企业发行的面值共 50 万元的非上市普通股股票。从持股期间来看，每年股利分派相当于票面价格的 10% 左右。经评估人员调查了解到：股票发行企业每年将税后利润的 75% 用于股利发放，另 25% 用于扩大再生产。经过分析，从总的趋势来看，今后几年股本利润率将保持在 15% 左右，测定的风险报酬率为 2%，无风险报酬率以国库券利率 7% 为依据，则该种普通股股票价格评估如下：

$D_1 = 500\,000 \times 10\% = 50\,000$（元）

$r = 7\% + 2\% = 9\%$

$g = 25\% \times 15\% = 3.75\%$

P = 50 000/(9% - 3.75%)

　　= 952 381（元）

(3) 两阶段增长模型。前两种模型过于极端化，对于具有很大风险的股票市场来说，很难被人们所接受。在现实情况中，增长型企业大多不会一直维持固定的增长率不变，往往会在一个高增长率的增长期后又转变为另一个增长率的增长期。此时，两阶段增长模型比较适合这种情形的股票价值评估。

两阶段增长模型又被称为分段增长模型或二元增长模型，它主要适用于发展情况呈两个阶段并且每阶段内的增长率不同的非上市公司。该模型的基本思路是，先按照评估目的把股票收益期划分为两段，一段是连续不断取得股利的持股期，另一段是第一段期末以后的收益期。如果持股人是中长期单纯股票投资者，持股人转卖股票的预期年限就是前后两段的期界，对前段逐年预期股利折现，对后段按股票预期市价折现，汇总两段现值，即股票评估值。

两阶段增长模型的计算公式如下：

$$P = \sum_{i=1}^{n} \frac{D_0(1+g_1)^t}{(1+r)^t} + \frac{D_0(1+g)^n(1+g_2)}{(1+r)^n(r-g_2)}$$

其中，P 表示股票的评估值；D_0 表示本年股票的股利额；r 表示折现率；g_1 表示第一阶段增长率；g_2 表示第二阶段增长率。

【例 7-11】某资产评估公司受托对 A 公司的资产进行评估。A 公司拥有 B 公司发行的非上市交易的普通股股票 50 万股，每股面值 1 元。在持有期间，每年股利分派相当于票面价格的 10% 左右。经评估人员调查，B 公司目前正在建设一套大型先进生产线，预计 3 年后将投入使用，B 公司前 3 年的股利将保持每股 0.1 元不变，从第 4 年起，每股股利将提高至 0.2 元，并将持续下去。评估时国债利率为 4%，假定 B 公司是公用事业类企业，其风险报酬率确定为 2%，折现率和资本化率确定为 6%，则该股票评估值为：

股票的评估价值 = 前 3 年收益的折现值 + 第 4 年后收益的折现值

　　= [0.1 × (P/A, 6%, 3) + (0.2 ÷ 6%) × (P/F, 6%, 3)]
　　　× 500 000

　　= (0.1 × 2.6730 + 0.2 ÷ 6% × 0.8396) × 500 000

　　= 1 532 983（元）

第四节　长期股权投资评估

一、长期股权投资评估概述

(一) 长期股权投资的概念和基本形式

长期股权投资是指通过投资取得被投资单位的股份。企业对其他单位的股权投资，通常被视为长期持有，以及通过股权投资达到控制被投资单位，或对被投资单位施加重大影响，或为了与被投资单位建立密切关系，以分散经营风险。

企业以直接投资形式进行股权投资，主要是由于组建联营企业、合资经营企业或合作经营企业等而进行的投资。

通过协议或合同，规定了投资方和被投资方的权利、责任与义务，以及投资收益的分配形式，比较常见的有：

（1）按投资方投资额占被投资企业实收资本的比例，参与被投资企业净收益的分配；

（2）按被投资企业的销售收入或利润的一定比例提成；

（3）按投资方出资额的一定比例支付资金使用报酬等。

投资本金的处置办法取决于投资是否有期限，无期限的投资不存在投资本金的处置问题。如果协议规定投资是有限期的，则在协议期满后的处置方法一般有：

（1）按投资时的作价金额以现金退还；

（2）返还实投资产；

（3）按协议期满时实投资产的变现价格或续用价格作价，以现金返还等。

（二）长期股权投资评估的概念及特点

长期股权投资评估是指采用企业价值评估方法对被投资企业在某一时点的股东权益价值所作的评判和估算。不同于某单项或某几项资产的评估，股权投资评估是从价值形态上以法定货币尺度测定长期股权投资公允价值的手段。

长期股权投资评估的基本特点有以下几个。

1. 股权投资评估是对资本或权益的评估。长期股权是投资方在被投资单位所享有的权益，投资方出资形式可能包括货币资金、实物资产及无形资产等，其自被投资单位接受之日起即转换为资本或权益，投资方不能再去自由支配出资的资产。因此，长期股权投资评估实质上是对被投资单位资本或权益的评估。

2. 股权投资评估可能是对被投资企业获利能力的评估，也可能是对间接提高投资方自身盈利能力的战略投资价值的评估。长期股权的投资方作为被投资企业的股东，不准备随时变现，投资不单是为了获取投资收益，还可能是为了影响、控制或迫使被投资企业采取有利于投资方利益的经营方针和利润分配方案。因此，被投资单位的获利能力或其战略投资价值成为长期股权投资评估的关键因素。

3. 股权投资评估通常是建立在被投资企业持续经营的基础上。被投资企业在评估基准日净资产为负值，通常是因为资本结构不合理，如股东投入资本金过低而靠借款开展经营活动等。因此，持续经营是长期股权投资评估重要的评估假设。

4. 股权投资评估通常建立在被投资企业权益可拆分性的基础上，即企业的权益可分为股东全部权益和股东部分权益，不同的权益份额可能有不同的价值内涵。当评估对象为同一标的企业的不同权益时，评估方法、模型、影响因素等均有可能不同，股东部分权益不一定等于股东全部权益与股权比例的乘积。

二、长期股权投资应注意的问题

1. 应当把被投资单位作为一个有机整体,不仅要关注企业财务账内的资产和负债,也要关注重要的可识别的账外资产和负债,如无形资产、或有负债等。

2. 应关注公司章程或投资协议,了解股东对于在利益分配、股权转让等方面的权利和义务是否存在特殊约定,如分红限制、清算约定和存在限售期等,考虑其对评估的影响。

3. 应关注评估范围内的重要资产和负债。通过实施询问、函证、核对、监盘、勘察等必要的程序,了解其经济、技术和法律权属状况及其对评估的影响。

4. 应关注可能影响评估结论的重要事项。要求委托人或被评估企业就该事项出具承诺等内部证明材料和律师函等第三方证明材料,作为评估依据。

5. 应关注关联交易的影响。根据《企业会计准则第33号——合并财务报表》,母公司编制合并财务报表时应当将整个企业集团视为一个会计主体,遵照相关企业会计准则的确认、计量和列报要求,按照统一的会计政策,反映企业集团整体财务状况、经营成果和现金流量。当采用母公司报表口径单独对其长期股权投资单位进行评估时,应关注评估基准日母、子公司间的产品(或服务)销售等关联交易及合并会计分录。内部关联销售产生利润可能导致虚增净资产,而低于市场价格的内部关联销售可能导致虚减净资产。

6. 应关注亏损企业采用收益法评估的适用性。亏损企业往往不能简单理解为收益法不适用,因为导致亏损的因素是多方面的,有可能是经营决策失误等主观因素,也有可能是突发事件等客观因素,应剔除非正常因素影响。

7. 应关注公司最新的工商登记情况和近期的董事会决议等材料,了解被评估单位股权结构及股东权益。应关注各股东出资及出资到位情况,是否为同比例出资,以及未同比例出资时股权价值评估结果的计算方法。

三、长期股权投资评估的方法

对于长期股权投资,无论采取什么样的投资形式和收益分配形式,其评估方法一般都应选用收益法。对于合同、协议明确约定了投资报酬的,可将按规定应获得的收益折为现值,计作评估值。对于到期收回实物资产的,将约定或预测出的收益折为现值,再加上到期收回资产的价值,计算评估值。对于不是直接获取资金收入,而是取得某种权利或其他间接经济利益的,可尝试测算相应的经济收益,折现计算评估值;或根据剩余的权利或利益所对应的重置价值确定评估值。明显没有经济利益,也不能形成任何经济权利的,按零值计算。

【例7-12】某食品机械厂以其机器设备向A食品厂投资,协议生产经营联合期限为10年,双方按各自投资比重分配A食品厂的利润。机械厂投资50万元,占A食品厂资本总额的25%。双方约定投资期届满时,A食品厂按某食品机械厂投入机器设备折余价值返还某机械厂，确定年折旧率为5%。评估时，双方已联合经营满5年。经调查分析，评估人员预测今后5年A食品厂经营规模和财务状况相对比较稳定，每年预计分得红利10万元。经测定折现率为10%，其评估结果如下：

$$P = \sum_{i=1}^{n} \frac{R_i}{(1+r)^i} + \frac{P_0}{(1+r)^n}$$

$$= 100\,000 \times \frac{(1+10\%)^5 - 1}{10\% \times (1+10\%)^5} + 250\,000 \times \frac{1}{(1+10\%)^5}$$

$$= 100\,000 \times 3.7908 + 250\,000 \times 0.6209$$

$$= 534\,305 \text{（元）}$$

【例7-13】甲纺织厂以专利权向乙纺织厂投资，联合经营期间双方约定为10年，甲纺织厂每年按乙纺织厂使用其专利技术生产产品销售收入的3%收取投资收益。在协议期满时甲纺织厂允诺放弃该项专利技术，评估时双方业已经营5年，乙纺织厂历年销售额在150万元上下波动，评估人员分析，今后5年仍可保持前期水平，折现率确定为11%。该项专利直接投资的价值为：

$$P = \sum_{i=1}^{n} \frac{R_i}{(1+r)^i}$$

$$= 1\,500\,000 \times 3\% \times \frac{(1+11\%)^5 - 1}{11\% \times (1+11\%)^5}$$

$$= 166\,316 \text{（元）}$$

以上是股权投资中直接投资评估的基本思路。直接投资由于投资比重不同，可以分为全资投资、控股投资和非控股投资。评估人员在进行评估时应查阅协议章程等文书，根据规定评定其评估值。

对于全资企业和控股企业的直接投资，应对被投资企业进行整体评估，评估人员现场实地核查其资产和负债情况，并采用整体企业评估方式评估确定其净资产额，将全资企业的净资产额作为对该企业直接投资的评估值。对于控股企业，应按投资股权比例计算应分得的净资产额，即对该企业直接投资的评估值。如果被投资企业经过评估，净资产额为零或为负值，对该企业的直接投资的评估值为零。

四、缺乏控制权股权的评估

（一）缺乏控制权股权评估的特点

1. 评估程序及评估方法选择受到限制。对于缺乏控制权股权的评估，实务中，被评估单位配合实施评估程序会受到限制，不利于评估工作的开展。因此，评估程序的实施及方法选择均具有局限性。

2. 应关注流动性的影响。流动性是指在市场上快速买卖一项物品而不导致价格大幅波动的能力。如何评估不具有活跃市场或流动性受限制的股权价值,是评估实践中的难点之一。随着期权估值模型的应用推广,结合影响期权价值的因素分析及对不同模型的计算结果进行比较,期权估值模型有了较快的发展。

(二) 缺乏控制权股权评估方法

对非控股的直接投资,一般应采用收益法进行评估,即根据历史上的投资收益和被投资企业的未来经营情况及风险预测长期投资的未来收益,用适当的折现率折算为现值,得出评估值。再根据直接投资所占的份额,计算确定评估值。

对投资份额很小,或直接投资发生时间不长,被投资企业资产账实基本相符的,则可根据被评估企业经过注册会计师审计的资产负债表上的净资产数额,再根据投资方应占的份额确定评估值。

第五节 其他资产评估

一、其他资产及其确认

(一) 其他资产的概念

其他资产是指除流动资产、长期投资、固定资产、无形资产以外的资产,如长期待摊费用、长期应收款等。

长期待摊费用是指企业已经支出,但摊销期限在1年以上(不含1年)的各项费用,包括开办费、固定资产大修理支出、经营性租入固定资产的改良支出等。

长期待摊费用的特点包括:企业发生在1年以上的各种预付费用的集合,属于企业的长期资产。长期待摊费用能使企业在以后的会计期间受益。

长期应收款是指企业融资租赁产生的应收款项和采用递延方式分期收款、实质上具有融资性质的销售商品和提供劳务等经营活动产生的应收款项,具体包括出租人融资租赁产生的应收租赁款,以及采用递延方式分期收款销售商品或提供劳务等经营活动产生的长期应收款。

长期应收款的特点包括:长期应收款是具有融资性质的金融资产。长期应收款既不是流动资产也不是固定资产,而是具有融资性质的金融资产。长期应收款是根据相关融资租赁合同或销售合同确定,在一定的期限内按照一定的金额分期收取租金或货款。

(二) 作为资产评估对象的其他资产的界定

其他资产属于预付费用性质,收益期满后,其本身没有交换价值,不可转让,一经发生就已经消耗,但能为企业创造未来效益,并从未来获益期间的收入中抵补各项支出。只有当它赖以依存的企业发生产权变动时，才有可能涉及企业其他资产的评估。

就资产评估的角度，特别是从潜在的投资者的角度来看待这在评估基准日以前业已发生的预付性质的费用，它的价值并不取决于它在评估基准日前已支付了多少数额，而是取决于它在评估基准日之后能够为企业新的产权主体带来多大的利益。所以，只有能为新的产权主体形成某些新的资产和带来经济利益的权利的时候，才能成为资产评估的对象。

评估人员在进行评估时，先要了解其他资产评估对象的合法合理性、真实性和准确性，认真检查核实，了解费用支出摊销和结余情况，了解形成新资产和权利及尚存情况。其他资产的评估值要根据评估目的实现后的资产占有者还存在的且与其他评估对象没有重复的资产和权利的价值确定。例如经过大修、装饰性改良的固定资产，因修理、装修所增加的价值已经在固定资产中得到体现，那么这部分预付费用应按零值处理。

二、其他资产的评估方法

其他资产评估的基本标准是只有在评估基准日后能为新的产权主体产生利益的，才能被界定为其他资产评估的评估对象。为此，对其他资产进行评估，其主要依据表现在以下三个方面。

1. 其他资产未来可产生效益的时间，应作为对其评估的主要依据。如果在评估基准日后没有尚存的资产和权利，只是因为数额过大才采用分期摊销的，不应计算其评估值。

2. 其他资产在未来单位时间内（每年、每月）可产生的效益或可节约的货币支出额，取决于其他资产发生时预付费用的数额、预付费用取得某项服务权利持续的时间和评估基准日后该项服务权利尚剩余的时间。

3. 其他资产在评估基准日后所能产生的效益，是否需要考虑其货币时间价值，主要应根据新的产权主体在未来受益期的长短。一般来说，在 1 年以内的不予考虑；超过 1 年的，视其具体内容、数额大小以及市场行情变化趋势而定。

【例 7－14】某被评估企业因产权变动涉及其他资产评估，截至评估基准日，企业其他资产科目账面借方余额为 136 万元，其中营业室装饰性费用 82 万元；预付房租 36 万元，租期 3 年，租赁期尚余 2 年，已摊销 20 万元，账面余额 16 万元；长期借款利息 38 万元。评估人员经过调查分析，以评估基准日是否产生未来经济效益为标准，对其他资产进行评估。

(1) 营业室装饰性费用已在固定资产价值评估中体现，本项目评估值为零。

(2) 预付房租，租期 3 年，使用权尚剩余 2 年，则：

评估值 = 36 ÷ 3 × 2 = 24（万元）

(3) 借款利息属于期间费用，其效益在评估基准日以前也体现，应按零值处理。

评估结论：企业其他资产评估值为 24 万元。

【本章小结】

1. 长期投资是指不准备随时变现、持有时间超过 1 年的投资，包括股票投资、债券投资、长期股权投资和其他投资。长期投资分为广义的长期投资和狭义的长期投资两种，主要包括实物资产的长期投资、无形资产的长期投资以及证券资产的长期投资。

2. 债券是政府、公司、金融机构等债务人为筹集资金，按照法定程序发行，向债权人承诺在指定时间内支付利息和偿还本金的有价证券。对上市债券而言，其现行市场价格可以作为债券评估值。不能进入市场自由买卖的债券无法通过市场取得现行市价，主要采用收益法进行评估。

3. 股票是股份公司为筹集资金而发行给各个股东作为持股的凭证，并借以取得股息和红利的一种有价证券。上市股票可以用股票的市场价格作为股票的评估值。普通股可以采用固定红利模型、红利增长模型和分段式模型进行评估。

4. 长期股权投资是指通过投资取得被投资单位的股份。长期股权投资评估是指采用企业价值评估方法对被投资企业在某一时点的股东权益价值所作的评判和估算。对长期股权投资一般采用收益法进行评估。

5. 其他资产是指除流动资产、长期投资、固定资产、无形资产以外的资产，如长期待摊费用、长期应收款等。在评估时，将其他资产未来可产生效益的时间作为评估的主要依据。

【本章练习】

一、单项选择题

1. 对于具有控制权股权的评估，处于成长期的企业或预期业绩将出现高增长的企业，收益法的评估结果通常（　　）资产基础法的评估结果。
　　A. 大于　　　　　B. 小于　　　　　C. 等于　　　　　D. 不确定

2. 某资产评估公司受托对 A 企业拥有的非上市交易债券进行评估，债券面值 1 000 万元，系 B 公司发行的 2 年期债券，年利率为 3%，单利计息，每半年付息一次，到期一次还本。债券将于评估基准日后 1 年到期，已到期利息均已支付。假设折现率为 5%，正常情况下，其评估值为（　　）万元。
　　A. 981.31　　　　B. 1 030　　　　C. 980.95　　　　D. 1 000

3. 被评估企业拥有某公司的非上市普通股 100 万股，每股面值 1 元，持有期间每年的收益率为 20% 左右。经评估人员了解分析，稳健估计，预测今后若干年内收益率可以保持在 16% 左右，折现率为 10%。若不再考虑其他因素，则该股票评估值为（   ）万元。

A. 100　　　　B. 125　　　　C. 160　　　　D. 200

二、多项选择题

1. 非上市债券的评估类型可以分为（   ）。
   A. 固定红利型　　　　　　　B. 红利增长型
   C. 每年付息，到期还本型　　D. 到期后一次还本付息型
   E. 分段型

2. 红利增长型股利增长率 g 的计算方法主要有（   ）。
   A. 市场比较法　B. 统计分析法　C. 重置核算法　D. 趋势分析法
   E. 企业自行确定

3. 对于缺乏控制权的股权，投资单位能否单独评估，考虑的主要影响因素有（   ）。
   A. 投资的重要程度　　　　　B. 评估程序、评估方法选择
   C. 委托人的管控程度　　　　D. 与投资目的相适应
   E. 被评估投资单位的配合意愿

4. 关于非上市交易股票价值的评估，下列说法错误的有（   ）。
   A. 普通股没有固定的股利，其收益大小完全取决于企业的经营状况和盈利水平
   B. 优先股是在股利分配和剩余财产分配上优先于普通股的股票
   C. 以控股为目的持有的非上市交易股票的价值，一般采用资产基础法进行评估
   D. 优先股的股利是在所得税税前支付
   E. 一般情况下，优先股都要按事先确定的股利率支付股利

5. 下列各项中，不属于债券投资特点的有（   ）。
   A. 到期还本付息，收益相对稳定　　B. 投资风险较大
   C. 安全性较强　　　　　　　　　　D. 具有较强的流动性
   E. 投资期限短

三、判断题

1. 股票的内在价值等于股票的收益总额。（   ）
2. 债券投资评估，其市场价格是收益现值的市场反映。（   ）
3. 优先股股东权益等于股东全部权益与股权比例的乘积。（   ）
4. 非上市交易的债券不能直接采用市场法评估。（   ）

四、案例分析题

现因经济行为需要评估 G 公司股东权益价值，截至评估基准日 G 公司长期股权投资企业共 4 家，如表 7-2 所示。

表 7-2　　　　　　　　G 公司长期股权投资情况

长期股权投资企业	所属行业	持股比例（％）	账面值（万元）
L	金属冶炼	20	800
M	物流运输	30	300
N	电子信息	25	250
P	高新技术	18	180

经 G 公司相关人员协调确认，上述被投资单位均不能配合进行单独评估。评估人员通过调查获取被投资单位的基本信息汇总如下。

（1）L 近年主营业务连续亏损，截至评估基准日账面资产合计 4 000 万元，其中流动资产 800 万元，固定资产（冶炼厂房及生产装置）2 400 万元，无形资产（土地使用权）800 万元。负债合计 3 000 万元，实收资本 4 000 万元，未分配利润 -3 000 万元。

（2）M 业务稳定且用户满意度高，截至评估基准日账面资产合计 2 000 万元，其中流动资产 1 400 万元，固定资产（车辆及办公设备）200 万元，其他长期资产（经营场所预缴租金）400 万元。无负债。实收资本 1 000 万元，未分配利润 600 万元。近 3 年主营业务净利润分别为 280 万元、320 万元、300 万元。

（3）N 设立不足 1 年，截至评估基准日账面资产合计 900 万元，其中流动资产 800 万元，固定资产 100 万元。无负债，无收入。实收资本 1 000 万元，未分配利润 -100 万元。

（4）P 为高新技术企业，由初创期过渡至成长期。截至评估基准日资产合计 5 000 万元，其中流动资产 4 600 万元，固定资产 150 万元，无形资产及其他长期资产 250 万元。流动负债 4 100 万元，总股本 1 000 万股，实收资本 1 000 万元，未分配利润 100 万元。近 3 年净利润分别为 -400 万元、100 万元、400 万元。

要求：请选择恰当的方法评估 L、M、N、P 的股权价值。

第八章　资源性资产评估

【学习目标】

◆知识目标

掌握资源性资产的概念、特征、分类；掌握资源性资产评估的特点；掌握森林资源资产评估的相关概念、评估方法及运用；掌握矿业权价值评估的相关概念、评估方法及运用。

◆能力目标

能够选择合适的方法对各类资源性资产的价值进行正确的评估。

◆思政目标

通过对资源性资产的评估，让学生认识到资源的稀缺性和有限性，理解资源的经济价值、生态价值和社会价值，培养生态文明观念。

【本章重点和难点】

本章重点内容是森林资源资产评估、矿产资源资产评估。难点是森林资源资产评估的方法和矿业权资产评估的方法。

【案例导入】

A 林业公司拟转让其拥有的部分林木资产，包括一块面积为 100 公顷的成熟期杉木林、一块面积为 60 公顷的中龄杉木林和一块面积为 200 公顷的产前期经济林。企业所处地区的成熟杉木林近期有多个交易案例，中龄杉木林和产前期经济林近期无交易案例。对这些森林性的资产应该如何评估其价值。

B 公司三年前通过招标方式获得一矿山探矿权，目前公司已向该矿山投入资金 12 000 万元，矿山为镁、锌混合矿，矿山储量及品级基本勘明，现公司拟将该探矿权整体转让，应如何评估该探矿权的价值。

思考与讨论：

如何对森林资源资产、矿产资源资产进行评估。

第一节 资源性资产评估概述

一、资源性资产的定义及特征

(一)资源性资产的定义

资源是可供人类利用的宝贵财富,更是人类赖以生存和发展的重要物质基础。狭义的资源是指自然资源,包括矿产资源、森林资源、土地资源、水资源等。广义的资源包括自然资源、经济资源和人文社会资源等。资产评估中所涉及的资源通常是指狭义的资源。

资源性资产是以现有认识和科学技术水平条件,能以货币、实物或其他量度计量,通过开发利用,可以为产权主体带来一定经济利益的自然资源。资源性资产具有经营性和非经营性,而且能在一定条件下相互转换。其经营性属性可以给使用者带来经济利益,而非经营性属性也可以带来一定的生态效益或者间接经济效益。总之,资源性资产是实实在在的资产,能够带来未来的效用,是人类活动的重要基础。

(二)资源性资产的特征

资源性资产是一部分自然资源资产化的表现形式。它既具有自然资源的基本特征(自然属性),同时又具有经济属性和法律属性。

1. 资源性资产的自然属性。

(1)天然性。自然资源是天然形成的,由自然物质组成,最初完全是由自然因素形成的,处于自然状态。随着人类对自然干预能力的加强,部分资源性资产表现为人工投入与天然生长的共生性。

(2)有限性和稀缺性。资源性资产的数量总是有限的,某些自然资源随着人类的开发利用,总是在必然地减少、枯竭乃至耗尽。某些自然资源虽然能够被反复利用,但如果利用不当,也可能被耗尽且不能再生。

(3)区域性。资源性资产在地理上分布不均衡,存在明显的数量或质量上的地域差异。

(4)生态性。各种自然资源不是孤立地存在的,它们在自然界的物质和能量的循环中相互影响而构成特定的生态系统,遵循特定的生态平衡规律。

2. 资源性资产的经济属性。

(1)具有使用价值。成为资源性资产的自然资源必须有使用价值,它可以为人类的生存和发展提供场所,或者为社会生产提供原材料、燃料等资源。

(2)能够以货币计量其价值。资源性资产除了能够用实物单位计量以外,还可以用价值量来表示,这是资源资产评估的基础。无法用货币计量的自然资源不能成为资产。

（3）具有可收益性。只有具有经济价值的自然资源才能成为资产，没有经济价值或在当今知识与技术条件下尚不能确定其有经济价值的资源不能成为资产。

3. 资源性资产的法律属性。

（1）资源性资产必须能够为特定的产权主体所拥有和控制。

（2）资源性资产的使用权可以依法交易。

二、资源性资产的分类

根据不同的标准，资源性资产可以具有多种不同的分类方法。

1. 按照自然资源再生产的特点，可分为耗竭性资源资产和非耗竭性资源资产。

（1）耗竭性资源资产主要是指那些经过漫长的地质过程形成的，随着人类的开发利用，其绝对数量会明显减少的不可再生资源，如矿产资源、石油等。

（2）非耗竭性资源资产是指在合理开发利用的限度内，人类可以永续利用的资源。非耗竭性资源又可分为三种。

①恒定的非耗竭性资源。这些资源不受或基本不受人为因素的影响，具有恒定特性，如气候资源和海洋动力资源。

②可再生的非耗竭性资源。其在人为因素的干预下不会发生增减变化，虽然数量在一段时间内减少，但可以恢复，如生物资源。森林资源只要适度采伐，也可不断更新，不会导致资源枯竭。

③不可再生的非耗竭性资源。例如土地资源，只要合理利用，就可永续使用；如果不合理开发，就会造成沙化、盐碱化、荒漠化。

2. 按照资源的性质，从自然资源与人类的经济关系角度，可划分为环境资源、生物资源、土地资源、矿产资源和景观资源等。

3. 按照自然资源在地球上存在的层位不同，可划分为地表资源性资产和地下资源性资产。

4. 按照自然资源的经济用途不同，可划分为生活资料性资源资产和生产资料性资源资产。

从资产评估的角度来看，常见的资源性资产评估大致可分为有代表性的两类，即代表不可再生资源性资产的矿产资源资产评估和代表可再生资源性资产的森林资源资产评估。由于具体的每种资源的理化形态不同，具体到各种形态的资源性资产，其评估方法的实际操作应该因地因时作出选择。

三、资源性资产的价值构成和评估内涵

由于资源性资产具有稀缺性，这些资源性资产的拥有者或控制者可以凭借其获取经济利益，这些经济利益表现为资源性资产带来的租金价值；同时，自然资

源变为资产，往往需要追加一定的人类劳动，从而形成各种劳动投入产生的价值，具体表现为各种费用，例如勘探、开采和保护费用，再生性资源的再生费用，替代资源的开发费用和资源在开发利用过程中各种损失的补偿费用。因此，资源性资产的价值构成理论上应包括租金价值和追加劳动产生的价值两个部分。

实际上，随着许多因素的变化，资源性资产的价值会不断变化，例如矿产资源，当其埋藏于地下还未被人们发现或认识的时候是没有价值的，但当人们发现它并且经过初探和详探等认识程度不断加深，资源的总价值和价值构成会逐渐发生变化，所以，不同经营和开发程度的资源性资产价值是不同的。另外，根据不同的评估目的，评估对象的价值内涵也是不同的，它不一定专指资源性资产实物形态的价值，如矿产资源评估中还有针对采矿权、探矿权和地勘成果等无形资产的评估等。所以实践中选择具体评估方案要根据具体情况而定。

四、资源性资产评估的特点

资源性资产与其他资产相比，因其具有独特的自然、经济和法律属性，所以资源性资产的评估具有一定的特点。

1. 资源性资产价格是自然资源的使用权价格。中国的自然资源大部分属于国家所有，只有一部分属于集体所有，如矿产资源属于国家所有，大部分森林资源属于国家所有，并实行所有权和使用权分离制度。由于法律不允许资源性资产的所有权转让，资源性资产评估的对象不是物资实体本身，而是资源性资产的使用权，是资源性资产权益的价值评估。

2. 资源性资产价格一般受资源的区位影响较大。由于资源性资产的有效性、稀缺性和区域性，资源性资产价格受自然资源所在区位影响很大。

3. 资源性资产评估须遵循自然资源形成和变化的客观规律。资源性资产种类繁多，资源条件、经营模式、市场供求等各不相同。如矿产资源是经过一定的地质过程形成的，森林资源是一种生物资源。因此，矿山企业对矿产资源开发利用、对矿业权的经营，森林企业的营林生产过程等都有自身的客观规律。因此，在评估中要充分了解资源性资产实体和资产使用权的专业特点，以合理评估其价值。

第二节　森林资源资产评估

一、森林资源资产的概念、分类及特点

（一）森林资源资产的概念

森林资源包括森林、林木、林地以及依托森林、林木、林地生存的野生动物、植物和微生物。森林包括乔木林和竹林。林木包括树木和竹子。林地包括郁

闭度0.2以上的乔木林地以及竹林地、灌木林地、疏林地、采伐迹地、火烧迹地、未成林造林地、苗圃地和县级以上人民政府规划的宜林地。界定森林除了林木的郁闭程度外，还有面积上的要求：天然林面积必须达0.1公顷，人工林、经济林等必须达1亩。根据《资产评估执业准则——森林资源资产》（2023年），森林资源资产是指由特定主体拥有或者控制并能带来经济利益的，用于生产、提供商品和生态服务的森林资源，包括森林、林木、林地、森林景观、森林生态等。

森林资源资产可从以下方面来理解：（1）森林资源资产是以森林资源为物质内涵的经济资产，但不是所有森林资源都能成为森林资源资产，资产必须是由特定主体所拥有或控制，并能够带来经济利益的经济资源。没有经济利用价值或在当今知识与技术条件下尚不能确定其有经济利用价值的森林资源不能成为资产。（2）森林资源具有的多种功能决定了森林资源资产价值的多重性能。

由于野生动植物及微生物资源、森林生态资源等能给人们带来实际收益而价值暂时难以计量，所以现阶段，森林资源资产主要包括由投资及投资收益所形成的人工林以及依法认定的天然林、林地、森林景观资产等。因此，森林资源资产评估主要是林木资产评估、林地资产评估、森林景观资产评估。

（二）森林资源资产的分类

按内涵，森林资源资产可划分为森林生物资源资产、森林土地资源资产和森林景观资源资产。

（1）森林生物资源资产，包括森林、林木及以森林为依托的动植物资源资产；

（2）森林土地资源资产，包括林地、疏林地、宜林荒山荒地等；

（3）森林景观资源资产，是指通过经营能为其经营主体带来经济收益的森林景观资源，主要包括森林公园、森林游憩地、以森林为依托的野营地、森林浴场或具有森林环境特征的旅游地等。

按经营管理的形式，森林资源资产可划分为生态公益林和商品林，前者又被称为公益性森林资源资产，后者又被称为经营性森林资源资产。

（1）生态公益林是指以保护和改善人类生存环境、维持生态平衡、保存物种资源、科学实验、森林旅游、国土保安等需要为主要经营目的的森林、林木、林地，包括防护林和特种用途林。

（2）商品林是指以生产木材、竹材、薪材、干鲜果品和其他工业原料等为主要经营目的的森林、林木、林地，包括用材林、薪炭林和经济林。

（三）森林资源资产的特点

森林资源资产除具备资产的一般特征外，还具有以下特点。

（1）经营的永续性。森林资源资产属于可再生资源性资产，若未受到自然灾害和人为破坏，在科学合理经营的前提下，森林资源资产的消耗可以得到补偿，不存在折旧问题，可长期实现保值增值。

（2）再生的长期性。森林资源资产是可再生性资源资产，具有生长期长的特点，在森林资源资产上投入的经营资金，一般需要很长的时间，在等到林木成熟并进行采伐时，才能收回。

（3）分布的辽阔性。森林分布极为广泛，不同地域的森林种类、密集程度等存在很大的差异，森林资源资产的价值与功效也不同。例如，南方的森林资源资产与北方的森林资源资产不同，山地的森林资源资产与平地的不同。不同地域的森林资源资产有着不同的经营属性，不能对其采取同一经营模式。

（4）功能的多样性。森林资源资产具有生态、社会和经济三重效益，评估森林资源资产的经济价值，需要关注生态效益和社会效益对森林资源资产经济价值实现的限制性影响。

（5）管理的艰巨性。森林资源资产存在于广阔的林地上，大多地处偏远，既不能仓储，又难以封闭，管护的难度大，虫灾、火灾、盗伐等自然或人为的灾害很难控制，增加了风险损失的可能性。

二、森林资源资产的价格构成因素

森林资源具有可再生性，但森林资源资产的再生产需要一定的投入，森林资源资产的价格影响因素包括市场供求因素以及所投入的必要劳动量因素等。

1. 营林生产成本。营林生产成本是确定森林资源资产价格的基础，营林生产成本应以能够提供商品材的劣等宜林地的营林生产成本作为依据。

2. 资金时间价值。森林资源的生产周期长，在营林生产过程中，需不断投入资金，森林资源资产价格的评估应充分考虑资金时间价值的影响，充分考虑资金占用的利息。同时，林木在不同的时间有不同的价值，同一树种在不同树龄林木价值不同，形成森林的时序成本和时序价格。

3. 利润和税金。森林资源资产的价格中应当包括营林利润和税金。营林利润的确定应以社会平均资本利润率为基础，同时考虑到营林生产周期长和风险大，还应再加上风险收益。税金是森林资源资产经营过程中应缴纳的各种税费。

4. 林木生长中的损失。在漫长的森林培育过程中，森林可能遭受火、风、雷、水、病虫害等自然灾害，造成一定经济损失。在评估中，可以森林保险形式考虑这种可能的意外损失。

5. 地租。在我国，森林资源归国家和农村集体经济组织所有，林地所有权和使用权相分离，森林资源资产的价格中还应包括地租，地租包含绝对地租和级差地租，地租量应根据不同林地、不同树种、不同经营水平等因素确定。

6. 地区差价和树种差价。林木是在一定的自然地理条件下，经过人类劳动而生产出来的。因此，林木的成本与价格，既受自然条件的制约，又受林木本身生态特性的影响，形成了林木的地区差价和树种差价，差价是森林资源资产的重要特征。

三、森林资源资产评估的主要方法

森林资源资产评估的对象主要包括林木资产、林地资产和森林景观资产。评估的基本方法主要是市场法、收益法和成本法。根据具体的评估对象和资料情况，针对林木资产、林地资产和森林景观资产，又有相对应的具体评估方法。其中林地资产评估主要是林地使用权评估，其评估方法与土地使用权评估方法原理相同，这里重点阐述林木资产的评估方法。

根据不同的林种条件，对林木资产的评估要选择不同的评估方法。目前主要的评估方法有：市场法，包括木材市场价倒算法、市场成交价比较法；收益法，包括收获现值法、年金资本化法；重置成本法。

（一）木材市场价倒算法

木材市场价倒算法又叫剩余价值法，是将被评估林木资产皆伐后所得木材的市场销售总收入，扣除木材生产经营所消耗的成本和合理利润，剩余价值部分作为林木资产评估值的一种方法。其计算公式为：

$$林木资产评估值 = W - C - F$$

其中，W 表示销售总收入；C 表示木材经营成本（包括采运成本、销售费用、管理费用、财务费用及有关税费）；F 表示木材生产经营利润。

这里需要注意的是，当森林培育与木材生产为同一方时，评估人员应结合评估目的等因素，确定是否扣减木材生产经营利润 F。

木材市场价倒算法所需的经济技术资料在市场上较易获得，各工序的生产成本、木材价格、利润、税费等数据都较易收集。该方法计算简单，测算结果最贴近市场，最易为市场和评估当事人所接受。因此，木材市场价倒算法是成熟林、过熟林的林木资产评估的首选方法。但这种方法由于受市场价变化的影响较大，如果成熟林的采伐期与评估基准日距离时间较长，则不宜采用该方法。

木材市场价倒算法主要用于成熟林、过熟林的林木资源资产评估，但在一般的收益现值法、林地期望价法、收获现值法中，其林分主伐的预期收获的计算均采用该方法进行，它是森林资源资产评估中最基本的方法。

【例 8 – 1】甲林业公司拟转让近期收购的 150 公顷杉木林，该林分经营类型为一般用材林，林龄为 25 年，已过主伐期，处于成熟林组，林分平均胸径为 21 厘米，平均树高为 18 米，平均蓄积为 200 立方米/公顷，需要评估其价值。

据调查，相关技术经济指标为以下五个。

（1）木材价格。木材价格以委托评估资产附近林产品交易市场木材销售价为基础，结合待评估林木资产的实际平均胸径综合确定木材的平均售价。

经调查分析，杉原木售价 850 元/立方米，杉综合材售价 700 元/立方米。

（2）木材经营成本。木材经营成本主要包含伐区设计费、检尺费、采运费、销售费用、管理费用等，以出材量为计算基数，合计为180元/立方米。

（3）木材销售税费。木材销售税费主要包含增值税、城市维护建设税、维简费、不可预见费等，合计按销售收入的18.0%征收。

（4）经营利润率。按主伐成本的16.0%计算。

（5）出材率。由委托评估资产地方标准《××市县林区商品林主要树种出材率表》可知，胸径为21厘米的杉木出材率70%（原木25%、综合材45%）。

根据上述指标，评估过程及结论如下：

（1）主伐收入 $W = 150 \times 200 \times 25\% \times 850 + 150 \times 200 \times 45\% \times 700$
   $= 15\,825\,000$（元）

（2）主伐成本 C = 经营成本 + 销售税费 = $(150 \times 200 \times 25\% + 150 \times 200 \times 45\%)$
   $\times 180 + 15\,825\,000 \times 18\%$
   $= 6\,628\,500$（元）

（3）木材经营利润 $F = 6\,628\,500 \times 16\% = 1\,060\,560$（元）

该林分评估值 $= 15\,825\,000 - 6\,628\,500 - 1\,060\,560 = 8\,135\,940$（元）

（二）市场成交价比较法

市场成交价比较法是将相同或类似的森林资源资产的现行市场成交价格作为比较基础，从而对待估森林资源资产价值进行评估的一种方法。其计算公式为：

$$评估值 = G \times K \times K_b$$

其中，G 表示参照林分的市场交易价格；K 表示林分质量调整系数；K_b 表示物价指数调整系数。

林分是指内部特征大体一致而与邻近地段又有明显区别的一片林子。一个林区的森林可以根据树种组成、森林起源、林相、林龄、疏密度、地位级、林型及其他因素划分为不同的林分。林分质量调整系数是针对同一林分中不同地段林木的差别而设置的系数。

对同一评估对象应选取三个及三个以上参照交易案例，并从评估资料、评估参数指标等的代表性、适宜性、准确性方面，客观分析参照交易案例。但实际中，由于市场条件限制，在有些情况下，如防护林的评估，市场成交价比较法并不适用。

【例8-2】乙公司拟转让20公顷的杉木成熟林，要求对其林木资产进行评估。根据资产清查该小班面积为20公顷，蓄积量为2 800立方米，地利系数为0.95。

参照案例1：乙公司2年前以280 000元向邻村购买年龄、平均胸径、平均树高都与该小班相近的杉木成熟林12公顷，其蓄积量为1 200立方米，地利系数为1.08。目前，木材销售价格由2年前的800元/立方米上涨为现在的900元/立方米。

参照案例2：附近林场1年前以350 000元向邻村购买年龄、树高相近，平均胸径为20厘米的杉木成熟林18公顷，其蓄积量为1 900立方米，地利系数为0.93。1年前杉木原木材销售价格为850元/立方米。

参照案例3：某个体户近期以150 000元购买了年龄、平均胸径、树高都与该小班相近的成熟林5公顷，其蓄积量为700立方米，地利系数为1.05。

根据上述指标，评估过程及结论如下。

参照案例1：

$K_1 = 0.95 \div 1.08 = 0.8796$

$K_{b1} = 900 \div 800 = 1.125$

$G_1 = 280\,000 \div 1\,200 = 233.33$（元/立方米）

$E_1 = G_1 \times K_1 \times K_{b1} = 233.33 \times 0.8796 \times 1.125 = 230.89$（元/立方米）

参照案例2：

$K_2 = 0.95 \div 0.93 = 1.022$

$K_{b2} = 900 \div 850 = 1.059$

$G_2 = 370\,000 \div 1\,900 = 194.74$（元/立方米）

$E_2 = G_2 \times K_2 \times K_{b2} = 194.74 \times 1.022 \times 1.059 = 210.77$（元/立方米）

参照案例3：

$K_3 = 0.95 \div 1.05 = 0.905$

$K_{b3} = 900 \div 900 = 1$

$G_3 = 150\,000 \div 700 = 214.29$（元/立方米）

$E_3 = G_3 \times K_3 \times K_{b3} = 214.29 \times 0.905 \times 1 = 193.93$（元/立方米）

用算术平均数得出单位蓄积林木评估值：

$E = (230.89 + 210.77 + 193.93) \div 3 = 211.9$（元/立方米）

总评估值 $E_{总} = 211.9 \times 2\,800 = 593\,320$（元）

（三）收获现值法

收获现值法是将被评估林木资产在未来经营期内各年的净收益按一定的折现率折现为现值，然后累计求和得出林木资产评估价值的方法。计算公式为：

$$评估值 = \sum_{t=1}^{n} \frac{(A_t - C_t)(1 - T)}{(1 + r)^t}$$

其中，A_t 表示第 t 年的年收入；C_t 表示第 t 年的营林生产成本；T 表示所得税税率；n 表示经营期；r 表示折现率。

【例8-3】丙公司拟转让30公顷已处于成熟期的一经济林，该经济林预计未来经营期为15年，预计每年收入为800 000元，每年生产营林成本为200 000元，企业所得税税率为25%，折现率取15%。现需评估其价值。

$$评估值 = \sum_{t=1}^{15} \frac{(800\,000 - 200\,000) \times (1 - 25\%)}{(1 + 15\%)^t}$$

$$= 600\,000 \times 0.75 \times (P/A, 15\%, 15)$$

$$=450\,000\times5.8474$$
$$=2\,631\,330\text{（元）}$$

这种方法适合于评估具有经常性收益的林木资产，如经济林、竹林、实验林和母树林等。此方法的难点在于收益和成本支出预测的准确性以及折现率的确定。

（四）年金资本化法

年金资本化法是在永续经营条件下，将被评估森林资源资产年稳定收益作为资本投资的收益，按适当的投资收益率折算林木资源资产价值的方法。其计算公式为：

$$\text{评估值} = \frac{A}{r}$$

其中，A 表示年平均纯收益值；r 表示资本化率（根据当地营林平均投资收益状况具体确定）。

该方法公式简单，要测定的因素少，计算方便，但它的使用有两个严格的前提条件：待评估资产的年收入必须稳定；待评估资产可以永续经营。

此外，需要注意以下问题：测算年平均纯收益时应扣减成本的正常利润；投资收益率必须是不含通货膨胀率的当地该类资产投资的平均收益率。

【例 8-4】某公司拟转让一块 50 公顷的材林，该材林可以永续经营，未来各期的收入稳定，预计未来年均净收益为 800 000 元，当地营林平均投资收益率为 12%，现对该林木资产进行评估。

$$\text{评估值} = \frac{800\,000}{12\%} = 6\,666\,667\text{（元）}$$

年金资本化法主要用于评估年纯收益稳定的森林资源资产。

（五）重置成本法

重置成本法是按照现时工价及生产水平，将重新营造一块与被评估林木资产相类似的林分所需的成本费用，作为被评估林木资产评估价值的方法。其计算公式为：

$$\text{评估值} = K \times \sum_{t=1}^{n} C_t \times (1+r)^{n-t+1}$$

其中，K 表示林分质量调整系数；C_t 表示过去第 t 年以现时工价及生产水平为标准计算的生产成本，主要包括各年投入如工资、物资消耗、地租等；n 表示林分年龄；r 表示折现率。

这种方法对于以资产重置和补偿为目的的林木资产评估比较适合，也适合于对没有充分发育的林木市场条件下及成本资料较容易收集的幼龄林、中龄林及速生树种林的评估。

使用重置成本法评估林木资源资产时应当注意：

（1）运用重置成本法评估林木资源资产必须确定合理的投资收益率。

（2）运用重置成本法评估林木资源资产不需要考虑成新率问题。

（3）运用重置成本法评估林木资源资产必须根据林分质量调整估算评估值。不同林分的质量差异较大，各块林分的价值必须用林分质量调整系数进行调整。

基于我国对于森林培育的营林标准要求，在实际操作中，对于林分质量调整系数，幼龄林中一般用株数调整系数和平均树高调整系数综合确定，在中龄以上的林分用平均胸径调整系数和蓄积调整系数综合确定。

①株数调整系数 K_1。株数调整系数 K_1 是依据株数保存率 r 与造林标准合格率 R 之间的比较确定。

$$r = \frac{林地实有保存株数}{造林设计株数}$$

在幼龄林（未成林造林地幼树）的评估中，$r \geq R$，$K_1 = 1$；$r < R$，$K_1 = r/R$。

根据生产的实际情况，在未成林造林地中，如果 r 小于40%，一般认为造林失败，必须重造，而且重造的成本并不比初次造林成本低，因此，在未成林造林地中，当 $r \leq 40\%$ 时，如有需要，则 $K_1 = 0$。

在幼龄林阶段中后期，林分一般已郁闭，如果 r 小于40%，但林木的分布均匀，有成林希望，这时 K_1 不能等于零，可以等于 r/R。

②树高调整系数 K_2。

$$K_2 = \frac{拟评估林分平均树高}{参照林分平均树高}$$

③林分质量调整系数 K。

$$K = 株数调整系数 K_1 \times 树高调整系数 K_2$$

【例8-5】某材林面积为30公顷，林分年龄为3年，树高调整系数为0.9，株数保存率 r 为89%，用重置成本法评估其价值。

前三年相同林分投入调查结果显示：该地区评估基准日第一年造林投资为5 200元/公顷，第二、第三年投资均为1 800元/公顷，年投资收益率为10%。每年的年林地租金为800元/公顷，从第一年起每年管护费为150元/公顷。当地造林成活率要求为85%。

评估过程如下。

前三年单位投资成本分别为：

$C_1 = 5\ 200 + 800 + 150 = 6\ 150$（元）

$C_2 = 1\ 800 + 800 + 150 = 2\ 750$（元）

$C_3 = 1\ 800 + 800 + 150 = 2\ 750$（元）

该小班林木成活率为89% >85%，故 $K_1 = 1$，$K_2 = 0.9$。

该林分评估值 $= 30 \times 1 \times 0.9 \times (6\ 150 \times 1.1^3 + 2\ 750 \times 1.1^2 + 2\ 750 \times 1.1)$

$= 392\ 530.05$（元）

第三节 矿产资源资产评估

一、矿产资源资产评估概述

（一）矿产资源资产评估业务类型

1. 矿业权出让评估。我国矿产资源归国家所有，国家依法对矿产资源享有占有、使用、收益、处分的权利。国家对矿产资源的勘查、开采实行许可证制度。勘查矿产资源，必须依法申请登记，领取勘查许可证，取得探矿权；开采矿产资源，必须依法申请登记，领取采矿许可证，取得采矿权。探矿权和采矿权合称矿业权，矿业权出让是基于所有权与使用权分离的一种授予机制，具体是指矿产资源主管部门以招标、拍卖、挂牌、申请在先、协议等方式依法向探矿权申请人授予探矿权，以及以招标、拍卖、挂牌、探矿权转采矿权、协议等方式依法向采矿权申请人授予采矿权的行为。为确定矿业权出让费而进行的矿业权评估就是矿业权出让评估。

2. 矿业权市场化评估。企业取得矿业权后，矿业权成为企业法人资产，与企业其他资产一样，在各种企业经济和经营行为背景下，均涉及对其价值的评估。此时对矿业权评估就属于矿业权市场化评估。

（二）矿产资源资产评估的对象

矿产资源是经过长期地质成矿作用形成的，埋藏于地下或出露于地表，并具有开发利用价值的矿物或有用元素的集合体。在我国，矿产资源归国家所有，矿产资源所有权不允许流转，矿业权可以依法流转，矿产资源资产评估的对象是矿业权，包括探矿权和采矿权。探矿权是指在依法取得的勘查许可证规定的范围内勘查矿产资源的权利。取得勘查许可证的单位或者个人被称为探矿权人。采矿权是指在依法取得的采矿许可证规定的范围内开采矿产资源和获得所开采的矿产品的权利。取得采矿许可证的单位或者个人被称为采矿权人。

矿业权评估对象虽然是探矿权和采矿权，但矿业权权利客体应为已查明或潜在的矿产资源储量，矿业权权利价值内涵为用益物权价值。

此外，我国还存在探采分营的情况，因而也存在仅以勘探成果为对象的评估。这实际上是一种知识产权性质的无形资产。

（三）矿产资源资产评估的特点

与其他资产相比，矿产资源资产评估具有如下特点。

1. 与矿产资源法律制度密切相关。矿产资源法律制度是确立矿业权财产属性、矿业权市场交易、定价等的基本前提。矿业权评估技术体系的建立，离不开矿产资源法律制度。不同的矿产资源管理制度下，评估的技术体系不同。《中华人民共和国矿产资源法》的修订以及与此相关的财产制度、税费制度的调整，都将直接影响甚至改变矿业权评估技术体系。

2. 涉及的专业知识跨度大，要利用多种不同类型的专业报告。矿业权评估涉及矿产地质勘查、采矿、选矿、冶炼等工程技术专业，评估过程中涉及大量专业技术工作。评估中需要利用矿产资源储量报告，确定可采储量；利用矿产地质勘查报告，确定勘查工作实物量。系统理解相关专业报告，合理确定评估参数，是矿业权评估必须掌握的内容。

3. 涉及的不确定性因素更多。相比其他资产类型的评估，矿业权评估的不确定性较多，主要体现为：不同类型的矿产资源储量具有不同的不确定性；随着矿山生产勘探，矿产资源储量会发生不同程度的变化；矿产品价格波动明显；采选工艺指标不断变化。

二、矿业权价值及其影响因素

（一）矿业权价值

如前所述，矿产资源资产评估主要是指矿业权价值的评估。矿业权可分为探矿权和采矿权，矿业权价值又可分为探矿权价值和采矿权价值，分别是指矿产资源勘查权利的价值和矿产资源开采权利的价值。矿业权价值是矿产资源勘查区和矿产地价值的一种体现，与矿产勘查区、矿产地不可分割。矿产资源所处的勘查阶段不同，矿产权的价值内涵也有所不同。

1. 处于预查和普查阶段的勘查区，未查明矿产资源，此时的矿产权价值取决于投入的勘查工作成本及其效用以及勘查工作对未来找矿潜力和矿产资源开发前景的作用。这也是矿业权成本法评估结果的内涵。

2. 处于详查和勘探阶段的勘查区，或已查明矿产资源的矿产地，此时矿产权价值主要取决于矿产资源的开发价值，而矿产资源开发价值又取决于矿床本身的禀赋优势，如矿床及矿体的储量、矿石的品位、开采条件、矿石的选冶及加工性质等一系列因素。因此，矿业权价值评估不能离开其物质载体——矿产资源而进行，这也是收益法评估结果的内涵。

（二）矿业权价值的影响因素

第一，矿产资源的稀缺度和可替代度。类型不同的矿种，稀缺程度往往差别很大。在市场需求一定的情况下，矿产资源的稀缺程度越高，可替代程度越低，其矿业权价值也越高。同时，国家对稀缺性的资源一般会实行保护性开采的政策，这就使稀缺的矿产资源矿业权通常具有更高的价值。

第二，矿产资源产品的供求状况。矿产品价值的实现程度取决于矿产品的供求状况；矿产品的供求状况决定何种等级的矿产资源被投入到开采过程，从而影响矿业权的价值高低。

第三，矿产资源的自然丰度及赋存条件等自然因素。在既定的技术经济条件下，矿床的自然丰度越高，开采所需投入的成本越低，企业的超额利润会越大，矿业权价值也会相应增加。矿体的赋存条件是指矿体的形状、大小、厚度、埋深、围岩的强度和水文状况等地质条件，这些都直接决定开采的复杂程度和成本的高低，从而成为影响资源价值和矿业权价值的重要因素。矿床距离加工和消费地的远近、运输条件和矿山建设条件的优劣，也会影响企业的生产成本，因此，矿产的地理位置也是影响矿业权价值的因素。

第四，科技进步水平影响。科技进步对矿业权价值的影响主要有下列几个方面。

（1）会使有些过去被认为无法利用的伴生元素或矿物得到开发利用，从而提高了资源价值；

（2）可以发现和创造对矿产资源开发、利用更有效的方法，降低开采成本，增加收益，增加资源的价值；

（3）可以发现已被使用的矿产资源新的或更有效的利用价值，从而改变和增加矿业权的价值；

（4）可以发现和创造更加有效或现代化的找矿方法，降低探查成本和风险，减少对环境的破坏，进而改变矿业权价值。

第五，资本化率。资本化率的高低反映潜在投资者向矿业权投资所要求的回报率高低，以及矿业权投资风险的大小，资本化率决定了投资者对取得一定的矿业权未来收益愿意出资的数额，从而影响矿业权价值。

三、矿业权评估的方法

矿业权资产评估包括：国家为了确定矿业权出让费用的评估；已经拥有矿业权的开发者、经营者为了出让或抵押矿业权，或者以矿业权为资产出资等而进行的评估等。各种评估目的下的评估思路和具体途径可能不同。同时，探矿权可在不同勘察阶段转让，评估时应针对不同勘察阶段合理选择评估方法。

根据评估实践的需求，评估专家们创造了许多有效的评估方法，具体评估方法模型考虑了矿产资源勘查开采的特点，因此每种评估方法各有其适用的条件。下面分别介绍几种适应不同评估目的和对象的常用具体评估方法。

（一）折现现金流量法

折现现金流量法将矿业权所对应的矿产资源勘查、开发作为现金流量系统，将评估计算年限内各年的净现金流量，以与净现金流量口径相匹配的折现率，折现到评估基准日的现值之和，作为矿业权评估价值。它是通过收益途径来评估矿业权价值的常用方法，公式为：

$$评估值 = \sum_{i=1}^{n} \frac{(CI - CO)_i}{(1+r)^i}$$

其中，CI 表示现金流入量；CO 表示现金流出量；n 表示矿山寿命期；r 表示折现率。

$$CI = 年销售收入 + 固定资产残值回收 + 流动资金回收$$

$$CO = \frac{固定资产投资}{(含新增投资)} + 流动资金投入 + 经营成本 + 销售税金及附加 + 所得税$$

【例 8-6】 某公司拟转让其拥有的一煤矿开采权，该煤矿剩余服务年限为 15 年，经预测，该煤矿未来服务年限的净收益如表 8-1 所示。

表 8-1　　　　　　　　未来现金流量预测　　　　　　　　单位：万元

项目	1 年	2 年	3 年	4~14 年	15 年
现金流入量（CI）	5 000	5 800	6 000	6 500	5 900
现金流入量（CO）	2 600	3 000	3 000	3 200	5 000
现金净流量	2 400	2 800	3 000	3 300	900

假定折现率取 10%，运用折现现金流量法对煤矿开采权进行评估。

$$评估值 = \frac{2\,400}{1+10\%} + \frac{2\,800}{(1+10\%)^2} + \frac{3\,000}{(1+10\%)^3} + \sum_{t=1}^{11} \frac{3\,300}{(1+10\%)^t} \times \frac{1}{(1+10\%)^3} + \frac{900}{(1+10\%)^{15}}$$

$$= 23\,068.82（万元）$$

应用折现现金流量法要求如下：待评估的矿业权有独立的获利能力，并能被测算；未来收益能用货币计量；矿山的内外部建设条件、技术经济参数、行业技术水平、盈利水平和矿产品市场已被基本了解和掌握。这是一种应用范围较广的评估方法，既可以用于采矿权评估，也可以用于达到详查及以上勘查阶段的探矿权评估。

（二）折现现金流量风险系数调整法

此方法主要用于探矿权的评估，它的基本思想是：假设资源储量是可靠的情况下采用折现现金流量法估算探矿权基础价值，然后根据矿产开发地质风险系数对评估值进行调整得到探矿权评估价值。矿产开发地质风险系数是反映因地质勘查工作程度不足所存在的地质可靠性低、开发风险高等的调整系数，可以反映资源储量的可靠程度。折现现金流量风险系数调整法的数学表达式为：

$$探矿权评估价值 = P_n \times (1 - R)$$

其中，P_n 表示采用折现现金流量法估算的探矿权基础价值；R 表示矿产开发地质风险系数。

【例 8-7】 对某一大型铁矿石探矿权进行评估,对该探矿权采用折现现金流量法计算,计算得到净现金流量现值为 50 000 万元。经分析计算该探矿权的矿产开发地质风险系数为 0.2。用折现现金流量风险系数调整法评估该探矿权的价值。

探矿权评估价值 = 50 000 × (1 - 0.2) = 40 000(万元)

(三)勘查成本效用法

勘查成本效用法是通过成本途径评估矿业权的方法之一,适合于对找矿前景还不明朗的预查、普查阶段的探矿权评估,也可用于对地勘成果资产的评估。勘查成本效用法先估算已经发生的地质勘查工作的重置成本,然后采用效用系数进行调整得出探矿权价值。效用系数反映了是否符合相关矿种地质勘查规范要求以及勘查工作布置的合理性。该方法的计算公式如下:

$$探矿权评估值 = C_r \times F = \left[\sum_{i=1}^{n} U_i \cdot P_i \cdot (1 + \varepsilon) \right] \cdot F$$

或:

$$探矿权评估值 = C_r \times F = \left[\sum_{i=1}^{n} U_i \cdot P_i + C \right] \cdot F$$

其中,C_r 表示重置成本;F 表示效用系数;U_i 表示各类地质勘查技术方法完成的实物工作量;P_i 表示各类地质勘查实物工作对应的现行价格和费用标准;ε 表示岩矿测试、其他地质工作(含综合研究及编写报告)、工地建筑等间接费用的分摊系数;C 表示岩矿测试、其他地质工作(含综合研究及编写报告)、工地建筑等间接费用。

【例 8-8】 对某一大型锌矿探矿权进行评估,经测算该矿的直接重置成本为 12 300 万元,间接费用按重置直接成本的 30% 计算,效用系数确定为 1.15,运用重置成本法评估该探矿权价值。

探矿权评估值 = 12 300 × (1 + 30%) × 1.15 = 18 388.5(万元)

(四)可比销售法

可比销售法是采用市场途径评估矿业权价值的一种方法,该方法是根据替代原则,将待估矿业权与近期完成交易、具有类似环境和类似地质特征的矿业权的地质、采矿、选矿等各项技术、经济参数进行对照比较,分析其差异,对参照矿业权价值进行调整,调整后的价值作为待评估矿业权的价值。它可用于采矿权和探矿权的评估。处于不同的地质勘查工作阶段时选取的可比因素不同,其评估模型及其数学表达式不同。

详查以上探矿权及采矿权评估(含简单勘查或调查即可达到矿山建设和开采要求的无风险的地表矿产的采矿权评估)的评估模型及其数学表达式为:

$$评估值 = P_i \cdot (\mu \cdot \omega \cdot t \cdot \theta \cdot \lambda \cdot \delta)$$

其中，P_i 表示相似参照物的成交价格；μ 表示可采储量调整系数；ω 表示矿石品位（质级）调整系数；t 表示生产规模调整系数；θ 表示产品价格调整系数；λ 表示矿体赋存开采条件的调整系数；δ 表示区位与基础设施条件的调整系数。

勘查程度较低阶段的探矿权评估模型及其数学表达式为：

$$评估值 = P_i \cdot (P_a \cdot \xi \cdot \omega \cdot v \cdot \phi \cdot \delta)$$

其中，P_i 表示相似参照物的成交价格；P_a 表示勘查投入调整系数；ξ 表示资源储量调整系数；ω 表示矿石品位（质级）调整系数；v 表示物化探异常调整系数；ϕ 表示地质环境与矿化类型调整系数；δ 表示区位与基础设施条件的调整系数。

该方法的适用条件为：要求参照的采矿权具有可比性，即矿种相同、自然成因类型相同、工业类型大体相似，同时要取得足够的地质参数。因此，可比销售法在矿业权市场发达的国家应用较为广泛，而我国矿业权交易尚不普遍，该方法的应用受到一定的条件限制。

【本章小结】

资源性资产既具有自然资源的基本特征（自然属性），同时又具有经济属性和法律属性。资源性资产的价格是自然资源的使用权价格，资源性资产价格一般受资源的区位影响较大，资源性资产评估须遵循自然资源形成和变化的客观规律。资产评估涉及的资源性资产主要包括森林资源资产和矿产资源资产。森林资源资产的特点为：经营的永续性；再生的长期性；分布的辽阔性；功能的多样性；管理的艰巨性。森林资源资产的价格构成因素包括营林生产成本、资金时间价值、利润和税金、林木生长中的损失、地租、地区差价和树种差价。森林资源资产评估的主要方法有市场法（包括木材市场价倒算法、市场成交价比较法）、收益法（包括收获现值法、年金资本化法）、重置成本法。矿产资源资产评估业务类型包括矿业权出让评估和矿业权市场化评估。矿业权价值的影响因素有：矿产资源的稀缺度和可替代度；矿产资源产品的供求状况；矿产资源的自然丰度及赋存条件等自然因素；科技进步水平影响；资本化率等。矿业权评估的方法包括：折现现金流量法；折现现金流量风险系数调整法；勘查成本效用法；可比销售法。

【本章练习】

一、单项选择题

1. 资源性资产的特征包括自然属性和（　　）。
A. 经济属性　　　B. 社会属性　　　C. 法律属性　　　D. 投资属性

2. 将石油看作不可再生资源,是按( )划分的。
   A. 在地球上的存在层位不同　　B. 经济用途不同
   C. 再生产的特点　　　　　　　D. 与人类的经济关系

3. 某村有 30 亩槐树林欲转让 10 年的使用期,投资收益率为 5%。邻村可找到三个参照交易案例,根据计算这三个交易案例的年均林地使用费平均值为 220 元/亩,用有期限年金资本化法评估林地使用费现值,以此确定的该林地 10 年使用权评估值为( )元。
   A. 50 784　　B. 50 963　　C. 50 693　　D. 50 667

4. 通过科学合理的森林经营,森林资源资产的消耗可以得到补偿,不存在折旧问题,可长期实现保值增值,这体现的是森林资源资产的( )。
   A. 功能的多样性　　　　　　　B. 分布的辽阔性
   C. 再生的长期性　　　　　　　D. 经营的永续性

5. 将相同或类似的森林资源资产的现行市场成交价格作为比较基础,估算拟评估森林资源资产评估值的方法是( )。
   A. 木材市场价倒算法　　　　　B. 市场成交价比较法
   C. 收获现值法　　　　　　　　D. 年金资本化法

6. 矿产资源资产评估的特点不包括( )。
   A. 具有使用价值　　　　　　　B. 与矿产资源法律制度密切相关
   C. 设计的专业知识跨度大　　　D. 不确定因素更多

二、多项选择题

1. 下列各项资源属于森林资源的有( )。
   A. 林木　　　　　　　　　　　B. 森林中的野猪
   C. 火烧迹地　　　　　　　　　D. 森林中打猎的猎人
   E. 森林上空的空气

2. 森林资源资产评估主要包括( )。
   A. 林木资源评估　　　　　　　B. 动物资源评估
   C. 林地资产评估　　　　　　　D. 森林景观资产评估

3. 矿业权的价值因素包括( )。
   A. 矿产资源的稀缺程度和可替代程度
   B. 矿产资源产品的供求关系
   C. 矿产资源的自然丰度及赋存条件等自然因素
   D. 科学进步的水平
   E. 资本化率

4. 矿业权资产评估的主要方法有( )。
   A. 折现现金流量法　　　　　　B. 折现现金流量风险系数调整法
   C. 勘查成本效用法　　　　　　D. 可比销售法

三、综合题

1. 现有某国有林场拟转让一块面积为 200 亩的杉木中龄林，年龄为 14 年，亩蓄积为 10 立方米，经营目标为中径材（其主伐年龄为 26 年），标准参照林分主伐时平均亩蓄积为 18 立方米，林龄为 14 年的标准参照林分的平均亩蓄积为 9 立方米，假设该林分不需要间伐，有关技术经济指标如下。

(1) 营林成本：管护费用为 5 元/亩·年，地租为 48 元/亩·年。
(2) 杉木林主伐时林木单位蓄积纯收入为 400 元/立方米。
(3) 投资收益率为 8%。

要求：评估该林分的林木资产价值。

2. 某杨木林面积为 10 公顷，林分年龄为 2 年，树高调整系数为 0.90，株数保存率为 82%。

前三年相同林分投入调查结果显示：该地区评估基准日第一年造林投资为 4 200 元/公顷，第二、第三年投资均为 1 500 元/公顷，年投资收益率为 8%。每年的年林地租金为 600 元/公顷，从第一年起每年管护费为 150 元/公顷。当地造林成活率要求为 85%。

要求：用重置成本法评估其价值。

3. 某公司拟转让 10 亩杉木成熟林，要求对其林木资产进行评估。该林木资产蓄积量为 1 000 立方米，地利系数为 1.02，评估时该类木材销售单价为 1 200 元/立方米。该类林木资产有较多成交案例，经搜集得到以下三个对照案例材料（如表 8-2 所示）。

表 8-2　　　　　　　　参照案例介绍

参照案例	蓄积量（立方米）	成交总价（元）	地利系数	成交时木材单价（元）
参照案例 1	850	250 000	0.97	1 050
参照案例 2	1 300	360 000	0.99	1 100
参照案例 3	1 100	330 000	1.08	1 300

要求：根据上述材料，用市场成交价比较法评估其价值。

4. 某公司拟转让其拥有的小型白云岩矿采矿权，该白云岩矿处于正常生产状态，正常开采规模每年为 5 万吨原矿，开采成本为 10 元/吨，剩余矿山服务年限为 6 年，白云岩品产率为 92%。当地该类白云岩近年平均市场坑口不含税价格为 60 元/吨。公司所得税税率为 25%，折现率取 10%。

要求：
(1) 根据题中资料，确定采用何种方法对该采矿权进行评估。
(2) 评估该采矿权的价值。

第九章　企业价值评估

【学习目标】

　　◆知识目标

　　熟悉企业价值评估的相关概念和特点，掌握如何运用市场法、成本法和收益法评估企业价值，特别是要掌握收益法中的收益额、折现率和收益期限的确定方法。

　　◆能力目标

　　能够运用三种基本方法对常见的资产进行评估。

　　◆思政目标

　　传递经济强国的战略思想，倡导科学精神，培养诚实守信、勤勉尽责、谨慎从业的职业道德，具有服务国家、服务人民的社会责任感。

【本章重点和难点】

　　运用市场法、成本法和收益法评估企业价值。

【案例导入】

　　评估基准日 A 公司流动资产账面价值 77 000 万元；非流动资产账面价值 18 000 万元，其中，固定资产账面价值为 17 200 万元，在建工程账面价值为 800 万元；流动负债账面价值 66 000 万元；非流动负债账面价值 800 万元。

　　经评估，A 公司流动资产评估价值为 77 400 万元；固定资产评估价值为 20 200 万元，其中，房屋建筑物评估价值为 8 200 万元，机器设备评估价值为 12 000 万元；流动负债评估价值为 66 000 万元；非流动负债评估价值为 800 万元。除此以外，评估专业人员还发现以下情况。

　　评估基准日 A 公司在建工程包括 1 项新厂房建设工程和 1 项原有生产线的技术改造工程，其中，按照评估基准日实际完工程度评估的在建厂房市场价值为 1 100 万元，未入账工程欠款 500 万元。原有生产线技术改造实际投入 400 万元，评估基准日设备已经改造完毕，未形成新的设备，但整条生产线的市场价值提升为 2 000 万元。

评估专业人员调查发现 A 公司注册了"Z 牌"商标，该商标资产虽然在 A 公司账上没有体现，但是评估基准日市场价值为 1 000 万元。

思考与讨论：

如何计算评估基准日 A 公司股东全部权益的市场价值？

第一节　企业价值评估概述

一、企业的内涵及特点

（一）企业的内涵

企业是社会生产力发展到一定阶段的产物。关于企业的起源、性质的学说和论点颇多，形成了不同的流派。这些流派的观点对于我们理解和把握企业的概念有重要作用。

在古典经济学中，企业被看作是一个追求利润最大化的理性经济人，企业的存在就是为了把土地、资本和劳动力等生产投入按照利润最大化的原则转化为产出。

从功能和本质上看，企业是由构成它的各个要素资产围绕着一个系统目标，保持有机联系，发挥各自特定功能，共同构成一个有机的生产经营能力载体和获利能力载体，以及由此产生的相关权益的集合。

从资产评估和企业价值评估的角度看，可以把企业看作是以营利为目的，按照法律程序建立起来的经济实体；从形式上它体现为在固定地点的相关资产的有序组合。

（二）企业的特点

作为一类特殊的资产，企业有其自身的特点。

1. 营利性。企业经营的最终目的就是获取利润。企业的功能是以企业的生产经营范围为依据，以其生产工艺或服务流程为主线，将各类要素资产有机地组合起来，形成自己的产品或服务提供给销售者，并从中获取利润。

2. 整体性。构成企业的各个要素资产虽然具有不同的性能，但它们在服从特定系统目标前提下构成企业整体。企业的各个要素资产功能不会都很健全，但它们可以组合成具有良好整体功能的资产综合体。反之，即使构成企业的各个要素资产的个体功能良好，但如果他们之间的功能不匹配，由此组合而成的企业整体功能也未必很好。因此，整体性是企业不同于其他资产的一个重要特征。

3. 持续经营性。持续经营假设是指假定评估对象的经营活动在可预见的将来会继续下去，不拟也不必终止经营或破产清算，可以在正常的经营过程中变现资产、清偿债务。企业要获取利润，必须进行经营，持续经营是保证正常盈利的一个重要方面。如果企业生产经营断断续续，由于其固定费用不会因经营间断而减少，因此必然会相对增加经营费用，影响盈利。

4. 权益可分性。作为生产经营能力载体和获利能力载体的企业具有整体性的特点，而与载体相对应的企业权益却具有可分性的特点。企业整体价值由股东全部权益和付息债务组成，而企业的股东权益又可进一步细分为股东全部权益和股东部分权益。

二、企业价值及企业价值评估

（一）企业价值

1. 企业价值的内涵。

从政治经济学的角度来看，企业价值是凝结在企业中的社会必要劳动时间，其量的大小取决于一定时期社会必要劳动时间的水平。

从会计核算的角度来看，企业价值取决于构建企业过程中全部物化劳动和活劳动的支出总额，其量的大小取决于构建中的各项支出水平。

从市场交换的角度来看，企业价值是各相关主体在产权置换中可接受的交换价值，其量的大小取决于企业未来的获利能力。

从资产评估的角度出发，企业的价值需要从两个方面考虑和界定。

一是资产评估揭示的是评估对象在交易假设前提下的公允价值，企业作为一类特殊资产，在评估中其价值也应该是在交易假设前提下的公允价值，即企业在市场上的公允货币表现。

二是由企业特点决定，企业在市场上的货币表现实际上是企业所具有的获利能力可实现部分的货币化和资本化。

2. 企业价值的特点。

（1）企业价值是一个整体概念。企业的各项资产是相互作用、相互补充、相互影响的，企业价值所体现的是将企业的人力、物力、财力等生产经营要素整合在一起的现在和未来的获利能力，企业价值不是企业所拥有的各项资产价值的简单相加，而在于它今后能通过持续经营为所有者带来资本收益、积累和增值，不能为其所有者带来收益的企业就没有价值可言。企业的价值在投资者眼里取决于企业的盈利水平，企业的各类资产只是投资人用于获利的手段或工具，各类资产的配置是否得当、是否被充分利用，都会显著影响企业的盈利能力，从而影响企业的价值。

（2）企业价值受企业可存续期限影响。企业的价值是依附于企业这一实体而存在的，企业又是具有生命周期的。在企业生命周期中初创、成长、成熟、衰退等不同阶段，企业的价值也会有所不同。与其他资产不同，企业未来可存续的期限是不确定的，难以准确预计，这也对企业价值评估产生着影响。

（3）企业价值的表现形式具有虚拟性。金融制度的变迁导致了企业的实体价值与虚拟价值并存。企业的实体价值表现为企业在商品市场上的交易价值或资产价值（包括有形资产价值和无形资产价值）。企业的虚拟价值是指在金融市场上（特别是股票市场）形成的企业虚拟资产（股票）的市场价值。在实体价值与虚拟价值并存的情况下，对企业价值的判断和评估应综合考虑企业实体价值和虚拟价值的影响。

3. 企业价值的影响因素。企业价值围绕其资产价值波动，评估方式以企业资产和产出为核心展开。故企业价值的影响因素十分广泛。资产评估实务中，通常将企业置于其发展环境中，分别从宏观、中观和微观三个层次进行梳理。

宏观环境因素包括政治环境、宏观与区域经济、法律法规、有关货币和财政政策、技术进步以及社会和文化等因素，比如利率调整、疫情影响等。

行业发展状况（中观）一般包括行业政策环境、行业经济特征、行业市场特征、行业竞争情况、行业特有的经营模式，以及行业的周期性、区域性和季节性特征，企业所在行业与上下游行业之间的关联性，上下游行业发展对本行业发展的有利影响和不利影响等，比如新能源、家电等行业发展状况。

企业发展状况（微观）主要包括企业层面和资产层面。企业层面指的是企业发展、业务和经营战略，企业生产经营模式、盈利模式，业务或产品的种类及结构，生产能力，行业竞争地位，产业链关系（与供应商和客户的关系），资本结构，会计政策，生产经营管理方式，人力资源，企业管理水平以及关联交易情况等因素；资产层面与企业拥有的具体资产利用方式、利用程度、利用范围以及利用效果等有关。

（二）企业价值评估

2017 年中国资产评估协会修订的《资产评估准则——企业价值》中对企业价值评估给出的定义为：企业价值评估是指资产评估机构及其资产评估专业人员遵守法律、行政法规和资产评估准则，根据委托对评估基准日特定目的下的企业整体价值、股东全部权益价值或者股东部分权益价值等进行评定和估算，并出具资产评估报告的专业服务行为。

1. 企业价值评估的主体。企业价值评估的主体即企业价值评估的行为主体，通常指接受委托承接企业价值评估业务的评估机构和评估人员。

2. 企业价值评估的客体。企业价值评估的客体即企业价值评估的对象，注册资产评估师应当根据评估目的和委托方要求，明确评估对象，区分企业整体价值、股东全部权益价值和股东部分权益价值。

（1）企业整体价值。企业整体价值即企业全部资产价值，指公司包括股东和债权人的所有出资人共同拥有的企业营运所产生的价值，即所有资本（包括付息债务和股东权益）通过营运所形成的价值。企业整体价值评估是将企业作为一个有机的整体，根据其拥有或占用的全部资产进行经营，是全部资产的整体获利能力。企业整体价值等于企业总资产价值减去企业负债中的非付息债务价值后的余值，或企业所有者权益价值加上企业全部付息债务的价值。

(2) 股东全部权益价值。股东全部权益价值即企业全部资产价值扣除负债以后的价值，指企业所有者全部权益价值，也就是企业的所有者权益或净资产价值。企业全部权益价值也可以由企业整体价值减去全部付息债务价值得到。

(3) 股东部分权益价值。股东部分权益价值作为股东全部权益价值的一部分，从数量上来说，并不必然等于股东全部权益价值与股东比例的乘积。注册资产评估师评估股东部分权益价值时，应当在适当及切实可行的情况下考虑由于控股权和少数股权等因素产生的溢价或折价。

3. 企业价值评估的依据与目的。注册资产评估师执行企业价值评估业务，应遵守相关法律、法规以及资产评估基本准则，并考虑其他评估准则的相关规定。

企业价值评估适用于设立公司、企业改制、股票发行上市、股权转让、企业兼并、收购或者分立、联营、组建集团、中外合作、合资、企业租赁、承包、融资、抵押贷款、法律诉讼、破产清算等评估目的。在我国企业价值评估的目的主要有以下几种。

(1) 企业改制。企业改制是围绕着企业产权进行的体制改革，企业改制一般通过重组、联合、兼并、租赁、承包经营、合资、转让产权和股份制、股份合作制等方式来完成。在企业改制过程中，凡涉及企业产权变动、需要了解股权价值或企业整体价值的，均属于企业价值评估的范畴。没有涉及企业产权变动，且其评估对象界定为资产负债表上列示的净资产的企业改制不属于企业价值评估的范畴。

(2) 企业并购。企业并购是企业兼并与收购的简称，是企业在平等自愿、等价有偿基础上，以一定的经济方式取得其他企业产权的行为。在企业并购活动中，通常需要进行企业价值评估。但是在资产收购行为中，通常只需对被收购的资产进行评估，而不需要对被收购资产对应的企业价值进行评估。

(3) 企业清算。企业清算包括企业破产时进行的清算、企业改组、合并、撤销法人资格进行的清算以及企业按照合同、契约、协议规定终止经营活动的清算。在以上企业清算过程中，通常需要进行企业价值评估。但是对破产财产中的单项资产分别变价出售进行评估的，不属于企业价值评估范畴。

(4) 财务报告。随着公允价值在会计计量中的运用逐渐增多以及公允价值计量对专业性和独立性的要求，以财务报告为目的的资产评估也日益增多。在以财务报告为目的的评估中，涉及企业价值评估的情形主要包括：对企业合并过程中产生的商誉进行减值测试，而需要对被合并企业的企业价值进行评估；在确定权益工具的公允价值过程中，可能需要对权益工具对应的企业价值进行评估；协助企业确定、判断企业获利能力和未来收益。

(5) 法律诉讼。公司股东与股东之间、股东与管理层之间、股东与债权人之间以及公司的利益相关者之间，常常会发生因公司价值变化而引起法律诉讼，在这种情况下，企业价值评估结论就成为这些法律案件裁决的重要依据之一。

(6) 税收。在股权的保有、交易、赠与、继承等环节，股权投资者需要根据相关税法的确定，针对特定经济行为，缴纳相应的财产税。股权财产税的税基一般是股权的市场价值，企业价值评估往往成为确定征税价值尺度的重要参考。

（7）财务管理。企业价值最大化是大多数企业的财务管理目标，科学的财务管理将有效提升企业价值。在财务管理中开展企业价值评估，有助于企业树立以价值为导向的企业活动观，以价值规律指导财务管理工作。投资决策、融资决策、经营决策以及股利分配政策均是影响企业价值的重要因素，通过对企业价值进行评估，可以对已制定的财务决策进行验证和评价，也能为未来财务决策提供参考。

（8）考核评价。所有权和经营权分离产生了所有者和经营者之间的代理问题。企业的所有者需要通过绩效评价机制来判断经营者是否履行职责、是否为企业所有者创造价值。而企业价值相对于传统的净利润指标更为客观，且契合了企业所有者的企业价值最大化目标。因此，通过企业价值评估对经营者的绩效进行考核评价已越来越得到社会的认可。

（9）其他目的。除以上几种常见的经济行为以外，还有许多其他经济行为，如股票公开发行、企业股利政策的制定、企业员工持股计划的制订、企业投资项目决策、企业租赁、股权的质押和担保以及债务重组等，都可能涉及企业价值评估。

（三）企业价值评估的特点

相对于单项资产评估，企业价值评估具有以下特点。

1. 评估对象是由多个或多种单项资产组成的资产综合体。企业是多种要素资产围绕盈利目标，发挥各自特定功能，共同构成一个有机的生产经营能力和获利能力的载体及其相关权益的集合或总称。企业价值评估的范围涵盖了被评估企业所拥有的全部资产，包括流动资产、固定资产、无形资产以及所拥有的其他资产，但企业价值的评估对象是这些资产有机结合形成的综合体所反映的企业整体价值或权益价值，而不是各项资产的简单集合。因此，无论是企业整体价值的评估，还是股东全部权益价值或股东部分权益价值的评估，评估对象载体均是由多个或多种单项资产组成的资产综合体。

2. 评估的标的是该综合体的持续获利能力。企业价值本质上是以企业未来的收益能力为标准的内在价值，评估专业人员在评估企业价值的过程中要考虑企业未来的整体获利能力。企业的获利能力通常是指企业在一定时期内获取利润或现金流量的能力，是企业生产能力、营销能力、经营能力等各种能力的综合体。

3. 企业价值评估是典型的整体性评估。整体性是企业价值评估与其他资产评估的本质区别。企业价值评估是将企业作为一个经营整体并依据其未来获利能力进行评估。因此，企业价值评估强调的是从整体上计量企业全部资产形成的整体价值，而不是简单估计单项资产的收益或估计单项资产的价值。

（四）整体企业价值评估与单项可确指资产价值汇总的关系

一个企业的价值，可以通过两种不同的途径获得其评估价值：一是对组成企业的各单项资产价值分别进行评估，在此基础上汇总单项资产的评估价值，从而形成企业价值；二是把企业作为一个独立的整体，根据企业的获利能力、资产使用效果、市场条件等因素确定企业的评估价值。尽管通过上述两种途径都可以获得企业的评估价值，但它们之间存在着本质的差别。前者为单项可确指资产价值汇总；后者为企业整体价值评估，是一种整体性评估。两者的区别主要表现在以下四个方面。

1. 评估对象的内涵不同。单项可确指资产价值汇总的评估对象是企业各可确指的要素资产的价值总和，反映在现时价格水平上重新构建企业的全部成本。而整体企业价值评估的对象是按特定目的组合起来的资产综合体的获利能力，反映企业未来收益的现值。

2. 评估结果的性质不同。由于企业的地理位置、历史因素、产品品种结构、市场因素、管理水平等原因，同样的资产或资产组合，在不同企业的获利能力是不相同的。用企业整体评估方式确定的评估价值与各单项资产评估值汇总确定的评估价值并不相等，两者的差额，就是企业的商誉，它是一项不可确指的无形资产。整体企业价值评估可以揭示商誉价值，而单项可确指资产价值汇总不能揭示商誉价值。

3. 反映的评估目的不同。当企业将其全部资产作为一般生产要素出售、变卖或投资时，则采用单项资产评估的方式；当企业把其所有资产与企业融于一体共同作为一个获利整体进行投资（股份制企业改造或上市）、转让、兼并、联营或参加企业集团时，则应采用企业整体价值评估方式。

4. 企业整体价值评估与单项资产评估汇总确定企业资产评估价值的方法尽管有着明显的差异，但它们并不是没有联系。从单项资产评估汇总确定企业资产评估价值的角度来说，企业资产数量越多，质量越高，评估值越高。而资产的数量、质量则是决定企业获利能力的重要因素。当然，资产结构、管理水平、人员素质、科技贡献也是影响企业获利的因素。上述条件都是企业获得收益所必需的。在这种情况下，如果企业的资产收益率与社会（更多的是与行业）平均资产收益率相同，则单项资产评估汇总确定的企业资产评估值应与整体企业评估值趋于一致；如果企业资产收益率低于社会（或行业）平均资产收益率，单项资产评估汇总确定的企业资产评估值就会比整体企业评估值高；如果企业资产收益率高于社会（或行业）平均收益率，整体企业评估值则会高于单项资产评估汇总的价值，超过的部分则是企业商誉的价值。商誉价值是企业中人员素质、管理机制等超出一般企业水平的价值体现。

三、企业价值评估的范围

评估范围界定是任何一项资产评估必须做的工作。但绝大部分有形可确指的单项资产评估，其评估范围的界定相对来说是比较容易的，即通过明确评估对象本身就能较为准确地界定评估范围。而对企业来讲，情况可能会复杂一些，企业资产评估的范围界定至少包括以下两个层次：一是企业资产范围的界定；二是企业有效资产的界定。我们把上述两个层次的评估范围界定称为企业价值评估的一般范围和具体范围。

（一）企业价值评估的一般范围

一般范围亦即企业的资产范围。这是从产权的角度界定企业评估的资产范围。从产权的角度，企业评估的范围应该是企业的全部资产，包括企业产权主体自身占用及经营的部分，企业产权权利所能控制的部分，如全资子公司、控股子公司，以及非控股子公司中的投资部分。在具体界定企业价值评估的资产范围时应根据以下有关资料进行。

一是企业提出资产评估申请时的申请报告及上级主管部门的批复文件所规定的评估范围。

二是企业有关产权转让或产权变动的协议、合同、章程中规定的企业资产变动的范围。

（二）企业价值评估的具体范围

具体范围是指评估人员具体实施评估的资产范围，即有效资产范围，是在评估的一般范围的基础上经合理必要的重组后的评估范围。评估范围的界定对所有资产的评估都极为重要。对于有形、可确指的单项资产评估而言，其评估范围的界定相对容易；而对于企业价值评估而言，情况要复杂一些。因为对于企业而言，形成完整生产能力所使用的资产是一个有机的整体，具有整体性。

企业中的资产按其用途可以分为经营性资产和非经营性资产，按其发挥效能情况，可以分为有效资产和无效资产。通常，在进行资产重组时，往往要剥离非经营性资产和无效资产，有时也会剥离一部分经营性资产，但剥离的经营性资产应以不影响企业正常的生产经营为前提，否则会影响企业的获利能力，影响企业收益预测。因此，企业评估的范围至少包括两个层次：一是企业资产范围的界定；二是企业有效资产的界定。将企业中的有效资产与无效资产进行合理划分是进行企业价值评估的重要前提。

有效资产是指企业中正在运营或虽未运营但具有潜在运营能力，能够为企业盈利能力作出贡献、发挥作用的资产。无效资产是指企业中不能参与生产经营、不能对企业盈利能力作出贡献的非经营性资产、闲置资产，以及虽然是经营性资产，但在被评估企业已失去经营能力和获利能力的资产。

通常有两种处理无效资产的方式。

一是进行"资产剥离",即将无效资产在进行企业价值评估前剥离出去,不列入企业价值评估的范围。

二是在无效资产不影响企业整体获利能力的前提下,例如闲置的不动产、设备等,用适当的方法对其进行单项资产评估,并将评估值加总到企业价值评估的最终结果中去。

在划定企业价值评估的具体范围时,应注意以下两点。

第一,对于在评估时点一时难以界定的产权或因产权纠纷暂时难以得出结论的资产,应划为"待定产权",暂不列入企业评估的资产范围。

第二,在产权界定范围内,对企业中存在的生产能力闲置或浪费、某些局部资产的功能与整体资产的总体功能不一致等情况,按照效用原则,应提醒相关方进行资产重组,重新界定企业评估的具体范围,以避免造成相关方的权益损失。

四、企业价值评估的假设

企业价值评估实际上是一种模拟市场判断企业价值的过程,而市场是复杂的、动态变化的,因此,评估专业人员需要依据有限事实,通过一系列推理,对于所研究的事物作出合乎逻辑的假定说明,这就是企业价值评估假设。假设前提会直接影响企业价值评估的价值类型以及评估方法的选择,进而决定最终评估结果以及评估结果的适用性。因此,评估专业人员需要对收集的企业资料进行充分分析和判断,合理设定企业价值评估的假设。

企业价值评估的假设包括基本假设和具体假设。

(一) 企业价值评估的基本假设

企业价值评估的基本假设包括交易假设、公开市场假设、持续经营假设、清算假设。

1. 交易假设。交易假设是资产评估得以进行的一个最基本的前提假设,它是假定所有待评估资产已经处在交易过程中,评估师根据待评估资产的交易条件等模拟市场进行估价。一方面为资产评估得以进行"创造"了条件;另一方面明确限定了资产评估的外部环境,即资产是被置于市场交易之中,资产评估不能脱离市场条件而孤立地进行。

2. 公开市场假设。公开市场假设是资产评估中的一个最基本假设,是其他假设的基本参照。基于市场客观存在的现实,假设存在一种充分竞争的市场条件或市场环境,以及在充分竞争的市场条件下,资产交换价值受市场机制的制约,由市场行情决定,而不是由个别交易决定。公开市场假设是资产评估中使用频率较高的一种假设,凡是能在公开市场上交易、用途较为广泛或通用性较好的资产,都可以考虑按公开市场假设前提进行评估。

3. 持续经营假设。持续经营假设是最常用的假设，假设在评估基准日后企业即使出售、兼并、重组、合并仍将按照原来的经营目的、经营方式持续经营下去。是否选择持续经营假设需要考虑的因素有：（1）评估目的。引起评估的经济活动是否要求企业持续经营或评估结果的具体用途是否需要以企业持续经营为前提。（2）企业提供的产品或服务是否能满足市场需求。若企业的产品或服务不能满足市场需求，企业无预期收益，则不适用于持续经营假设。（3）企业要素的功能和状态。若企业各个要素资产破损严重、工艺落后或严重比例失调而不能满足企业持续经营的需要，也不能适用持续经营假设。

持续经营假设又可分为存量持续经营假设、增量持续经营假设和并购整合持续经营假设。

存量持续经营假设指的是维持企业原有经营规模及产品结构，假设企业所处的宏观环境和微观环境均不发生变化，即法律法规、产业政策、行业准入制度、市场分割状况等不发生重大变化，企业的资本结构、经营结构、产品结构和会计政策等也不发生显著变化。主要适用于以下几种情况：（1）企业的控制权不发生变化或虽有控制权的变化但企业的主要经营方向和经营策略不发生重大变化；（2）现有的财务政策、定价政策和市场份额不会发生重大变化；（3）资本投入，不形成明显的增量资产，不会使得企业的生产经营能力大幅提高；（4）企业不会发生转产或经营方向的根本改变。

增量持续经营假设是在其存量资产对应的经营规模基础上通过追加投入以实现扩大再生产，扩大企业经营规模或丰富企业产品结构的持续经营假设。适用于以下情况：（1）企业投入资本能够顺利形成新增生产能力，不会受到土地、厂房、设备、人员、管理等诸多因素的制约；（2）企业的新增生产能力能够通过市场的考验，即生产的产品或服务能够被市场所接受；（3）企业投入资本的回报率能够高于企业的债务资本成本，并成为其新增的获利能力。

并购整合持续经营假设通过企业并购及重组整合，考虑整合过程产生的协同效应。协同效应的获取是企业并购发生的重要原因，双方共享业务和共享特定资源而增强盈利能力，则标的企业就实现了协同效应。此时进行评估时，如果需要考虑协同效应的影响，应使用并购整合持续经营假设。

4. 清算假设。清算假设是对资产在非公开市场条件下被迫出售或快速变现条件的假定说明。被评估资产的评估价值通常要低于在公开市场假设下或持续使用假设下同样资产的评估价值。在清算假设下的资产评估结果的适用范围是非常有限的，当然清算假设本身的使用也是较为特殊的。

清算假设与持续经营假设的区别有二：

其一是资源是否自由支配，持续经营假设对经济资源保留自由支配权、正常经营并按过去和现实承诺的条件去清偿各种债务；清算假设则是企业的经济资源将按规定变卖出售，企业不能按原有计划考虑资产的继续使用。企业的债务清偿金额只能依赖于清算资产变卖所得的多少，而不能按原有的承诺进行清偿。

其二是资产计价方面，持续经营假设是在资产正常使用的前提下计价；清算假设则是以短期内对外处置价格计价，此时企业的资产价值会低于其在正常使用下的价值。

（二）具体假设

具体假设是对企业价值评估的市场条件、评估对象存续状态和使用状态等具体假设的说明，包括政策环境假设、经营环境假设、法律环境假设、资产使用范围假设、资产利用程序假设和资产利用效果假设等。

1. 外部环境假设。外部环境包括宏观的外部环境和中观的行业环境。宏观外部环境指的是政治环境、宏观经济环境、法律法规、财政政策、有关货币和产业政策等。中观行业环境包括行业发展前景假设、行业政策假设、区域经济政策假设以及对被评估企业进行规范、监管、审批、规划等方面的假设（比如环保政策假设、土地政策假设、税收政策假设、政府补贴假设）。

2. 内部环境假设。内部环境（微观）假设可细分为针对被评估企业的假设和针对被评估企业具体资产的假设。

针对被评估企业的假设主要包括对企业生产经营模式、业务或产品的种类及结构、生产能力、行业竞争地位、产业链关系（与供应商和客户的关系）、资本结构、会计政策、生产经营管理方式、人力资源、企业管理水平以及关联交易情况等方面作出的假设。

针对被评估企业具体资产的假设主要是对具体资产利用或使用的方式、程度、范围、效果所作的假设，如对具体资产的物理、法律、经济状况的假设，追加投资假设，产权变动后可利用的资产范围以及资产的可能用途、利用方式和利用效果的假设，继续使用或者变现假设，原地使用或者移地使用假设，现行用途使用或者改变用途使用假设等。

3. 评估专业人员获取资料和履行评估程序方面的假设。例如，假设委托人和被评估企业提供的资料是真实、合法、完整的。对于受条件限制未履行或无法履行相应的评估程序、采用了未经调查确认或无法调查确认的资料数据所作出的假设等。

五、企业价值评估中的价值类型

企业价值评估可能以持续经营假设为前提，也有可能是以清算假设为前提，因此企业价值评估中的价值类型包括持续经营前提下的价值与清算前提下的价值。持续经营前提下的价值是指企业作为收益性资产整体的持续经营价值。清算分强制清算和有序清算两种情况，因此清算前提下的价值又分有序出让时的交易价值和被迫清算时的交易价值。有序出让和被迫清算均假设企业的所有资产都会被逐一售出，但前者为有序出售，资产在市场上会以正常的价格出现和转让。后者假设资产在市场上是以低于正常价出现和转让的。

需要指出的是，企业在持续经营前提下的价值并不必然大于在清算前提下的价值。对于某些企业而言，尤其是持续经营盈利前景不十分乐观，而企业又拥有价值较高的单项资产（如不动产）的情况下，评估人员就需要考虑该评估对象是在持续经营前提下的价值大，还是在清算前提下的价值大。如果相关权益人有权启动被评估企业清算程序，评估人员应当根据委托，分析评估对象在清算前提下价值大于在持续经营前提下价值的可能性，确定价值类型的前提。

根据企业价值类型的前提，企业价值评估的价值类型包括市场价值、投资价值和清算价值。持续经营前提下的价值与有序出让时的交易价值这两个价值前提都可以评估企业的市场价值，因为两者都可以符合市场价值类型的内涵；持续经营前提下还可以评估企业的投资价值，即企业对于具有明确投资目标的特定投资者或某一类投资者所具有的价值，如企业并购中的被评估企业对于特定收购方的收购价值等；而被迫清算前提下由于不符合市场价值所要求的条件，则只能评估企业的清算价值。

六、企业价值评估的程序

企业价值评估是一项复杂的系统工程，制定和执行科学的评估程序，有利于评估效率的提高，有利于评估结果的真实和科学。

企业价值评估一般可以按下列程序进行。

（一）明确基本事项

明确资产评估业务基本事项是资产评估程序的第一个环节，包括在签订资产评估业务约定书以前所进行的一系列基础性工作，对降低资产评估项目风险评价、判断项目承接与否以及保证资产评估项目的顺利实施具有重要意义。

需要明确的基本事项包括委托方的基本情况、委托方以外的其他评估报告使用者、被评估企业的基本情况、评估目的、评估对象和评估范围、价值类型、评估基准日、评估假设、注册资产评估师认为需要明确的其他事项。

（二）制订比较详尽的评估工作计划

评估人员在了解评估对象的基本情况后，应制订较详尽的评估工作计划。工作计划的内容包括：整个评估项目的人员组成及任务分工；需要准备的资料，包括企业提供资料和现场查勘收集的资料；评估进程安排等。

其中，企业价值评估信息的收集和分析是企业价值评估工作的基础，信息资料质量的高低，直接影响评估人员的专业判断，影响评估结论的可靠性。因此，评估人员需要高度重视企业价值评估信息的收集和分析。企业价值评估一般需要收集的信息包括9个方面。

一是评估对象相关权益状况及有关法律文件、评估对象涉及的主要权属证明资料。不动产相关权属证明资料，如不动产权证、国有土地使用证、房屋所有权证、建筑工程施工许可证等；车辆等运输设备权属证明，如行驶证；采掘业企业特有的权属证明,如采矿许可证、勘查许可证等;森林资源资产特有的权属证明,如林权证;企业知识产权资产特有的权属证明,如专利权证书、商标注册证、著作权(版权)相关权属证明;航空运输企业特有的权属证明,如船舶所有权登记证书、船舶国籍证书、飞机产权登记证、飞机国籍登记证、飞机电台执照等;权益形成的权属证明,如股权出资证明或股份持有证明、债权持有证明、有关产权转让合同等。

二是企业的历史沿革、主要股东及持股比例、主要的产权和经营管理结构资料。企业的设立和权益变更,包括企业成立和经营的时间、企业性质、主要产权所有者、业务类型、生产经营地点等历史发展和变动情况、股东姓名、持股数量和比例、股东简介、特殊权益约定以及股东之间是否存在关联关系等;主要股权投资情况,包括被投资企业名称、投资日期、投资比例、是否具有控制权、主要经营业务、经营地点、与被评估企业之间是否存在业务关系等(评估长期股权投资);组织架构,包括企业的组织架构图及职能说明等。

三是企业的资产、财务、经营管理状况资料。资产状况包括资产配置、资产规模、资产利用、资产新旧、资产价值等;财务状况包括财务报告资料,研发环节、采购环节、生产环节、销售环节、管理环节、投融资环节、税务环节等状况资料,或有事项相关资料;管理状况包括公司治理、研发、采购、生产、营销、人力资源等企业经营管理各个方面状况。

四是企业的经营计划、发展规划和未来收益预测资料,特别是在通过收益法评估企业价值的情况下,更需要以此来确定企业未来的收益状况。

五是评估对象、被评估企业以往的评估及交易资料,基本经营状况没有发生较大变化时,以往的评估及交易资料可以作为评估作价的参考依据或可比交易案例。如果发生了较大业务或产权变动,但这些变动可以明确界定时,过往交易的情况对于判断最终评估结论的合理性也具有间接的验证作用。

六是影响企业经营的宏观、区域经济因素的资料。宏观环境因素包括:世界经济和企业所在国家及地区经济现状和发展趋势、经济波动情况;企业所在国家、地区与被评估企业经营相关的法律法规;企业所在国家、地区有关财政、金融政策等。宏观经济分析内容包括通货膨胀预测、国民生产总值(GNP)/国内生产总值(GDP)前景、可支配收入和消费者信心、带有地域特色的人口变量、国际经济形势、经济周期分析、国家宏观经济政策、国家和地区经济发展目标等。区域因素包括人口流动、产业分工、政策推动等因素,出现先导产业、产业积聚、特有消费时尚、依靠自然资源竞争等现象。

七是企业所在行业现状与发展前景的资料。这些资料包括:行业主要政策规定;行业竞争情况;行业发展的有利因素和不利因素;行业特有的经营模式,行业的周期性、区域性和季节性特征等;企业所在行业与上下游行业之间的关联性,上下游行业发展对本行业发展的有利影响和不利影响。

八是证券市场、产权交易市场等市场的有关资料。证券市场是竞争相对充分、同质化交易最高的交易市场。证券市场资料是企业价值评估,特别是收益法和市场法评估的重要信息来源，如计算折现率时使用的无风险报酬率、市场风险溢价等。产权交易市场是交易市场多层次的体现，特别是非标准化的股权、无形资产、债权等资产的交易。产权交易市场的有关资料是对证券市场资料的重要补充，能为非证券市场交易、少数股权交易、单项无形资产交易等评估提供必要的信息。

九是可比企业的财务信息、股票价格或者股权交易价格等资料。可比企业的财务信息、股票价格或者股权交易价格等资料可以为采用市场法和收益法评估企业价值提供必要的信息。例如，市场法中：可比企业或交易案例的选取、可比企业财务报表数据的分析与调整、价值比率的确定和修正计算所需的资料。收益法中：计算折现率时使用的可比企业贝塔系数和被评估企业特别风险调整系数等所需的资料。

（三）评估估算资产价值

评估人员应根据资产的特点，选择适当的评估方法对资产的价值进行评定估算，初步得出企业整体资产的评估值。

（四）验算调整评估值

在初步得出企业整体资产评估值的基础上，根据获取的补充资料，讨论修改有关方法和参数，或者选用其他可能的整体资产评估方法，从不同的角度对评估结果进行验证和调整。

（五）确定评估结论，完成企业价值评估报告

根据验证和调整情况，确定企业整体资产评估的最终评估值，并编写资产评估报告。

七、企业价值评估的方法

《资产评估准则——企业价值》指出，执行企业价值评估业务，应当根据评估目的、评估对象、价值类型、资料收集等情况，分析收益法、市场法、资产基础法三种基本方法的适用性，选择评估方法。对于适合采用不同评估方法进行企业价值评估的，资产评估专业人员应当采用两种以上评估方法进行评估。

第二节 企业价值评估的收益法

企业价值评估中的收益法，是指将预期收益资本化或者折现，确定评估对象价值的评估方法。收益法适用于持续经营假设前提下的企业价值评估。企业价值评估是以企业整体资产的获利能力为对象，而收益法是以企业的整体获利能力为

标的进行的评估，它以账面价值总额和收益预测值的折现值来描述企业的权益价值。采用收益法，最关键的是解决三个基本问题：收益期的确定、收益额的合理预测和选择合适的折现率。

一、收益期的确定

收益期是指资产具有获利能力的期间。在企业价值评估中，企业的收益期是指企业未来获得收益的年限，即从评估基准日到企业收益结束日的时间长度。

（一）企业收益期的划分

企业的收益期包括有限年期和永续年期两种情况，对于大多数正常经营的企业，在没有信息证明其企业经营有年限的限制时，均适用于永续经营假设，收益期限为无限期；对于生产经营受到一些因素的制约、无法维持永续经营的企业，其收益期限为有限期。

无论企业的收益期是有限期还是无限期，一般都不可能对企业未来各期收益进行预测，企业价值评估时往往是预测未来若干年的收益，然后根据企业的实际情况对将来的收益作出假设，由此我们将企业的收益期划分为预测期和永续期。

预测期是指从评估基准日到企业达到稳定状态的收益期限。在预测期，企业的投资回报率、财务杠杆水平及企业面临的风险大小与行业或市场平均水平存在差异，企业各项收益指标尚不稳定，有必要对企业收益逐年进行预测。永续期是指从企业达到稳定状态开始直至企业收益结束日的期间。

在评估实务中，评估人员应在分析企业的经营状况、财务状况的基础上，考虑企业的生命周期、投资计划等对投资回报率、经营风险水平、资本性支出、营运资金的影响，合理确定预测期。预测期限应该足够长，以消化企业经营发展的不确定因素或非典型因素。企业收益的不稳定时期有多长，预测期就应当有多长。

企业达到稳定状态，通常应同时具备以下五项特征。

一是企业收入、成本的结构较为稳定且基本接近行业平均水平；

二是企业的资本结构逐渐接近行业平均水平或企业目标资本结构水平；

三是企业除为维持现有生产能力而进行更新改造的资本性支出以外，不再有新增投资活动；

四是企业的投资收益水平逐渐接近行业平均水平或市场平均水平；

五是企业的风险水平逐渐接近行业平均水平或市场平均水平。

（二）企业收益期的影响因素

在企业价值评估实务中，对企业收益期的确定，通常应考虑法律法规的规定、协议和章程的约定、企业主要资产的使用期限以及企业经营状况等因素的影响。

1. 法律法规对收益期的影响。对于国家禁止的行业，企业的收益期会受到限制或影响。法律法规对企业的经营有明确限制的，企业的收益期限应不长于相关法律法规所规定的可经营期限；企业开展多种经营活动且某项经营活动受法律法规或产业政策的影响而被限制发展或禁止发展的，应将企业各种经营活动对应的收益进行区分，分别确定各类经营活动对应的收益期。

2. 公司协议和章程对收益期的影响。企业投资者在协议或章程中对企业收益期作出具体约定的，应根据约定，并考虑协议或章程中约定的期限届满后是否可以延长经营期限以及企业投资者的经营规划等因素，合理确定企业收益期。通过分析企业经营状况及与投资者进行沟通，若企业投资者并无延长合作期的意愿和打算，则应以公司章程中规定的年限作为企业收益期；若企业投资者计划延长合作期，企业目前正常经营且预计其未来能够保持正常运营，则企业的收益期可视为无限期。

3. 企业主要资产的使用期限对收益期的影响。当企业主要资产的可使用或利用期限为有限期，且无法通过更新换代使这些资产持续为企业所使用或利用的，企业收益期应根据这些资产的使用期限来确定。①企业生产经营所必需的主要生产资料能否持续取得具有不确定性，则该类企业的收益期通常为评估基准日企业已取得生产资料的可使用或可供利用期，如房地产开发企业。②企业经营依赖于耗竭性的、不可再生的自然资源的，应根据其所依赖的自然资源的可利用期限确定企业的收益期，如矿产资源采选企业。③企业主要资产的可经营期受法律法规或合同规范或制约的，企业的收益期取决于该主要资产的可经营期，如政府与社会资本合作（PPP）、特许经营的项目公司。

4. 企业所处生命周期及其经营状况对收益期的影响。任何企业都有其生命周期，应在分析企业生命周期的基础上，结合企业经营状况，合理确定企业收益期。

二、收益额的合理预测

（一）企业收益额的界定

企业收益额是指企业在未来年份，在经营的内外部环境没有发生明显变化情况下，可持续获取的归企业所有的所得额。在具体界定企业收益时应注意以下几个方面。

其一，企业权益主体不能拥有的收入，并不能作为企业价值评估中的企业收益。例如税收，不论是流转税还是所得税都不能视为企业收益。

其二，凡是企业权益主体所拥有的企业收支净额，都可视为企业的收益。无论是营业收支、资产收支，还是投资收支，只要形成净现金流入量，就应纳入企业收益范围。

（二）企业收益形式的选择

企业的收益是运用收益法对企业价值进行评估的关键参数。企业收益有多种形式，如净利润、息前税后利润、企业自由现金流、股权自由现金流、经济利润等。这些形式的收益可以按不同的分类标准分为不同的类别。

1. 按收益指标的属性进行选择。根据企业收益属性，可以将企业收益划分为三大类：净利润、自由现金流量和经济利润。其中，经济利润的计算考虑了当期投入资本增加或减少带来的影响，反映了当期资本性支出和营运资金增加额的变化对资本成本的影响，且经济利润折现模型与自由现金流量折现模型可相互转换并得出相同的评估结果。因此，经济利润也可视为是一种扩展后的现金流量指标。

净利润和现金流量在计算指标本身的可靠性及其与企业价值的相关性方面存在差异。

首先，现金流量比净利润具有更高的可靠性。净利润会因为企业折旧比率、坏账准备计提比率等会计政策的不同而缺乏可比性，且容易被企业管理层操纵，缺乏真实性。现实生活中经常会出现"有利润却无钱"的企业，不少企业出现了"借钱缴纳所得税"的情况。而现金流量采用收付实现制，不容易被更改，更具可靠性。

其次，从与企业价值的相关性看，现金流量比净利润具有更高的相关性。现金流是企业生产经营活动的第一要素，现金流量决定价值创造，为价值创造提供必要条件。

因此，从合理性和准确性的角度看，应选择现金流量作为企业的收益形式。但是由于现金流量的测算相对复杂，在数据搜集困难的情况下，评估界仍然较多地采用利润作为企业收益形式。

2. 按收益指标的直接享有主体进行选择。根据企业收益的直接享有主体，可以将企业收益分为全投资资本收益指标和权益资本收益指标。全投资资本收益指标是指由权益资本和债务资本所共同拥有的收益，权益资本收益指标是指由权益资本所拥有的收益，全投资资本收益减去债务资本的利息后即可得出权益资本收益。净利润、股权自由现金流量属于权益资本的收益指标；息前税后利润、企业自由现金流量、经济利润则属于全投资资本的收益指标。

收益（现金流量）享有主体的选择主要考虑评估目的，即评估是反映企业所有者权益的净资产价值，还是反映企业所有者权益及债权人权益的投资资本价值。一般在以投资、转让为目的的企业价值评估中，由于产权转让的是企业所有者权益，企业价值评估的是所有者权益的公允市价，因此常用净利润（股权自由现金流量）作为企业收益形式。如果以息前税后利润（企业自由现金流量）作为企业收益形式，则是在考虑企业负债的基础上测算企业投资的收益额，评估的应是企业投入资本的价值。

有关企业价值评估中的资产构成、评估值内涵及收益形式之间的关系如

表 9-1 所示。

表 9-1　　　　　资产构成、评估值与收益形式的对应关系

资产构成	评估值内涵	收益形式
全部资产——负债	所有者权益价值	净利润（净现金流量）
全部资产——流动负债	含长期负债的企业投资价值（全部投入资本价值）	净利润（净现金流量）+ 长期负债利息×（1 - 所得税税率）
全部资产	全部资产价值	净利润（净现金流量）+ 利息×（1 - 所得税税率）

3. 按收益额口径进行选择。收益形式的选择还应该考虑企业的具体情况，选取最能反映企业正常盈利能力的收益额口径。对于某些企业，净现金流量（股权自由现金流量）能客观反映企业的获利能力，而另一些企业采用息前税后净现金流量（企业自由现金流量）更能反映企业的获利能力。因此，即便评估的目标是企业的股东全部权益价值，也可以在直接法与间接法之间进行选择。

所谓直接法，是指评估人员直接利用企业的净现金流量（股权自由现金流量）评估出企业的股东全部权益价值。所谓间接法，是指评估人员利用企业的息前税后净现金流量（企业自由现金流量）先估算出企业的整体价值（所有者收益价值与付息债务之和），然后再从企业整体价值中扣减企业的付息债务后得到股东全部权益价值。

在国际上一般较多采用间接法评估企业价值。间接法的好处是无须考虑和负债相关的现金流，尤其是在被评估企业财务杠杆变化很大的情况下，运用间接法会比较简单。但是评估人员需要考虑被评估企业是否有能力获得债务资本融资，以满足企业的业务发展需要。同时，还需要获取计算加权平均资本成本的信息，如财务杠杆比率和债务成本等。

（三）影响企业收益额的因素

企业的收益额预测分为三个层面：对企业收益的历史及现状的分析，对企业未来可预测的若干年的预期收益的预测，对企业未来持续经营条件下的长期预期收益趋势的判断。因此，对影响企业收益的因素分析可以分为影响企业收益现状的因素分析和影响企业未来收益的因素分析。

1. 影响企业收益现状的因素。影响企业收益现状的因素主要有以下五个方面。

（1）市场需求因素。在市场经济条件下，市场需求制约着企业的生存与发展，对企业收益也产生着极为重要的影响，而市场需求则又受多种因素的影响，如消费者消费偏好的变化，企业产品的市场竞争情况，企业产品的质量、成本和价格，消费者收入的增长速度及产品的收入需求弹性，企业产品的技术含量及技术的更新速度等。

(2) 供给因素。这是指企业生产要素的供给保障及价格变化。企业的生产要素包括原材料、能源、资金、技术、劳动力、通信、运输等。它们的供给能否得到保障，直接关系到企业能否开工、开工率的高低。其价格的变化会影响企业生产成本的变化，因而对企业收益有着至关重要的影响。

(3) 经营管理水平。这是指企业管理人员运用现有的经济资源，有效组织企业生产经营活动的能力。它是企业发展的重要因素，在现代经济条件下，对企业的发展和获利能力有着举足轻重的影响。企业的经营管理水平包括经理人员的业务素质、企业内部资源配置的合理程度、内部经营管理机制、营销策略和销售手段、职工凝聚力、企业形象等诸多方面。

(4) 政策因素。国家和地区的产业政策、行业规划、价格政策、税收政策等对于企业收益能力的影响是显而易见的。宏观政策对企业的影响是共同的，但产生的效应却可能不一致。例如，加速市场化改革的政策对那些能适应市场环境的企业无疑是好的，而对那些长期受计划经济束缚较为严重的企业则肯定会有不利的影响。微观政策的影响是局部的，它只对特定的行业或特定企业产生影响。另外，评估人员还要分析政策效应的持续时间，有些政策的影响是短时间的，而有些则在长期内产生深远的影响。

(5) 其他因素。这主要指企业存量资产的构成及匹配状况对企业收益的影响。

2. 影响企业未来收益的因素。预测企业未来收益时，主要分析以下两方面因素的影响。

(1) 商品市场形势分析。对商品市场形势的分析，包括对商品的市场需求和供给状况两方面的分析。对于供给状况的预测，既要考虑本企业的生产能力和销售能力，也要考虑同行业其他企业的生产能力和销售能力。市场需求预测的重点在于，预测被评估企业产品近期市场需求量和今后一定时期内需求量的变化趋势，这需要对企业产品生产周期进行分析。在企业产品需求和供给预测的基础上，确定企业未来的销售量，同时，考虑产品价格对企业收益的影响，充分认识价格变动与需求和供给的内在联系，确定企业产品的未来价格趋势，求出预计销售收入，为进一步预测企业的未来收益提供依据。

(2) 国家宏观经济政策和技术政策对企业未来生产经营（收益）的影响因素分析。国家在各个不同的历史时期，根据国民经济发展的需要和国内、国际具体的经济环境，采取不同的宏观经济政策和技术政策，颁布一系列的经济法规，并不断地加以完善。国家在特定时期、特定范围内采取的各种经济和技术政策，对不同企业的发展和未来获利能力具有不同程度的影响。

（四）收益预测的原则

在对企业收益进行预测时，往往会因预测的出发点和所遵循的原则不同而使评估结果产生很大差异。根据"以资产的现实基础反映未来"的评估特点，预测企业未来收益应遵循以下原则。

1. 以企业现实存量资产为基础。企业预期收益的预测必须以企业现实存量资产为出发点，预测企业在未来正常经营中可能产生的收益，既不是以评估基准日企业的实际收益为出发点，也不是以产权变动后的实际收益为出发点。因为实际收益往往受到偶然因素的影响，而这些偶然因素在企业未来经营中很可能不复存在。因此，企业价值评估的收益预测的基础，应是正常经营条件下的正常收益。

之所以以企业存量资产为出发点，是因为在客观上企业预期收益既是企业存量资产运作的函数，又是未来新产权主体经营管理的函数。但评估人员对被评估企业价值的判断，只能基于对企业存量资产运作的合理判断，即使考虑新产权主体的影响也只能基于现有存量资产为基础，不应考虑新产权主体追加投资的收益。以企业改制上市时对改制企业价值评估为例，预测企业未来收益，应以改制企业现有资产为基础，而不应将公司上市后筹资作为影响企业收益额的依据。但改制企业需进行资产重组，所以收益预测应以资产重组后的原企业为基础。

2. 区分市场价值和投资价值。新产权主体的进入可能会改变原企业资产的收益，但这种影响是否在预测企业未来收益时予以考虑，取决于企业价值评估所确定的价值类型是市场价值还是投资价值。若企业价值类型为市场价值，只能基于企业现有产权主体的经营管理方式和能力，以企业存量资产为出发点，可以考虑对存量资产的合理改进、升级换代乃至合理重组，但必须反映在企业本身具有的、企业外部环境允许的条件下企业按正常合理的经营方式、经营水平和管理水平下所能实现的收益，而不能将新产权主体对企业可能产生的贡献考虑在内。若企业价值类型为投资价值，则不仅要考虑企业现有产权主体的行为及存量资产的运作因素，而且还要考虑新产权主体这一特定投资者对企业可能实施的影响而给企业带来的协同效应。

（五）企业收益预测的方法

企业收益预测方法一般有两类：一类属于主观预测法，即根据经营者和专家们的经验、知识来进行预测，如综合调整法、产品周期法等；另一类属于客观预测法，如利用时间顺序排列的一组数据来预测未来收益趋势的线性回归法（时间序列法）等。

企业未来收益预测方法的选择需根据企业的特点、产品特征、收益的特点和发展趋势，选择恰当的预测方法。在实际工作中，也可以将几种方法结合起来使用，或分别使用，互相印证。例如，在采用综合调整法时，同时利用产品周期法对产品未来的销售收入进行预测。

1. 综合调整法。以企业收益现状为基础，考虑未来可能发生的有利因素与不利因素对预期收益的影响，然后对收益进行调整以估测未来有限期收益的方法。其计算公式为：

$$\text{预期年收益} = \text{当前正常年收益额} + \sum \text{预期有利因素增加收益额} - \sum \text{预期不利因素减少收益额}$$

使用综合调整法的具体步骤为：

（1）设计收益预测表。收益预测表的主栏反映收益形成的主要构成项目并按计算程序排列，一般参照财务会计报表调整设计，辅栏列示全部预测年度。收益预测表为进行因素综合分析提供纲要和向导，并且确定了估算和汇总的项目。收益预测表的格式可参考表9-2。

表9-2　　　　　　　　　20××~20××年收益预测　　　　　单位：万元

项目	20××年	20××年	20××年	20××年	20××年
一、产品销售收入					
减：产品销售税金及附加					
产品销售成本					
其中：折旧和摊销					
产品销售费用					
二、产品销售利润					
加：其他业务利润					
减：管理费用					
财务费用					
三、营业利润					
加：投资收益					
营业外收入					
减：营业外支出					
四、利润总额					
减：所得税					
五、净利润					
加：折旧和无形资产摊销					
税后债务利息					
减：追加资本性投资					
六、息前净现金流量					

（2）按收益预测表的主要项目，逐项分析预期年度内可能出现的变化因素。一个有效的办法是根据以往资产评估实践经验的积累，总结归纳出影响企业收益变化的主要因素，作为发现预测年度影响因素的向导。实际评估时，先查明企业收益偏高或偏低的主要原因，把它们作为分析的重点，然后通过查阅各种资料，分析和预测市场形势，同企业管理人员讨论，发现预期年限影响收益变动的重要因素。

（3）分析各影响因素对收益预测表中各个项目的影响。采取一定的方法，计算出各项目的预测值分析各影响因素对收益预测表中各个项目的影响，采取适当的方法，计算出各项目的预测值。例如，某种原材料价格严重偏高，预期未来市场价格将会下浮，则可以直接按预期降价幅度和该原材料占成本的比重确定成本减少额。

(4) 将各个项目的预测值汇总，得出预测的收益值。汇总分析预期年度收益的总体变动，得出预测的收益值。先对影响因素进行汇总，初步测算预期收益，再进行横向、纵向比较分析。一方面对预期各年度收益的状况进行分析，分析其增减幅度是否合理；另一方面分析各项收益构成要素之间的关系，如计算销售利润率、销售成本率、资产销售率、资产利润率等，如果比率较高或较低，要能给予恰当的解释。预期收益的汇总不仅仅是一个相加相减的过程，还是一个综合判断和修正的过程。因为在单项因素的逐项分析中，没有考虑相互之间的影响，而且单项测算的误差在汇总中可能被放大。经汇总分析，收益结论能够经得起推敲，更为合理。

综合调整法直接根据各种预期发生的因素进行计算，便于人们检查评估的客观性，可鉴别各影响因素的性质和影响程度，详细反映了预期收益的依据，成为当前企业收益预测中最常用的方法。

这种方法的缺点是必须逐项查询和核定影响未来收益的因素，稍有疏忽就会遗漏一些重要因素，也容易出现重复交叉的情况。

2. 产品周期法。当企业高额盈利主要是由于产品具有特色或产品价高利大时，一般采用产品周期法预测企业未来收益，即根据企业主导产品寿命周期的特点来评估企业收益的增减变化趋势。

采用产品周期法来预测企业未来收益，必须掌握大量的产品寿命周期统计数据，了解和把握产品寿命的周期性及阶段性变化规律。然后，在此基础上，根据企业产品销售的历史情况和当前市场状况，判断企业产品所处的大致周期阶段；再结合企业开发新产品能力、管理水平、行业垄断程度等因素，预测企业在未来可预计年份的产品销量、价格、成本费用等，对企业预期收益做定量分析，并据以估算企业未来若干年预期收益及企业收益的长期发展趋势。

3. 线性回归法。当企业的收益增长具有稳定的趋势时，可以认为收益和时间之间存在一定的相关关系。此时，可以运用数理统计中的线性回归法建立收益与时间之间的线性关系，并根据这种关系预测未来企业的收益。

$$y = a + bx$$

其中，y 为收益；x 为时间（以年份来表示）。

利用最小二乘法，可估计出 a 和 b。假定未来年份收益继续保持这种线性关系，可利用上述方程预测企业未来收益。

三、选择合适的折现率

评估人员应当综合考虑评估基准日的利率水平、市场投资回报率、加权平均资金成本等资本市场相关信息和被评估企业所在行业的特定风险等因素,合理确定资本化率或折现率。折现率和资本化率在本质上是相同的,只是适用的条件不同。

（一）折现率和资本化率确定的原则

1. 折现率一般不低于安全利率。安全利率是无风险报酬率,是最低收益率,投资者购买国库券或银行存款时,风险最低,因此,其收益率即无风险报酬率。投资者投资于企业的目的,在于在承担风险的同时获得超过无风险利率的报酬率,因此,折现率和资本化率作为衡量投资收益率的尺度,必须超过安全利率。

2. 参考同行业平均收益率。行业基准收益率不宜直接作为折现率,但行业平均收益率可作为确定折现率的重要参考指标。折现率和资本化率的本质是收益率,这种收益率不是企业自身的收益率,而是同行业的平均收益率。在企业收益额一定的情况下,企业自身收益率超过行业平均收益率,该企业的评估值就高;反之,如果企业自身收益率低于行业平均收益率,该企业的评估值就低。

3. 折现率和资本化率应与收益额口径保持一致。收益现值法应用中,收益可以有税前收益或税后收益口径,也可以有权益收益或全投资收益口径,对于同一项投资来说,无论年投资收益选择哪一种投资收益口径,产生收益的投资的现值都是不变的,这也就要求折现率和资本化率的口径应当与年投资收益的口径保持一致。折现率和资本化率与收益口径的匹配关系如表9-3所示。

表9-3　　　　　　折现率和资本化率与收益口径的匹配关系

收益口径	匹配的折现率或资本化率	对收益折现得出的价值内涵
权益投资形成的税后收益,如净利润、股权自由现金流量	税后的权益回报率	股东全部权益价值
全投资形成的税后收益,如息前税后利润、企业自由现金流量	根据税后权益回报率和税后债务回报率计算的加权平均资本成本	企业整体价值
权益投资形成的税前收益,如利润总额	税前的权益回报率	股东全部权益价值
全投资形成的税前收益,如息税前利润	根据税前权益回报率和税前债务回报率计算的加权平均资本成本	企业整体价值

折现率和资本化率确定时是否包含通货膨胀率,也应与收益额预测时口径保持一致。如果预期收益中考虑了通货膨胀因素的影响,那么在折现率中也应有所反映;反之,折现率中也不应反映。

（二）折现率和资本化率的估算方法

1. 资本资产定价模型法。资本资产定价模型将风险溢价和风险通过数学模型有机地联系起来,具体是以 β 系数度量投资风险,将资产的期望收益率表示为

无风险报酬率和 β 系数的函数，计算公式如下：

$$R_i = R_f + \beta_i(R_m - R_f)$$

各参数的含义在第二章已有介绍，其中，R_f 为无风险报酬率，可以参考政府发行的中长期国债利率或同期银行存款利率来确定；β 系数反映的是投资的风险，针对企业价值评估来讲，β 系数应反映企业投资的风险。企业风险一般包括非系统性风险和系统性风险。非系统性风险产生的原因是只影响某一企业收益的独特事件。例如，由于某公司投资决策失败，导致产品的市场占有率下降、业绩下滑等，这种风险投资者可以通过多元化投资组合来减少或消除。系统性风险即市场风险，是指由于某种因素会以同样方式对所有企业的收益产生影响的风险，这种风险一般不能通过多元化投资组合来减少或消除。β 系数反映的应是投资的系统性风险。

在具体的评估实务中，β 系数的选取还要考虑估算的折现率的类型，如果估算的是企业整体投资的资本成本，则 β 系数应该反映的是企业整体资产的系统性风险；如果估算的是股权资本成本，则 β 系数应该反映的是股东权益的系统性风险。股东权益的系统性风险不仅受企业整体资产风险的影响，还受到资本结构的影响。在利用过去的数据估算 β 系数时，尤其应该注意资本结构的变化，如果有变化，估算的 β 系数需要进行调整。

【例 9-1】根据测算，证券市场平均收益率为 11%，无风险报酬率为 8%，某被评估企业所在行业的 β 系数为 1.5，则该企业的投资报酬率（折现率）为：

8% + (11% - 8%) × 1.5 = 12.5%

2. 风险累加法。用累加法估算折现率的思路是：企业在生产经营过程中总要面临经营风险、财务风险和行业风险，相应的企业会要求较高的投资回报率以补偿这些风险，将企业对面临的经营风险、财务风险和行业风险要求的风险报酬加以量化并予以累加，也可以得到企业的风险报酬率。再加上无风险报酬率，就可得到企业要求的资本报酬率，即用公式可表示为：

折现率 = 无风险报酬率 + 经营风险报酬率 + 财务风险报酬率 + 行业风险报酬率

经营风险主要是指企业在经营过程中，市场需求、要素供给，以及同类企业间的竞争给企业未来收益带来的不确定性影响。财务风险主要是指企业在经营过程中资金周转、资金调度，以及资金融通中可能出现的不确定性因素而影响企业的预期收益。行业风险主要是指企业所在行业的行业性市场特点、投资开发特点，以及国家产业政策调整等因素造成的行业发展不确定给企业预期收益带来的影响。

量化各种风险所要求的回报率，目前大多数依靠经验判断粗略估计各种风险所要求的风险报酬率，主观的成分较大。同一评估项目，不同的评估人员可能得到不同的甚至差异很大的评估结果。因此，评估人员运用累加法时，一定要注意判断的合理性和依据的充分性。

3. 加权平均资本成本模型（WACC）法。加权平均资本成本是企业不同融资成本的加权平均值。由于受多种因素的制约，企业不可能只使用某种单一的筹资方式，往往需要通过多种方式筹集所需资金，例如，同时采取股权式融资和债权式融资。如果评估时对企业全部投资的收益折现，就应采用加权平均资本成本作为折现率，加权平均资本成本模型法的计算公式为：

$$折现率 = \sum 各种筹资渠道占总资本比重 \times 个别资本成本率$$

当企业的资金来源主要由长期负债和所有者权益构成时，上述公式可以表示为：

$$折现率 = \frac{长期负债占}{总资本的比重} \times 长期负债成本 + \frac{权益资本占}{总资本比重} \times 权益资本要求的回报率$$

其中，权益资本要求的回报率 = 无风险报酬率 + 风险报酬率；负债成本是指扣除所得税后的长期负债成本。

【例9-2】 某企业融资总额为4亿元人民币，其中，长期负债与权益资本比例为6:4，借债利息率为12%，经测定，该企业的权益资本报酬率为16%，企业所得税税率为25%。采用加权平均资本成本模型计算求得的折现率或资本化率为：

60% × 12% × (1 − 25%) + 40% × 16% = 11.8%

四、企业价值评估中收益法的应用形式

收益法是指通过估算被评估企业未来预期收益并折成现值，借以确定被评估资产价值的评估方法。通常企业价值评估应在企业持续经营前提下进行，但在特殊情况下也会对企业做有限经营期间的假设。根据对企业未来经营期限及其收益变化趋势的不同假设，用收益法评估企业价值时存在不同的模型。

（一）有限期间收益折现模型

当企业因生产经营期有限或其他原因使投资者实际获取收益的期间有限时，评估企业价值就要根据有限期间计算企业的价值。计算公式为：

$$企业评估值 = \sum_{i=1}^{n} \frac{R_i}{(1+r)^i} + \frac{P_n}{(1+r)^n}$$

其中，R_i 表示未来第 i 期企业的预期收益额；P_n 表示第 n 年末企业资产的价值；n 表示收益年期；r 表示折现率。

（二）无限期间收益折现模型

企业价值评估的假设前提是持续经营，企业在持续经营的前提下，一是假设企业仍按原先设计与兴建的目的使用，企业在生产经营过程中能自觉地保持资产

的再生产;二是企业经营期限是无穷长,即 $n\to\infty$。在此基础上,收益法应用于企业整体评估的形式有两种。

1. 年金资本化法。其计算公式表示为:

$$V = \frac{A}{r}$$

其中,V 表示企业评估值;A 表示企业年金收益;R 表示资本化率。

年金资本化法假设企业每年的收益额均相等。但是,在实际工作中,每年收益额均相等的企业是没有的。因此,这种方法往往适用于企业生产经营活动比较稳定,并且市场变化不太大的企业评估。具体操作过程是:在对企业前几年的生产状况、销售状况、成本和收益情况以及同期的企业外部环境全面分析的基础上,预测企业未来若干年的收益额。然后,计算企业未来若干年内收益额的现值,并进行年金化,即将前若干年的收益现值折算为等额年金。最后,将年金化的预期收益进行资本化处理,即可确定企业评估值。

【例 9-3】预期 A 企业每年收益为 180 万元,根据市场情况确定本金化率为 12%,则该企业的评估值为:

$$V = \frac{A}{r} = \frac{180}{12\%} = 1\,500 \text{(万元)}$$

2. 递增收益折现法。当企业经营呈长期稳定增长时,可以假设年收益额按固定比率保持增长,此时可采用递增收益折现法评估企业价值。其计算公式为:

$$\text{企业评估值} = \frac{R_1}{r - g}$$

其中,R_1 表示企业第 1 期的预期收益额;r 表示资本化率;g 表示年收益增长率。

递增收益折现法的关键是确定企业预期收益年增长率。通常使用的方法是按趋势外延的预测方法,综合分析企业前几年收益年增长率、实际及未来市场因素、社会因素和内部因素等来确定。

3. 分段法。实际上企业的年收益不可能恒等,但在企业生产经营活动相对稳定,各期收益相差不大的情况下,一般可以预测该项资产未来若干年的收益额,再假设后续年份的收益额为一个固定值,此时企业评估值的计算公式为:

$$\text{企业评估值} = \sum_{i=1}^{n} \frac{R_i}{(1+r)^i} + \frac{R_{n+1}}{r} \times \frac{1}{(1+r)^n}$$

其中,R_i 表示未来第 i 期企业的预期收益额;r 表示折现率或资本化率。

这种方法是在充分调查和了解被评估企业内部经营环境和外部环境的基础上,根据企业前几年的经营状况以及产品的市场营销情况,预测企业未来年收益,并假定从前若干年最后一年开始,以后各年将保持固定收益。这样,可分别将两部分收益进行折现和资本化处理后折现,最后加总计算出企业的评估价值。

【例 9-4】待估企业预计未来 6 年的收益额分别为 200 万元、220 万元、240

万元、280 万元、320 万元和 350 万元，以后各年收益额均为 360 万元，测定本金化率为 12%，则待估企业的评估值为：

$$V = \frac{200}{1+12\%} + \frac{220}{(1+12\%)^2} + \frac{240}{(1+12\%)^3} + \frac{280}{(1+12\%)^4} + \frac{320}{(1+12\%)^5}$$
$$+ \frac{350}{(1+12\%)^6} + \frac{360}{12\% \times (1+12\%)^6}$$
$$= 178.57 + 175.38 + 170.83 + 177.95 + 181.58 + 177.32 + 1\,519.89$$
$$= 2\,581.52 \text{（元）}$$

如果企业前若干年的预期收益不相等，从第 $(n+1)$ 年起按某一固定比率 (g) 等比增长，这时分段法的公式可写成：

$$\text{企业评估值} = \sum_{i=1}^{n} \frac{R_i}{(1+r)^i} + \frac{R_n(1+g)}{r-g} \times \frac{1}{(1+r)^n}$$

【例 9–5】 待估企业预计未来 6 年的预期收益额分别为 100 万元、120 万元、140 万元、180 万元、220 万元和 280 万元，第 7 年的收益额比第 6 年增长 5%，以后各年的收益额均比上年增长 5%，测定本金化率为 12%，则待估企业的评估值为：

$$V = \frac{100}{1+12\%} + \frac{120}{(1+12\%)^2} + \frac{140}{(1+12\%)^3} + \frac{180}{(1+12\%)^4} + \frac{220}{(1+12\%)^5}$$
$$+ \frac{280}{(1+12\%)^6} + \frac{280 \times (1+5\%)}{(12\%-5\%) \times (1+12\%)^6}$$
$$= 89.29 + 95.66 + 99.65 + 114.39 + 124.83 + 141.86 + 2\,127.85$$
$$= 2\,793.53 \text{（万元）}$$

（三）经济利润折现模型

经济利润是企业税后净营业利润减去资本成本后的余额，经济利润反映的是企业收益超出投入资本正常回报的部分。当用经济利润度量企业的收益时，经济利润的折现值应反映企业价值超出投资资本的部分。此时可用投资资本价值加上经济利润的折现值评估企业整体价值，基本公式为：

$$\text{企业评估值} = IC_0 + \sum_{i=1}^{n} \frac{EVA_i}{(1+WACC)^i}$$

其中，IC_0 表示评估基准日投入资本价值；EVA_i 表示未来第 i 期企业的经济利润；n 表示收益年期；$WACC$ 表示企业加权资本成本。

当收益期间为无限期、经济利润固定增加的情况下，上述公式演化为：

$$\text{企业评估值} = IC_0 + \frac{EVA_1}{WACC - g}$$

其中，经济利润保持不变可视为 $g=0$ 的一种特殊情况。

当企业的经济利润在不同阶段呈现不同的特征时，可采取分段法对经济利润进行折现，如假定从某一年开始企业经济利润将保持固定增长，上述公式可演

化为:

$$企业评估值 = IC_0 + \sum_{i=1}^{n} \frac{EVA_i}{(1+WACC)^i} + \frac{EVA_{n+1}}{WACC-g} \frac{1}{(1+WACC)^n}$$

五、企业价值评估中收益法应用案例

(一) 评估案例基本情况

某电气设备制造企业(以下简称被评估企业)的股东拟采用增资扩股方式引入新的投资者,委托评估机构对被评估企业的股东全部权益价值进行评估。

评估基准日为 2022 年 12 月 31 日。

被评估企业为一般纳税人,企业所得税税率为 25%。被评估企业 2020~2022 年的收入及利润情况如表 9-4 所示。

表 9-4　　　　　　　被评估企业 2020~2022 年利润表　　　　　　单位:万元

项目	2020 年	2021 年	2022 年
一、营业收入	5 114.00	8 944.00	10 384.00
减:营业成本	3 743.00	5 414.00	6 358.00
税金及附加	20.00	36.00	42.00
销售费用	627.00	1 627.00	1 861.00
管理费用	248.00	644.00	731.00
财务费用	36.00	63.00	72.00
加:投资收益	—	—	—
公允价值变动收益	—	—	—
资产减值损失	—	—	—
二、营业利润	440.00	1 160.00	1 320.00
加:营业外收入	—	—	—
减:营业外支出	—	—	—
三、利润总额	440.00	1 160.00	1 320.00
减:所得税费用	110.00	290.00	330.00
四、净利润	330.00	870.00	990.00

评估基准日,被评估企业经审计后的账面总资产 11 685 万元,负债总额为 4 285 万元(其中,短期借款 2 000 万元),净资产为 7 400 万元。

本次评估的评估对象:被评估企业的股东全部权益。

评估范围:被评估企业的全部资产及负债。流动资产主要包括货币资金、应收账款、应收票据、其他应收款、存货等。非流动资产主要包括长期股权投资、

固定资产、在建工程。流动负债主要包括短期借款、应付票据、应付账款、应交税金、其他应付款、其他流动负债等,无非流动负债。

【提示】

说明负债组成:

短期借款2 000万元+经营性流动负债2 285万元=负债总额4 285(万元)

(二)评估过程和结果

1. 收益预测的假设条件。

政治、法律、财政、市场或经济情况将无重大变化。

不会受任何不可抗力事件或不能控制的不可预测因素的影响而严重中断。

经营管理层是尽职尽责的,现有经营范围不发生重大变化,被评估企业的内部控制制度是有效且完善的。

完全遵守现行的国家及地方性相关的法律、法规。

不考虑通货膨胀因素的影响。

未来财务信息预测中所采用的会计政策与被评估企业以往采用的会计政策在所有重大方面一致。

税负、税率等政策无重大变化。

2. 评估计算及分析过程。

(1)收益法模型的选取。对被评估企业的股东全部权益价值进行评估,具体选择企业自由现金流量折现模型中的两阶段模型。

①尚未考虑非经营性资产、负债和溢余资产的价值的情况下:

$$被评估企业的企业整体价值 = 预测期价值 + 永续期价值$$

②考虑非经营性资产、负债和溢余资产的价值的情况下:

$$被评估企业的企业整体价值 = 预测期价值 + 永续期价值 + 非经营性资产、负债和溢余资产的价值$$

(2)收益期的确定。将2023~2026年划分为预测期,2027年及以后年度为永续期。

(3)未来收益的预测。

①主营业务收入的预测。对预测期的主营业务收入,主要根据被评估企业所处的市场环境和竞争优劣势情况进行逐年预测。

②主营业务成本的预测。预测期预计被评估企业主营业务成本占主营业务收入的比例在2022年度的基础上略有上升。

③税金及附加的预测。税金及附加主要包括城市维护建设税、教育费附加等,根据营业收入及税率进行预测。

④销售费用的预测。对预测期销售费用中的各项具体构成项目区分固定费用和变动费用分别进行预测,其中变动费用随主营业务收入的变化而变化,固定费用根据被评估企业的预计经营情况逐项测算。

⑤管理费用的预测。对被评估企业管理费用进行预测的方法与销售费用类似。

⑥财务费用的预测。预计2026年之后将保持2025年的付息债务水平,贷款利率按6%计算(见表9–5)。

表9–5　　　　　　　　被评估企业债务资本及利息支出预测　　　　　　单位:万元

项目	2023年	2024年	2025年	2026年
期末债务资本	2 500	2 800	2 200	2 200
利息费用(税前)	150	168	132	132

⑦折旧摊销费的预测(见表9–6)。

表9–6　　　　　　　　　被评估企业折旧和摊销预测　　　　　　　　单位:万元

项目	2023年	2024年	2025年	2026年
折旧和摊销金额	470	480	490	500

⑧资本性支出的预测(见表9–7)。

表9–7　　　　　　　　　被评估企业资本性支出预测　　　　　　　　单位:万元

项目	2023年	2024年	2025年	2026年
资本性支出	660	1 485	585	514

⑨营运资金增加额的预测。

$$营运资金增加额 = 当期营运资金 - 上期营运资金$$

其中:

$$营运资金 = 经营性现金 + 存货 + 应收款项 - 应付款项$$
$$经营性现金 = 年付现成本总额 / 现金周转率$$
$$年付现成本总额 = 营业成本总额 + 期间费用总额 - 非付现成本总额$$
$$现金周转率 = 年付现成本总额 / 现金平均余额$$
$$存货 = 营业成本总额 / 存货周转率$$
$$应收款项 = 营业收入总额 / 应收账款周转率$$

其中,应收款项主要包括应收账款、应收票据以及与经营业务相关的其他应收账款等项。

$$应付款项 = 营业成本总额 / 应付账款周转率$$

其中,应付款项主要包括应付账款、应付票据以及与经营业务相关的其他应付账款等项。被评估企业营运资金增加额预测如表9–8所示。

表9-8　　　　　　　　被评估企业营运资金增加额预测　　　　　　单位：万元

项目	2023年	2024年	2025年	2026年
营运资金增加额	140	15	235	19

⑩预测期企业自由现金流量预测结果（见表9-9）。

表9-9　　　　　　　　　企业自由现金流量预测　　　　　　　　单位：万元

项目	2023年	2024年	2025年	2026年
一、营业收入	12 329.00	12 545.00	15 926.00	16 176.00
减：营业成本	7 582.00	7 715.00	9 874.00	10 029.00
税金及附加	49.00	50.00	64.00	65.00
销售费用	2 200.00	2 216.00	2 792.00	2 835.00
管理费用	869.00	877.00	1 096.00	1 122.00
财务费用	150.00	168.00	132.00	132.00
加：投资收益	—	—	—	—
公允价值变动收益	—	—	—	—
资产减值损失	—	—	—	—
二、营业利润	1 479.00	1 519.00	1 968.00	1 993.00
加：营业外收入	—	—	—	—
减：营业外支出	—	—	—	—
三、利润总额	1 479.00	1 519.00	1 968.00	1 993.00
减：所得税费用	369.75	379.75	492.00	498.25
四、净利润	1 109.25	1 139.25	1 476.00	1 494.75
加：税后利息费用	112.50	126.00	99.00	99.00
折旧和摊销	470.00	480.00	490.00	500.00
减：资本性支出	660.00	1 485.00	585.00	514.00
营运资金增加额	140.00	15.00	235.00	19.00
五、企业自由现金流量	891.75	245.25	1 245.00	1 560.75

（4）永续期的长期增长率。假定永续期的长期增长率按2%计算。

（5）折现率的确定。本项目采用加权平均资本成本计算折现率。

①股权资本成本。

无风险报酬率：以沪、深两市选择从评估基准日到国债到期日剩余期限为10年以上的国债，并计算其到期收益率，取所有国债到期收益率的平均值作为无风险报酬率。经计算，无风险报酬率为4.0%。

β 系数：$\beta_u = 0.9557$

$D_m/E_m = 0.2703$

$\beta_L = 0.9557 \times [1 + (1 - 25\%) \times 0.2703] = 1.1494$

市场风险溢价：采用基于历史的方法测算市场风险溢价。市场风险溢价为 7.5%。

被评估企业特有风险调整系数的确定：确定企业特定风险调整系数为 1%。

股权资本成本 $R_e = R_f + \beta \times (R_m - R_f) + R_s = 4\% + 1.1494 \times 7.5\% + 1\% = 13.62\%$

②债务资本成本：债务资本成本率按 6% 拟定。

③加权平均资本成本。

$$WACC = \frac{E}{D+E} \times R_e + \frac{D}{D+E} \times R_d \times (1 - T)$$

$= 7\,400 \div 9\,400 \times 13.62\% + 2\,000 \div 9\,400 \times 6\% \times (1 - 25\%)$

$= 11.68\%$

（6）评估结果的测算。

①预测期折现值的测算。

$$预测期折现值 = \sum_{t=1}^{n} \frac{FCFF_t}{(1 + WACC)^t}$$

$$= \frac{891.75}{1 + 11.68} + \frac{245.25}{(1 + 11.68)^2} + \frac{1\,245.00}{(1 + 11.68)^3} + \frac{1\,560.75}{(1 + 11.68)^4}$$

$= 2\,892.23$（万元）

②永续期折现值的测算。

【提示】回顾知识点。

企业自由现金流量折现模型的具体形式如下。

两阶段模型内容：

$FCFF = NOPAT - 新增投资净额 = NOPAT - (NOPAT \times IR)$

$= NOPAT \times (1 - IR) = NOPAT \times (1 - \frac{g}{ROIC})$

永续价值的计算公式也可以演化为：

$$永续价值 = \frac{NOPAT_{t+1} \times (1 - \frac{g}{ROIC})}{WACC - g} = \frac{税后净营业利润_{t+1} \times (1 - \frac{g}{ROIC})}{WACC - g}$$

永续期折现值 $= 永续价值 \times (1 + WACC)^{-n}$

以 2026 年末的投入资本为基数，乘以投入资本回报率（$ROIC$），即可得到永续期的税后净营业利润（$NOPAT_{t+1}$）。假设永续期的投入资本回报率与 2026 年度的水平持平。投入资本预测如表 9-10 所示。

表 9-10　　　　　　　　　　投入资本预测　　　　　　　　单位：万元

项目	2023 年	2024 年	2025 年	2026 年
期初投入资本	9 400.00	9 730.00	10 750.00	11 080.00
减：当期消耗的资本（即折旧和摊销）	470.00	480.00	490.00	500.00
加：当期新增投入资本	800.00	1 500.00	820.00	533.00
期末投入资本	9 730.00	10 750.00	11 080.00	11 113.00

【提示】

期初投入资本 + 新增投资额 = 期末投资资本

新增投资额 = 资本性支出 + 营运资金增加 - 折旧和摊销

期初投入资本 - 折旧和摊销 + 资本性支出 + 营运资金增加 = 期末投资资本

2026 年度的 $ROIC$ = 2026 年度的 $NOPAT$ ÷ 2026 年初的投入资本

$\quad\quad\quad\quad\quad$ = (2026 年净利润 + 税后利息费用) ÷ 2026 年初的投入资本

$\quad\quad\quad\quad\quad$ = (1 494.75 + 99.00) ÷ 11 080 = 14.38%

企业自由现金流量 = 税后净营业利润 × (1 - $g/ROIC$)

假设永续期投资回报率和 2026 年度相同，则：

永续期第一期（2027 年）税后净营业利润 = 2027 年期初投入资本 × 2027 年的 $ROIC$ = 2026 年末投入资本 × 2026 年的 $ROIC$ = 11 113 × 14.38% = 1 598.05（万元）

永续期第一期（2027 年）企业自由现金流量 = 11 113 × 14.38% × (1 - 2% ÷ 14.38%)

$$永续折现值 = \frac{(11\ 113 \times 14.38\%) \times (1 - \frac{2\%}{14.38\%})}{(11.68\% - 2\%) \times (1 + 11.68)^4} = 9\ 136.40（万元）$$

上述尚未考虑非经营性资产、负债和溢余资产的价值的情况下：

被评估企业的企业整体价值 = 预测期价值 + 永续期价值

$\quad\quad\quad\quad\quad\quad\quad\quad\quad$ = 2 892.23 + 9 136.40

$\quad\quad\quad\quad\quad\quad\quad\quad\quad$ = 12 028.63（万元）

第三节　企业价值评估的市场法

一、市场法评估企业价值的基本模型

企业价值评估中的市场法是指将评估对象与可比上市公司或者可比交易案例进行比较，确定评估对象价值的评估方法。

市场法的基本思路是在市场上找出一个或几个与被评估企业相同或相似的参照企业，分析、比较被评估企业和参照企业的重要指标，在此基础上，修正、调

整参照企业的市场价值,最后确定被评估企业的价值。即:

$$\frac{V_1}{X_1} = \frac{V_2}{X_2}$$

$$V_1 = \frac{V_2}{X_2} \times X_1$$

其中,$\frac{V}{X}$为价值比率;V_1为被估企业价值;V_2为可比企业的价值;X为计算价值比率所选用的经济指标。由于价值的体现较为复杂,不能直接观测到,而在有效市场中,企业的市场交易价格可以在一定程度上反映其价值。因此对于可比对象,评估专业人员一般使用其市场交易价格作为价值的替代,计算价值比率。因此,价值比率的确定成为市场法应用的关键。

二、市场法评估企业价值的应用障碍

(一) 企业的个体差异

每一个企业都存在不同的特性,除了所处行业、规模大小等可确认的因素各不相同外,影响企业盈利能力的无形因素更是纷繁复杂。与一般有形资产相比,企业的个体差异要大得多。除了要考虑企业所处行业、规模等可以确认的因素外,还要考虑影响企业获利能力的各种无形资产,因此企业之间可比性需要重点考虑。

根据市场法评估企业价值的原理,两者之间的可比主要是价值比率应该可比,即能够选择出一个计算价值比率的经济指标,按照该指标计算的价值比率对被评估企业和可比企业来讲应该相同。根据这一要求,被评估企业与对比企业应该是具有相似的现金流量、增长潜力及风险特征,对比企业一般应选择同行业的公司,同时还要求是生产同一产品的市场地位相类似的企业。其次还要考虑资产结构和财务指标。因为生产相同产品并且获利能力相类似的企业,其财务指标也应大致类似。主要考虑的财务指标有:反映偿债能力的指标,如流动比率、速动比率、负债比率、产权比率(总债务/所有者权益)、收益利息倍数(息税前利润/年利息费用);反映营运能力的指标,如存货周转率、毛利率、流动资产周转率、总资产周转率等;反映获利能力的指标,如销售净利率、资产净利率、成本费用利润率、净资产收益率等。

(二) 企业交易案例差异

首先,目前我国市场上不存在一个可以共享的企业交易案例资料库,与普通单项资产相比,企业产权交易的数量要少得多;其次,即使有渠道获得一定的案例,但这些交易的发生时间、市场条件和宏观环境又各不相同,评估人员对这些影响因素的分析也会存在主观和客观条件上的障碍。因此要找到一个近期出售的可比企业的机会也相应较少。在产权交易不十分活跃的新兴市场中,难度就更大了。

评估实践中,此问题的解决可以通过运用上市公司的有关数据加以克服。虽然在证券市场上很少有整个公司的易手交易,但是可比上市公司的价值可以通过股票和债券的市场价格来反映。当然,前提条件是证券市场相对规范,上市公司的股票全流通,即可比公司股价的市场表现能相对客观地反映公司的内在价值。

三、市场法常用的两种具体方法

(一) 上市公司比较法

该方法的核心是选择上市公司作为被评估企业的"可比对象"。

1. 可比公司的选择。

(1) 采用主观调整法修正价值比率,则选择可比公司的"质量"重于"数量"。判断企业是否具有可比性,一要考虑行业标准,选择时尽量选择与被评估企业行业相同、地位类似的企业;二要考虑财务标准,盈利能力相当的企业一般具有类似的财务结构。

(2) 用回归法进行调整,且能将影响企业价值或价值比率的因素尽可能纳入考虑,则应当保证可比公司的数量,因为可比企业数量越多,回归模型拟合越准确。

2. 价值比率的类型。

价值比率是指以价值或价格作为分子,以财务数据或其他特定非财务指标等作为分母的比率。价值比率是市场法对比分析的基础,由企业价值与一个与企业价值密切相关的指标之间的比率倍数表示。

$$价值比率 = \frac{企业价值}{与企业价值密切相关的指标}$$

由于企业的价值主要是由其获利能力决定的,因此企业的利润、现金净流量(上市公司每股利润、每股现金净流量)自然是主要选择对象。此外,间接反映企业获利能力的指标,如销售收入和账面净资产价值,也是可以考虑的选择。根据选择的可比指标种类不同,常见的价值比率可以有以下分类。

(1) 盈利价值比率。盈利价值比率是以盈利类指标作为分母计算的价值比率,具体包括 P/E(市盈率)、PEG(市盈率相对盈利增长比率)、$EV/EBITDA$ 比率、$EV/EBIT$ 比率等。

① P/E(市盈率)。市盈率是市场法中运用最为广泛的价值比率。该价值比率等于每股市场价格与每股收益之比。其计算公式如下:

$$P/E = \frac{企业股权价值}{利润} = \frac{每股市价}{每股收益}$$

市盈率是一个将股票价格与当前公司盈利状况直接联系在一起的价值比率。对大多数企业而言,该指标易于获得且容易计算。但是,市盈率受企业的增长潜力、股利支付率、风险等因素的影响。采用市盈率作为对比指标时要求被评估企业与可比企业之间具有相似的增长潜力、股利支付率、风险水平。而且企业需要处于正常的经营状态,对于企业盈利处于异常状态的企业,比如利润为负值的企业,市盈率就失去了其经济意义。

②PEG(市盈率相对盈利增长比率)。PEG指标是公司的市盈率与公司的盈利增长速度的比率。其计算公式如下:

$$PEG = \frac{市盈率}{企业年盈利增长率 \times 100}$$

PEG指标以市盈率指标为基础,弥补了市盈率对企业动态成长性估计的不足。该指标适用于高增长行业,对于成熟、亏损或正在衰退的行业则不适用。

③EV/EBITDA。EV/EBIDA是企业价值与企业息税、折旧摊销前利润的比率。其计算公式如下:

$$EV/EBITDA = \frac{股权价值 + 债权价值}{息税折旧摊销前利润}$$

EV/EBITDA乘数被最广泛地运用于具备巨额基础设施投资的资本密集型公司,且当折旧方法在各公司间差异较大时,使用该乘数更为合理。

④EV/EBIT。EV/EBIT是企业价值与企业息税前利润的比率,其计算公式如下:

$$EV/EBIT = \frac{股权价值 + 债权价值}{息税前利润}$$

当企业与可比对象在税率、资本结构等方面存在较大差异时,采用EV/EBIT指标更为合理。

(2)资产价值比率。资产价值比率是以资产类指标作为分母计算的价值比率,包括P/B(市净率)和EV/TBVIC比率。

①P/B(市净率)。P/B指的是每股股价与每股净资产的比率。其计算公式如下:

$$P/B = \frac{企业股权价值}{净资产账面价值} = \frac{每股股价}{每股净资产}$$

该价值比率极少出现负值,因此可运用于大多数企业,数据容易取得,且较为稳定,不像净利润那样容易被人为操纵。如果企业的会计标准合理且一致,市净率的变化可以反映企业价值的变化。因此,该价值比率适用于拥有大量资产且净资产为正的企业。但是,由于账面价值易受会计政策的影响,若会计政策不一致则会缺乏可比性。另外,对于固定资产较少的服务性企业和高科技企业,净资产与企业价值的关系不大,市净率就没有什么实际意义了。

②EV/TBVIC。EV/TBVIC是企业价值与总资产或有形资产账面价值的比率。

其计算公式如下：

$$EV/TBVIC = \frac{股权价值 + 债权价值}{总资产或有形资产账面价值}$$

（3）收入价值比率。收入价值比率是以收入类指标作为分母计算的价值比率，主要有市销率（P/S）及 EV/S 等，计算公式如下：

$$P/S = \frac{股权价值}{销售收入}$$

$$EV/S = \frac{股权价值 + 债权价值}{销售收入}$$

市销率不会出现负值，因此对于亏损及资不抵债的企业，也能够计算出一个有意义的价值比率，体现销售规模及市场份额的影响。同时，它不易被人为操纵，且对价值政策和企业战略的变化敏感，可以反映这种变化的后果。因此，市销率适用于销售成本率较低的服务类企业或者是成本与销售利润水平稳定的传统行业。但是，该价值比率不能反映制造及销售成本上的差异，因此也有一定的局限性。另外，由于 P/S 指标为非同口径指标，因此在评估过程中应用不是非常广泛，较为常用的为 EV/S 指标。

3. 价值比率的选择原则。由于各类价值比率都有自身的长处，同时也会存在一些不足，通常需要选用多类、多个价值比率分别进行计算，然后进行综合对比分析判断才可以更好地选择出最适用的价值比率。

评估人员在选择价值比率时一般需要考虑以下原则：一是对于亏损企业，选择资产基础价值比率比选择收益基础价值比率效果可能更好；二是对于可比对象与目标企业资本结构存在重大差异的，一般应选择全投资口径的价值比率；三是对于一些高科技行业或有形资产较少但无形资产较多的企业，收益基础价值比率可能比资产基础价值比率效果好；四是如果企业的各类成本和销售利润水平比较稳定，可能选择收入基础价值比率较好；五是如果可比对象与目标企业税收政策存在较大差异，可能选择税后的收益基础价值比率比选择税前的收益基础价值比率更好。

除了上述原则外，在选择价值比率时还应当考虑其内涵的一致性，即价值比率的分子、分母应匹配，当分子是权益类价值时，分母的指标也应当与其对应。计算价值比率采用的数据口径也应保持一致性，可比公司之间可能会存在会计核算方式（如折旧方法）、计量方法（如公允价值计量）、税率、非经常性损益和非经营性资产等方面的差异，在计算价值比率时应当剔除差异因素的影响。

4. 缺乏流动性因素的调整。在上市公司比较法中，可比公司的股份可以在证券市场上自由交易，而被评估企业若为非上市公司，则没有这样的交易平台，因此两者的股权在流动性上就会产生一定差异。

上市公司比较法采用上市公司的股票交易价格计算股权价值，因此该市值代表的是流动性、少数股权的价值，故采用上市公司比较法对非上市公司单位评估时，需要调整缺乏流动性因素的影响。

（二）交易案例比较法

交易案例比较法是指获取并分析可比企业的买卖、收购及合并案例资料，计算价值比率，在与被评估单位比较分析的基础上，确定评估对象价值的具体方法。该方法的核心是选择交易案例作为被评估企业的"可比对象"。

交易案例比较法在企业价值评估中的应用需要有大量及时有效的市场交易案例作为基础，并且这些交易案例信息需要透明、规范，才能为评估师收集、编辑、分析、运算，目前国内已经有越来越多的市场咨询机构开始提供产权交易信息，但在产权交易的规范透明度、交易信息披露的充分性等方面还需要进一步提高。

1. 交易案例比较法的可比对象选择。在选择可比对象时需要综合考虑以下标准：一是经营业务相同或相似（资产功效）；二是成交日期与基准日相近；三是交易案例的控制权状态与被评估资产的控制权状态相似（控股权或少数股权）。

2. 交易案例比较法价值比率修正。交易案例比较法采用的可比公司一般为非上市公司，在流动性方面比较接近，一般不进行调整，对评估对象与交易案例的差异调整主要是对交易条件差异（交易条款、交易方式）和时间性差异进行适当的调整。

交易条件差异调整主要包括交易条款调整和交易方式调整。对比交易案例中的成交价格往往与交易附带条款有关，这些条款对交易价格可能产生影响，因此需要进行交易条款调整。

同时，案例的交易方式可能会涉及公开或非公开市场交易，一般认为公开交易方式更可能产生公平交易价格，但也可能会是对于特定投资者的投资价值，此时便需要调整协同效应可能带来的影响；对于非公开的协议交易方式，则更可能会存在某些其他因素影响交易价格的公允性，因此需要对交易方式进行调整。

另外，交易时间可能与基准日相距时间较长，需要进行时间因素调整。时间因素调整可以参考市场相关价格指数。

四、市场法评估企业价值的程序

（一）选择可比对象

市场法作为一种相对估值法，第一步即需要找出市场上公开交易的可比公司或交易案例。选择可比对象的指导思想是力求现金流、成长潜力和风险水平方面的相似，可以从行业因素、规模因素、成长预期、经营风险、财务风险等角度加以考虑，分析比较。另外，评估专业人员在实务中还能通过特定因素回归等统计学方法，选择合适的可比对象。

（二）规范被评估企业和可比对象的财务报表

为了能顺利地进行对比分析，需要先为对比分析奠定一个基础，这个基础就是将可比对象和被评估企业的相关财务数据整合到一个相互可比的基础上。由于可比对象与被评估企业在采用相关会计准则或会计政策等方面可能存在重大差异，针对这些差异可能导致的财务数据上的差异，评估专业人员需要进行一定的调整和修正，主要包括会计政策差异调整和特殊事项调整两个方面。

（三）计算各种价值比率

价值比率采用的数据口径应保持一致性，在计算时应剔除各类会计政策或会计估计方式差异因素的影响。另外，计算价值比率的方式应保持一致性，因为在不同的时间段，企业的经营绩效必然存在差异。因此，评估专业人员应当合理区分时点型价值比率和区间型价值比率，保持计算口径的一致性。

（四）选择用于被评估企业的价值比率

选择及计算恰当价值比率的过程是影响评估结果准确性的重要环节。价值比率有很多种。以分母的性质来分类，主要包括盈利比率、资产比率、收入比率和其他特定比率。评估专业人员需要结合企业的业务特点选择合适的价值比率。评估专业人员根据长期的经验总结，形成了一些价值比率选择的行业惯例。例如，制造业企业的评估一般选择市盈率乘数；银行业企业价值评估一般选择市净率乘数；服务业企业评估一般选择市销率乘数；医院一般选择单位床位收入乘数等。以分子的性质分类，主要包括权益价值比率及企业整体价值比率。一般若是评估少数股东权益，或是被评估企业与可比对象资本结构相似时，采用权益价值比率较为合适。而若评估控股股权价值，或被评估企业与可比对象资本结构差异较大时，则适合采用企业整体价值比率。

（五）将被评估企业与可比对象进行比较

每个可比对象与被评估企业在成长性及风险等方面会存在差异，评估专业人员应当采用各类定性和定量分析方法，对差异进行分析，常用的方法包括定性的SWOT分析、定量的财务经营状况分析等。

（六）对价值比率进行调整

根据对可比对象及被评估企业在成长性及风险等方面差异的分析，评估人员可以对价值比例进行适当调整。调整的方式主要有主观调整、矩阵法及回归法。在调整的内容上，应当全方位考虑财务绩效、规模风险、成长性以及其他风险因素对可比性产生的影响，核心的调整思路是需要找到各类影响因素与价值比率或企业价值的相关性，构建调整模型。

（七）将调整后的价值比率应用于被评估企业

根据被评估企业的财务经营指标或相关经济变量，将调整后的价值比率应用于评估企业以获得各种评估结果。

（八）综合考虑市场法评估结果的差异

针对各种价值比率得到的不同评估结果，评估人员应当综合分析其中的差异合理选择其中一个结果或者对各评估结果进行加权平均，作为评估结论。对于不同价值比率计算结果赋予权重的大小往往依赖于评估专业人员的评估经验，例如，服务性企业通常基于收入评估价值，资本密集型企业基于净利润或净资产，房地产企业基于毛现金流评估价值等。

（九）进行溢价和折价的调整

评估人员在确定评估结果时应当综合考虑各种溢价和折价因素的影响。例如对缺乏控制权及缺乏流动性的股权进行调整。

五、案例分析

【例 9-6】 上市公司比较法评估案例。

（一）评估案例基本情况

甲公司拟转让乙公司 9.8% 的股权，委托评估机构对乙公司的股东全部权益价值进行评估。

评估基准日为 2022 年 12 月 31 日。

被评估企业乙公司为一家总部设置于上海的证券公司，评估基准日净资产为 480 亿元。

根据本次评估目的，评估对象为被评估企业的股东全部权益，评估范围为被评估企业的全部资产及负债。

本次评估的价值类型采用市场价值。

（二）评估过程和结果

本次评估采用上市公司比较法进行评估。

1. 可比上市公司的选择。选取与被评估企业同样属于证券行业的可比公司作为样本，分析被评估企业与可比公司在业务结构、经营模式、资产规模等方面的差异。

从资产规模和营业规模来看，可比公司 A、可比公司 B、可比公司 C、可比公司 D、可比公司 E、可比公司 F 与被评估企业最为接近。但可比公司 D 的业务过于集中在特定区域，覆盖范围与被评估企业差异较大；可比公司 E 的经营业务主要集中在投行业务，经纪业务涉及较少，与被评估企业在业务结构上存在较大差异；可比公司 F 在评估期间正在进行重大资产重组，不适合作为可比公司。

通过分析最终选择可比公司 A、可比公司 B、可比公司 C。

2. 价值比率的选择。被评估企业属于证券行业，本次评估采用市净率 P/B 模型。

$$被评估企业股权价值 = 被评估企业总股本 \times 被评估企业每股账面净资产 \times 被评估企业 P/B$$

其中:

$$被评估企业 P/B = 调整后可比公司 P/B 的加权平均值$$
$$= \sum 可比公司 P/B \times 可比公司 P/B 调整系数 \times 权重$$
$$可比公司 P/B 调整系数 = \prod 影响因素 A_i 的调整系数$$
$$影响因素 A_i 的调整系数 = 被评估企业系数 / 可比公司系数$$

3. 价值比率的计算过程。

(1) 本次选取基准日前30日交易均价作为比较参数。评估专业人员首先通过国内某知名金融数据库查询获取各样本案例的财务数据,同时计算价值比率,具体如表9-11所示。

表9-11　　　　　　　　　　可比上市公司市净率测算

项目	被评估企业	可比公司A	可比公司B	可比公司C
基准日前30日平均收盘价（元/股）（区间型指标）		18.60	15.80	15.60
2022年12月31日总股本（亿股）		76.00	115.00	82.00
2022年12月31日净资产（亿元）	480.00	960.00	1 080.00	500.00
P/B		1.47	1.68	2.56

注：1.68 = 15.8 ÷ （1 080/115）。

(2) 价值比率的调整。本次价值比率调整采用因素调整法对可比公司进行调整。具体案例如表9-12所示。

表9-12　　　　　　　　　　价值比率调整体系

指标类别	权重（%）	相关指标	指标权重（%）
盈利能力	20	ROE/COE（净资产收益率/股权成本率）	20
成长能力	20	净资本	10
		营业收入增长率	10
营运能力	20	资产管理规模	4
		经纪业务收入占营业收入比例	4
		市场占有率	4
		证券公司分类评级	4
		营业部数量及分布	4

续表

指标类别	权重（%）	相关指标	指标权重（%）
风险管理能力	20	净资本/各项风险准备之和	5
		净资本/净资产	5
		货币类资金和变现能力较强的证券投资占资产总额（扣除客户交易结算金）的比例	5
		资产负债率（扣除客户交易结算金）	5
业务创新能力	20	研发人员占员工比例	4
		股指期货开展情况	4
		融资融券开展情况	4
		直投业务开展情况	4
		国际业务开展情况	4

①盈利能力比较。具体案例如表9-13所示。

表9-13　　　　　价值比率调整——盈利能力

指标类别	相关指标	被评估企业	可比公司A	可比公司B	可比公司C
盈利能力	ROE/COE（净资产收益率/股权成本率）	1.35	1.21	1.58	1.59

②成长能力比较。具体案例如表9-14所示。

表9-14　　　　　价值比率调整——成长能力

指标类别	相关指标	被评估企业	可比公司A	可比公司B	可比公司C
成长能力	净资本（亿元）	345.00	691.00	993.00	370.00
	营业收入增长率（%）	12.20	15.05	16.30	16.21

③营运能力比较。具体案例如表9-15所示。

表9-15　　　　　价值比率调整——营运能力

指标类别	相关指标	被评估企业	可比公司A	可比公司B	可比公司C
营运能力	资产管理规模（亿元）	364.00	576.00	886.00	603.00
	经纪业务收入占营业收入比例（%）	56.91	45.51	54.66	35.45
	市场占有率（%）	1.43	2.00	2.09	1.29
	证券公司分类评级	BBB	AA	A	BBB
	营业部数量及分布	87	155	125	100

④风险管理能力比较。具体案例如表9-16所示。

表 9-16　　　　　　　　　　价值比率调整——风险管理能力

指标类别	相关指标	被评估企业	可比公司 A	可比公司 B	可比公司 C
风险管理能力	净资本/各项风险准备之和（%）	175.54	392.29	474.00	257.71
	净资本/净资产（%）	72.00	72.00	92.00	74.00
	货币类资金和变现能力较强的证券投资占资产总额（扣除客户交易结算金）的比例（%）	86.58	82.68	93.13	75.26
	资产负债率（扣除客户交易结算金）（%）	55.32	62.24	52.74	55.05

⑤业务创新能力比较。具体案例如表 9-17 所示。

表 9-17　　　　　　　　　　价值比率调整——业务创新能力

指标类别	相关指标	被评估企业	可比公司 A	可比公司 B	可比公司 C
业务创新能力	研发人员占员工的比例（%）	1.23	1.72	3.64	1.31
	股指期货开展情况	有	有	有	有
	融资融券开展情况	有	有	有	有
	直投业务开展情况	有	有	有	有
	国际业务开展情况	无	有	无	有

⑥各项指标均以被评估企业为标准分 100 分进行对比调整，可比证券公司各指标系数与目标证券公司比较后确定，低于目标公司指标系数的则调整系数小于 100，高于目标公司指标系数的则调整系数大于 100。

$$P/B\text{ 调整系数} = \text{被评估企业得分} / \text{可比公司得分}$$

具体案例如表 9-18 所示。

表 9-18　　　　　　　　　　价值比率调整——调整指标各项评分

指标类别	相关指标	被评估企业	可比公司 A	可比公司 B	可比公司 C
盈利能力	ROE/COE（净资产收益率/股权成本率）	100	95	105	105
成长能力	净资本	100	110	110	103
	营业收入增长率	100	103	105	105
营运能力	资产管理规模	100	105	110	108
	经纪业务收入占营业收入比例	100	95	98	90
	市场占有率	100	105	105	98
	证券公司分类评级	100	110	105	100
	营业部数量及分布	100	110	108	105

续表

指标类别	相关指标	被评估企业	可比公司 A	可比公司 B	可比公司 C
风险管理能力	净资本/各项风险准备之和	100	92	90	98
	净资本/净资产	100	98	105	98
	货币类资金和变现能力较强的证券投资占资产总额（扣除客户交易结算金）的比例	100	98	105	92
	资产负债率（扣除客户交易结算金）	100	95	102	100
业务创新能力	研发人员占员工比例	100	100	100	100
	股指期货开展情况	100	100	100	100
	融资融券开展情况	100	100	100	100
	直投业务开展情况	100	100	100	100
	国际业务开展情况	100	105	100	105

按照设置的调整指标权重情况，汇总计算各影响因素的得分，如表 9-19、表 9-20 所示。

表 9-19　　　　　　价值比率调整——调整指标评分汇总

指标类别	被评估企业	可比公司 A	可比公司 B	可比公司 C
盈利能力	100.00	95.00	105.00	105.00
成长能力	100.00	106.50	107.50	104.00
营运能力	100.00	105.00	105.20	100.20
风险管理能力	100.00	95.75	100.50	97.00
业务创新能力	100.00	101.00	100.00	101.00

注：106.50 = (110 + 103) ÷ 2，105.00 = (105 + 95 + 105 + 110 + 110) ÷ 5，95.75 = (92 + 98 + 98 + 95) ÷ 4，101.00 = (100 + 100 + 100 + 100 + 105) ÷ 5。

表 9-20　　　　　　价值比率调整——可比上市公司市净率调整

指标类别	可比公司 A	可比公司 B	可比公司 C
PB（表 4-3）	1.47	1.68	2.56
盈利能力	1.0526	0.9524	0.9524
成长能力	0.9390	0.9302	0.9651
营运能力	0.9524	0.9506	0.9980
风险管理能力	1.0444	0.9950	1.0309
业务创新能力	0.9901	1.0000	0.9901
调整后 P/B	1.43	1.41	2.39
调整后 P/B 的均值	1.74		

注：1.0526 = 100 ÷ 95，0.9524 = 100 ÷ 105，0.9390 = 100 ÷ 106.5，0.9302 = 100 ÷ 107.5，1.43 = 1.47 × 1.0526 × 0.9390 × 0.9524 × 1.0444 × 0.9901，1.74 = (1.43 + 1.41 + 2.39) ÷ 3。

由于选取的上市公司的价值是通过流通股的价格计算的,而被评估企业为非上市公司,因此对可比公司的流通市场的市值所计算出的 P/B 等价值比率,需要调整缺乏流动性折扣。本次采用新股发行定价方式估算缺乏流动性折扣。

金融保险行业缺乏流动性折扣的平均值为 27.82%。

乙公司股东全部权益价值
$= 480.00 \times 1.74 \times (1 - 27.82\%)$
$= 603.00$(亿元)(取整)

本次评估未考虑控制权溢价。由于案例中经济行为转让的股权比例较低,并不具有控制权,因此案例中并未考虑控制权溢价。

(三)案例分析

1. 证券金融行业上市公司较多,各方面的信息公开透明,易于获取,因此适用于市场法评估。

评估专业人员从目前已上市证券公司中选取了部分具有可比价值的样本案例。

2. 证券行业一般可以采用 P/E 或 P/B 等价值比率。案例中的证券公司业务类型较为综合,且 P/B 指标较 P/E 指标更为稳定,最终选择了以 P/B 为基础的评估模型。

3. 考虑评估基准日股价波动情况,案例对股价采用区间型指标,选取基准日前 30 日交易均价及基准日净资产作为基础。

4. 分析被评估企业与可比公司在成长能力、经营能力、盈利能力及风险管理能力等方面的差异,从而对相关价值比率进行调整。

5. 鉴于评估选取的比较案例均为上市公司,而案例中的被评估企业尚未实现上市,因此评估专业人员以市场法评估值为基础,采用新股发行定价的方式,调整缺乏流动性折扣的影响;同时,由于案例中经济行为转让的股权比例较低,并不具有控制权,因此案例中并未考虑控制权溢价。

第四节 企业价值评估的资产基础法

一、资产基础法的基本原理

《资产评估执业准则——企业价值》指出,企业价值评估中的资产基础法,是以被评估单位评估基准日的资产负债表为基础,合理评估企业表内及可识别的表外各项资产、负债价值,确定评估对象价值的评估方法。

计算公式如下:

股东全部权益价值 = 表内外各项资产价值 - 表内外各项负债价值

采用资产基础法评估企业价值的评估范围是被评估企业资产负债表表内、表外的各项资产和负债。

资产基础法在我国也称为成本加和法,实质是一种以成本途径来评估企业价值的估价方法。即投资者在准备购买一家企业时,所能接受的价格通常不会超过重新建设该家企业的现行成本。

资产基础法在一些国外的文献资料中也被称为成本途径或资产负债表调整法。根据会计原理和会计准则,企业的资产负债表记录了企业的资产和负债,企业资产扣除负债后的净资产,就是企业所有者的权益。因此,评估专业人员将企业的全部资产的价值逐一评估出来,然后再扣除企业全部负债的价值,就可以得到一个净资产的价值,这个净资产的价值就是企业所有者所能享受的权益价值。由于受会计确认标准的限制,企业可能存在没有入账的资产,同时企业资产负债表中的账面价值多是企业拥有的资产和负债的历史成本,而非现实的市场价值,因此资产基础法将涉及未入账的有形资产、无形资产和负债的确定和评估,同时也对已计入资产负债表中的资产和负债进行重估。

二、资产基础法应用的操作步骤

(一)确定评估范围

评估范围包括被评估企业资产负债表表内和表外各项资产和负债。评估专业人员需要先获得企业在评估基准日的财务报表,并根据评估对象所涉及的资产和负债范围,结合企业所采用的会计政策、资产管理情况等,分析判断企业是否存在表外资产和负债。

评估范围的确定应当遵循以下原则。

1. 评估范围与所涉及经济行为的一致性。评估范围应当与评估目的所涉及经济行为文件的相关决策保持一致。涉及资产重组,包括但不限于资产剥离、无偿划转等,此时企业提供的资产负债表可能是按照资产重组方案或者改制方案、发起人协议等材料编制的模拟报表。

2. 重要资产和负债的完整性。对资产负债表表内及表外的各项资产和负债进行识别。表外资产的识别包括有形资产和无形资产。在实务中,经常发现企业由于各种原因存在账外无形资产,而这些资产往往是高新技术企业、文化传媒企业或者第三产业服务机构最核心的竞争力。表外负债的识别主要是指或有负债,在一般公允会计准则的规定中,或有负债是不记入以历史成本为基础编制的资产负债表中的,但是重要的或有负债需要在会计报表附注中予以披露。关注评估范围是否包含或有负债,存在未决诉讼、税务争议或环境治理要求等情形。当存在对评估对象价值有重大影响且难以识别和评估的资产或者负债时,应当考虑资产基础法的适用性。

3. 资产负债表范围的可靠性。依据企业资产负债表确定企业价值评估范围,应当关注资产负债表范围的可靠性。评估专业人员可以要求委托人提供经独立第三方实施专项审计的资产负债表。

4. 财务报表数据口径的恰当性。按照财务报表会计主体的不同，资产负债表可以划分为母公司口径的个别资产负债表和集团口径的合并资产负债表。在母公司个别资产负债表中，母公司对子公司的权益是通过长期股权投资项目来体现的。采用资产基础法评估企业集团的价值时，一般采用母公司口径的个别资产负债表，评估范围中包括对子公司的长期股权投资项目。

（二）现场调查、资料收集整理和核查验证

1. 现场调查。现场调查手段包括询问、访谈、核对、监盘、勘查等。根据重要性原则采用逐项或者抽样现场调查的方式进行现场调查。评估实务中，一般对价值量较大的机器设备、专业车辆、房屋建筑物、知识产权、往来款逐项清查核实。

首先要调查被评估企业的财务管理和资产管理制度。要点是财务管理制度完善，资产管理制度细致，定期盘点核查制度明确，资产使用、维修、保养日志清晰，选择重要条目现场核实。

其次是被评估企业制度执行和风险控制情况。企业制度执行到位、对经营风险控制较好，将增强评估专业人员对于企业资产各项书面记录内容的信任程度。

再次要考虑采用各种抽样勘查的可能性。同质化强、使用环境一致、启用年限一样的资产条目可采用随机抽样的方式；按价值量划档，对价值量大的资产条目逐项勘查，价值量较小的资产条目随机抽查；按典型性（类型、地点、年限、使用）抽样。

最后可以利用的其他工作成果，包括资产条目的购买、使用、维修、保养、配件等有较详细记录的专业工作记录。

2. 资料收集整理和核查验证。资料收集整理包括委托人或者其他相关当事人提供的涉及评估对象和评估范围等资料，以及评估专业人员从政府部门、各类专业机构以及市场等渠道获取的其他资料。

核查验证方式包括观察、询问、书面审查、实地调查、查询、函证、复核等。因法律法规规定、客观条件限制无法实施核查验证的事项，评估专业人员应当在工作底稿中予以说明，分析其对评估结论的影响程度，并在资产评估报告中予以披露。如果上述事项对评估结论产生重大影响或者无法判断其影响程度，资产评估机构不得出具资产评估报告。

（三）评估各项资产和负债

先对企业资产进行分类、清查，再采取相应方法进行评估。对外投资是企业资产的重要构成内容，如对外投资占被投资企业股权比例很高时，应对被投资企业进行评估，然后按股权比例确定对外投资价值。根据资产重组方案，有些资产是作为租赁或许可使用的资产，如土地使用权、商标权等，评估人员仍要对它们进行评估，并评估出其租金或许可使用费标准。

负债的评估处理主要是对于企业负债的审核，包括两方面内容：一是负债的确认；二是对负债的计量。对负债的确认主要是看企业账面负债是否存在可免除部分和应免除部分，以及企业是否将面临或有负债和潜在负债。对于负债的计量主要是考虑货币的时间价值。其中，短期负债一般不考虑折现问题；长期负债需根据具体偿付的时间、偿付的条件等来考虑是否给予折现处理。

负债的评估以是否存在实际债权人为评估基础。从评估角度，负债可以分为三大类，即业务往来负债、以国家或职工个人为债权人的负债以及非实际承担的负债。评估过程中，基本上是按审计准则和方法对账面值核实后确定评估值。对于业务往来形成的负债，应根据业务是否确定发生进行。对于以国家或职工个人为债权人的负债，应根据有关法律、法规和企业规定的制度进行评估。对于非实际承担的负债项目，可按零值计算。

此外，负债评估原则还应与流动资产中债权类资产评估的原则保持一致性，否则，就会因为债权和债务评估的差异，引致整个评估结果的不合理。

（四）评估结论的确定和分析

在汇总各项资产和负债评估价值的过程中，应当始终坚持将各项资产作为企业价值的组成部分，特别关注不同资产项目之间、资产与负债之间等必要的调整事项，确保股东全部权益价值不重不漏。评估结论初步确定后还要进行合理性分析。

一是对表外资产和负债的检验。表外资产重点检查是否存在以下情况：有获得专利管理机关颁发证书的专利或专利申请；自创无形资产，该无形资产投入账面没有反映；企业毛利率明显高于同行业平均水平；存在某种形式的特许权利（有些特许权利法规可能不允许单独转让，但可以随企业权益一同转让）；企业持有较知名商标（被冠以驰名商标、著名商标等）；存在著作权；具有独特的经营模式；协议约定的企业获益形式，如优惠贷款利率、优厚供应条件等。常见的表外资产项目可能存在的方式有：法律明确规定的未来义务，如土地恢复、环保要求等；其他经济体以协议形式明确约定的义务。

如果定性判断不能用适当的方法单独评估的表外项目价值量占企业整体价值比重较大，则资产基础法对该企业价值评估就是不适用的。

二是与其他评估方法初步结果的比较分析。对于持续经营的企业，一般不宜只采用资产基础法一种方法评估其价值。对同一评估对象采用多种评估方法时，宜采用定性或者定量分析方式形成评估结论。不能将定性方法简单地理解为单纯的分析方法，定性方法是一种定量基础上的定性确定思路；也不能将定量方法狭义地理解为简单算术平均或加权算术平均，定量方法是充分判断分析基础上的定量化处理方式，如加权算术平均过程中"权重"的设置，也包含了对重要性程度的分析判断。

三、资产基础法的优缺点

我国企业价值评估长期以来采用资产基础法，说明资产基础法有一定的适用性。资产基础法的优点表现在以下几个方面。

第一,资产基础法的评估结果是以惯用的资产负债表的形式表示的。这种形式对于熟悉财务报表的人来说是非常适合和容易把握的。

第二,资产基础法在评估过程中,分别估算每一种资产的价值,将每一种资产对企业价值的贡献全面地反映出来。

第三,资产基础法对于企业购买者和出售者双方在谈判中是有用的。采用收益法可以从其收益水平角度来评估企业价值。然而,评估不能忽视一家公司的潜在资产这一问题,价值总是基于公司的资产和盈利两方面。虽然盈利(或潜在的盈利)可能在决定公司价值方面是一个明显的因素,但买方对涉及资产很少而商誉很高的交易常不感兴趣。

第四,这种方法对于作为诉讼和争议解决依据是有用的。由于分别确定了企业中各单项资产的单独价值,因此很容易衡量某一项资产价值对企业价值的影响程度。这种方法能够应用于企业解体时股东或合伙人有争议的资产的分配或某一重大资产分割纠纷中的资产分割。

第五,这种方法获得的评估结果便于进行账务处理。

当然,缺点也是不容忽视的。该方法仅考虑了各单项资产对企业的贡献,可能会因忽视资产组合对盈利能力的贡献而低估企业价值,也有可能对具有经济性贬值的企业的价值高估。另外,采用资产基础法需要考虑企业未入账的资产,未入账资产可能包括企业的管理效率、自创商誉、销售网络等无形资产,这些资产的识别和评估往往是困难的,评估时可能会忽视这些资产而将具有一定获利能力的企业的价值评估得过低。

【本章小结】

企业价值评估不同于各单项资产的评估,其特点是将评估的企业作为一项完整的独立资产,把企业整体获利能力作为特殊商品进行评估,评估的最终价值是其整体价值的体现。目前,我国企业价值评估的主要方法有三种,即收益法、市场法、资产基础法。

【本章练习】

一、单项选择题

1. 下列选项中,不属于企业的主要特点的是( )。
A. 整体性　　　B. 垄断性　　　C. 持续经营性　　　D. 权益可分性

2. 关于企业价值的特点,下列说法错误的是( )。
A. 企业价值是一个整体的概念
B. 企业价值的表现形式具有虚拟性
C. 企业价值通常可以通过对企业资产负债表上的各项资产价值进行相加而得到
D. 企业价值受企业可存续期限影响

3. 决定企业价值高低的核心因素是企业的( )。
A. 整体获利能力   B. 生产经营能力
C. 营销能力   D. 研发能力

4. 下列关于企业价值评估的说法中,正确的是( )。
A. 企业价值评估对象载体是由多个或多种单项资产组成的资产综合体
B. 企业价值是企业的实体价值与虚拟价值之和
C. 存在多种业务类型的企业,其价值不等于各项业务价值合计数
D. 企业价值等于企业的各单项资产价值之和

5. 下列关于企业价值评估的说法中,错误的是( )。
A. 评估对象载体是由多个或多种单项资产组成的资产综合体
B. 企业价值评估是一种整体性评估
C. 企业价值评估的关键是分析判断企业整体获利能力
D. 企业价值是企业各项单项资产价值的相加,即企业单项资产的价值之和就是企业价值

6. 下列评估对象中,不属于企业价值评估对象的是( )。
A. 企业整体权益   B. 企业全部付息债务
C. 股东部分权益   D. 股东全部权益

7. 企业价值评估中最常用的假设是( )。
A. 持续经营假设   B. 清算假设
C. 外部环境假设   D. 内部环境假设

8. 下列关于企业价值评估中持续经营假设,说法错误的是( )。
A. 增量持续经营假设是企业在其存量资产对应的经营规模基础上通过追加投入以实现扩大再生产,扩大企业经营规模或丰富企业产品结构的持续经营假设
B. 存量持续经营假设是维持企业原有经营规模及产品结构的持续经营假设
C. 并购整合持续经营假设是通过企业并购及重组整合,考虑整合过程产生的协同效应的持续经营假设
D. 增量持续经营假设在宏观环境方面假设国家现行的有关法律、法规及产业政策无重大变化,行业的准入制度、市场分割状况等维持目前格局

9. 下列关于企业价值评估需要收集的资料中,不属于权属证明资料的是( )。

A. 债权持有证明 B. 审计报告
C. 房屋所有权证 D. 国有土地使用权证

10. 下列收益指标中，与全投资资本匹配的收益指标是（　　）。
A. 股利 B. 经济利润
C. 净利润 D. 股权自由现金流量

11. 下列原则中，不属于市场法应用基本原则的是（　　）。
A. 有效性原则 B. 公益性原则
C. 及时性原则 D. 可比性原则

12. 关于资产基础法企业价值评估范围的说法，错误的是（　　）。
A. 采用资产基础法评估企业集团的价值时，应当采用集团口径的合并资产负债表
B. 评估专业人员可要求委托人提供经独立第三方实施专项审计的资产负债表
C. 采用资产基础法评估企业价值，应当关注评估范围是否包含或有负债
D. 评估范围应当与评估目的所涉及的经济行为相关决策保持一致

二、多项选择题

1. 下列各项中属于企业价值特点的有（　　）。
A. 企业价值是一个整体概念 B. 企业价值的表现形式具有实体性
C. 企业价值是以营利为目的的 D. 企业价值受企业可存续期限影响
E. 企业价值的表现形式具有虚拟性

2. 下列影响企业价值的因素中，属于企业层面的影响因素有（　　）。
A. 业务和经营战略 B. 资产利用方式
C. 行业竞争地位 D. 生产能力
E. 资产利用范围

3. 下列关于企业价值评估的表述中，正确的有（　　）。
A. 企业价值评估的范围涵盖了被评估企业所拥有的全部资产
B. 评估对象载体是由多个或多种单项资产组成的资产综合体
C. 企业价值评估关键是分析判断企业的整体创新能力
D. 企业价值评估是一种整体性评估
E. 整体性是企业价值评估与其他资产评估的本质区别

4. 企业价值评估的目的也呈现多样化特征。目前，企业价值评估的目的主要包括（　　）。
A. 企业改制 B. 股权收购 C. 企业清算 D. 法律诉讼
E. 出具年度财务报告

5. 以下关于清算假设与持续经营假设的区别，说法正确的有（　　）。
A. 在持续经营假设下，企业的经济资源能够按原有的计划投入使用，企业

对这些经济资源保留自由支配权

B. 在清算假设下，企业的经济资源将按规定变卖出售，企业不能按原有计划考虑资产的继续使用

C. 在清算假设下，通常来说，此时企业的资产价值会低于其在正常使用下的价值

D. 在清算假设下，企业资产的计价可以在资产正常使用的前提下进行

E. 在持续经营假设下，企业将按其经营目标，运用可控资源进行独立决策和进行正常的经营活动，并按过去和现实承诺的条件去清偿各种债务

6. 以下评估假设中，属于企业价值评估的基本假设的有（　　）。

A. 交易假设　　　　　　　　　　B. 公开市场假设

C. 持续经营假设　　　　　　　　D. 最佳使用假设

E. 清算假设

7. 下列假设中，属于企业价值评估的具体假设的有（　　）。

A. 基于企业外部环境的假设

B. 基于企业内部环境的假设

C. 评估专业人员获取资料和履行评估程序方面的假设

D. 公开市场假设

E. 持续经营假设

8. 关于企业价值评估确定收益期应考虑的因素包括（　　）。

A. 法律法规的规定　　　　　　　B. 企业主要资产的使用期限

C. 企业的经营状况　　　　　　　D. 企业的投资规模

E. 章程和协议的约定

9. 下列企业特征中，属于企业达到稳定状态时通常应具备的有（　　）。

A. 企业的风险收益水平逐渐接近行业平均水平或市场平均水平

B. 企业投资收益水平逐渐接近行业平均水平或市场平均水平

C. 企业不再有更新改造的资本性支出和新增投资活动

D. 企业收入成本的结构较为稳定且基本接近行业水平

E. 企业资本结构逐渐接近行业平均水平或企业目标结构水平

10. 关于企业价值评估确定收益期应考虑的因素包括（　　）。

A. 法律法规的规定　　　　　　　B. 企业主要资产的使用期限

C. 企业的经营状况　　　　　　　D. 企业的投资规模

E. 章程和协议的约定

第十章 资产评估报告

【学习目标】

◆知识目标

了解资产评估报告的类型、理解资产评估报告的基本要求、掌握资产评估报告的构成。

◆能力目标

掌握资产评估报告撰写的基本要求。

◆思政目标

了解我国国有资产评估报告的演变历史，掌握社会主义市场经济体制下资产评估报告的相关内容。

【本章重点和难点】

资产评估报告的基本要求，资产评估明细表的格式和内容要求，资产评估报告的编制。

【案例导入】

2015年1月，中冶美利纸业股份有限公司（以下简称美利纸业）与元正评估签订业务委托书，委托元正评估对美利纸业关停制浆车间和碱回收车间所涉及的相关资产可回收价值进行评估。2015年2月28日，元正评估向美利纸业出具了〔2015〕第002号（碱回收项目）、第003号（中段水项目）、第007号（氧化塘项目）《评估咨询报告》。在评估过程中，元正评估对项目评估选取的方法不当、计算不科学，导致评估结果错误，从而出具了不恰当的资产评估报告。最终因辽宁元正资产评估公司未勤勉尽责，制作、出具的资产评估报告有虚假记载而受到中国证监会的处罚。没收其评估业务收入28万余元，并处以56万余元的罚款，同时对负有责任的资产评估相关人员进行了罚款。

（资料来源：根据中国证券监督管理委员会行政处罚决定书〔2017〕68号内容进行了部分删改）

思考与讨论：
评估过程中的不当之处怎样影响最终出具的资产评估报告？

第一节 资产评估报告概述

一、资产评估报告的定义及规范

资产评估报告是指评估机构按照评估工作制度的有关规定，在完成评估工作后向委托方和有关方面提交的说明评估过程和结果的书面报告。它是按照一定规范来反映评估目的、程序、标准、依据、方法、结果及适用条件等基本情况的报告书。资产评估机构或专业人员应当根据评估业务的具体情况，提供能够满足委托人和其他评估报告使用人合理需求的评估报告，并在评估报告中提供必要信息，使评估报告使用人能够恰当地理解评估结论。资产评估报告有广义和狭义之分，狭义资产评估报告即资产评估报告书，既是资产评估机构完成对资产作价意见，提交给委托方的出证性的报告，也是评估机构履行评估合同情况的总结，还是评估机构为资产评估项目承担法律责任的证明文件。

《国际资产评估准则》（IVS）、美国《专业评估执业统一准则》（USPAP）以及《英国皇家特许测量师学会评估专业准则》（RICS红皮书）对资产评估报告的规定主要是从评估报告的要素和内容进行规范。我国2007年发布了《资产评估准则——评估报告》，并于2017年进行了修订，主要是从内容要求方面对评估报告进行规范。2008年发布的《企业国有资产评估报告指南》及2010年发布的《金融企业国有资产评估报告指南》，均于2017年予以修订，是从国有资产评估报告的基本内容与格式方面，对评估报告的标题、文号、目录、声明、摘要、正文、附件、评估明细表和评估说明等进行规范。

我国的资产评估行政监管部门一直重视对资产评估报告的规范。20世纪90年代，资产评估主要服务于国有企业的改革和对外开放，对资产评估报告的规范也由国有资产管理部门制定。1992年，国家国有资产管理局出台《国有资产评估管理办法施行细则》，对国务院《国有资产评估管理办法》要求资产评估机构出具的资产评估结果报告书应当包含的内容提出了要求。1993年，国家国有资产管理局制定和发布了《关于资产评估报告书的规范意见》，进一步规范了资产评估报告书的出具和内容。2003年，国务院设立国有资产监督管理委员会，报告的标准仍然沿用财政部发布的《资产评估报告基本内容与格式的暂行规定》。2007年，中国资产评估协会发布了《资产评估准则——评估报告》，该准则是我国资产评估行业规范各类资产评估报告编制和出具行为的执业准则。为了更好地服务于国有资产评估业务，2008年、2010年中国资产评估协会为适应非金融企业和金融企业国有资产评估管理的需要，先后制定和发布了《企业国有资产评估报告指南》和《金融企业国有资产评估报告指南》，形成专门规范不同类型企业的国有资产评估报告编制和出具的执业准则。

随着资产评估服务领域的扩大，资产评估业务日益呈现多元化发展态势。《资产评估法》出台后，中国资产评估协会于2017年依据《资产评估法》对《资产评估执业准则——资产评估报告》《企业国有资产评估报告指南》《金融企业国有资产评估报告指南》进行了修订；并于2018年对《资产评估执业准则——资产评估报告》的部分内容进行了修订，增加了对只采用一种评估方法的披露要求。

我国资产评估协会制订的《资产评估执业准则——资产评估报告》主要是从基本遵循、报告内容、出具要求等方面对评估报告进行规范；案例中提到的《企业国有资产评估报告指南》和《金融企业国有资产评估报告指南》是从国有资产评估报告的基本内容与格式方面，对评估报告的标题、文号、目录、声明、摘要、正文、附件、评估明细表和评估说明，以及出具与装订等进行规范。

【小思考】

我国制订的《资产评估准则——评估报告》与《国际资产评估准则》中关于评估报告部分的相同点和不同点分别是什么？

二、资产评估报告的类型

资产评估报告作为资产评估过程的反映，资产评估报告的类型取决于资产评估的类型。从这一角度出发，资产评估报告的类型主要有以下几种。

1. 按照资产评估的对象划分，资产评估报告可以分为单项资产评估报告和整体资产评估报告。

单项资产评估报告就是以单项资产为对象所出具的评估报告，如无形资产评估报告、机器设备评估报告、房地产评估报告等；整体资产评估报告则是以整体资产为对象所出具的评估报告，如企业价值评估报告等。一般情况下，整体资产评估报告的报告内容不仅包括资产，也包括负债和股东（所有者权益）方面。而单项资产评估报告除在建工程外，一般不考虑负债和以整体资产为依托的无形资产等。

以往颁布实施的《资产评估操作规范意见（试行）》中所规范的资产评估报告均以企业整体为对象，而其他单项资产评估报告只以此为借鉴。尽管1999年颁布的《房地产估价规范》和2002颁布的《城镇土地估价规程》中对单项资产评估报告有所规范，但并未涉及和包括各类单项资产的全部。因此，应该分别明确单项资产评估和整体资产评估报告的内容。在美国的《专业评估执业统一准则》中，对于单项资产评估报告和企业价值评估报告，也是分别规范列示的。

2. 按资产评估工作的内容划分，可以分为正常评估、评估复核和评估咨询。

相应地，资产评估报告也可以分为正常评估报告、评估复核报告和评估咨询报告。以往所出具的评估报告都是所谓的正常评估报告，但随着资产评估业务的开展，新的评估业务类型不断出现。评估复核是指对其他评估师出具的评估报告进行评判分析的行为和过程；评估咨询则主要是对于评估对象结果的利用价值、利用方式、利用效果的分析和研究。工作内容不同，需要反映的评估报告内容也不相同。因此，规范资产评估报告，不仅应对现在正常的评估报告进行规范，还应分别对评估复核、评估咨询的报告进行规范。至少，应揭示其中的区别和联系。

3. 评估生效日，根据评估项目的目的和作用不同，资产评估可以分为追溯性评估、现值性评估和预期性评估。因此，评估报告也应划分为追溯性评估报告、现值性评估报告和预期性评估报告。

评估报告中涉及两个重要的概念。

（1）基准日，它是对资产进行清查、核实以及作为确定取价标准的日期。

（2）出具报告日期，它指评估师完成这个评估过程出具评估报告的日期。

根据这两个重要概念，我们可以分别定义出：

（1）现值性评估。该类型的评估，基准日与报告日期是相同（或接近）的。大多数评估项目都是要求评估资产的现时价值。

（2）追溯性评估。它是指需要确定过去价值的评估，即评估基准日早于报告日。在资产纳税、司法诉讼等情况下，经常需要进行该类型评估。

（3）预期性评估。即资产未来价值评估。对正在开发的项目（如房地产开发）的资产权益进行评估时常需要确定资产的未来价值。

4. 根据提供内容和数据资料的繁简程度，评估报告可以划分为完整评估报告、简明评估报告和限制评估报告。

美国《专业评估执业统一准则》中，将评估报告区分为完整评估报告、简明评估报告和限制评估报告。当评估报告的使用者包括客户以外的其他方时，报告类型必须采用完整评估报告或简明评估报告；当评估报告的使用者不包括评估以外的其他方时，则报告类型可以使用限制评估报告。三种报告类型的显著区别在于报告所提供内容和数据的繁简。

完整评估报告与简明评估报告的区别仅在于其内容和数据的繁简，而限制评估报告所提供的信息并不适用于客户之外的任何第三者。当资产评估师采用限制评估报告时，必须提供一个突出的注释，这个突出性的注释将警告其他阅读者，没有评估师工作档案中其他信息资料的支持，评估报告将无法被正确理解。可见，限制评估报告与其他评估报告的差异在于部分资料和数据只体现在工作底稿中。因此，资产评估师应当形成明细的工作底稿以支持限制用途评估报告，并警示如果不阅读包括在评估师工作底稿中的相关信息，将无法对限制用途评估报告中的评估结论形成正确理解。

我国资产评估准则明确规定资产评估报告的详略程度可以根据评估对象的复

杂程度、委托人的合理要求确定，但没有规定资产评估报告按繁简程度划分的具体类型。

5. 按法律定位划分，评估报告分为法定评估报告及非法定评估报告。评估机构开展涉及国有资产或者公共利益等事项，法律、行政法规规定需要评估的法定评估业务，所出具的评估报告为法定评估业务评估报告，比如国有资产评估报告。《公司法》规定，对作为出资的非货币财产应当评估作价，该类资产评估业务也属于法定评估业务。除此以外开展的评估业务所出具的评估报告为非法定评估业务评估报告。

三、资产评估报告的作用

资产评估报告的作用体现为以下几点。

1. 它为被委托评估的资产提供作价意见。资产评估报告是经具有资产评估资格的机构根据委托评估资产的特点和要求，组织评估师及相应行业的专业人员组成的评估队伍，遵循评估原则和标准，按照法定的程序，运用科学的方法对被评估资产价值进行评定和估算后，通过报告书的形式提出作价的意见。该作价意见不代表任何当事人一方的利益，并且是一种专家估价的意见，具有较强的公正性和科学性，因而成为被委托评估资产作价的参考依据。

2. 资产评估报告是反映和体现资产评估工作情况，明确委托方及有关方面责任的依据。资产评估报告用文字的形式，对受托进行资产评估的目的、背景、范围、依据、程序、方法等过程和评定的结果进行阐述、说明和总结，体现了评估机构的工作成果。同时，资产评估报告书也反映和体现受托的资产评估机构与执业人员的权利与义务，并以此来明确委托方、受托方有关方面的法律责任。在资产评估现场工作完成后，评估机构和评估人员就要根据现场工作取得的有关资料和估算数据撰写评估结果报告书，向委托方报告。负责评估项目的评估师也同时在报告书上行使签字的权利，并提出报告书使用的范围和评估结果实现的前提等具体条款。当然，资产评估报告书也是评估机构履行评估协议和向委托方或有关方面收取评估费用的依据。

3. 对资产评估报告进行审核，是管理部门完善资产评估管理的重要手段。资产评估报告书是反映评估机构和评估人员职业道德、执业能力水平以及评估质量高低和机构内部管理机制完善程度的重要依据。有关管理部门通过审核资产评估报告书，可以有效地对评估机构的业务开展情况进行监督和管理，对评估工作中出现的不足加以完善。

四、资产评估报告的基本要求

根据资产评估报告准则的规定，资产评估报告有以下几点基本遵循要求。

1. 资产评估报告陈述的内容应当清晰、准确,不得有误导性的表述。资产评估相关专业人员应当以清晰和准确的方式对资产评估报告的内容进行表述,不得使用存在歧义或可能存在误导性的表述方式,不应使报告使用人在使用评估报告时产生误解。同时,资产评估报告作为一个具有法律意义的文件,用语、表述等应当清晰、准确,不应故意或无意中使用存在歧义或误导性的表述。

2. 资产评估报告应当提供必要信息,使资产评估报告使用人能够正确理解评估结论。资产评估专业人员应当根据每一个评估项目的具体情况和评估委托方的合理要求,确定评估报告中所提供信息的范围和程度,使评估报告使用人能够正确理解和使用资产评估报告中的相关结论。确定一份资产评估报告是否提供了充足且必要的信息,关键要看资产评估报告使用人在阅读评估报告后能够对评估结论有正确的理解。

3. 资产评估报告的详略程度可以根据评估对象的复杂程度、委托人要求合理确定。确定资产评估报告的详略程度应当以评估报告提供了必要信息为前提。评估委托人和其他评估报告使用人是资产评估报告的服务对象,因此,评估报告的详略程度需要根据报告使用人的要求来确定。作为评估报告使用人,可能会要求资产评估相关专业人员在评估报告中不仅需要提供评估结论,还要提供形成该评估结论的详细评估过程,或者要求相关评估人员在评估报告中对某些特定方面提供更为详细的说明。因此,资产评估报告的详略程度应当根据评估对象的复杂程度、委托人的合理需求来确定。

4. 评估程序受限对评估报告出具的要求。根据资产评估报告准则要求,执行资产评估业务,因法律法规规定、客观条件限制,无法或者不能完全履行资产评估基本程序,经采取措施弥补程序缺失,且未对评估结论产生重大影响的,可以出具资产评估报告,但应当在资产评估报告中说明资产评估程序受限情况、处理方式及其对评估结论的影响。如果程序受限对评估结论产生重大影响或者无法判断其影响程度的,不得出具资产评估报告。

5. 资产评估报告签字印章要求。根据资产评估报告准则要求,资产评估报告应当由至少两名承办该项业务的资产评估专业人员签名并加盖资产评估机构印章。法定资产评估业务的资产评估报告应当由至少两名承办该项业务的资产评估师签名并加盖资产评估机构印章。

6. 资产评估报告语言及汇率要求。资产评估报告应当使用中文撰写。同时出具中外文资产评估报告的,中外文资产评估报告存在不一致的,以中文资产评估报告为准。

资产评估报告一般以人民币为计量币种,使用其他币种计量的,应当注明该币种在资产评估基准日与人民币的汇率。

7. 评估结论的使用有效期。资产评估报告应当明确评估结论的使用有效期。通常,只有当评估基准日与经济行为实现日相距不超过一年时,才可以使用资产评估报告。

【小思考】

上述资产评估报告的基本要求分别体现了资产评估的哪些工作原则？

第二节　资产评估报告的构成

根据资产评估报告准则，资产评估报告由基本内容、资产评估声明、资产评估明细表及相关附件构成。

一、资产评估报告的基本内容

资产评估报告应以清楚地表达评估结果和充分的依据说明为目标，根据影响资产评估价值的因素进行分析说明。也就是说，对于资产评估价值来说，不存在没有条件的结论，不存在没有依据的结论，也不存在没有特定目的的结论。

根据资产评估报告准则的规定，资产评估报告的内容包括标题及文号、目录、声明、摘要、正文、附件。一般地，一份合格的资产评估报告应至少包括以下基本内容。

(1) 标题及文号（说明拥有被评估资产的公司或权利人的名称）；

(2) 说明资产评估的对象和范围；

(3) 说明评估目的和基准日；

(4) 定义价值类型；

(5) 列出评估方法及其重要参数确定依据和过程；

(6) 说明评估结论。

在以上内容规范的基础上，评估师有着充分的表达空间，使每一份评估报告更加科学、合理、有用。根据上述内容，分述如下。

(1) 关于说明拥有被评估资产的公司或权利人的名称。因为资产必须是隶属于所有者或占有者，因此，必须准确描述资产的归属。

(2) 关于说明资产评估的对象和范围。根据资产评估中资产的特点，资产反映的是某种权利，而且，在资产评估时，资产本身存在各种类似资产重组等行为，因此，资产评估对象的描述、范围的界定都是评估结论科学的基础。如果资产对象界定不清，范围模糊，就无法为委托方提供合理、有效的结论。

(3) 关于评估目的和基准日。不同的评估目的下，其评估值是不同的。评估过程进行的前提之一就是准确地描述评估目的，评估目的本身就界定了资产评估结论的含义边界。

评估基准日是指评估价值的时点规定，评估基准日应根据经济行为的性质由委托方确定。

（4）关于定义价值类型。每一个评估价值都是其质和量的统一，所谓的质，就是价值类型。综观各国评估报告，没有一个国家的评估报告中没有价值类型规定的。因此，在评估报告中，必须说明该评估价值的价值类型以及该价值类型的定义。

（5）关于列出评估方法及其重要参数确定依据和过程。评估方法是获得资产评估结果的途径。评估过程中，应根据评估特定目的、市场条件、资产特性等选择合适的方法。在评估报告中，应说明评估过程所选择、使用的评估方法和选择评估方法的依据或原因。对某项资产评估采用一种以上的评估方法时，还应适当说明原因，并说明该资产评估值确定的方法。对于重要参数，应列示其获得的来源渠道。

（6）关于评估结论。评估结论是资产评估报告的最终要求，评估结论应清晰、明确地列示，必要时应有一定的说明。实际工作中，根据有关规定，评估结论不仅要注明评估值，还要列示其增加值（即评估值与账面净值或调整后净值的差额）、增加率，对增加值、增加率较大的应做解释说明。

二、资产评估报告封面

按照《资产评估执业准则——资产评估报告》的要求，资产评估报告封面的左上方标示有"本资产评估报告依据中国资产评估准则编制"，在其下方的中部书写评估报告的标题、文号、册数（包括装订总册数、装订册序号），在封面的底部书写评估机构的名称和资产评估报告日。

三、标题及文号、目录、摘要、声明

1. 标题及文号、目录。

资产评估报告的标题格式一般为："企业名称＋经济行为关键词＋评估对象＋资产评估报告"。

资产评估报告文号的格式要求包括资产评估机构特征字、种类特征字、年份、报告序号。

资产评估机构特征字用于识别出具报告的评估机构，通常以体现评估机构名称特征的简称表述。

目录应当包括每一部分的标题和相应页码。

2. 摘要。

《资产评估执业准则——资产评估报告》规定，资产评估报告摘要通常提供资产评估业务的主要信息及评估结论。但该准则没有对这些主要信息的披露提出具体的要求，实务中通常参考企业国有资产评估报告对"评估报告摘要"的披露要求撰写。

资产评估专业人员可以根据评估业务的性质、评估对象的复杂程度、委托人要求等，合理确定摘要中需要披露的其他信息。

摘要应当与评估报告揭示的相关内容一致，不得具有误导性内容。

3. 资产评估声明。资产评估报告的声明通常包含以下内容。

（1）本资产评估报告依据财政部发布的资产评估基本准则和中国资产评估协会发布的资产评估执业准则和职业道德准则编制。

（2）委托人或者其他资产评估报告使用人应当按照法律、行政法规规定和资产评估报告载明的使用范围使用资产评估报告；委托人或者其他资产评估报告使用人违反前述规定使用资产评估报告的，资产评估机构及资产评估专业人员不承担责任。

（3）资产评估报告仅供委托人、资产评估委托合同中约定的其他资产评估报告使用人和法律、行政法规规定的资产评估报告使用人使用；除此之外，其他任何机构和个人不能因得到资产评估报告而成为资产评估报告的使用人。

（4）资产评估机构及资产评估专业人员提示资产评估报告使用人应当正确理解评估结论，评估结论不等同于评估对象可实现价格，评估结论不应当被认为是对评估对象可实现价格的保证。

（5）资产评估机构及资产评估专业人员遵循独立、客观和公正的原则，遵守法律、行政法规和资产评估准则，并对所出具的资产评估报告依法承担责任。

（6）提醒资产评估报告使用人关注评估结论成立的假设前提、资产评估报告特别事项说明和使用限制。

（7）其他需要声明的内容。

【例 10-1】 A 评估机构接受 B 企业委托，对其并购的 C 企业进行了价值评估，出具的资产报告中有关评估报告声明部分内容如下。

（1）资产评估报告仅供委托人使用；除此之外，其他任何机构和个人不能成为资产评估报告的使用人。

（2）委托人或者其他资产评估报告使用人应当按照法律、行政法规规定和资产评估报告载明的使用范围使用资产评估报告。

评估报告声明第（1）点内容不全面，应该为："资产评估报告仅供委托人、资产评估委托合同中约定的其他资产评估报告使用人和法律、行政法规规定的资产评估报告使用人使用；除此之外，其他任何机构和个人不能成为资产评估报告的使用人。"

评估报告声明第（2）点内容不全面，应该补充"委托人或者其他资产评估报告使用人违反前述规定使用资产评估报告的，资产评估机构及其资产评估专业人员不承担责任"。

四、正文

1. 委托人及其他资产评估报告使用人。资产评估报告使用人包括委托人、资产评估委托合同中约定的其他资产评估报告使用人和法律、行政法规规定的资产评估报告使用人。在评估报告中应当阐明委托人和其他评估报告使用人的身份，包括名称或类型。

2. 评估目的。资产评估目的应当披露资产评估所服务的具体经济行为（如股权转让、抵押贷款、非货币性资产出资等），说明评估结论的具体用途。

资产评估报告中载明的评估目的应当唯一，有利于评估结论有效服务于评估目的。另外，有的客户要求空泛地将"了解资产价值"作为评估目的，会使评估结论的确定未能针对具体经济行为对评估服务的使用需求，如果评估报告使用人在某项特定经济行为中轻率加以套用就可能引发错误使用评估报告带来的风险。

资产评估报告中应当载明评估对象和评估范围，并描述评估对象的基本情况。

对于企业价值评估，评估对象可以分为两类，即企业整体价值和股东权益价值（全部或部分），与此对应的评估范围是评估对象涉及的资产及负债。将股东全部权益价值或股东部分权益价值作为评估对象，股东全部权益或股东部分权益对应的法人资产和负债属于评估范围，本身并不是评估对象。

对于单项资产评估，各具体准则中均对评估对象进行了规范，读者可以参照其他相关章节中的评估范围。

3. 价值类型。资产评估报告应当说明选择价值类型的理由，并明确其定义。一般情况下可供选择的价值类型包括市场价值和市场价值以外的价值类型，其中，市场价值以外的价值类型包括投资价值、在用价值、清算价值和残余价值等。对于价值类型的选择、定义，可以参考《资产评估价值类型指导意见》。

4. 评估基准日。资产评估报告应当明确披露评估基准日。与追溯性、现时性、预测性业务相对应，评估基准日分别是过去、现在或者未来的时点。评估基准日一般应以具体的日期体现。

资产评估报告载明的评估基准日应当与资产评估委托合同约定的评估基准日保持一致。

5. 评估依据。资产评估报告应当说明资产评估采用的法律依据、准则依据、权属依据及取价依据等。实务中通常结合评估项目的具体情况，参考企业国有资产评估报告对法律法规依据、评估准则依据、权属依据、取价依据的披露要求进行撰写。

6. 评估方法。资产评估报告应当说明所选用的评估方法名称、定义及选择理由。确定资产价值的评估方法主要包括市场法、收益法和成本法三种基本方法及其衍生方法。资产评估专业人员在选择评估方法时应当充分考虑影响评估方法选择的因素。

在披露资产评估方法的运用情况时,需要在说明总体思路和主要评估方法的基础上,按照评估对象和所涉及的资产(负债)类型说明所选用的具体评估方法及其应用情况。采用成本法的,应介绍估算公式,并对所涉及资产的重置价值及成新率的确定方法作出说明;采用市场法的,应介绍参照物的选择原则、比较分析与调整因素等;采用收益法的,应介绍采用收益法的技术思路、主要测算方法、模型或计算公式,明确预测收益的类型等。

7. 评估程序实施过程和情况。资产评估报告应当说明资产评估程序实施过程中现场调查、收集整理评估资料、评定估算等的主要内容。一般包括:接受项目委托,确定评估目的、对象以及范围,知道被评估单位清查资产,准备评估资料等过程,选择评估方法等过程,评估结论汇总等过程。

8. 评估假设。资产评估报告应当披露所使用的资产评估假设。评估假设分为一般性假设和针对性假设。资产评估专业人员还应当在评估报告中明确提示,如果评估报告所披露的评估假设不成立,将对评估结论产生重大影响。

9. 评估结论。《资产评估执业准则——资产评估报告》规定,资产评估报告应当以文字和数字形式表述评估结论,并明确评估结论的使用有效期。评估结论通常是确定的数值。经与委托人沟通,评估结论可以是区间值或者其他形式的专业意见。

【例10-2】A评估机构接受B企业委托,对其并购的C企业进行了价值评估,出具的资产报告中有关评估报告结论部分内容如下。

评估人员认真遵循资产评估有关法规和国家规定的评估方法及计价原则,经过资产的账面清查、产权验证、勘察、评定估算、分析确定,据以得出委托方拟并购的C企业的评估值为人民币10 000万元。我们预计,鉴于良好的获得能力,在五年甚至更长的时间内,C企业的价值会以10%的增长率递增。

在评估结论中,"我们预计,鉴于C企业良好的获得能力,在五年甚至更长的时间内,C企业的价值会以10%的增长率递增"的表述不正确。此构成误导性陈述。根据评估报告的基本要求,评估报告陈述的内容应当清晰、准确,不得有误导性的表述。

10. 特别事项说明。特别事项是指在已确定评估结论的前提下,资产评估专业人员在评估过程中已发现可能影响评估结论,但非执业水平和能力所能评定估算的有关事项。资产评估报告中应当对特别事项进行说明,并重点提示评估报告使用人对其予以关注。

五、资产评估明细表的基本内容

(一)基本要求

评估明细表可以根据企业国有资产评估报告指南的基本要求和企业会计核算

所设置的会计科目，结合评估方法特点进行编制。

1. 单项资产或者资产组合评估、采用资产基础法进行企业价值评估，评估明细表包括被评估资产负债会计科目的评估明细表和各级汇总表。

2. 采用收益法进行企业价值评估，可以根据收益法评估参数和盈利预测项目的构成等具体情况设计评估明细表的格式和内容。

3. 采用市场法进行企业价值评估，可以根据评估技术说明的详略程度决定是否单独编制符合市场法特点的评估明细表。

（二）格式和内容要求

1. 资产、负债会计科目的评估明细表格式和内容基本要求。

（1）表头中应当含有资产或负债类型（会计科目）名称、被评估单位（或者产权持有单位）、评估基准日、表号、金额单位、页码。

（2）表中应当含有资产负债的名称（明细）、经营业务或者事项内容、技术参数、发生（购、建、创）日期、账面价值、评估价值、评估增减幅度等基本内容。必要时，备注栏对技术参数或者经营业务、事项情况进行注释。

（3）表尾中应当标明被评估单位（或者产权持有单位）填表人员、填表日期和评估人员。

（4）评估明细表按会计明细科目、一级科目逐级汇总，并编制资产负债表（方式）的评估汇总表及以人民币万元为金额单位的评估结果汇总表。

（5）会计计提的减值准备在相应会计科目（资产负债类型）合计项下和相关科目汇总表中列示。

（6）评估结果汇总表应当按以下顺序和项目内容列示：流动资产、非流动资产、资产总计、流动负债、非流动负债、负债总计、净资产等类别和项目。

2. 采用收益法中的现金流量折现法进行企业价值评估，评估明细表通常包括以下内容。

（1）资产负债、利润调整表（如果有调整时）；

（2）现金流量测算表；

（3）营业收入预测表；

（4）营业成本预测表；

（5）税金及附加预测表；

（6）销售费用预测表；

（7）管理费用预测表；

（8）财务费用预测表；

（9）营运资金预测表；

（10）折旧摊销预测表；

（11）资本性支出预测表；

（12）折现率计算表；

（13）溢余资产和非经营性资产分析表。

收益法评估明细表头应当含有评估参数或预测项目名称、被评估单位（或者产权持有单位）、评估基准日、表号、金额单位等。

3. 被评估单位（或者产权持有单位）为两家以上的，评估明细表应当按被评估单位（或者产权持有单位）分别归集，自成体系。

六、资产评估报告书的附报文件

（1）有关经济行为文件；
（2）资产评估立项批准文件；
（3）被评估企业前3年会计报表（至少包括企业资产负债表、损益表）；
（4）委托方与资产占有方营业执照复印件；
（5）产权证明文件复印件；
（6）重要合同、协议；
（7）委托方、资产占有方的承诺函；
（8）注册资产评估师和评估机构的承诺函；
（9）资产评估机构资格证书复印件；
（10）资产评估机构营业执照复印件；
（11）参加本评估项目的人员名单及其资格证书复印件；
（12）资产评估业务约定合同；
（13）其他需附列的资料。

第三节　资产评估报告的编制

编制评估报告书是完成评估工作的最后一道工序，也是评估工作中的一个很重要的环节。评估人员通过评估报告不仅要真实准确地反映评估工作情况，而且表明评估者在今后一段时期里对评估的结果和有关的全部附件资料承担相应的法律责任。这就要求资产评估人员所编制的报告要思路清晰，文字简练准确，有关的取证材料和数据真实可靠。为了达到这些要求，评估人员应按下列步骤进行评估报告的编制。

1. 评估资料的分类整理。占有大量的真实的评估工作记录，包括被评估资产的有关背景资料、技术鉴定情况资料及其他可供参考的数据记录等，是编制评估报告的基础。一般来说，一个较复杂的评估项目是由一组评估人员合作完成的，为了正确地反映评估的全过程，首先要求评估小组按工作的分工情况，将全部评估资料进行分类整理，包括评估作业分析表的审核、评估依据的说明、分类明细表的编制，最后要求形成分类评估的文字资料。

2. 评估资料的分析讨论。在整理分类资料工作完成后，应召集评估工作过程的有关人员，对评估的情况和初步结论进行分析讨论，如果发现其中提法不妥、计算错误、作价不合理等方面的问题，要进行必要的调整。尤其是采用两种不同方法评估并得出两个结论的，需要在充分讨论的基础上，得出一个正确的结论。

3. 评估资料的汇总和评估报告的编排。评估报告的总纂人应根据分类评估资料讨论后的修正意见，进行全部资料的汇总编排和评估结果报告书的编写工作，审查复核无误后打印正式报告，并将正式报告及附件交付客户，如果客户另有要求的，评估人员还应向客户进行特别说明。

4. 评估报告先由项目经理（或负责人）审核，再报评估机构经理（负责人）审核签发，必要时组织有关专家会审。

资产评估报告作为法律文书，出具资产评估报告应承担法律责任。资产评估报告中的责任人分别承担本身的责任。根据2017年《资产评估基本准则》的要求，资产评估报告应当履行内部审核程序，由至少两名承办该项资产评估业务的资产评估专业人员签名并加盖资产评估机构印章。法定评估业务资产评估报告应当履行内部审核程序，由至少两名承办该项资产评估业务的资产评估师签名并加盖资产评估机构印章。

按照《资产评估报告签字制度（试行）》的规定，凡在中国境内执业的资产评估机构，在接受客户委托、完成评估项目后所出具的资产评估报告书，应有资产评估机构法定代表人（或合伙人）和至少两名注册资产评估师签字。未经资产评估机构法定代表人（合伙人）和注册资产评估师签字的资产评估报告为无效报告。同时，还规定注册资产评估师只能在一个资产评估机构执行并独立行使签字权利。注册资产评估师只能在本人参与评估的综合性资产评估项目和单项资产评估项目的资产评估报告书上签字。注册资产评估师在有正当理由并能提供必要依据的情况下，可以拒绝在资产评估报告书上签字。

《资产评估操作规范意见（试行）》中规定有项目负责人、项目复核人签字，但《资产评估报告签字制度（试行）》中未规定项目负责人、项目复核人签字。我们认为，注册资产评估师、项目负责人、项目复核人均在资产评估报告书上签字，注册资产评估师应对所评估的单项或部分评估结果负责，项目负责人、项目复核人应对整个评估结果负责。法定代表人签字说明的是评估机构对资产评估报告书承担责任。

评估中的风险和责任是客观存在的，明确负责人是为了确定责任范围。但负责人并不是被动地承担风险，而应该采取各项措施规避风险。

注册资产评估师在不断提高自身业务水平的基础上，在业务操作中严格按照评估操作程序，客观、公正、科学地确定评估结果，并有充分的依据说明。

项目负责人着重从自身基本职责和操作实务的角度审核评估报告，具体要求如下。

（1）根据上级关于资产评估报告结构的规定，从总体结构上审核评估报告正文的编制是否达到以下要求：内容是否完整，应列入报告的各项内容是否都已分列叙述清楚，有没有错漏；附件有无短缺；报告中文字上的差错是否已改正等。

（2）通过审核评估报告，回顾本项目开展评估的全过程，审视整体评估工作是否客观、公正、科学，是否全部符合关于资产评估操作程序的规定，如发现有疏忽不妥之处，要及时弥补。

（3）重点审核评估结果，对报告所列各类资产和负债以及总资产、净资产的评估依据、评估价值认真进行审核，保证评估结果的科学性、准确性、客观性、公正性、有效性。

项目复核人对评估报告的审核尤为重要。有关国家评估准则中规定：项目复核人应承担与项目负责人相同的责任。项目复核人审核评估报告的具体要求如下。

（1）项目复核人要在项目负责人初步审核的基础上，对已初步修正的评估报告再次就以上审核内容进行审核。

（2）对评估报告的审核，要结合审核评估说明，保持二者的一致性，防止初审后再出现错漏之处。

（3）项目复核人审核的关键之点也是评估结果。要从保证评估结果的可靠性、准确性出发，着重审核报告所列各项数据，特别是评估结果，即报告最后向委托方报告的本项目的评估价值。在审核中，必要时应对报告所列各项数据着重重新审核、计算，以求万无一失。

（4）对评估报告的文字等进一步审核、改正。

法定代表人要对评估报告进行最后的把关，应在项目负责人、项目复核人审核的基础上，着重从政策上、原则上、业务规程执行和评估结果的科学性上把关。要求是：

（1）审核报告是否符合合法性原则。

①委托方的委托依据、所提供的文件和材料是否充分、可靠；

②本所开展评估的全过程是否符合上级规定的资产评估操作规范要求；

③评估结果的获得是否符合国家和政府主管部门的法律、法令和法规精神；

④本评估报告是否体现了本所在该项目评估中恪守职业道德、坚持原则、秉公执业的形象。

（2）狠抓涉及本项目评估的实质性内容的审核。这包括：进一步审核报告所表述的评估目的是否明晰；评估范围和对象是否确切；评估过程和步骤是否合乎要求；评估原则和评估依据是否正确；评估基准日的选定是否可行；特别是评估结果是否切合实际，有没有不妥当或考虑不周之处；对报告所列各类资产和负债以及总资产、净资产的评估价值是否科学、正确；委托方是否接受；资产的增值或减值是否合理；等等。

(3) 对评估报告从总体结构等方面作最后的审核。

第四节 资产评估报告的应用

资产评估报告由评估机构出具后，委托人、评估报告使用人可以根据所载明的评估目的和评估结论进行恰当、合理的应用，资产评估的具体应用包括对资产评估报告的分析及评估相关方对评估报告的具体运用。

一、资产评估报告的分析

(一) 资产评估报告分析的目的

国有资产管理者对资产评估报告及资料进行分析的目的主要有以下两点。

1. 了解评估机构从事评估工作的能力。由于一份完整的评估报告资料基本上能够反映一个评估机构评估工作的全过程，包括具体思路、评估依据的条件、信息的筛选、结果的产生，因此，资产评估管理机构可以根据评估机构提交的评估报告及资料进行全面的分析，判断该评估机构是否具有评估工作的能力，并作出是否颁发资格证书的决定。

2. 了解评估质量好坏，并作出对评估结果是否予以核准的决定。国有资产管理部门按国有资产管理的有关规定，应对评估机构评估国有资产的结果进行核准备案工作，很重要的依据就是通过对获得的评估报告资料进行全面分析，了解评估机构进行此项评估工作的基本情况，其中包括遵循的评估计价原则、工作的基本程序、评估方法的选择、市场信息的可靠性等，综合评价评估质量的好坏，再结合实地勘察的情况，最后作出对该项评估结果是否予以核准的决定。

(二) 资产评估报告分析的内容

1. 对评估报告进行书面逻辑分析。一般来说，评估报告所列发生评估的原因、评估范围、资产的权益、评估依据的前提条件与评估方法的选择有着密切的关系，而这种管理就构成了评估报告本身的逻辑关系，同时它也反映出一个评估机构进行评估的基本思路。分析人员进行评估报告的逻辑分析，就是要根据所掌握的实际情况，对评估机构评估的基本思路及三个因果关系，即评估目的、评估依据的前提条件和评估方法选择之间的一致性，评估范围与资产权益之间的一致性，资产权益、作价的前提条件与作价依据之间的一致性进行分析。通过分析，可以初步得出对评估机构的能力和评估结论是否科学的判断。

2. 对评估中运用的市场信息资料进行对比分析。对评估机构在评估中运用的各种市场信息资料进行分析鉴别，首先要求国有资产的评估管理机构拥有自己的数据和随时可取得的信息渠道，只有在占有大量可靠的市场资料的基础上，才能进行信息的对比分析。分析的内容主要有两方面。

（1）评估机构所选择的参照价格及价格的构成因素与介绍的评估前提条件是否吻合。一般来说，无论采用哪一种方法进行评估，首先要取得前提条件，在此基础上根据客观、公平的原则，选择与之相应的有关信息资料的参照价格。评估的前提条件不同，所选择的参照价格和价格的构成内容也会有所不同。

（2）分析评估运用的参照价格及有关的资料是否准确可靠。这里包括运用的价格变动指数、计算重置成本的各种费率的取值以及计算收益现值所参照的资本化率、折现系数、行业经营风险系数等。

通过以上几个方面的分析，结合实地勘察，最后产生综合评价的意见。根据被估资产发生评估的原因、被估资产目前的使用状态、外部环境和市场的情况，审定评估机构的评估结果是否可以核准，该评估机构是否具有国有资产评估的能力。

二、委托方对资产评估报告的运用

委托方在收到受托评估机构送交的正式评估报告书及有关资料，可以依据评估报告书所揭示的评估目的和评估结论，合理使用资产评估结果。一般地，委托方对评估报告的运用主要体现在以下方面。

1. 作为产权交易作价的基础材料。对企业联营、股份经营、中外合资等情况下的资产评估资料可作为确定资产交易谈判底价的参考依据，或作为各方确定投资比例、出资价格的证明材料。对全民所有制企业的评估材料，只有经国有资产管理部门的确认方能生效。

2. 作为企业进行会计记录的依据。一般是指为满足会计核算需要进行的评估，评估的报告及各类明细评估表格中的有关数据，可作为会计进行账簿登记的依据。按评估值对会计账目的调整必须由财政部门批准。

3. 作为法庭辩论和裁决时确认财产价格的举证材料。一般是指发生经济纠纷案时的资产评估，其评估的结果可作为法庭作出裁决的证明材料。

4. 作为支付评估费用的依据。当委托方（客户）收到评估资料及报告书后没有提出异议，也就是说评估的材料及结果符合委托书的条款，委托方应以此为前提和依据向受托的评估机构付费。

三、资产评估管理机构对资产评估报告书的运用

资产评估管理机构主要是指对资产评估行政管理的主管机关和对资产评估行业自律管理的行业协会。对资产评估报告书的运用，是资产评估管理机构实现对评估机构的行政管理和行业自律管理的必要过程。资产评估管理机构通过对评估机构出具的资产评估报告有关资料的运用，一方面能大体了解评估机构从事评估工作的业务能力和组织管理水平，由于资产评估报告是反映资产评估工作过程的工作报告，通过对资产评估报告书资料的检查与分析，评估管理机构就能大致判断该机构的业务能力和组织管理水平；另一方面也是对资产评估结果质量进行评价。它还能为国有资产管理提供重要的数据资料。通过对资产评估报告书的统计与分析，可以及时了解国有资产占有和使用状况以及增减值变动情况，进一步为加强国有资产管理服务。

四、有关部门对资产评估报告书的运用

除了资产评估管理机构可运用资产评估报告书资料外，有些政府管理部门也需要运用资产评估报告书，他们主要包括证券监督管理部门、保险监督管理部门以及工商行政管理、税务、金融和法院等有关部门。

例如，证券监督管理部门对资产评估报告书的运用，主要表现在对申请上市的公司的有关申报材料招股说明书的审核过程，以及对上市公司的股东配售发行股票时申报材料配股说明书的审核过程。例如，根据有关规定，公开发行股票公司信息披露至少要列示以下各项资产评估情况。

1. 按资产负债表大类划分的公司各类资产评估前账面价值及固定资产净值；
2. 公司各类资产评估净值；
3. 各类资产增减幅度；
4. 各类资产增减值的主要原因。

此外，还应简单介绍资产评估时采用的主要评估方法。

公开发行股票的公司对采用非现金方式的配股，其配股说明书的备查文件必须附上资产评估报告书。当然，证券监督管理部门还可运用资产评估报告书和有关资料加强对取得证券业务评估资格的评估机构及有关人员的业务管理。

保险监督管理部门、工商行政管理部门以及税务、金融和法院等部门也都能通过对资产评估报告书的运用来达到实现其管理职能的目的。

【小思考】

如何将前面所学的资产评估方法呈现在资产评估报告中呢？尝试编制一份简单的资产评估报告。

第五节 资产评估报告示例

一、封面

××股份有限公司资产评估报告

××评报字〔20×1〕第××号

×××资产评估有限公司
二○×一年××月××日

二、目录

注册资产评估师声明 ……………………………………………………	1
摘　要 ………………………………………………………………………	2
资产评估报告 ……………………………………………………………	3
一、委托方、被评估单位和业务约定书约定的其他评估报告使用者 ……	4
二、评估目的 ………………………………………………………………	5
三、评估对象和评估范围 …………………………………………………	6
四、价值类型及其定义 ……………………………………………………	7
五、评估基准日 ……………………………………………………………	8
六、评估依据 ………………………………………………………………	9
七、评估方法 ………………………………………………………………	10
八、评估程序实施过程和情况 ……………………………………………	11
九、评估假设 ………………………………………………………………	12
十、评估结论 ………………………………………………………………	13
十一、特别事项说明 ………………………………………………………	14
十二、评估报告使用限制说明 ……………………………………………	15
十三、评估报告日 …………………………………………………………	16
备查文件目录 ……………………………………………………………	17

三、注册资产评估师声明

1. 我们在执行本资产评估业务中,遵循相关法律法规和资产评估准则,恪守独立、客观和公正的原则;根据我们在执业过程中收集的资料,评估报告陈述的内容是客观的,并对评估结论合理性承担相应的法律责任。

2. 评估对象涉及的资产、负债清单由委托方、被评估单位申报并经其签章确认;所提供资料的真实性、合法性、完整性以及恰当使用评估报告是委托方和相关当事方的责任。

3. 我们与评估报告中的评估对象没有现存或者预期的利益关系;与相关当事方没有现存或者预期的利益关系,对相关当事方不存在偏见。

4. 我们已对评估报告中的评估对象及其所涉及资产进行现场调查;我们已对评估对象及其所涉及资产的法律权属状况给予必要的关注,对评估对象及其所涉及资产的法律权属资料进行了查验,并对已经发现的问题进行了如实披露,且已提请委托方及相关当事方完善产权以满足出具评估报告的要求。

5. 我们出具的评估报告中的分析、判断和结论受评估报告中假设和限定条件的限制,评估报告使用者应当充分考虑评估报告中载明的假设、限定条件、特别事项说明及其对评估结论的影响。

四、摘要

××资产评估公司接受 YY 公司委托对 XX 公司股东全部权益在评估基准日的市场价值进行了评估。

评估基准日为 20×1 年××月××日。

评估对象为 YY 公司的股东全部权益,评估范围为该公司在基准日申报的全部资产及相关负债,包括流动资产和非流动资产等资产及相应负债。本次评估的价值类型为市场价值。本次评估以持续使用和公开市场为前提,结合评估对象的实际情况,综合考虑各种影响因素,采用资产基础法对××有限公司进行整体评估,出具评估结论。

经实施清查核实、实地查勘、市场调查和询证、评定估算等评估程序,得出××有限公司在评估基准日 20×1 年××月××日的评估结论如下。

资产账面价值 921 154.22 万元,评估值 935 119.13 万元,评估增值 13 964.91 万元,增值率 1.52%。

负债账面价值 716 536.03 万元,评估值 716 281.03 万元,评估减值 255.00 万元,减值率 0.04%。

净资产账面价值 204 618.19 万元,评估值 218 838.10 万元,评估增值 14 219.91 万元,增值率 6.95%。即在评估基准日,××有限公司的股东全部权益价值为人民币 218 838.10 万元。

在使用本评估结论时,特别提请报告使用者使用本报告时注意报告中所载明的特殊事项以及期后重大事项。

根据国有资产评估管理的相关规定,资产评估报告须经备案后使用,经备案后的评估结果使用有效期一年,自评估基准日 20×1 年 10 月 31 日起,至 20×2 年 10 月 30 日止。超过一年,需重新进行评估。

以上内容摘自资产评估报告,欲了解本评估项目的全面情况,请认真阅读资产评估报告全文。

五、基本内容

××有限公司资产评估报告

资产评估情况报告如下。

一、委托方、被评估单位和业务约定书约定的其他评估报告使用者

本次资产评估的委托方为 YY 集团公司；被评估单位为××有限公司。

（一）委托方概况（略）

（二）被评估单位概况（略）

（三）委托方与被评估单位之间的关系（略）

（四）委托方、业务约定书约定的其他评估报告使用者

本评估报告的使用者为委托方、经济行为相关的当事方以及按照国有资产管理相关规定报送备案的相关监管机构。除国家法律法规另有规定外，任何未经评估机构和委托方确认的机构或个人不能由于得到评估报告而成为评估报告使用者。

二、评估目的

本次评估的目的是反映××有限公司股东全部权益于评估基准日的市场价值，为重组整合行为提供价值参考依据。

三、评估对象和评估范围

评估对象为××有限公司的股东全部权益。评估范围为基准日的全部资产及相关负债，账面资产总额 9 211 542 280.81 元、负债 7 165 360 280.81 元、净资产 2 046 182 000.00 元。具体包括流动资产 264 189 731.33 元；非流动资产 8 947 352 549.48 元；流动负债 2 783 960 280.81 元；非流动负债 4 381 400 000.00元。

四、价值类型

依据本次评估目的，确定本次评估的价值类型为市场价值。市场价值是指自愿买方和自愿卖方在各自理性行事且未受任何强迫压制的情况下，资产在基准日进行正常公平交易的价值估计数额。

五、评估基准日

本项目资产评估基准日是 20×1 年 10 月 31 日。此评估基准日是委托方与被评估单位综合考虑涉及资产规模、工作量大小、预计所需时间、合规性等因素，在与各中介机构充分协商的基础上确定的。

六、评估依据

（一）经济行为（略）

（二）法律依据

1.《中华人民共和国公司法》(2005年10月27日第十届全国人民代表大会常务委员会第十八次会议修订);

2.《国有资产评估管理办法》;

3.《企业国有资产评估管理暂行办法》。

(三) 准则依据

1.《资产评估准则——基本准则》;

2.《企业国有资产评估报告指南》;

3.《资产评估价值类型指导意见》;

4.《企业会计准则——基本准则》。

(四) 权属依据

1.《企业国有资产产权登记证》及公司章程;

2.《建设用地规划许可证》《建设工程规划许可证》《国有土地使用证》;

3.《机动车行驶证》;

4. 重要资产购置合同或凭证。

七、评估方法

(一) 评估方法的选择

依据资产评估准则的规定,企业价值评估可以采用收益法、市场法、资产基础法三种方法。

根据本次评估对象、价值类型、资料收集情况等相关条件,本项目适用采用资产基础法进行评估。

(二) 资产基础法介绍

资产基础法,是以在评估基准日重新建造一个与评估对象相同的企业或独立获利实体所需的投资额作为判断整体资产价值的依据,具体是指将构成企业的各种要素资产的评估值加总减去负债评估值求得企业价值的方法。

各类资产及负债的评估方法如下。

1. 流动资产。

流动资产评估范围包括货币资金和其他应收款。

(1) 货币资金:××有限公司货币资金只有银行存款。银行存款在账与账、账与表核实和核对银行对账单的基础上,结合对银行的函证回函情况确定评估值。

(2) 应收款项:即为其他应收款,对其他应收款的评估,评估人员在对应收款项核实无误的基础上,借助于历史资料和现在调查了解的情况,具体分析数额、欠款时间和原因、款项回收情况、欠款人资金、信用、经营管理现状等,其他应收款采用个别认定和账龄分析的方法确定评估风险损失进行评估。坏账准备按评估有关规定评估为零。

2. 非流动资产。

（1）房屋建筑物。本次评估按照房屋建筑物用途、结构特点和使用性质选择采用重置成本法进行评估。

$$建筑物评估值 = 重置价值 \times 成新率$$

①重置价值。

经评估人员现场向被评估单位财务人员了解并仔细查阅各相关资料得知，已转固定资产房屋的账面值仅包括房屋建筑安装工程的部分造价费用（比如，乙炔办公楼账面值中未包括暖通、空调水、给排水、电气等安装专业及办公楼中食堂和浴室区域的工程费用），不包括前期费用、其他费用及资金成本。工程的前期费用、其他费用及资金成本仍列入在建工程科目中，至评估基准日尚未全部支付，且无法对应到固定资产房屋中。

鉴于上述情况，同时为了保持账面价值内容的一致性，本次评估的重置价值仅仅包含账面体现的资产的建安成本，不包含前期及其他费用、资金成本。

$$重置价值(建安造价) = 账面原值 \times (1 + 调整比例)$$

②成新率。

建（构）筑物成新率的确定方法，根据不同类型、不同价值量的建（构）筑物，将分别采用不同的方法。对于重要的、价值量大的建（构）筑物采用综合成新率方法确定，采用勘察成新率和理论成新率两种方法计算，经加权平均得出综合成新率。对于一般建（构）筑物采用年限法，并根据具体勘察情况进行修正后确定其成新率。

计算公式为：

$$成新率 = 勘察成新率 \times 0.6 + 理论成新率 \times 0.4$$

A. 勘察成新率。将影响房屋成新率的因素分为三大部分（结构、装饰和设备部分），通过各项因素对建（构）筑物造价的影响程度，确定不同结构类型建（构）筑物各因素的标准分值，根据勘察情况给出不同的分值，并据此确定勘察成新率。

B. 理论成新率。根据经济使用年限和房屋已使用年限计算。

$$理论成新率 = (1 - 已使用年限 / 经济寿命年限) \times 100\%$$

③评估值的确定。

$$评估值 = 重置价值 \times 成新率$$

（2）设备类资产。

根据本次评估目的，按照持续使用原则，以市场价格为依据，结合委估设备的特点和收集资料情况，主要采用重置成本法进行评估。

$$评估值 = 重置价值 \times 成新率$$

（3）在建工程。

在建工程为在建的工程项目所发生的土建工程款、设备及安装工程款及预付设备款，由于在建工程项目因其基本反映了评估基准日的购建成本，以核实后账面值考虑材料价格调整因素和适当资金成本确定评估值。

（4）工程物资。

工程物资为公司实施的在建项目所购置的材料物资备品备件和预付的供应商的设备款。由于上述工程物资均是近期购置，账面单价接近基准日市场价格，故以核实后账面值作考虑适当的资金成本作为评估值。

（5）无形资产。

①无形资产——土地使用权。

土地使用权为被评估企业在无形资产明细中核算的企业所拥有的土地使用权价值。为评估基准日经审计后确认的以出让方式取得的土地使用权。本次采用市场法和成本逼近法进行评估。

②无形资产——其他无形资产。

其他无形资产为外购的各种办公用软件，包括档案管理软件、财务核算软件、物资管理软件等办公软件。评估人员查阅了软件相关的证明资料，核实取得方式、取得日期、法定使用年限或预计使用年限，了解原始入账价值的构成，摊销的方法和期限。该软件系评估基准日市场上有销售且无升级版本的外购软件，按照同类软件评估基准日现行购置价确定评估值。

3. 负债。

检验核实各项负债在评估目的实现后的实际债务人、负债额，以评估目的实现后的产权所有者实际需要承担的负债项目及金额确定评估值。

八、评估程序实施过程和情况

整个评估工作分四个阶段进行。

（一）评估准备阶段

1. 委托方召集本项目各中介协调会，有关各方就本次评估的目的、评估基准日、评估范围等问题协商一致，并制订出本次资产评估工作计划。

2. 配合被评估单位进行资产清查、填报资产评估申报明细表等工作。收集资产评估所需文件资料。

（二）现场评估阶段

项目组现场评估阶段的主要工作如下。

1. 听取委托方及被评估单位有关人员介绍企业总体情况和被评估资产的历史及现状，了解企业的财务制度、经营状况、固定资产技术状态等情况。

2. 对被评估单位提供的资产清查评估申报明细表进行审核、鉴别，并与被评估单位有关财务记录数据进行核对，对发现的问题协同被评估单位做出调整。

3. 根据资产清查评估申报明细表，对固定资产进行了全面清查核实，对流动资产中的存货类实物资产进行了抽查盘点。

4. 查阅收集被评估资产的产权证明文件。

5. 根据被评估资产的实际状况和特点，确定各类资产的具体评估方法。

6. 对在建开发项目，了解项目立项审批、项目可研、初步设计、项目建设等情况，收集相关资料；对主要设备，查阅了技术资料、决算资料和竣工验收资料；对通用设备，主要通过市场调研和查询有关资料，收集价格资料。

7. 对被评估单位提供的权属资料进行查验。

8. 对评估范围内的资产及负债，在清查核实的基础上做出初步评估测算。

（三）评估汇总阶段

对各类资产评估及负债审核的初步结果进行分析汇总，对评估结果进行必要的调整、修改和完善。

（四）提交报告阶段

在上述工作基础上，起草资产评估报告，与委托方就评估结果交换意见，在全面考虑有关意见后，按评估机构内部资产评估报告三审制度和程序对报告进行反复修改、校正，最后出具正式资产评估报告。

九、评估假设

本次评估中，评估人员遵循了以下评估假设。

（一）一般假设

1. 交易假设。

交易假设是假定所有待评估资产已经处在交易的过程中，评估师根据待评估资产的交易条件等模拟市场进行估价。交易假设是资产评估得以进行的一个最基本的前提假设。

2. 公开市场假设。

公开市场假设，是假定在市场上交易的资产，或拟在市场上交易的资产，资产交易双方彼此地位平等，彼此都有获取足够市场信息的机会和时间，以便于对资产的功能、用途及其交易价格等作出理智的判断。公开市场假设以资产在市场上可以公开买卖为基础。

3. 资产持续经营假设。

资产持续经营假设是指评估时需根据被评估资产按目前的用途和使用的方式、规模、频度、环境等情况继续使用，或者在有所改变的基础上使用，相应确定评估方法、参数和依据。

（二）特殊假设

1. 本次评估假设评估基准日外部经济环境不变，国家现行的宏观经济不发生重大变化；

2. 企业所处的社会经济环境以及所执行的税赋、税率等政策无重大变化；

3. 企业未来的经营管理班子尽职，并继续保持现有的经营管理模式；

4. 本次评估的各项资产均以评估基准日的实际存量为前提，有关资产的现行市价以评估基准日的国内有效价格为依据；

5. 本次评估假设委托方及被评估单位提供的基础资料和财务资料真实、准确、完整；

6. 评估范围仅以委托方及被评估单位提供的评估申报表为准，未考虑委托方及被评估单位提供清单以外可能存在的或有资产及或有负债；

7. 本次评估测算的各项参数取值不考虑通货膨胀因素的影响。当上述条件发生变化时，评估结果一般会失效。

十、评估结论

采用资产基础法对××有限公司的全部资产和负债进行评估得出的评估基准日20×1年××月××日的评估结论见下表。

项目	账面价值	评估价值	增减值	增值率
流动资产	26 418.97	27 854.95	1 435.98	5.44
非流动资产	894 735.25	907 264.18	12 528.93	1.4
其中：长期股权投资				
投资性房地产				
固定资产	20 735.91	20 589.74	−146.17	−0.70
在建工程	624 098.96	634 441.29	10 342.33	1.66
工程物资	239 465.26	241 425.88	1 960.62	0.82
无形资产	10 435.13	10 807.27	372.14	3.57
长期待摊费用				
资产总计	921 154.22	935 119.13	13 964.91	1.52
流动负债	278 396.03	278 396.03		
非流动负债	438 140.00	437 885.00	−255.00	−0.06
负债合计	716 536.03	716 281.03	−255.00	−0.04
所有制权益	204 618.19	218 838.10	14 219.91	6.95

十一、特别事项说明

（一）产权瑕疵事项

本次评估不存在资产产权瑕疵事项。

（二）未决事项、法律纠纷等不确定因素

本次评估不存在未决事项、法律纠纷等不确定因素。

（三）重大期后事项

期后事项是指评估基准日之后出具评估报告之前发生的重大事项。本次评估不存在重大期后事项。

（四）其他需要说明的事项

十二、评估报告使用限制说明

本评估报告只能用于本报告载明的评估目的和用途。同时，本次评估结论是反映评估对象在本次评估目的下，根据公开市场的原则确定的现行公允市价，没有考虑将来可能承担的抵押、担保事宜，以及特殊的交易方可能追加付出的价格等对评估价格的影响，同时，本报告也未考虑国家宏观经济政策发生变化以及遇有自然力和其他不可抗力对资产价格的影响。当前述条件以及评估中遵循的持续经营原则等其他情况发生变化时，评估结论一般会失效。评估机构不承担由于这些条件的变化而导致评估结果失效的相关法律责任。

十三、评估报告日

评估报告日为二○××一年××月××日。

六、备查文件目录

1. 经济行为文件（复印件）；
2. ××有限公司基准日审计报告及会计报表（复印件）；
3. 委托方及被评估单位企业法人营业执照（复印件）；
4. 评估对象涉及的主要权属证明资料（复印件）；
5. 委托方及被评估单位承诺函；
6. 签字注册资产评估师承诺函；
7. 评估公司企业法人营业执照（复印件）；
8. 评估公司资产评估资格证书（复印件）；
9. 签字注册资产评估师资格证书（复印件）。

资产评估报告的重要性和道德责任

【本章小结】

资产评估报告是资产评估机构及其资产评估专业人员遵守法律、行政法规和资产评估准则，根据委托履行必要的评估程序后，由资产评估机构对评估对象在评估基准日特定目的下的价值出具的专业报告。资产评估专业人员应当根据评估业务的具体情况，提供能够满足委托人和其他评估报告使用人合理需求的评估报告，并在评估报告中提供必要信息，使评估报告使用人能够正确理解和使用评估结论。资产评估报告应当按照一定格式和内容进行编写，反映评估目的、假设、程序、标准、依据、方法、结果及适用条件等基本信息。同时，本章还介绍了资产评估报告的基本格式和内容。

【本章练习】

一、单项选择题

1. 下列资产评估报告的类型中，属于按照资产评估项目的目的和作用划分的是（　　）。
   A. 法定评估报告　　　　　　B. 简明评估报告
   C. 预期性评估报告　　　　　D. 评估复核报告

2. 资产评估报告应当使用中文撰写，需要同时出具中外文资产评估报告的是（　　）。
   A. 以中文资产评估报告为准
   B. 以外文资产评估报告为准
   C. 根据法律法规要求，由委托单位选择用以中文资产评估报告为准或以外文资产评估报告为准
   D. 根据法律法规要求，由报告使用人选择用以中文资产评估报告为准或以外文资产评估报告为准

3. 资产评估报告标题一般采用的形式是（　　）。
   A. 经济行为关键词＋企业名称＋评估对象＋资产评估报告
   B. 评估对象＋企业名称＋经济行为关键词＋资产评估报告
   C. 企业名称＋经济行为关键词＋评估对象＋资产评估报告
   D. 评估对象＋经济行为关键词＋企业名称＋资产评估报告

4. 资产评估报告声明中，应该声明资产评估报告的使用人。下列各项中，不属于资产评估报告使用人的是（　　）。
   A. 委托人
   B. 法律法规规定且未在合同中约定的机构
   C. 资产评估委托合同中约定的其他资产评估报告使用人
   D. 法律、行政法规规定的资产评估报告使用人

5. 按照评估报告的繁简程度，国外将评估报告分为（　　）。
   A. 整体资产评估报告和单项资产评估报告
   B. 现时性评估报告和预测性评估报告
   C. 现时性评估报告和追溯性评估报告
   D. 评估报告和限制评估报告

二、多项选择题

1. 按《资产评估法》中规定的法律定位划分，资产评估报告划分为（　　）。
   A. 整体资产评估报告　　　　　　B. 单项资产评估报告
   C. 法定评估业务评估报告　　　　D. 限制评估报告
   E. 非法定评估业务评估报告

2. 下列关于资产评估专业人员签名和资产评估机构印章，说法错误的有（　　）。
   A. 一般情况下，应当由一名承办该项业务的资产评估专业人员签名并加盖评估机构印章
   B. 一般情况下，应当由至少两名承办该项业务的资产评估专业人员签名并加盖评估机构印章
   C. 如果是法定评估业务，应当由至少两名承办该项业务的资产评估师签名并加盖资产评估机构印章
   D. 如果是法定评估业务，应当由至少三名承办该项业务的资产评估师签名并加盖资产评估机构印章
   E. 如果是法定评估业务，应当由至少两名承办该项业务的资产评估专业人员签名并加盖评估机构印章

3. 下列不同类型的资产评估报告属于按照资产评估工作的内容划分的有（　　）。
   A. 评估咨询报告　　　　　　　　B. 追溯性评估报告
   C. 法定评估报告　　　　　　　　D. 正常评估报告
   E. 简明评估报告

4. 下列属于使用资产评估报告的合理目的的有（　　）。
   A. 为被委托评估的资产提供作价意见
   B. 了解资产价值
   C. 反映和体现资产评估工作情况
   D. 有利于管理部门完善资产评估管理方法
   E. 有利于为资产评估师所作出的工作提供辩护

5. 下列说法中，错误的有（　　）。
   A. 资产评估报告中的内容不得具有误导性陈述
   B. 资产评估专业人员可以根据不同项目的不同情况，因地制宜确定评估报告中所提供信息的范围和程度
   C. 同时出具中外文资产评估报告的，若存在不一致，以外文资产评估报告为准
   D. 当评估基准日与经济行为实现日相距不超过 6 个月时，才可以使用资产评估报告

E. 资产评估报告应当以人民币为计量币种，使用其他币种计量的，可以注明该币种在资产评估报告出具日与人民币的汇率

三、综合案例题

ABC 资产评估机构需要对一处位于城市中心的办公楼进行评估，以确定其当前的市场价值。以下是一些相关信息。

（1）办公楼总建筑面积：10 000 平方米。
（2）建筑年代：1990 年。
（3）楼层数：15 层。
（4）出租率：90%。
（5）平均每平方米租金：每月 200 元。
（6）类似区域内其他办公楼的市场租金水平。
（7）过去几年的房地产市场趋势和预测。

要求：请根据这些信息编写一份商业办公楼评估报告，其中包括对该办公楼的市场价值评估、关键因素分析和对风险的评估。

第十一章　信息技术与资产评估发展

【学习目标】

◆知识目标

了解信息技术对资产评估的影响，熟悉信息技术在资产评估中的应用现状，熟悉资产评估方法中信息技术如何嵌入。

◆能力目标

主动研究资产评估新方法、新技术、新手段，了解资产评估行业内信息技术的应用情况并提高自身信息技术应用能力。

◆思政目标

能够顺应资产评估学科发展趋势，持续提高资产评估知识的应用能力，加强资产评估业务相关信息技术的学习，提升职业素养及人文素养，适应职业发展需要。

【本章重点和难点】

信息技术在资产评估中的应用现状以及信息技术时代资产评估行业的应对措施。

【案例导入】

我国经济发展正处在转变发展方式、优化经济结构、转换增长动力的攻关期，科技创新、绿色生态、民生保障、数字经济、社会治理等领域提出了一系列新的发展战略，现代财税体制改革也受到前所未有的关注。这些都对资产评估行业服务领域、服务类型、服务质量提出了更高的要求。信息化建设是提升资产评估专业服务能力、提升服务效能的必由之路。

根据北京资产评估协会行业信息化建设委员会 2023 年 12 月发布的《北京地区资产评估行业信息化建设情况调研报告》，总体来看，北京地区资产评估机构的信息化建设取得了长足发展。本次调研范围内，84.40% 的机构都进行了信息化建设，并且所有机构都认为信息化建设有利于行业发展，对资产评估实务具有促进及支持作用。从信息化建设的总体情况来看，大部分资产评估机构信息化建设的方向主要为开发其自用的信息化系统及产品，这些资产评估机构更倾向于将其信息化建设成果用于其自身业务的发展和优化。从信息化建设的投入意愿及发展程度来看，愿意在信息化建设方面投入大量经费的资产评估机构集中于大型头部机构，中小型资产评估机构信息化建设投入的预算相对有限。另外，大部分资产评估机构希望在其未来的信息化建设中可以得到行业协会的平台指导及资金支持。

（资料来源：2023年12月发布的《北京地区资产评估行业信息化建设情况报告》）

思考与讨论：

什么是信息技术？信息技术如何影响资产评估行业的发展？这就需要我们充分了解信息技术与资产评估发展。

第一节 信息技术概述

一、信息技术

信息技术（information technology，IT），是主要用于管理和处理信息所采用的各种技术的总称。它主要是应用计算机科学和通信技术来设计、开发、安装和实施信息系统及应用软件。它也常被称为信息和通信技术（information and communications technology，ICT），主要包括传感技术、计算机与智能技术、通信技术和控制技术。信息技术的应用包括计算机硬件和软件、网络和通信技术、应用软件开发工具等。计算机和互联网普及以来，人们日益普遍使用计算机来生产、处理、交换和传播各种形式的信息（如书籍、商业文件、报刊、唱片、电影、电视节目、语音、图形、图像等）。

进入21世纪，以人工智能、大数据、云计算等新技术为代表的第四次工业革命也已经到来，并且正成为推动各种业态转型升级的重要驱动力。党的十九大更加倡导新发展理念以及信息化和数字经济，明确提出要加快推动互联网、大数据、人工智能与实体经济深度融合。中国资产评估协会顺应时势，于2018年12月19日中国资产评估协会第五届常务理事会第十次会议审议通过《中国资产评估行业信息化规划（2018－2022）》。然而，资产评估行业的信息化转型并非一蹴而就，信息化建设成本高，见效慢，而且信息化资源在不同地区、不同规模的评估机构之间分布不均衡，部分资产评估机构认为信息化建设给资产机构带来的成本远大于收益，对于信息化建设的认识和重视程度不足。因此，资产评估机构要正确认识信息化建设，抓住信息化发展机遇，实现资产评估行业的科学、可持续发展，促进评估行业的转型升级。

二、信息技术应用给资产评估行业带来的机遇

在信息时代，信息技术是与自然资源、人力资源同样重要的战略资源，是具有社会价值和经济价值的重要资产。信息技术的战略意义不在于掌握庞大的数据信息，而在于对这些含有意义的数据进行专业化处理。如果采用传统的关系数据库存储和计算方式，这些数据将会花费过多时间和金钱。资产评估咨询数据库的数据来源，主要包含政府部门和各类相关专业机构等发布的各种数据、评估机构的评估报告以及从相关网站获取的数据等。资产评估行业是一个典型的数据密集型行业，各资产评估机构通过长期经营，已经逐步积累了海量的用户数据，这些对用户的评估数据构成了庞大的结构性数据资源。从资产评估角度出发，理想状态的信息是组织的行为全记录，以及从这些记录中发现规律的过程。信息能够从根本上解决传统的资产评估中面临的信息不对称客户不透明的问题。传统的资产评估业务运用信息技术和方法，能够更好识别和认知客户需求，以客户为中心，创新评估服务，实现快速、低成本的客户营销和有效的风险管控，进而从根本上提升资产评估行业的专业服务能力。通俗地讲，信息使资产评估机构"更聪明"，这是资产评估机构体现其核心竞争能力的新型资产。

信息时代背景下，传统的资产评估行业界限和竞争格局已经被打破。云计算、大数据等先进技术的快速发展，为资产评估行业转型升级提供了有力工具。具体的手段、方法、机制变革，应该与互联网的本质相结合，采用与之相匹配的理念、方式和节奏，否则会阻碍转型的步伐。资产评估行业要服务好实体经济，就要充分运用信息技术，强化客户服务的深度、广度和效率。

一是资产评估行业应用信息技术，可以精准服务企业资本运营活动。利用信息技术，将客户按照行业和规模细分为若干个客户群，在每个细分群中找出标杆企业，找出潜在市场，精准定位和推荐适合该企业的专业服务，不仅可以大大提升成功率，而且可以更有效地满足企业需求，助推实体企业的资本运营。

二是资产评估行业应用信息技术，能够有效防控资产评估风险。美国一家互联网信用评估机构，通过信息技术，深入分析客户在各个社交平台的数据，对银行信贷申请者进行风险评估，与银行内部评估相结合，形成更完善、准确的违约评估，降低了银行风险成本，提高了银行风险定价能力。资产评估机构利用信息技术，通过识别出影响行业发展的主要因素，然后逐一模拟、测试、分析这些因素的影响，来综合评判每个企业资产状况和运营风险，可以大大降低评估成本，提升评估速度和准确性。

三是资产评估机构应用信息技术，可以大大提高评估工作效率。资产评估从业人员将资产评估拥有或所需的信息置入"云端"，信息服务商集成和管理这些信息，为资产评估从业人员提供云服务，可以实现双向互惠。随着大数据、云计算技术的不断推进和移动终端的创新发展，或许将来资产评估从业人员已经可以拿着手中轻巧的 iPad 在现场或远程，快速完成资产评估工作，资产评估从业人

员的工作也将变得很惬意。

四是资产评估行业应用信息技术,有助于提高评估的科学性。被称为"大数据时代的预言家"的牛津大学教授维克托指出:"大数据时代的来临使人类第一次有机会和条件,在非常多的领域和非常深入的层次获得和使用全面数据、完整数据和系统数据,深入探索现实世界的规律,获取过去不可能获取的知识,得到过去无法企及的商机。"在信息时代,人们将以一种前所未有的方式,通过对海量数据的分析,获得有巨大价值的产品和服务或深刻的洞见。信息的核心就是预测,它是建立在数学模型和算法基础上的科学预测活动,即研究探索海量数据之间的内在逻辑和关联方式,预测事情发生的可能性。优秀资产评估机构的产生将会基于优秀的平台技术、优质的客户资源和服务质量,信息将成为资产评估机构的核心竞争力之一。同时,资产评估所需信息的获取方式也将会发生改变,如购买服务,联盟共享、规模机构自身深加工等。

第二节　信息技术在资产评估中的应用现状

一、资产评估机构的信息化建设

资产评估机构的信息化建设是将现代信息技术全面应用于资产评估机构日常业务管理,并打造信息化平台的过程。广义的信息化建设投资,包括对计算机和电信以及相关硬件、软件和服务的投资。具体而言,资产评估机构主要包括以下几个方面的信息化建设投资。

(一)资产评估机构内部管理信息化建设

评估机构的内部管理系统主要包括 ERP 系统、项目管理系统和相关支持性办公管理系统。具体而言:首先,我国大部分资产评估机构已经购入了 ERP 系统,这是一种建立在信息技术基础上,可以提供跨地区、跨部门甚至跨公司整合实时信息的企业管理信息系统。该系统主要包括功能模块和运营模块,其中功能模块包括会计、财务和人力资源管理,而运营模块包括客户和销售管理以及供应链管理。这两大模块将企业的人、财、物、产、供销及相应的物流、信息流、资金流、管理流、增值流等紧密地集成起来,为企业员工及决策层提供决策手段,以实现企业内部资源和企业相关的外部资源的优化配置。其次,部分资产评估机构引入项目管理系统。通过该系统,评估机构可以按照资产评估准则相关要求,实现对评估全过程(从业务约定书的签订直到出具正式报告后的底稿归档)自动化、标准化、集成化控制,而且该系统还可以对资产评估项目的进度安排、人员调配、质量控制及业绩考核等流程进行全方位的综合管理。最后,资产评估机构逐步建立依托计算机和局域网络,高效、便捷的现代办公系统,如可以实现自动化办公的 OA 协同网络办公系统，以提高办公效率和内部管理水平。

（二）资产评估机构执业系统信息化建设

资产评估与审计等其他中介工作的重要区别之一就是资产评估业务具有较强的技术性，这种技术性既体现在资产评估科学的评估程序和定价方法上，也体现在资产评估对相关市场信息，特别是可比价格、交易信息及相关参数的准确获取与应用上。因此，资产评估机构执业系统的信息化建设主要表现为，一方面，资产评估机构每年支付数据采集费用，以满足资产评估师在执业过程中对专业数据库的需要；另一方面，资产评估机构也根据其业务需要和业务特点购买了一些专业软件公司所开发的辅助评估软件，例如鼎信诺评估软件和机电产品价格信息数据查询系统，而部分规模较大的评估机构依托自身的资源优势，自行研发了一系列专业评估软件，以提高评估机构的执业能力。

（三）资产评估机构作业系统信息化建设

从行业未来发展方向来看，资产评估机构作业系统的信息化建设是大势所趋。当前，中联已于 2017 年推出业内首家以"互联网＋资产评估"为服务核心的资产评估综合服务云平台——"智慧评估云平台"和移动终端"摩估云"App。由于评估业务可能涉及跨地区，评估作业系统的信息化有助于形成协同评估作业体系，推动评估流程自动化、协同化，提高评估效率，加强集团内部各企业之间的相互交流，减少各企业之间的信息不对称，降低从业成本。中企华公司也于 2017 年开始建设评估机构作业系统，该系统最初从计算错误检测起步，后来逐步发展成为覆盖财务数据导入、移动现场勘查、评定估算、报告自动生成、底稿和档案管理等模块的评估作业平台。评估作业系统的信息化建设可以优化执业模式，改善业务人员执业习惯，使得评估人员更多地关注行业的发展趋势、公司的行业地位、客户资源、销售渠道、技术研发和人才储备等核心因素，将更多精力放在管理层访谈、每个参数的专业分析、判断和确定，以及估值结果的合理性上，从而有利于评估机构为其客户提供更加精准的评估服务。同时，评估作业系统信息化也强化了对评估师执业过程的监督，有利于提高评估机构的执业质量。

二、信息技术在资产评估领域应用面临的突出问题

大数据、云计算和搜索引擎等信息技术，对传统的资产评估手段和方法提出了严峻的挑战。我国资产评估行业受技术、数据、人才等制约，在大数据技术应用方面还处在起步和探索阶段，存在的突出问题如下。

（一）对资产评估新技术钻研不够

目前，一些资产评估机构对于评估业务往往单纯从盈利考虑，希望以最短的

时间完成评估业务，而不去深入研究资产评估新方法、新技术、新手段，对信息技术的应用也没有引起足够的重视，有的或因收费低而应付了事，降低了资产评估的质量，影响了资产评估机构的信誉和业务素质的提升，增大了深化拓展资产评估业务的难度。这样的不良循环往往使得公司将更多精力投入业务获取而不是技术钻研上。总体来看，现有的资产评估从业人员信息化素质普遍不是太高，对信息技术特别是大数据技术知之甚少，更谈不上有效应用。

（二）难以制定统一的评估技术标准

目前政府部门对行业的条块分割管理与价值评估行业的社会性、市场性特点存在着矛盾，由此影响了资产评估机构竞争的公平性，既然难以制定统一的评估技术标准，就很难统一协调推进大数据技术的应用，这会影响资产评估工作的质量和效率。目前，资产评估行业与其他相关行业的沟通、信息共享和渗透都不够理想，制约了信息技术在资产评估领域的应用。

（三）信息安全防护面临严峻挑战

在信息时代，数据安全的威胁随时都有可能发生。例如，云计算机面临存储数据安全，黑客攻击以及保护隐私的法律风险，用户数据和应用托管在云计算上面临泄露和非授权使用的风险。伴随着数据的进一步集中和数据量的增大，现有的信息安全手段已经不能满足大数据时代的信息安全要求，对海量数据进行安全防护更加困难，数据的分布式处理也加大了评估数据泄露的风险。在大数据背景下，网络结构发生边界模糊、中心离散、分层减少等重大变化，导致原来奏效的安全防护理念和技术，出现了设备位置不确定、检测目标不明确、防护重点不突出、阻断策略不匹配等问题，防护效能严重降低，导致评估大数据安全防护面临严峻的威胁。

第三节 资产评估方法中信息技术的嵌入

在经济社会发展形势瞬息万变的今天，传统的资产评估方法常常显得捉襟见肘。在通常情况下，对重置成本、折现率等的评估需要建立在充分考虑了各类影响要素以及历史经验数据等的基础上才能完成的，这个过程需要投入大量的人力、物力以及时间成本。但在各行各业积极推进信息化高速公路建设的进程中，对相关工作人员提供决策数据的时效性和准确性提出了更高的要求。此外，伴随科技的进步和资本市场的发展，企业越来越重视无形资产的管理和评估，例如品牌、商誉、专利权以及企业所掌握的市场数据等。这些无形资产的确认计量在会计体系和会计准则中一直没有一个明确的方法和指导，也是资产评估领域一项难题。将大数据分析和数据发掘技术运用到资产评估中，可以大大降低建模工作的难度、提高评估工作的效率、提升资产评估的准确性。近年来不断涌现出的"国家开发银行抵质押品价值动态评估""基于数据挖掘和 GIS 技术的房地产自动评估系统"等项目都是将信息技术运用到资产评估领域的新思考、新尝试。

一、信息技术激发资产评估的效率

随着计算机技术的迅猛发展,加之大数据技术的日趋成熟,计算机系统对 TB 级数据的处理已毫无压力。单纯靠人力对历史数据进行汇总和分析建模的时代即将过去,在大数据时代,完全可以依靠计算机程序完成海量历史数据的数据分析和数据挖掘。通过计算机对企业历史数据进行分析和建模不仅可以将广大财会人员从繁重的工作中解放出来,而且可以避免人为的错误。

将大数据分析和数据挖掘技术运用于资产评估系统的建设中,能够大大简化传统的数学建模工作。事实上,通过使用一款成熟的数据挖掘软件对资产价值进行评估甚至不需要评估者对资产评估模型有一个清楚的认识,因为数据挖掘的目标在于对趋势的预测。同时,将数据挖掘程序嵌入到资产评估系统中,可以实现数据的实时更新和分析结果的实时获取,既大大地提升了资产评估的效率,也使评估结果更加与时俱进,也更具参考性。

二、信息技术拓宽资产评估的广度和深度

在强调物与物互联互通的物联网时代,我们对资产评估工作的认识不应仅局限于现有的理论模型,还应考虑到市场上其他可能影响资产价值的因素。大数据时代,我们所关注的不再仅仅是结构化的数据,市场的通胀程度、房价的变化、工资水平的变化、科技的发展水平等这些非结构化的数据在资产评估过程中也可以纳入分析探索。充分利用大数据分析在分析非结构化数据上的优势,用于辅助资产评估工作,修订资产评估结果。

尤其在无形资产的资产评估中,由于无形资产的计量并没有通用的准则和方法,借助大数据分析的方法,可对多种动因进行分析研究,推动无形资产的资产评估模型的研究建立。同时,也可有力地促进无形资产在会计核算中管理规范的建立。

三、信息技术确保资产评估的准确性

数理统计学作为一种有效的数据收集与数据处理的方法,在资产评估领域有着重要的应用。在数理统计中,根据一定的抽样调查方案抽样后通过分析模型对数据进行分析和预测,所以抽样调查方案的选择直接影响到数据评估预测的准确性。而资产评估结果作为财会人员向决策人员提供的一项重要的决策数据。在决策支持层面具有重大意义。将大数据分析系统引入资产评估的数理统计工作,可以确保抽样调查的样本足够大,可有效地降低抽样环节带来的误差,从而间接为

决策层的决策工作提供有力的支持。另外，通过设计大数据分析应用程序评估资产的价值，实现资产评估的自动化，可以避免人为操作的错误和主观性，提升资产评估工作的准确性。

第四节 信息技术时代资产评估行业的应对

当前我国进入了转变发展方式、优化经济结构、转换增长动力的关键时期，面临传统要素优势和国际竞争加剧的双重压力，社会经济对资产评估行业的服务需求呈多元化趋势。而信息化建设是资产评估行业配合国家经济发展不同时期的需求，以信息化为引擎不断开拓市场领域，加强管理和服务水平，为经济社会提供全方位、立体化的信息服务，是实现资产评估行业做优做大做强，实现转型发展的必由之路。自2004年以来，在财政部指导下，中国资产评估协会高度重视并大力推进资产评估行业信息化建设。近几年，财经专业服务领域智能化潮流势不可挡，党的十九大更加倡导新发展理念以及信息化和数字经济。中国资产评估协会顺应时势，提出要培育行业发展新动能，以信息化带动行业转型升级，开创新时代资产评估行业高质量发展新局面。2018年12月19日中国资产评估协会第五届常务理事会第十次会议审议通过《中国资产评估行业信息化规划（2018-2022）》，更鲜明地体现了资产评估行业大力加强信息化建设的决心。

信息技术的迅速发展与广泛应用，为资产评估行业带来了难得的机遇，也对行业发展提出了诸多挑战。一方面，在大数据时代背景下，资产评估机构可借助信息技术实现评估服务创新，利用智能化工具减少执业过程中的重复劳动和低级劳动，进而提升评估行业的专业服务能力，释放行业生产力。因此，信息技术能驱动传统评估业务实现创新式发展，有助于评估行业转型升级和业态重构。另一方面，受技术、人才等因素制约，我国资产评估行业信息化建设较为滞后，而且信息化资源在不同地区、不同规模的评估机构之间分布不均衡。相比大型知名评估机构，中小型机构缺乏资金，信息化建设普遍投入不足。因此，在信息技术飞速发展的时代，中小型机构的竞争力被进一步削弱，这拉大了行业内部差距，不利于行业协同发展。资产评估机构需要正确认识信息化建设，促进评估行业转型升级。

信息技术时代，资产评估行业的应对措施包括以下几个方面。

一、加强大数据技术应用的研发力度

创新是资产评估机构的立身之本、发展之源，如果资产评估机构不注重研发新业务，必然会在激烈的市场竞争中被淘汰。能否实现创新，主要取决于资产评估机构是否设立研发部门，研发工作是否富有成效。资产评估机构的研发工作，要侧重于新技术、新方法和新手段特别是大数据技术在资产评估领域的应用，优

化工作流程，提高工作效率，降低业务成本。为此，需要采用新的组织形式与管理方法，利用民营高科技企业的技术、人才与设备优势，联合科研机构和高等院校等共同研发评估大数据技术等，积极开展大数据领域的双边或多边技术协作，逐步形成评估大数据技术科研平台，为资产评估领域应用大数据技术提供有力支撑。

二、完善资产评估的基础条件

为推进信息技术在资产评估领域的应用，资产评估机构需要引进高端计算机技术、信息技术等专业人才，迅速搭建起所需的部门。同时，需要搭建资产评估的信息化管理平台，完善数据信息库和信息管理制度，如项目信息归档、客户信息管理、信息收集渠道等，为大数据技术的应用提供及时、完整的信息支持。要开展数据库建设，就需要有足够的基础数据积累，基础数据的积累和数据库的建设是一项具有规模效应的工作，当数据库建设成功之后将使行业整体受益。我国资产评估协会已经推出了法律法规数据库与机电产品价格信息数据库等，已经具备一定的数据库建设经验，应该进一步加强基础数据库平台的建设，提供更为全面、更具可操作性的数据库平台，为资产评估业务的开展提供便利。

同时，应推进资产评估领域大数据的开放共享进程，打通资产评估信息横向共享渠道，推进信息资源的共享和业务协同，在此基础上形成资产评估领域的大数据库。目前资产评估机构之间的信息网络自成体系，相互之间的数据难以实现互通共享，信息系统出现"系统林立"和分裂状态。为此，需要借助大数据平台，整合强化信息网络体系，实时获取、交换和使用数字化信息。此外，资产评估机构还要吸收和借鉴客户关系管理的理论与方法，建立符合资产评估业务特点的客户关系管理系统和客户信息数据库，全面分析客户的性质和业务特点及其对自身的重要程度，提高客户维护能力。

三、建设评估大数据实时监控系统

当大数据受到攻击时，要能够利用有效的监控手段对入侵、破坏和攻击等行为进行实时识别、分析和反击。建设网络空间可信任体系，研发面向高密级信息精准服务的自适应加密算法，是确保大数据时代海量数据中信息快速、实时、精准、全周期安全可控的核心技术。为此，需要尽快启动评估数据中心建设，积极开发评估大数据安全保密技术，重点加强密码、网络防护等关键技术的攻关，加紧构建自主可控的评估大数据安全防护平台。同时，强化接入认证管理，利用密码技术保护控制数据污染，采取云威胁分析等手段精确定位攻击窃密行为，对评估大数据安全进行主动感知、检测和防御。

四、建立统一的资产评估信息标准体系

鉴于目前行业内信息、数据来源途径多样、缺乏统一标准的现状，当前评估信息化建设应着力建立统一的专业信息标准体系，突破时间、地域限制，规范行业的执业标准、信息获取及加工标准，挖掘行业需要的各种社会信息资源，整合分散在各评估机构的行业数据资源，统一信息获取渠道，逐步建立全面的专业数据库，为资产评估执业人员提供更方便、更可靠的评估参考依据。当开展资产评估工作时，以数据库的数据为评估标准，使评估报告更具有可信性与权威性。特别是要加大力度完善目前在评估实务中评估师个人操作空间过大的信息及数据收集整理发布工作，如企业价值评估、无形资产评估中一些参考数据的统一问题，使评估师能有数可参、有据可依。

五、加强行业组织的导向作用

资产评估行业的信息化水平关系到资产评估业务是否能够实现高效化与标准化管理，是否能实现行业规范化管理。因此，行业组织应该结合自身的能力，运用合理的手段，有计划地引导资产评估所开展信息化建设，例如加强基础设施建设、普及信息化、制定信息化标准、创造信息化发展环境等。目前资产评估行业在信息化方面建设力度还严重不足，资产评估信息化建设前期投入很大，难以依靠行业自身的力量完成，需要其他主管部门及社会力量的共同参与。

六、发挥评估机构力量，鼓励评估机构创新

开展资产评估信息化建设是一项具有综合性与系统性的工程，需要投入大量的财力、物力、人力，除了行业组织与政府社会力量的导向性作用之外，规模较大、水平较高的资产评估机构应加强信息化建设，资产评估行业也应该依托规模较大的评估机构为建设试点，探索资产评估信息化建设的合理方式。信息化建设需要投入硬件与软件，还需要投入大量的人力，因此，需要强有力的资金支持，大型资产评估机构在开展信息化建设中，要从研发费用中筹措经费，同时，行业协会也应该予以信息化建设一定的资金支持，鼓励相关机构在信息化建设方面创新。

七、走协会与机构共建之路，鼓励和扶持有条件的评估机构在信息化建设方面开拓创新

评估机构是评估行业发展的主体，是各种信息化系统的直接使用者，机构信息化程度决定了整个行业的信息化水平。深度利用评估机构开展行业信息化建设

将实现满足评估行业信息化真实需求和利用评估机构人力、物力、经验等资源的双重效果。但不同机构由于规模、资金、管理意识等的不同，在信息化建设方面也存在较大差异。我们看到，目前，国内部分高水平的评估机构在信息化建设方面已实施了切实举措，并取得了一定成效，这在一定程度上，为后续进一步建立全面的行业信息化体系奠定了良好的基础。但是信息化建设投入大、维护成本高等特点，制约了评估机构开展信息化建设的力度。

因此，资产评估行业信息化建设亟待行业主管部门（财政部）及协会给予大力支持，为经济发展提供"准公共产品"的信息化服务，这种支持既包括政策支持，疏通和拓宽信息获取渠道，也包括资金支持，解决资产评估行业信息化建设面临的最根本问题。鼓励有条件的资产评估机构利用自身人力、物力优势，探索与协会共建的中国资产评估行业信息化建设模式。只有这样，才能将资产评估行业建设成为与我国经济社会发展水平相适应的行业，从基础上促进资产评估行业的做优做强做大。

【想一想/小思考】

信息技术对资产评估的影响是什么？是否会提高资产评估机构的运营效率、市场业绩？

【本章小结】

信息时代背景下，传统的资产评估行业界限和竞争格局已经被打破。云计算、大数据等先进技术的快速发展，为资产评估行业转型升级提供了有力工具。我国资产评估行业受技术、数据、人才等制约，在信息技术应用方面还处在起步和探索阶段，存在的突出问题包括对资产评估新技术钻研不够、难以制定统一的评估技术标准、信息安全防护面临严峻挑战等。资产评估机构需要正确认识信息化建设，抓住信息化发展机遇，实现资产评估行业的科学发展，促进评估行业转型升级。未来，国家将建设全国一体化的大数据中心，推进技术融合、业务融合、数据融合，实现跨层级、跨地域、跨系统、跨部门、跨业务的协同管理和服务的国家大数据战略，资产评估行业应响应国家的号召，积极拓展思路，适应新业务发展的需要，逐步推进改革转型，开创评估大数据更好服务实体经济的新局面。

【本章练习】

近年来，信息技术的驱动使数据运用的场景日益丰富，数据资产与资产数据化应运而生，这对于资产评估行业的变革既是机遇又是挑战。目前，资产评估行业的整体信息化水平仍滞后于迅速发展的信息技术和不断增长的行业需求，部分资产评估机构认为信息化建设带来的成本远大于收益，对于信息化建设的认识和重视程度不足。针对这种现状，你认为应该如何提升资产评估行业信息化建设水平？

第十二章 资产评估准则及行业管理

【学习目标】

◆知识目标

了解我国资产评估准则的历史沿革,熟悉我国资产评估行业管理的模式及发展历程,掌握我国资产评估准则体系。

◆能力目标

能够运用三种基本方法对常见的资产进行评估。

◆思政目标

传递经济强国的战略思想,倡导科学精神,培养诚实守信、勤勉尽责、谨慎从业的职业道德,具有服务国家、服务人民的社会责任感。

【本章重点和难点】

《资产评估准则——基本准则》的内容
《资产评估职业道德准则——基本准则》的内容

【案例导入】

本案系证监会对评估机构在执业过程中未勤勉尽责进行处罚的典型案例。2014年5~10月,银信资产评估有限公司(以下简称银信评估)在对深圳市保千里电子有限公司的股东全部权益价值进行评估时,未勤勉尽责,存在未对相关协议给予适当关注并实施有效评估程序、评估底稿收集不完整等违反《资产评估准则》的行为,所出具的《评估报告》存在误导性陈述。2018年11月,证监会依法对银信评估及相关责任人员作出行政处罚。

本案的查处表明,资产评估机构应当恪守资本市场"看门人"职责,树牢合规意识,切实做到勤勉尽责。

(资料来源:中国证券监督管理委员会网站)

思考与讨论:

何为勤勉尽责?资产评估机构和人员应当遵循哪些资产评估准则以及行业管理规定?

第一节 资产评估准则概述

一、制定资产评估准则的必要性

(一) 规范评估师的执业行为,保持评估行业公信力

资产评估是市场经济条件下确定资产价值的专业服务,是促进资产顺畅流转和市场经济健康运行的重要工具。然而,当前市场上的资产评估存在很多不规范、不公正的现象,比如一些评估机构片面追求经济利益,一味压缩成本,抢时间、拼速度,评估程序简化,评估项目粗制滥造,执业质量难以保证,乱象丛生。资产评估准则通过明确评估机构和评估人员的责任和义务,设定统一的评估标准和流程,规范评估业务的操作流程,提高评估业务的合规性,推动评估行业的标准化和规范化,从而提高评估行业的公信力,吸引更多的机构和人才加入,进一步壮大评估行业。

(二) 为社会和用户阅读并理解评估报告提供指南

资产评估准则对于特定行业的参与者非常重要,是评估委托方、报告使用方合理使用报告的有效参考依据,有利于评估报告使用方理解评估行业。通过准则,报告使用方可以全面了解评估行为、过程以及评估结论的形成,从而正确地使用评估结论、正确地认识资产评估。

(三) 维护和保护评估师的合法权益

资产评估准则维护委托人的利益,是对评估人员的保护。通过准则规定评估师的行为规范,对遵守准则的评估行为形成保障,是处理评估纠纷的重要依据,从而维护和保护评估人员的合法权益,降低执业风险。

(四) 有利于评估行业职业水平的提高

衡量一个国家评估业务水平的标志之一是其准则体系形成情况。评估准则是资产评估业务发展过程中产生的客观需求,资产评估越发展,对评估准则的要求越强烈;同时,评估准则体系越完善,资产评估业务越规范。相较而言,国外发达国家的资产评估准则制定较早,也比较完善,新兴国家评估准则形成较晚,而且亟须完善。但无论怎样,发达国家也好,新兴国家也好,为了促进资产评估业发展,都把制定资产评估准则作为行业发展中的重要任务来完成。

二、我国资产评估准则的历史沿革

资产评估准则是资产评估机构和资产评估专业人员开展资产评估业务的行为标准，是监管部门评价资产评估业务质量的重要尺度，是评估报告使用人理解资产评估结论的重要依据。我国的资产评估准则是随着经济体制改革、对外开放和社会主义市场经济的发展逐步建立完善起来的。

（一）初始阶段

中国的资产评估行业起源于20世纪80年代末，1996年以前，资产评估行业尚处于起步、推广阶段，为了迅速引进外资，大量的国有资产需要评估作价，但由于评估理论和实践的缺乏，当时不能也没有条件系统地开展资产评估准则的制定工作，评估行业管理以政府为主导，政府为保护国有资产，为行业制定了一系列执业规范，但缺乏评估行业自我管理的行规行约。1991年11月，国务院以91号令的形式发布了《国有资产评估管理办法》，它是我国第一部对全国的资产评估行业进行政府管理的最高法规。1993年12月，中国资产评估协会（以下简称中评协）成立，评估行业趋于行政和自律双重管理。1996年，中国资产评估协会在总结几年来资产评估实践经验的基础上，组织专家起草了《资产评估操作规范意见（试行）》，由国家国有资产管理局转发。该文对资产评估的基本原则和方法、操作程序、评估报告和工作底稿等进行了规范，并就机器设备、建筑物、无形资产、整体资产等分类资产评估作出了具体规定。1997年，中国资产评估行业加强了对评估准则的研究；1998年，中评协推出了评估准则初步体系，对评估准则的制定进行了规划。1999年3月财政部颁布的《资产评估报告基本内容与格式的暂行规定》，规定了资产评估报告书、评估说明和评估明细表的基本内容和格式。同年6月，财政部针对金融资产的特点颁布了《资产评估报告基本内容与格式的补充规定》，同时中评协推出了《资产评估业务约定书》《资产评估计划》《资产评估工作底稿》《资产评估档案管理》四个指南。

受当时评估理论和实践水平的影响，这些规范和指南最终未以准则的形式出现。用现在的观点来评价这些文件，虽存在一定的局限和不足，但对于提高和规范当时资产评估行业的操作水平起了重要作用，是我国制定资产评估行业准则类文件的一次有益探索，它们实质上已构成了指导和规范我国资产评估行业的主要文件。

（二）构建阶段

评估准则是评估行业规范发展的重要基础。随着社会主义市场经济体制的发展完善，我国评估行业得到了快速发展，对评估准则建设也提出了迫切要求。2001年，国务院办公厅转发财政部《关于改革国有资产评估行政管理方式加强资产评估监督管理工作的意见》。2003年，国务院办公厅转发财政部《关于加强和规范评估行业管理的意见》。两个文件都指出我国评估行业执业技术规范和职业道德标准建设滞后，不能满足评估业务发展的客观需要，要求尽快建立健全评估准则体系。2001年财政部发布《资产评估准则——无形资产》，这是我国资产评估行业的第一项准则。2002年，中注协组织专家成立了准则起草组，反复讨论了《资产评估基本准则》和《资产评估职业道德基本准则》两个基本准则，并于2002年8月正式以征求意见稿的形式公开征求行业内外的意见。2004年2月25日财政部发布了由中国资产评估协会制定的《资产评估准则——基本准则》和《资产评估职业道德准则——基本准则》。这两个基本准则的发布，是我国资产评估准则制定工作和资产评估行业发展的重要里程碑，确立了我国资产评估准则的基本理念和基本要求，奠定了整个资产评估准则体系的基础。至2007年，中国资产评估协会共发布包括两项基本准则在内的15项评估准则，中国资产评估准则体系设计主要评估程序和主要执业领域的资产评估准则基本建成，初步构建了资产评估准则体系。

（三）完善阶段

2007年以后，我国评估执业标准建设继续紧跟市场和执业需求，逐步发展完善。2014年7月，国务院取消注册资产评估师的行政许可，将资产评估师由准入类调整为水平评价类职业资格。2016年12月1日，《资产评估法》正式施行，规定了评估机构及其评估专业人员开展业务应当遵守法律、行政法规和评估准则，评估机构和评估专业人员违反评估准则需要承担相应的法律责任。《资产评估法》进一步明确了评估准则在评估业务的履行、监管和使用中的基础地位，为评估准则建设提供了坚实的法律保障。为了适应行业管理方式改革，满足监督管理需要，配套《资产评估法》的实施，加强与国际评估准则的协调，开拓新业务领域，近年来，财政部和中国资产评估协会不断完善资产评估准则的体系及内容，于2017年对资产评估准则进行了全面修订后重新发布，构建了包括1项基本准则、1项职业道德准则和25项执业准则在内的新的资产评估准则体系。2018年，中国资产评估协会对资产评估报告、资产评估程序、资产评估档案及企业价值四项执业准则进行了进一步的修订与完善，并重新发布。2019～2022年，中国资产评估协会陆续发布《人民法院委托司法执行财产处置资产评估指导意见》等6个重要文件。2023年8月21日，中国资产评估协会发布《资产评估执业准则——知识产权》。2023年9月8日发布的《数据资产评估指导意见》，回应了时代需求。

目前，我国资产评估准则体系已进一步得到完善，适应了资产评估执业、监管和使用需求，与国际主要评估准则体系实现趋同。

三、中国资产评估准则体系

中国资产评估准则体系框架如图12-1所示。

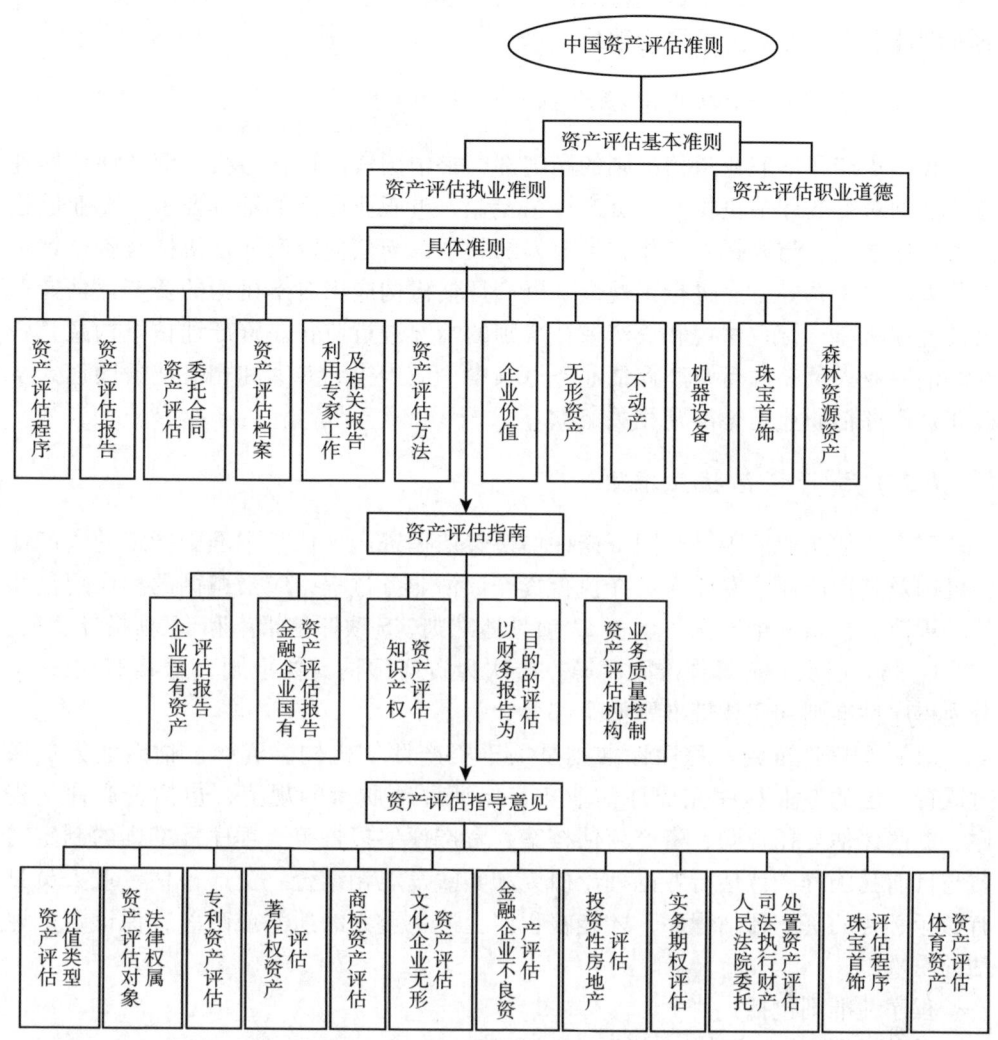

图 12-1 中国资产评估准则体系框架

我国资产评估准则体系框架包括 1 项基本准则、1 项职业道德准则和 30 余项执业准则。

(一) 资产评估基本准则

《资产评估基本准则》是财政部依据《中华人民共和国资产评估法》《资产评估行业财政监督管理办法》等制定的资产评估机构及其资产评估专业人员执行各种资产类型、各种评估目的资产评估业务应当共同遵循的基本规范和基本规则。《资产评估基本准则》明确了资产评估准则适用的业务范围,提出了资产评估业务的基本遵循,规定了资产评估业务的基本操作要求,资产评估报告编制要求和资产评估档案的管理要求。《资产评估基本准则》是一般性原则,是搭建资产评估准则体系的龙头,也是中国资产评估协会制定执业准则与职业道德准则的依据。由于我国资产评估行业特殊的发展背景和综合性定位,基本准则在整个评估准则体系中占有极为重要的地位。

(二)资产评估职业道德准则

我国资产评估职业道德准则的制定部门是中国资产评估协会。资产评估职业道德准则对资产评估机构及其资产评估专业人员职业道德的基本要求、专业胜任能力、独立性、与委托人和相关当事人的关系、与其他资产评估机构及资产评估专业人员的关系等方面进行了规范。资产评估机构应当对本机构的资产评估专业人员遵守法律、行政法规和资产评估准则的情况进行监督。资产评估机构及其资产评估专业人员在执行资产评估业务过程中,应当指导专家和相关业务助理人员遵守资产评估职业道德准则相关条款。

(三)资产评估执业准则

资产评估执业准则是中国资产评估协会依据资产评估基本准则指定的资产评估机构及其资产评估专业人员在执行资产评估业务过程中应当遵循的程序规范和技术规范,包括三个层次,涵盖12项具体准则、5项评估指南和13项指导意见。

1. 第一层次——具体准则。第一层次为资产评估具体准则,总共12项,又分为程序性准则和实体性准则两个部分。

(1)程序性准则。程序性准则是关于资产评估机构、资产评估专业人员通过履行一定的专业程序完成评估业务、保证评估质量的规范,包括资产评估程序、资产评估委托合同、资产评估档案、资产评估报告等。程序性准则的制定需要与目前我国资产评估行业的理论研究和实践发展相结合。资产评估专业人员只有履行必要的资产评估程序,才能在程序上避免重大的遗漏或疏忽,保证资产评估的质量。

程序性准则包括:

《资产评估执业准则——资产评估程序》

《资产评估执业准则——资产评估报告》

《资产评估执业准则——资产评估委托合同》

《资产评估执业准则——资产评估档案》

《资产评估执业准则——利用专家工作及相关报告》

《资产评估执业准则——资产评估方法》

(2)实体性准则。实体性准则针对不同资产类别的特点,分别对不同类别资产评估业务中的资产评估机构、资产评估专业人员执业行为进行规范。根据我国资产评估行业的惯例和国际上通用的做法,实体性准则主要包括企业价值评估准则、无形资产评估准则、不动产评估准则、机器设备评估准则、珠宝首饰艺术品评估准则等。

实体性准则包括:

《资产评估执业准则——企业价值》

《资产评估执业准则——无形资产》
《资产评估执业准则——不动产》
《资产评估执业准则——机器设备》
《资产评估执业准则——珠宝首饰》
《资产评估执业准则——森林资源资产》
《资产评估执业准则——知识产权》

2. 第二层次——评估指南。第二层次为资产评估指南，共 5 项。资产评估指南包括对特定评估目的、特定资产类别（细化）评估业务以及对资产评估中某些重要事项的规范。评估专业人员在执行不同目的的评估业务时，所应当关注的事项也各有不同。资产评估指南是对我国资产评估行业中涉及主要评估目的的业务进行规范，同时也将涉及一些具体的资产类别评估业务，并对资产评估工作中的一些重要特定事项进行规范。

资产评估指南包括：
《企业国有资产评估报告指南》
《金融企业国有资产评估报告指南》
《以财务报告为目的的评估指南》
《资产评估机构业务质量控制指南》

3. 第三层次——指导意见。第三层次为资产评估指导意见，共 14 项。资产评估指导意见是针对资产评估业务中的某些具体问题的指导性文件。该层次较为灵活，针对评估业务中新出现的问题及时提出指导意见，某些尚不成熟的评估指南或具体评估准则也可以先作为指导意见发布，待实践一段时间或成熟后再上升为具体准则或指南。

资产评估指导意见包括：
《资产评估价值类型指导意见》
《资产评估对象法律权属指导意见》
《专利资产评估指导意见》
《著作权资产评估指导意见》
《商标资产评估指导意见》
《文化企业无形资产评估指导意见》
《金融不良资产评估指导意见》
《投资性房地产评估指导意见》
《实物期权评估指导意见》
《人民法院委托司法执行财产处置资产评估指导意见》
《珠宝首饰评估程序指导意见》
《企业并购投资价值评估指导意见》
《体育无形资产评估指导意见》
《数据资产评估指导意见》

(四) 资产评估准则体系的特点

首先，从资产评估准则体系横向关系上划分，资产评估准则包括执业准则和职业道德准则两个部分，资产评估职业道德准则的纵向关系较为简单，分为职业道德基本准则和具体准则两个层次。

其次，从资产评估准则体系纵向关系上划分，资产评估准则分为不同的层次。资产评估执业准则由于涉及面广，在纵向关系上分为以下四个层次：

第一层次为资产评估基本准则。

第二层次为资产评估具体准则。资产评估具体准则分为程序性准则和实体性准则两个部分。

第三层次为资产评估指南。

第四层次为资产评估指导意见。

再次，从内涵看，准则各部分之间依次递进、结构严谨、层次分明、统筹全局。基本准则具有统驭性，其他准则各有其规范范围。准则层次的设计既满足了不同类型评估规范的需要，又能体现出不同发展阶段评估业务的要求；既规范评估师行为，又对委托方和监管部门产生积极影响；既突出对评估师职业道德规范，又对评估师权益进行合理保护。

最后，从外延看，准则体系具有开放灵活的特点，为评估实践中新的评估领域的规范留有空间。随着中国评估理论和实践的发展，可以将最新的研究成果、实践经验纳入准则体系。

四、资产评估的职业道德

(一) 诚实守信、勤勉尽责、谨慎从业

1. 诚实守信。诚实守信放在首位。诚实守信是资产评估机构及资产评估专业人员职业得以存在和认可的关键因素，是公众信任之源。资产评估机构及资产评估专业人员不得出具或者签署虚假资产评估报告或者有重大遗漏的资产评估报告。

2. 勤勉尽责。资产评估机构及资产评估专业人员执业过程中必须严格执行资产评估准则，不得随意背离准则。以追求评估结论的客观性、公正性为工作目标，来检查自己的执业行为，做到勤勉尽责。不可以使用敷衍的手段，规避应尽的努力，不得出现下列行为。

第一，在报告中滥用免责声明。对于无法查清的事项，可以在报告中予以声明，但必须判断重要性，并在报告中详细披露其为该事项所作的努力，尽可能披露该事项对评估结论的影响。

第二，不当利用第三方的工作，或相关当事人的保证书、承诺函等。在利用专家工作时必须保持必要的职业谨慎，不可以丧失其独立性。

第三，使用不合理的假设。假设应当是基于已经掌握的知识和事实，不可以滥用不合理假设，规避勤勉尽责义务。

第四，滥用专业判断。在获取必要信息的基础上可以依照其经验和专业知识作出独立判断。判断必须建立在科学基础上，滥用专业判断会丧失评估结论的客观性和公正性。

3. 谨慎从业。保持必要的职业谨慎态度和专业怀疑精神，重视风险辨识及防范，审慎作出专业判断，预防和减少因评估执业过失引致的质量风险。

在洽谈业务前，资产评估机构及其资产评估专业人员应对自身专业能力进行评价，对客户的诚信和财务状况、评估业务的风险水平进行判断；在受理业务后，针对评估目的和风险控制的要求制定评估计划；在业务实施环节，认真履行现场调查、资料收集及检查验证等评估程序实施要求；在信息披露方面，充分提示和披露可能影响评估报告理解和使用的风险等。这些都体现了谨慎从业的执业要求。

（二）独立、客观、公正

坚持独立性是资产评估的核心原则。资产评估机构、资产评估专业人员、外聘专家应对可能损害独立性的因素及其产生的影响进行分析判断和处理，如果相关损害影响其得出公正的评估结论，则应拒绝进行评估活动、拒绝发表评估意见。

1. 独立性。

（1）独立性的具体要求。

①资产评估机构应当是依法设立的独立法人或非法人组织；

②资产评估机构和人员严格按照国家有关法律、行政法规、资产评估准则，独立开展评估业务，并独立地向委托人提供资产评估意见；

③资产评估机构和人员从事资产评估活动不受任何部门、社会团体、企业、个人等对资产评估行为和评估结论的非法干预；

④资产评估机构和人员依据国家法律及资产评估准则进行资产评估活动以及发表评估意见时不受所在资产评估机构的非法干预；

⑤双方应均无利害关系。

（2）可能影响独立性的情形。资产评估机构及其资产评估专业人员或者其亲属与委托人或者其他相关当事人之间存在经济利益关联、人员关联或者业务关联。亲属是配偶、父母、子女及其配偶。①经济利益关联：资产评估机构及其资产评估专业人员或其亲属拥有委托人或者其他相关当事人的股权、债权、有价证券、债务，或者存在担保等可能影响独立性的经济利益关系。②人员关联：资产评估专业人员或者其亲属担任委托人或者其他相关当事人的董事、监事、高级管理人员或者其他可能对评估结论施加重大影响的特定职务。③业务关联：资产评估机构从事的不同业务之间可能存在利益输送或者利益冲突关系。

（3）独立性保障的措施。资产评估机构应当：①在承接业务前，就本机构和资产评估专业人员的经济利益关联、人员关联、业务关联情况进行独立性核查。②在执业过程中发现影响独立性的事项并可能导致不利影响时，应及时采取相应措施消除可能的不利影响，并就该事项与委托人进行沟通。③消除不利影响的措施有人员回避、业务回避、消除关联关系、第三方审核等。④当所采取措施不能消除对独立性的不利影响时，资产评估机构和资产评估专业人员不得承接该评估业务，或者应当终止该评估业务。委托人有权要求与相关当事人及评估对象有利害关系的评估专业人员回避。评估机构不得分别接受利益冲突双方的委托，对同一评估对象进行评估。

2. 客观性。资产评估机构和人员要以事实为依据，客观地发表评估意见。作为资产评估活动的重要主体，资产评估专业人员应当公正无私，摒除偏见，不为"偏见""谬误"所蒙蔽。坚持科学的方法和态度，实事求是。完整、客观地收集信息、数据，保障赖以形成评估结论信息的完整性、客观性、有效性、合法性，不得使用缺乏依据的信息、数据。

对于实物性资产进行必要的现场勘查以确定资产的客观存在，取得应满足获得作出客观评估所需要的基本信息，无法通过勘查获得评估所需信息的必须通过其他第三方取得，采取必要措施关注这些信息的客观性和合理性，并进行必要的披露。

对于非实物性资产，应根据资产的特征，通过有效的方法确定资产的客观存在，并取得评估所必需的客观信息。如因各种原因，必须通过其他第三方取得评估所需信息，应当采取必要措施关注这些信息的客观性和合理性，并进行必要的披露。

对于从其他第三方获得的信息，应当关注其客观性，了解和判断所获得的信息是否能够支持其客观地确定资产价值，不得因信息缺失影响评估结论的客观性。

应尽量避免专业判断过程中主观因素的不利影响，在进行评估分析、预测、判断过程中，应当使用科学的方法作为评估手段，不得以主观经验代替科学分析。合理履行资产评估程序应当依据所收集的信息、数据，遵守法律法规、资产评估准则等相关规定，通过合理履行资产评估程序客观作出评估结论、发表专业意见。应对执业能力作出客观评价，对于无法胜任的业务，应放弃承接或通过寻求有效支持手段满足胜任要求。对机构内部或不同评估机构所持有的不同评估观点不应抱有任何偏见。资产评估报告应当客观完整、描述适当，不得使用夸大或容易引起异议或歧义的文字语言。

3. 公正性。公正性要求资产评估机构和资产评估专业人员在从事资产评估业务过程中，遵照国家有关法律、法规及行业准则，独立、客观执业，保持应有的职业中立态度，公平地对待有关利益各方，公正地发表资产评估意见，不得损害委托人、其他当事人的合法权益和公共利益。资产评估机构及其资产评估专业人员，不应当故意以牺牲一方的利益使另外的当事方受益，包括偏袒、迁就委托人的不当诉求，故意出具对其他当事人，甚至社会公众不利的评估报告。

（三）专业能力要求

资产评估专业人员应当具备相应的评估专业知识和经验，具有胜任所执行评估业务的能力，并且持续保持和提高专业能力。资产评估专业人员接受评估业务或评估机构签署委托合同之前应当了解执行业务所必备的专业知识、专业技能和经验，客观判断自己的能力，确信具有相应的专业知识和经验。不接受能力无法完成的项目，除非有其他有效措施，比如与有相关知识和经验的资产评估机构和人员进行联合执业；或者通过外聘专家、自身学习达标等方式达到专业胜任能力。如果评估机构和资产评估专业人员可以采取有效的措施确保评估业务的完成，需要进行相关披露。必须披露的内容包括承接业务前向客户披露自己缺乏与该业务相关专业知识、经验之事实，说明将采取的所有必要措施，承诺通过上述措施可以确保圆满完成评估业务；评估报告时在评估报告中披露专业知识、经验的缺乏，并披露所有为完成评估业务所采取的措施。如实声明具有的专业能力和执业经验，不得对其专业能力和执业经验进行夸张、虚假和误导性宣传。

（四）与委托人和其他相关当事人关系的要求

1. 回避原则。资产评估专业人员与委托人、其他相关当事人和评估对象有利害关系的，应当回避。利害关系是利益与损害关系的简称，包括利益一致和利益对立两类，有以下情况理应回避：持有客户的股票、债券或与客户有其他经济利益关系的；与客户的负责人或委托事项的当事人有利害关系的；其他可能直接或间接影响执业的情况。

2. 认真履行评估委托合同中规定的义务。按照评估委托合同明确的业务性质、范围要求等各项约定，在客户提供了必要资料的前提下，在规定时间内，按资产评估专业标准的要求，在保证质量的情况下，完成委托评估业务。不得索取约定服务费之外的不正当利益，如佣金、回扣、好处费、介绍费等。

（五）与其他资产评估机构及资产评估专业人员关系的要求

1. 与其他资产评估专业人员保持良好工作关系。与其他资产评估专业人员存在不同意见时，应当以相应的法律、法规和制度为依据，共同认真分析和协调，对确实无法协调的，应将不同意见同时披露。由于知识结构、专业技能、职业资格、所在区域等不同，在执业过程中应该相互提供相关技术支持，虚心请教，或真诚地提供帮助。

如果不同资产评估专业人员对同一评估对象在不同时间发表过专业意见，仍应独立形成专业意见，应认真分析"其他资产评估专业人员"意见的基准日、限制条件、假设条件等。不得对"其他资产评估专业人员"的意见进行不负责任的批评。向"其他资产评估专业人员"了解、咨询，应尊重委托关系，遵守保密原则。资产评估专业人员与"其他资产评估专业人员"需要进行业务沟通，需经委托方同意；委托方要求资产评估专业人员向"其他资产评估专业人员"

提供相关情况，资产评估专业人员应当在职业道德框架内配合"其他资产评估专业人员"的工作。

2. 不得贬损或诋毁（禁止性规定）。不得以任何理由、任何方式对其他资产评估机构及其资产评估专业人员进行公开或非公开的贬损或诋毁。

（六）保密原则

1. 保密的重要性。商业秘密和有关业务资料一旦外泄或被利用，可能会给客户造成经济损失。保密是资产评估机构及其资产评估专业人员独立、客观、公正从事业务的必然要求，是遵守国家保密法、反不正当竞争法等的必然要求。《资产评估法》也将此作为资产评估专业人员应当履行的义务进行了规范。

2. 保密的要求。

（1）资产评估机构应当制定业务保密制度，承担国家涉密业务的还应具备规定的组织、人员和设施条件，加强对从业人员的保密教育和保密事项的监督管理，不得泄露相关国家秘密和商业秘密。

（2）资产评估专业人员在评估机构及外勤工作时不得在规定的工作场所之外谈论客户的业务情况、评估目的等可能涉及客户的机密情况。在公共场所应尽量不提客户的单位名称，未经客户允许不得对外发布有关客户的信息资料等。

（3）资产评估专业人员除本人不得泄露客户商业秘密外，还应约束协助工作的助理人员保守秘密。

（4）除委托人具体授权，或经过法律程序正式授权的执法机构以及为了配合评估监管之外，资产评估机构及其资产评估专业人员不得将所知悉的客户商业秘密和业务资料或为委托人编制的评估报告披露给任何其他人。

五、资产评估基本准则的主要特点

资产评估基本准则由财政部以规范性文件形式发布，其他评估准则项目由财政部在资产评估基本准则中，授权中国资产评估协会制定并发布。《资产评估基本准则》既是指导和约束资产评估机构和资产评估专业人员的从业规范，又是财政主管部门进行资产评估行政管理的专业依据。《资产评估基本准则》突出了以下特点。

1. 完善了重点环节的执业规范。规定了资产评估基本程序及其履行要求，规范了资产评估报告的内容及披露要求，明确了资产评估工作底稿和档案的内容及管理要求。

2. 落实细化了资产评估法的要求。一是夯实资产评估机构内部审核程序，规定资产评估专业人员编制初步资产评估报告，经资产评估机构内部审核后，出具资产评估报告。二是明确资产评估方法包括市场法、收益法和成本法三种基本方法及其衍生方法，呼应了资产评估法关于评估方法的选择要求，为通过制定具体准则指导和规范评估方法的选择预留了空间。三是区分法定和非法定资产评估业务，按照资产评估法的规定对资产评估业务承办、资产评估报告签章和资产评估档案保存等作出了明确规定。

3. 明确规范了资产评估报告的使用限制。一是规定资产评估报告使用范围，明确委托人或者其他资产评估报告使用人未按照法律、行政法规规定和资产评估报告载明的使用范围使用资产评估报告的，资产评估机构及其资产评估专业人员不承担责任。二是报告使用人限定为委托人、资产评估委托合同中约定的其他资产评估报告使用人和法律、行政法规规定的资产评估报告使用人，明确其他任何机构和个人不能成为资产评估报告的使用人。三是资产评估报告使用人应当正确理解评估结论。评估结论不等同于评估对象可实现价格，评估结论不应当被认为是对评估对象可实现价格的保证。

第二节 资产评估行业管理模式及发展历程

一、资产评估业管理模式

资产评估业发展过程中，如何加强管理是评估理论界和实务界一直研究和亟待解决的问题。资产评估业发展过程也是不断强化资产评估业管理的过程。比较和研究我国和西方主要资产评估业发达国家的管理制度，资产评估业的管理模式主要有三种。

（一）政府管理模式

资产评估政府管理模式是指资产评估业务活动，包括人员资格、机构、项目均由政府行政管理部门进行。政府行政管理在我国资产评估业发展初期作用非常明显。我国长期以来实行计划经济，我国资产评估行业的建立与发展，虽然产生于市场经济，但是由政府推动而建立起来。在资产评估发展初期，资产评估管理是纯粹的政府管理，国家国有资产管理局是资产评估的行政主管部门。政府管理模式适合于由计划经济向市场经济转换过程中的国家。在法律不完善、行业准则未建立的情况下，这种管理模式有其客观必要性。

但政府管理模式在资产评估日益发展后，其局限性和弊端也日益显露。容易造成政府部门直接干预评估业务，使评估行业有失公正、公允；政府部门出于本位利益设立本部门的评估体系，导致多头管理、评估市场条块分割等。

（二）行业自律管理模式

行业自律管理模式是指资产评估行业置于社会自发形成的行业协会管理之下，资产评估业的发展依赖于评估业内形成的准则和规范进行。行业自律管理适合于资产评估业是依市场需求自发形成的国家和资产评估业日益发展成熟的阶段。市场经济发达国家如美国、英国等在行业自律管理方面积累了丰富的经验，我国资产评估业也将行业自律管理作为其发展方向。行业自律管理有利于行业业务水平提高，但行业自律管理有时会因与政府缺乏沟通、缺乏政府制约而对社会经济产生不利影响。

（三）政府监管下的行业自律管理模式

政府监管下的行业自律模式是资产评估管理较为理想的模式。

美国是奉行自由经济的国家，长期以来，评估业与律师业、会计师业等被视为自由职业者，政府除了在税收等方面对评估业进行与其他行业共性的管理外，对评估业不进行任何干预，主要是通过评估协会等非政府性质的评估行业专业组织进行自律性管理。20世纪80年代美国经济遭受泡沫经济的严重冲击，在事后的研究与分析中，不当的评估行为被作为导致泡沫经济原因之一受到广泛指责。许多经济学家指出，由于政府放任资产评估业的管理和监督，直接损害了银行等金融机构的利益和资产质量，在一定意义上促进了泡沫经济的形成。这种观点被经济界和管理部门广为接受。为规范评估执业行为，保护国家和公共利益，在综合各方面因素的基础上，1989年美国国会通过了《金融机构改革、复原和强制执行法令》（FIRREA）。这是美国关于评估管理方面的重要立法，也是政府干预、管理评估业的开始和最直接体现。这一立法结束了美国对评估业的自由放任管理，认为美国不动产评估，尤其是涉及联邦权益和社会公共利益的评估行为，政府必须对其进行依法监管。

中国香港特区政府一般不存在对测量师行业的领导问题，评估结果也无须由特区政府部门确认。但对一些重大的评估项目涉及众多投资者利益时，评估人员资格需得到特区政府的认可。如对上市公司进行资产评估时，特区政府就作出规定：过去规定评估人员必须是一个专业学会的成员，才能做上市公司评估；现在则改为必须是香港测量师学会的成员，才能做上市公司评估。

根据美国以及中国香港特区资产评估管理模式分析表明，政府监管下的行业自律模式已成为较为理想模式。我国在总结资产评估业发展和借鉴国外资产评估行业管理经验基础上，明确了政府监管下行业自律的管理模式，对于促进资产评估行业发展具有重要作用。

二、资产评估管理必须明确的基本问题

针对我国资产评估管理的状况，加强资产评估管理，必须明确和澄清下列几个基本问题。

（一）资产评估管理与国有资产评估管理

我国的资产评估是作为加强国有资产管理的一项重要手段兴起的。国有资产总量的巨大以及它在社会总资产中占有相当比例，表明国有资产评估在资产评估

中占有相当大的比重。但是，从管理学角度，资产评估作为一个行业，单独强调国有资产评估管理难免以偏概全，是欠妥当的。

（二）资产评估管理与资产管理

资产评估管理不同于资产管理，不能将评估管理职能按资产类别划归于各类资产所属的主管部门。各类专业资产部门具有对部门资产性能、特点熟悉和了解的优势，可以在这些资产评估过程中发挥其专业特长，但不能以此作为支离资产评估的理由。资产评估管理是对资产评估业务行为的管理，而不是对某一属性资产的管理。尽管资产种类千差万别，评估办法和技巧有所不同，但资产评估最根本的方法、原则都是一致的，评估师及评估机构所应遵循的职业道德和基本准则也应当是一致的。

（三）评估管理与评估项目管理

资产评估管理是对评估行业的管理，并非只是评估项目管理，并不是说，某一项目不经有关部门验证确认就不属于评估管理范围了，资产评估管理应由过去主要项目的直接管理过渡到以人员管理和机构管理为主，通过制定资产评估标准、准则、指导评估过程的间接管理上。

三、中国资产评估行业管理的历史沿革

（一）行业发展历史

中国资产评估行业发展大事记如表 12-1 所示。

表 12-1　　　　　　　　中国资产评估行业发展大事记

时间	事件	标志
1988 年 3 月	大连会计师事务所给大连炼铁厂与香港企荣贸易有限公司合资过程中投资的建筑和机电设备出具了一份评估报告	我国首例资产评估业务
1990 年 7 月	国家国有资产管理局成立了资产评估中心	正式起步
1991 年	国务院发布的《国有资产评估管理办法》	第一部规范国有资产评估和资产评估行业管理的行政法规，标志着我国资产评估行业走上法治化的道路
1993 年 3 月	国家国有资产管理局、中国证券监督管理委员会联合印发了《关于从事证券业务的资产评估机构资格确认的规定》	要求资产评估机构对股票公开发行、上市交易的企业资产进行评估和开展与证券业务有关的资产评估业务，必须取得证券评估许可证，并规定了从事证券业务资产评估机构的资质条件

续表

时间	事件	标志
1993年12月	中国资产评估协会成立	中国资产评估行业已经开始成为一个独立的中介行业，我国资产评估行业管理体制也开始走向政府直接管理与行业自律管理相结合的道路
2001年7月	财政部发布《资产评估准则——无形资产》	这是我国资产评估行业的第一项准则，标志着我国资产评估准则建设迈出了第一步
2001年12月31日	实行核准或备案制。资产评估机构管理、资产评估准则制定等原先归属政府部门的行业管理职能移交给资产评估行业协会	标志着我国资产评估行业的发展进入一个强化行业自律管理的新阶段
2003年	财政部有关国有资产管理的部分职能划归国务院国资委	我国资产评估行业真正成为一个独立的专业服务行业
2004年2月	财政部发布《资产评估准则——基本准则》《资产评估职业道德准则——基本准则》	确立了我国资产评估准则的基本理念和基本要求，奠定了整个资产评估准则体系的基础
2005年5月11日	①财政部发布《资产评估机构审批管理办法》②人事部门与财政部门共同实施注册资产评估师执业资格许可（含珠宝评估专业），注册资产评估师的注册由中国资产评估协会管理	
2014年8月13日	资产评估师职业资格调整为水平评价类职业资格	
2016年7月2日	《中华人民共和国资产评估法》颁布，自2016年12月1日起施行	是资产评估行业发展的一个重要里程碑，标志着我国资产评估行业进入依法治理的新时代
2017年4月21日	财政部出台《资产评估行业财政监督管理办法》	为在财政部门实施监督管理的资产评估行业落实《资产评估法》的管理要求提供了依据
2017年8月23日	财政部发布《资产评估基本准则》，9月8日中国资产评估协会发布修订后的25项资产评估执业准则和职业道德准则	实现了资产评估准则的与时俱进
2019年12月28日	除规定从事证券投资咨询服务业务应当经国务院证券监督管理机构核准外，取消了其他限制	与新修订的《证券法》落实"放管服"要求息息相关
2021年2月3日	财政部印发《加强资产评估行业联合监管若干措施》，财政部监督评价局、中评协建立行政监管与行业自律监管相结合的联合监管机制	实现行政监管与行业自律监管融合促进
2022年1月4日	资产评估业务报备系统正式上线，在全国范围内部署实施	是行业信息化管理的一个创新，是行业监管的重要组成部分

(二) 行业管理历史

为了促进资产评估业的发展，必须加强资产评估管理。资产评估行业发展的历史也是资产评估管理的历史。资产评估业发展十多年来，资产评估管理的手段、方法多种多样，在不同历史阶段各有差异，但总体来说，可以归纳为以下几点。

1. 1991年11月，国务院发布了《国有资产评估管理办法》，它是我国第一部对全国的资产评估行业进行政府管理的最高法规。这标志着我国评估业走上政府法治化管理的轨道。它具体明确规定了全国资产评估管理的政府职能部门是国有资产管理部门，同时还规定了将审批评估机构纳入国有资产管理部门的管理，规定了被评估资产的管理范围、评估遵循的程序、评估的方法及法律责任等。由于国有资产占全社会资产的绝对优势，该文件为发展统一的评估行业奠定了基础，保证了全国资产评估业务的健康有序发展。

2. 1993年12月，中国资产评估协会成立，标志着我国资产评估管理由政府管理向行业自律化管理过渡。资产评估行业的特点决定了资产评估业应实行行业自律管理。植根于传统经济下的中国资产评估业，虽然发展伊始得到政府的扶持、干预，但行业自律管理作为其方向，应逐步实现。中国资产评估协会就是这样一个组织，它既受政府的管理和监督，又协助政府贯彻执行有关资产评估的法规政策。它作为独立的社团组织，具有跨地区、跨部门、跨行业、跨所有制的特点，使资产评估管理工作覆盖整个行业。

之所以说中国资产评估协会的成立，标志着我国资产评估管理由政府管理向行业自律化管理过渡，是因为：从其发展轨迹来看，先是独立的资产评估协会与资产评估行政管理部门并存（1993年）；然后是资产评估协会与评估行政管理部门合二为一，即"两块牌子，一套人马"（1994年）；1998年国务院机构改革以后，中国资产评估协会再一次成为一个真正独立的行业自律组织，从理论上说，无疑是一项历史性的进步。从中国资产评估协会职能角度分析，尽管从构架上具有了行业自律管理的特征，但在我国经济管理体制改革尚未完成的条件下，其行业自律管理的本质特征并没有真正具备。通过资产评估行业协会实现行业自律化管理，不仅需要形式上的，更需要实质内容的变化。

3. 1995年开始，我国实行注册资产评估师制度，标志着我国资产评估管理由过去的重视机构管理、项目管理向注重资产评估人员管理转变。这一制度的建立，一是有利于促进资产评估人员的执业准入控制，规范资产评估行业人员管理，为资产评估机构和人员摆脱政府行政部门干预，独立、客观、公正地执业打下良好基础。二是有利于提高资产评估人员素质和执业水平，从而推进我国评估行业的发展。注册资产评估师制度的建立，引进了资产评估人员的竞争机制。资产评估人员经过统一考试、公平竞争，合格者才能进入评估行业，具有执业的法律资格。这种竞争方式将逐步改进评估队伍的知识结构、年龄结构，淘汰不合格人员，据统计，评估师队伍中95%以上的人具有大专以上学历，97%以上的评估师年龄在 50 岁以下，其中 35 岁以下的占了 50% 左右。这必将促进评估队伍进一步发展壮大，促使评估人员提高资产评估质量，更好地满足社会主义市场经济发展的需要。三是强化了注册资产评估师的责任，增强其风险意识。特别是从 1998 年 6 月 1 日开始实行注册资产评估师签字制度，使评估师责权利有机结合起来，进一步规范了评估师的行为。四是有利于与国际惯例接轨，通过与其他国家对评估师资格的对等管理等加强与国际评估市场的联系。1999 年 10 月国际评估准则委员会在北京举行年会，2000 年 7 月中国注册资产评估师赴美国参加世界评估师大会等，进一步加强了中外评估师的联系和交流。

4. 1996 年 5 月，《资产评估操作规范意见（试行）》颁布实施，使我国资产评估业从此走上科学化、规范化操作的新阶段。长时期以来，由于缺乏统一的评估操作规程和操作标准，各个评估机构自行拟定评估操作方法和规程，对于同一类资产评估，各个评估机构的评估程序、评估规则各不相同，不利于评估质量提高，也不利于行业水平的提高。同时，经过若干年的积累，资产评估理论研究取得了进展，评估理论日渐成熟，评估操作积累了丰富的经验，因此，制定《资产评估操作规范意见（试行）》并颁布实施，有利于提高评估业务水平，有利于规范评估业务，同时也为以后制定行业统一评估准则奠定了基础。

5. 2001 年 12 月 31 日，国务院批转财政部《关于改革国有资产评估行政管理方式，加强资产评估监督管理工作意见》的通知（以下简称《通知》），取消政府部门对国有资产评估项目的立项确认审批制度，实行核准制和备案制。

这次改革的进行是资产评估业系统改革的一项重要内容，它与 1998 年进行的中介机构脱钩改制、1999 年国务院开展的清理整顿经济鉴证类中介机构工作的完成，为实现资产评估行业统一管理提供了重要保证。我国资产评估业长期以来不统一，处于多头管理状态，是旧体制惯性造成的。资产评估业务按其资产类型不同，分属于各政府部门直接管理，客观上形成了资产评估的多头管理。通过改革资产评估立项确认制度，减少了行政性审批，淡化政府行政管理，割断了政府行政部门与资产评估机构之间的附属关系，有利于实现资产评估业自律管理，有利于统一的资产评估行业的形成。

这次改革的进行也是对国有资产管理部门行使资产评估管理职能调整的过程。以往国有资产管理部门通过对国有资产评估的立项确认，实际上同时行使了国有资产所有者职能和政府管理者职能。从行使政府行政管理者职能角度来说，通过这次改革，改变了政府管理方式，由政府直接管理资产评估方式转变为间接管理方式，也就是退出微观领域，通过研究制定法律、法规，实施对资产评估行业的间接调控。从行使国有资产所有者角度来说，对国有资产评估项目的立项确认，正是这种职能的具体体现。取消国有资产评估的立项确认制度，并不是弱化国有资产所有者职能，相反，必须强化对国有资产的管理。因此，对于涉及国有资产产权变动等行为的重大项目仍要实行核准制，对其他国有资产评估项目实行备案制，其职责也分别由财政部门和企业集团承担，这也是基于目前国有资产管理体制现状的一种现实选择。同时，正如《通知》中所指出的，国有资产管理部门不仅对资产评估活动进行监督管理,而且还要严格规范资产评估活动中国有资产各有关主体的行为。可见,通过这次改革,虽然改变了对资产评估管理的方式,但是进一步强化了国有资产所有者管理职能,避免在企业改制、中外合资、企业兼并、破产等活动中,借评估行为弄虚作假,造成国有资产流失。

这次改革的进行为注册资产评估师和资产评估机构提供了充分的业务空间,同时也强化了注册资产评估师和资产评估机构的风险和责任。注册资产评估师必须恪守独立、客观、公正的原则,全面提高资产评估业务水平。

6. 2004年2月25日,财政部颁布《资产评估准则——基本准则》和《资产评估准则——职业道德准则》,标志着中国资产评估准则体系的初步形成。

为了实现资产评估行业自律管理,必须形成系统、完善的资产评估准则体系。从1996年开始,我国即开始研究制定资产评估准则,适应资产评估的政府监管下行业自律管理模式的要求。同时,颁布和实施资产评估准则,对于规范资产评估业务、提高资产评估业务水平具有重要作用。

7. 2005年5月11日,财政部颁布《资产评估机构审批管理办法》,自2005年6月1日起施行。该办法规定,资产评估机构组织形式为合伙制或者有限责任公司制;依法设立的资产评估机构名称中应当包含"资产评估"字样;等等。这些规定表明,资产评估机构组织形式可以自主选择,资产评估机构实行专营化,即打破长时期以来资产评估业务主要由具有资产评估资格的会计师事务所兼营的做法。在我国,会计师事务所兼做评估业务具有特定的历史背景,但资产评估作为一个独立的行业,具有独特的工作特点,实行专营化有助于提高行业的独立性水平、规范行业发展,并促进评估机构做大做强,从而对我国的资产评估行业发展产生积极影响。

8. 2016年7月2日,《中华人民共和国资产评估法》由中华人民共和国第十二届全国人民代表大会常务委员会通过,自2016年12月1日起施行。《中华人民共和国资产评估法》的出台使得我国资产评估管理工作迈入法治化的轨道,是具有里程碑意义的重大事件。该法弥补了资产评估行业基本法的空白。在此之前,1991年11月16日国务院颁布的《国有资产评估管理办法》仅侧重于处置国有资产的评估,长期以来一直缺少一部系统性、管全局的行业法规。《资产评估法》打破了六大类评估的专业限制,将其统一在一部法律框架之下,有利于各评估行业协会统一制定规则、统一执业标准、统一落实责任,有助于行业自我发展、规范评估行业行为。

《中华人民共和国资产评估法》共分为八章:总则;评估专业人员;评估机构;评估程序;行业协会;监督管理;法律责任;附则。该法首次从法律层面界定了资产评估各相关方的权利和义务。其中,特别强调了监督管理的方式,明确了评估行业可以按照专业领域依法设立行业协会,实行自律管理,并接受有关评估行政管理部门的监督和社会监督;强调国务院为评估行政管理部门,对评估行业进行监督管理。国务院有关评估行政管理部门组织制定评估基本准则和评估行业监督管理办法。设区的市级以上人民政府有关评估行政管理部门依据各自职责,负责监督管理评估行业。

9. 2017年4月21日,根据《中华人民共和国资产评估法》,财政部进一步制定《资产评估行业财政监督管理办法》,自2017年6月1日起施行。管理办法规定财政部门对资产评估行业的监督管理,实行行政监管、行业自律与机构自主管理相结合的原则。省级财政部门负责本地区资产评估机构和分支机构的备案管理。资产评估协会是资产评估机构和资产评估专业人员的自律性组织,接受有关财政部门的监督。

10. 2021年2月3日,财政部办公厅印发《加强资产评估行业联合监管若干措施》,财政部监督评价局、中评协建立行政监管与行业自律监管相结合的联合监管机制,明确"六个统一""三个并重""一查双罚"等基本原则,实现行政监管与行业自律监管融合促进。7月至8月,财政部监督评价局和中评协开展证券备案资产评估机构联合检查,中评协组织编制《资产评估行业联合检查工作手册》,举办行业联合检查人员培训班、查前部署动员会。

11. 2021年12月,中评协印发《中国资产评估协会资产评估业务报备管理办法》,旨在加强资产评估行业自律管理,进一步规范资产评估业务管理,切实维护委托人合法利益,保障资产评估机构和资产评估师合法权益,进一步提升资产评估行业社会公信力,预防和打击涉及资产评估业务的违法违规行为。

12. 2022年1月4日,资产评估业务报备系统正式上线,在全国范围内部署实施。这是行业信息化管理的一个创新,是行业监管的重要组成部分。

资产评估行业的有序发展,客观上需要加强管理。资产评估业的管理模式是在资产评估行业发展中不断规范形成的。因此,我们必须不断探索资产评估行业发展规律,形成有利于资产评估行业发展,有利于明确责任、规避风险,提高资产评估效率的管理模式。

(三) 我国当前资产评估行业管理模式

在长期的探索过程中,我国形成了比较适合中国国情的资产评估行业发展模式,即政府监管下的行业自律管理模式。

2016年7月2日通过的《中华人民共和国资产评估法》规定:国务院有关评估行政管理部门组织制定评估基本准则和评估行业监督管理办法;设区的市级以上人民政府有关评估行政管理部门依据各自职责,负责监督管理评估行业,对评估机构和评估专业人员的违法行为依法实施行政处罚,将处罚情况及时通报有关评估行业协会,并依法向社会公开;评估行政管理部门对有关评估行业协会实施监督检查,对检查发现的问题和针对协会的投诉、举报,应当及时调查处理;评估行政管理部门不得与评估行业协会、评估机构存在人员或者资金关联,不得利用职权为评估机构招揽业务。

我国早在1993年便建立了资产评估协会,其宗旨是为了适应社会主义市场经济发展的需要,加强资产评估工作的行业管理和监督,引导资产评估机构及其执业人员强化自律管理,独立、客观、公正地开展资产评估业务,维护产权所有者各方面的合法权益,研究资产评估的理论,交流资产评估的经验,沟通业务信息,提高资产评估机构和评估执业人员的素质和评估水平,指导评估机构和评估执业人员正确执行国家法律、法规,遵守职业道德,维护评估机构和评估人员的合法权益,促进评估工作健康发展。资产评估协会的基本职责包括以下内容。

1. 负责协会会员及组织联络工作。
2. 开展资产评估理论、方法政策的研究,制定资产评估准则和标准。
3. 办理协会日常文秘工作,管理协会财务收支,定期向理事会提供财务及工作报告。
4. 受理资产评估纠纷的调解和仲裁。
5. 反映会员的意见和要求,维护会员的合法权益。
6. 出版协会刊物,组织编写、出版有关评估书籍、资料,开展评估宣传工作。
7. 开展国际交流。
8. 收集评估信息和数据,逐步建立以电子信息技术为基础的信息网络,为资产评估提供信息服务。
9. 对资产评估人员进行业务培训,提高执业技能。
10. 其他应由协会办理的事项。

四、资产评估行业发展现状

资产评估行业在深化国资国企改革、规范资本市场运作、推动财税体制改革、推进知识产权强国建设、保障社会公共利益和国家经济安全等方面作出了重要贡献,是推动经济社会高质量发展的重要专业力量,是财政管理的重要基础工作,是财会监督体系的重要组成部分。

(一)行业规模持续扩大,但社会认可度有待提升

我国的资产评估行业随着市场经济的建立应运而生,是推动经济社会高质量发展的重要专业力量。2023 年 5 月 29 日召开的中国资产评估协会第六次会员代表大会,披露了资产评估行业发展最新状况。统计显示,从 2016 年到 2022 年,资产评估机构数量由 3 300 家增加到 5 500 家,执业资产评估师由 3.4 万人增加到 4.3 万人,资产评估行业总收入由 119 亿元增加到 292 亿元,中国评估企业整体供给逐渐扩大。但与此同时,行业的广泛性也导致行业的准入门槛低,近些年,中小评估机构如雨后春笋般猛增,各类非资产评估机构出身的估价机构也涉猎其中,低价竞争等问题乱象丛生,社会认可度不高,政府、金融机构和投资者对资产评估领域的知识和能力的认可和信任度不高,依赖性不强,对社会决策的影响力不大。

（二）业务范围不断拓宽，但服务质量不高

资产评估行业的业务范围不断拓宽，行业门类不断健全，涵盖企业价值评估、房地产评估、无形资产评估、金融资产评估、珠宝玉石评估等。评估服务领域扩充，在国资产业结构调整、通过并购重组等提高上市公司质量、国有企业混合所有制改革、股权激励等方面均出现了评估的身影，评估机构、评估师为这些工作保驾护航。在企业价值评估领域，资产评估机构为企业提供收购定价、股权转让定价、企业重组等方面的服务。在房地产评估领域，资产评估机构对房地产进行价值评估，为房地产买卖、抵押贷款、拆迁补偿等活动提供参考。在无形资产评估领域，资产评估机构对商标、专利、著作权等无形资产进行价值评估。此外，资产评估机构还为金融资产定价、珠宝玉石估价等领域提供专业服务。但也经常被业界诟病，很多评估机构服务质量不高，专业性不足，规范性欠缺，特别是多个行业间联系较为疏松，资产评估行业的服务质量在信息传递上存在着明显的挑战，服务内容单一，未能很好地满足投资者的需求，给企业带来了一定的困境。

（三）市场信息日益丰富，但真实性可比性不强

一般来说，评估标的应用范围越广泛，对应的评估市场经济信息数据资料就可能会越丰富，评估市场信息的收集成果就越真实可靠。但是，目前一些市场信息数据资料被大量封存在企业档案中，资产评估机构工作人员所需信息的准确性和充分性都远远不够，只能凭借自身的从业经验获取一些相关市场信息资料来协助开展评估工作。因此，缺少企业资产经济评估的真实性和可对比性，不能有效保障企业资产评估的真实准确度。所以每个机构都需要通过一种科学的公布方式及时对外公布我国资产管理经济评估市场的相关信息，促进我国的各类资产评估服务行业稳定长久健康发展。

（四）从业人员逐渐增多，但高端人才缺口较大

人才是行业发展的第一资源，也是资产评估机构渴求的重要财富，但是我国资产评估行业人才供给、需求错位的现状不容忽视。我国资产评估机构由2012年末的3 105家增加到2021年末的6 122家，登记执业的资产评估师由31 837名增加到42 524名。2022年，资产评估师职业资格考试全国共有80 629人报名，报考199 255科次；自1995年设立资产评估师职业资格制度以来，至2021年累计超过97万人报名参加，7.04万人考试合格取得资产评估师职业资格证书。但与之形成鲜明对比的是，资产评估行业复合型人才匮乏，对信息系统和数据的分析运用更是从业人员的短板，比如在计量金融工具的公允价值时，由于金融工具的复杂性，具备金融学和算法理论基础的从业者非常稀缺；数智时代背景下，资产评估行业人才需求的缺口主要体现在三个方面：一是"资产评估+大数据""资产评估+IT""资产评估+法律""资产评估+工程"等高层次复合型人才；

二是数据资产评估、在研项目评估、税基评估、诉讼评估、基于价值延伸的风险预防和评价等领域的专业精通型人才；三是能解决实际问题，又拥有扎实的研究基础，对理论进行创新和二次开发的应用研究型人才。

五、资产评估行业管理建议

中国资产评估行业是伴随着改革开放和国企改革的浪潮应运而生的，起步较晚但发展迅速，必然会在发展中出现"先天不足""野蛮生长""规范缺失"等问题。尽管有关部门持续进行严格监管，资产评估行业出现的一些问题仍不可小觑，低价、无序竞争的现状尚未彻底解决。2022年底，财政部发布的公告显示，检查的证券评估机构在机构内部治理、专业胜任能力、质量控制体系和项目执业质量等方面仍存在一些问题。因此，做好资产评估行业管理工作，推动资产评估行业规范发展成为重要而迫切的问题。

（一）持续完善准则体系建设，加强专业理论研究

在资产评估行业准则体系建设上，引领行业发展，不断完善资产评估理论体系和准则体系，构建以资产评估法为统领，由法律、行政法规、部门规章、规范性文件以及行业自律管理制度共同组成的较为全面、系统、完整的资产评估法律法规制度体系，解决相关行政管理部门对资产评估机构设立的门槛不一、多头监管且尺度不一、评估市场分割等难点焦点问题。面对新时代新要求，资产评估行业需结合评估实践需要，及时开展相应基础性和前瞻性研究工作，积极推动研究成果落地。课题研究既要积极响应市场开拓需求，又不能急功近利浅尝辄止。进一步加强产学研相结合的创新发展模式，不断增强资产评估专业建设深度和广度，切实服务于国家经济发展战略。为更好地推动研究成果标准化，也为更加充分地发挥资产评估准则的作用，建议进一步丰富评估准则的层级设计，加快研究成果转化速度，快速响应新业务开拓的市场需求，并通过及时发布专家问答、专家提示和典型案例等形式做好准则释义，进一步提升准则的可操作性，更好发挥准则对监管方面的参考作用。

（二）加强专业人才队伍建设，丰富资产评估行业人才市场

人才培养的关键是既能吸引有发展潜力的年轻人加入评估行业，又通过评估行业自身发展潜力将人才留下来。行业发展前景和人才激励机制是影响年轻人未来职业规划的重要因素。

首先，在复杂而严峻的市场环境下，应加强行业诚信建设，提高执业人员的职业道德水平，通过创新和合作，营造公平竞争和权责相当的良好执业环境。通过做大做强做优，进一步提升行业形象和社会公信力。

其次，相关部门和机构需从不同角度为选人、育人、用人创造有利条件，包括但不限于提供必要的优惠政策、成长机会和升迁空间，切实解决年轻人的后顾

之忧、公平之虑。

再次,在高校设置资产评估专业,不仅要从数量上满足社会对资产评估人员的需要,更重要的是在培养质量上做到高起点、高标准,增强资产评估专业学生知识结构的复合性以及与国际资产评估行业接轨的能力,同时还必须注重这些资产评估行业未来从业人员良好职业道德的塑造。

最后,应着力提升资产评估专业人员的实践技能、创新意识及创新能力,鼓励他们在现有评估理论的基础上合理创新,加强对其创新知识产权的保护,更好应对市场经济形势的快速发展。

(三) 加快推进数字化转型,提升自身服务能力及效率

近年来,我国数字化转型的进程逐步加快,数字经济对经济社会的引领作用愈发凸显,积极提升信息化水平是新时代对资产评估行业的客观要求。资产评估行业应尽快适应新形势,发展高质量信息共享平台,加强与会计、税务等信息系统的联通对接,建立资产评估行业信息化管理系统和案例数据库。资产评估机构应加快推动电子报告、电子底稿、电子签章在执业过程中的普及与运用,逐步推进评估机构智能化执业系统建设,引导评估机构向数字化、网络化、智能化方向转型。

一是应充分利用或自身打造强大的基础数据系统。系统不只包括资本市场交易信息,还应包括各行各业的产品信息、国家公共服务的公开信息以及国际和全球的对应交易信息和预测信息。真实可靠、可比性强的相关信息是行业存在和发展不可或缺的基础设施。

二是在强大的信息系统基础上,行业应有高明的信息抓手,根据自身需要对信息进行抓取,同时在此基础上根据最新的评估方法利用信息技术、AI 工具等对信息进行处理加工并形成行业产品,即标的物的客观价值。

三是要逐步实现评估人员的操作全流程信息化,包括项目前期跟进管理、项目现场全程操作、项目后期档案整理和再评价。在行业管理方面,行业管理机构对各评估机构业务、相关行业管理信息要及时洞察,力求通过相关信息对国家的经济形势、各行各业的发展走向做出判断和预测。

(四) 全面规范行业执业行为,提升行业自律监管效能

一是充分发挥协会职能作用,进一步规范行业工作,深化行业改革,激发行业创新活力,持续推进全行业高质量发展,建立健全行业自律监管制度。对现行执业质量检查、业务报告防伪报备、行业自律惩戒、投诉举报受理处理、执业机构分类管理、行业诚信档案管理等制度进行修订完善,并认真贯彻执行,提升行业自律监管综合效能。

二是提升年度执业质量检查工作水平。严密组织年度检查,严格检查程序,严肃检查纪律,查纠存在问题,加大惩戒力度。改进检查程序,加强与被检查单位沟通,充分发挥行业检查的帮扶作用。

三是适时开展专项治理。对行业中存在的超低价中标、低于成本价收费、出

卖公章、非法设立分支机构、出具虚假报告等违规违法行为，加大查处和惩戒力度。加大对投诉举报问题查处力度，做到及时受理、及时调查、及时处理、及时通报。加强沟通协调，及时化解行业内部矛盾，维护行业稳定和行业形象。

【本章小结】

制定资产评估准则，有利于实现资产评估行业的统一管理，有利于实现政府行政管理向行业自律管理转变，有利于资产评估行业执业水平的提高。总体上来说，中国资产评估准则包括业务准则和职业道德准则两方面的内容。业务准则是资产评估业务活动中涉及的评估对象、评估依据、评估方法、评估程序等一系列规范的总称。职业道德准则是与人们的职业活动紧密联系的并具有自身职业特征的道德准则和规范。中国资产评估准则包括下列四个层次：第一层次为资产评估基本准则。资产评估基本准则是注册资产评估师执行各种资产类型、各种评估目的资产评估业务的基本规范。第二层次为资产评估具体准则。资产评估具体准则分为程序性准则和专业性准则两个部分。程序性准则是关于注册资产评估师通过履行一定的专业程序完成评估业务、保证评估质量的规范，包括评估业务约定书、评估计划、评估工作底稿、评估报告等。第三层次为资产评估指南。资产评估指南包括对特定评估目的、特定资产类别（细化）评估业务以及对评估中某些重要事项的规范。第四层次为资产评估指导意见。资产评估指导意见是针对资产评估业务中某些具体问题的指导性文件。

资产评估行业管理模式包括政府管理模式、行业自律管理模式、政府监管下的行业自律管理模式。资产评估政府管理模式是指资产评估业务活动，包括人员资格、机构、项目，均由政府行政管理部门进行。行业自律管理模式是指资产评估行业置于社会自发形成的行业协会管理之下，资产评估业的发展依赖于评估业内形成的准则和规范进行。目前，政府监管下的行业自律模式已成为较为理想的模式。我国在总结资产评估行业发展特点和借鉴国外资产评估行业管理经验基础上，明确了政府监管下行业自律的管理模式，对于促进资产评估行业发展具有重要作用。资产评估管理须明确三个基本问题：资产评估管理与国有资产评估管理、资产评估管理与资产管理、评估管理与评估项目管理。

【本章练习】

一、单项选择题

1. 资产评估专业人员在执行资产评估业务过程中，应当与其他专业人员

( )。

    A. 保持良好的私人关系　　B. 保持同样的专业胜任能力
    C. 保持良好的工作关系　　D. 公平竞争

2. 资产评估专业人员应具备一定的专业知识、专业技能和专业经验，这是资产评估准则对评估专业人员的（　　）的要求。

    A. 独立性　　　　　　　　B. 职业道德
    C. 专业能力　　　　　　　D. 专业评估执业统一准则

3. 下列关于我国资产评估准则产生与发展的说法正确的是（　　）。

    A. 财政部发布了资产评估准则体系
    B. 财政部发布《资产评估准则——基本准则》和《资产评估准则——无形资产》，确立了我国资产评估准则的基本理念和基本要求
    C. 目前的资产评估准则体系包括业务准则和职业准则两部分
    D.《资产评估职业道德准则——基本准则》是我国资产评估行业的第一项准则

4. 中国资产评估协会制定资产评估执业准则和资产评估职业道德准则的依据是（　　）。

    A. 资产评估机构业务质量控制指南　B. 资产评估基本准则
    C. 资产评估价值类型指导意见　　　D. 以财务报告为目的的评估指南

5. 当所采取的措施不能消除对（　　）的不利影响时，评估机构和资产评估专业人员不得承接该评估业务，或者应当终止该评估业务。

    A. 独立性　　B. 公正性　　C. 客观性　　D. 合法性

6. 从组织性质上看，评估行业协会是（　　）。

    A. 自律性组织　　B. 事业单位　　C. 行政机关　　D. 社团法人

7. 下列各项中，标志着我国资产评估准则建设迈出了第一步的是（　　）。

    A. 财政部发布《资产评估准则——无形资产》
    B. 财政部发布《资产评估准则——基本准则》《资产评估职业道德准则——基本准则》
    C. 财政部发布《资产评估职业道德准则——基本准则》
    D. 财政部发布中国资产评估准则体系

8. 下列资产评估准则中，属于程序性准则的是（　　）。

    A.《资产评估执业准则——无形资产》
    B.《以财务报告为目的的评估指南》
    C.《资产评估执业准则——资产评估委托合同》
    D.《资产评估职业道德准则》

9. 我国资产评估行业的第一项资产评估准则是（　　）。

    A.《资产评估准则——评估报告》　B.《资产评估准则——基本准则》
    C.《资产评估准则——无形资产》　D.《资产评估准则——不动产》

10. 下列关于独立性要求的说法中，正确的是（　　）。

A. 资产评估机构在执行资产评估业务过程中发现了影响独立性的情况，在无法消除其影响时，应在评估报告中充分披露
B. 资产评估机构应当识别可能影响其独立性的情形
C. 除了所在的资产评估机构，资产评估专业人员的执行行为不受其他单位和人员的非法干预
D. 除了国家行政部门，资产评估机构、资产评估专业人员的执业行为不受其他机构和人员的控制和非法干预

11. 我国资产评估基本准则的制定部门为（　　）。
A. 财政部　　　　　　　　　　B. 财政部和中国资产评估协会
C. 国务院国有资产监督管理委员会　D. 中国资产评估协会

12. 下列中国资产评估准则中，属于实体性准则的是（　　）。
A.《资产评估执业准则——资产评估程序》
B.《资产评估执业准则——企业价值》
C.《资产评估执业准则——资产评估报告》
D.《资产评估执业准则——资产评估委托合同》

13. 资产评估机构及其资产评估专业人员在从业时，下列做法不恰当的是（　　）。
A. 严格遵守资产评估职业道德
B. 树立良好的职业形象
C. 提高资产评估作为中介服务行业的公信力
D. 遵守法律法规的规定，忽视职业道德

14. 下列事项中，不会影响评估的独立性的是（　　）。
A. 评估师老张的女婿在被评估单位担任高管
B. 评估师小赵持有被评估单位的股权
C. 评估机构租用的办公楼属于被评估单位的房产
D. 评估工作人员在被评估单位的酒店入住

15. 下列各项中，不属于资产评估的职业道德中规定评估专业人员与委托人和其他相关当事人关系要求的是（　　）。
A. 资产评估专业人员与委托人、其他相关当事人和评估对象有利害关系的，应当回避
B. 资产评估机构、资产评估专业人员应当履行评估委托合同中规定的义务
C. 资产评估机构、资产评估专业人员应当具有相应的专业知识和经验
D. 资产评估机构及其资产评估专业人员不得向委托人或其他相关当事人索取约定服务费之外的不正当利益

二、多项选择题

1. 以下选项中，不属于资产评估专业人员从业义务的有（　　）。

A. 对评估活动中知悉的国家秘密、商业秘密和个人隐私予以保密
B. 私自接受委托从事业务、收取费用
C. 同时在两个以上评估机构从事业务
D. 依法签署评估报告
E. 与委托人或者其他相关当事人及评估对象有利害关系的，应当回避

2. 资产评估机构、资产评估专业人员应当遵守保密原则，对评估活动中知悉的（ ）予以保密。
A. 国家秘密　　B. 评估时间　　C. 商业秘密　　D. 个人隐私
E. 法律法规

3. 下列关于我国资产评估具体准则构成的说法中，错误的有（ ）。
A. 资产评估具体准则由执业准则和职业道德准则构成
B. 资产评估具体准则由执业准则、实体性准则和程序性准则三个层次构成
C. 资产评估具体准则由程序性准则、实体性准则和职业道德准则三个层次构成
D. 资产评估具体准则由执业准则、评估指南和评估指导意见三个层次构成
E. 资产评估具体准则是由程序性准则和实体性准则构成

4. 资产评估执业准则规范的行为主体包括（ ）。
A. 资产评估专业人员　　　　B. 有关行政管理部门的工作人员
C. 资产评估机构　　　　　　D. 被评估单位
E. 资产评估委托人

5. 资产评估执业准则包括（ ）。
A. 资产评估基本准则　　　　B. 资产评估具体准则
C. 资产评估指南　　　　　　D. 资产评估指导意见
E. 资产评估职业道德准则

6. 下列事项中，属于我国《资产评估基本准则》规范的内容有（ ）。
A. 资产评估报告的基本内容　　B. 资产评估的基本程序
C. 资产评估法律责任　　　　　D. 资产评估准则的适用范围
E. 资产评估准则的主体

7. 资产评估准则委员会和资产评估准则技术委员会的主要职能包括（ ）。
A. 制定拟发布的资产评估准则
B. 为资产评估准则的体系、体例、结构、立项等提供咨询意见
C. 为资产评估准则涉及的重大或专业性问题提供咨询意见
D. 为资产评估准则的具体实施提供咨询意见
E. 推动资产评估准则国际交流

8. 关于资产评估专业人员与委托方和相关当事方的关系中对独立性的要求，错误的有（ ）。
A. 承办评估业务的资产评估师三年前曾在委托单位任职，应主动回避
B. 承办评估业务的资产评估师与客户的负责人有利害关系，客户已知情，

可以不回避
C. 评估项目外聘的行业专家应与委托方和其他相关当事人无利害关系
D. 介绍评估业务的资产评估机构员工一年前曾是委托单位的普通职员，资产评估机构应当拒绝受理该业务
E. 承办评估业务的资产评估专业人员的配偶在委托单位担任高级管理人员，应主动回避

9. 下列行为，属于评估专业人员客观评估的要求的有（　　）。
A. 公正无私，摒除偏见
B. 坚持科学的方法和态度，实事求是
C. 与评估委托人、被评估对象产权持有人和其他当事人无利害关系
D. 对实物性资产进行必要的现场勘查
E. 资产评估报告客观完整，描述适当

参考文献

[1] 郭文韬,何欢语,袁海,等. 资产评估机构间建立评估数据共享平台的可行性与应用模式[J]. 中国资产评估,2023(8):11-18+81.

[2] 李小荣,万钟. 信息化建设与资产评估质量——基于股权收购资产评估数据的研究[J]. 财务研究,2022(2).

[3] 韩琳. 信息化建设与资产评估行业发展[D]. 北京:中央财经大学,2021.

[4] 葛锐,武慧颖. 资产评估行业信息化的历史演进路径及启示[J]. 中国资产评估,2018(8):7-11.